○ ● | 视觉文化丛书

自我意识的艺术

文化研究作为权力的批判

［奥］赖纳·温特（Rainer Winter） 著

徐 蕾 译

重庆大学出版社

目　录

总　序

　　毋庸置疑，当今时代是一个图像资源丰裕乃至迅猛膨胀的时代，从随处可见的广告影像到各种创意的形象设计，从商店橱窗、城市景观到时装表演，从体育运动的视觉狂欢到影视、游戏或网络的虚拟影像，一个又一个转瞬即逝的图像不断吸引、刺激乃至惊爆人们的眼球。现代都市的居民完全被幽灵般的图像和信息所簇拥缠绕，用英国社会学家费瑟斯通的话来说，被"源源不断的、渗透当今日常生活结构的符号和图像"所包围。难怪艺术批评家约翰·伯格不禁感慨：历史上没有任何一种形态的社会，曾经出现过这么集中的影像、这么密集的视觉信息。在现今通行全球的将眼目作为最重要的感觉器官的文明中，当各类社会集体尝试用文化感知和回忆进行自我认同的时刻，图像已经掌握了其间的决定性"钥匙"。它不仅深入人们的日常生活，成为人们无法逃避的符号追踪，而且成为亿万人形成道德和伦理观念的主要资源。这种以图像为主因（dominant）的文化通过各种奇观影像和宏大场面，主宰人们的休闲时间，塑造其政治观念和社会行为。这不仅为创造认同性提供了种种材料，促进一种新的日常生活结构的形成，而且也通过提供象征、神话和资源等，参与形成某种今天世界各地的多数人所共享的全球性文化。这就是人们所称的"视觉文化"。

　　如果我们赞成巴拉兹首次对"视觉文化"的界定，即通过可见的形象(image)来表达、理解和解释事物的文化形态。那么，主要以身体姿态语言(非言语符号)进行交往的"原始视觉文化"(身体装饰、舞蹈以及图腾崇拜等)，以图像为主要表征方式的视觉艺术(绘画、雕塑等造型艺术)，和以影像作为主要传递信息方式的摄影、电影、电视以及网络等无疑是其最重要的文化样态。换言之，广义上的视觉文化就是一种以形象或图像作为主导方式来传递信息的文化，它包括以巫术实用模式为取向的原始视觉文化、以主体审美意识为表征的视觉艺术，以及以身心浸濡为旨归的现代影像文化等三种主要形态；而狭义上的视觉文化，就是指现代社会通过各种视觉技术制作的图像文化。它作为现代都市人的一种主要生存方式(即"视觉化生存")，是以可见图像为基本表意符号，以报纸、杂志、广告、摄影、电影、电视以及网络等大众媒介为主要传播方式，以视觉性(visuality)为精神内核，与通过理性运思的语言文化相对，是一种通过直观感知、旨在生产快感和意义、以消费为导向的视象文化形态。

　　在视觉文化成为当下千千万万普通男女最主要的生活方式之际，本译丛的出版可谓恰逢其时！我国学界如何直面当前这一重大社会转型期的文化问题，怎样深入推进视觉文化这一跨学科的研究？古人云：他山之石，可以攻玉！大量引介国外相关的优秀成果，重新踏寻这些先行者涉险探幽的果敢足迹，无疑是窥其堂奥的不二法门。

　　在全球化浪潮甚嚣尘上的现时代，我们到底以何种姿态来积极应对异域文化？长期以来，我们固守的思维惯习就是所谓的"求同存异"。事实上，这种素朴的日常思维方式，其源头是随语言—逻各斯而来的形而上的残毒，积弊日久，往往造成了我们生命经验总是囿于自我同一性的褊狭视域。在玄想的"求同"的云端，自然谈不上对异域文化切要的理解，而一旦我们无法寻取到迥异于自身文化的异质性质素，哪里还谈得上与之进行富有创见性的对话？！事实上，对话本身就意味着双方有距离和差异，完全同一的双方不可能发生对话，只能是以"对话"为假面的独白。在这个意义上，不是同一性，而恰好是差异性构成了对话与理解的基础。因理解的目标不再是追求同一性，故对话中的任何一方都没有权力要求对方的认同。理解者与理解对象之间的差异越大，就越需要对话，也越能够在对话中产生新的意义，提供更多进一步对话的可能性。在此对谈中，诠释的开放性必先于意义的精确性，精确常是后来人努力的结果，而歧义、混淆反而是常见的。因此，我们不能仅将歧义与混淆视为理解的障碍，反之，正是歧义与混淆使理解对话成为可能。事实上，歧义与混淆驱使着人们去理解、理清，甚至调和、融合。由此可见，我们应该珍视歧义与混淆所开显的多元性与开放性，而多元性与开放性正是对比视域的来源与展开，也是新的文化创造的活水源泉。

正是明了此番道理，早在20世纪初期，在瞻望民族文化的未来时，鲁迅就提出：外之既不后于世界之思潮，内之仍弗失固有之血脉，取今复古，别立新宗！我们要想实现鲁迅先生"取今复古，别立新宗"的夙愿，就亟需改变"求同存异"的思维旧习，以"面向实事本身"（胡塞尔语）的现象学精神与工作态度，对所研究的对象进行切要的同情理解。在对外来文化异质性质素的寻求对谈过程中，促使东西方异质价值在交汇、冲突、碰撞中磨砺出思想火花，真正实现我们传统的创造性转换。德国诗哲海德格尔曾指出，唯当亲密的东西，完全分离并且保持分离之际，才有亲密性起作用。也正如法国哲学家朱利安所言，以西方文化作为参照对比实际上是一种距离化，但这种距离化并不代表我们安于道术将为天下裂，反之，距离化可说是曲成万物的迂回。我们进行最远离本土民族文化的航行，直驱差异可能达到的地方深入探险，事实上，我们越是深入，就越会促成回溯到我们自己的思想！

狭义上的视觉文化篇什是本译丛选取的重点，并以此为基点拓展到广义的视觉文化范围。因此，其中不仅包括当前声名显赫的欧美视觉研究领域的"学术大腕"，如米歇尔（W. J. T. Mitchell）、米尔佐夫（Nicholas Mirzoeff）、马丁·杰伊（Martin Jay）等人的代表性论著，也有来自艺术史领域的理论批评家，如布列逊（Norman Bryson）、格林伯格（Clement Greenberg）、埃尔金斯（James Elkins）等人的相关力作，当然还包括那些奠定视觉文化这一跨学科的开创之作，此外，那些聚焦于视觉性探究方面的实验精品也被一并纳入。如此一来，本丛书所选四十余种文献就涉及英、法、德等诸语种，在重庆大学出版社的大力支持和协助下，本译丛编委会力邀各语种经验丰富的译者，务求恪从原著，达雅兼备，冀望译文质量上乘！

是为序！

肖伟胜

2016 年 11 月 26 日于重庆

致　谢

　　本书改编于本人在亚琛工业大学哲学系完成的大学授课资格论文。在此，我想对伊莎贝尔·冈比诺（Isabel Gambino）和我的家庭致以衷心的感谢，本书的成形离不开他们的陪伴和支持。同样，我也要感谢卡尔·H. 赫尔宁（Karl H. Hörning）、罗兰德·埃克特（Roland Eckert）和阿洛伊斯·汉恩（Alois Hahn），他们从一开始就给予大力支持。感谢诺曼·K. 邓金（Norman K. Denzin）和约翰·费斯克（John Fiske）带来的精彩讨论和极富启发性的建议。感谢库特·哈默里希（Kurt Hammerich）、安吉拉·开普勒（Angela Keppler）、赫尔穆特·克尼希（Helmut König）和安娜·诺伊莎菲尔（Anne Neuschäfer）认真细致的评价。乌都·戈特里希（Udo Göttlich）、洛塔·米克斯（Lothar Mikos）和波特·克格勒尔（Bert Kögler）带来了非常有意义的讨论。也感谢弗里德汉姆·赫伯特（Friedhelm Herborth）和丽莎·格林艾森（Lisa Grüneisen）的大力支持。

　　此外，我还想感谢以下大学图书馆十分友好且乐于助人的工作人员：

　　伊利诺伊大学厄巴纳香槟分校，威斯康星大学麦迪逊分校，加州大学洛杉矶分校和伯克利分校。感谢德国研究共同体给予我的奖学金。我将此书献给瓦尔特·拜哈克（Walter Beilhack），他曾经给过我的帮助、支持和启发令我在写作时常常怀念他，同时也献给伊莎贝尔。

[······]自我意识是一种自由，但这种自由还停留在奴隶的处境之内。对于这种意识，纯粹形式不可能成为它的本质；特别是就这种纯粹形式之被认作弥漫于一切个体的普遍的陶冶事物的力量和绝对的概念而言，不可能成为它的本质；反之这种意识毋宁是一种小聪明，这种小聪明只对于某一些事象有一定的应付能力，但对于那普遍的力量和那整个客观的现实却不能掌握。

黑格尔，《精神现象学》（1807/1970，155页）[1]

至于逃逸线，它们绝非旨在逃离世界，而毋宁说是使世界得以逃逸，就好像你使一根管子发生爆裂；而且，任何的社会系统都沿着各个方向进行逃逸，即便它使它的节段不断僵化以便封堵逃逸线。[······]然而，更为常见的是，一个群体，一个个体，其自身就作为逃逸线而发挥功用；他（们）创造出逃逸线，而并非是沿循着逃逸线，他（们）自身就是有生命的武器——他（们）锻造出而非窃取了这件武器。逃逸线就是实在；它们对于社会来说是极为危险的，尽管社会离不开它们，并往往试图将它们的数量控制于最小。

德勒兹、加塔利，《千高原》（1992，279页）[2]

---

1 引自：黑格尔，《精神现象学（上卷）》，贺麟、王玖兴译，北京：商务印书馆，1979年，第132页。——译者注

2 引自：德勒兹、加塔利，《资本主义与精神分裂（卷2）：千高原》，姜宇辉译，上海：上海书店出版社，2010年，第285-286页。——译者注

1

导　言

13   1.1   自我意识的艺术作为权力的批判

充满愤怒、矛盾和叛逆的朋克族与无政府主义的达达主义者有什么共同之处？居伊·德波和情境主义者，以及他们的秘密社团为何会成为两者之间的重要联系纽带？戈埃尔·马库斯在他令人着迷的《口红印迹》（*Lipstick Traces*，1992）一书中对此作出解释。他描述了20世纪地下文化潮流，这一潮流盘根错节的形态长期以来隐藏至深。它的目的是重组日常生活、改变寻常事物以及生活。它带来的变化并不是革命性的巨变或者潜在理智的大复苏，它往往是短暂的、有时间和空间局限的自我授权的行为和逃避，以实现对自身和生活的改变。马库斯的兴趣在于通俗文化内部、自我认识、身份、社会关系、对世界的愿望和理解等领域中意义的转移。他通过制造背景来追溯社会生活中潜在的生产性和创造性，跨越与主导文化对立的亚文化和反文化实践中包含的顿悟、批判性事件、基本意义结构变化，直至生活艺术，或多或少实现一个自我管理下的存在的系统性表现。

本书中的议题都是文化研究运动所关注的中心问题，比如意义的改变、态度和价值取向、生活世界潜在的创造性和生产性、对权力的批判、自我授权的时刻——可能只是瞬间，却意义非凡。本书分析的核心是基于传媒的通俗文化，既没有从文化上将它贬得一文不值，也没有不加批判地将它捧高。通俗文化更多地被看作现代和后现代生活中理所当然的一部分，作为经验的视野以及自身存在的媒介。媒体提供了一个新的全球化以及无所不在的文化：图像、符号、话语、历史等，很多人通过它们建构自己的身份、形成对事物的政治观点、一起推动共同的文化。通俗文化不仅是对已存在事物的符号性融入，它也可以成为反对力量，在这个领域中，边缘化和从属化的人物可以提出和实现自己的利益。文化研究把文化看作一片充满斗争的土壤，在这里，不同的社会群体互相竞争，努力实现自己的要求、利益和意识形态。相比于对现存关系的再生产，它们更感兴趣的是文化的变迁。

14

从这个视角出发，文化并不等同于物品，不能把文化简化为文化机构生产和传播的对象。文化产生和发展的过程、意义和能量的流通、日常生活的移动性和可能性、创造性方面的发展、共同文化的创建，这些才是应该关注的主题。文化研究的兴趣不在于已完成的文化物品，而是在接受过程中的生产性以及在此后过程中的创造性。因此我们在本书中研究的主题，也是文化研究关注的文化社会学主题，即在社会秩序的环境下所强调的行动可能性。

文化研究没有把注意力放在单独的、创造性和唯我性的艺术生产和艺术享受经验上，而是关注嵌入世俗实践和日常生活使用中，在符号形式、文化物品和技术中的生产性，如何"违背原意"地被解读，如何与"解读说明"背道而驰。创造

性始终对主导的社会思想和价值提出质疑。如同马库斯，文化
研究也认为个体、群体和文化一起创造性地带来文化改变。这
一进程并不依据某个程序来进行，也无法有意识地发起，比如
情境主义者或者超现实主义。文化研究展示得更多的是文化
作为日常生活中（偶发）创造性的潜力。这一创造性和生产
性在社会实践中的展开决定了文化研究的项目。保罗·威利
斯（1981，18页）写到，生活本身就是一个研究实验室，在这
里，各种实验得以开展，没人知道实验的结果会如何。意义在
社会实践中被制造、实现和流通。雷蒙德·威廉斯（1977a）
认为文化是一种过程，在这个过程中有主导的、反抗的、冗余
的和附属的意义集合。文化研究的目标是文化的改变，尤其是
冲突、斗争和权力关系的转移，其中从属者、边缘化人群和被
排除在外的人群，他们拒绝权力提供的融入机会，或因各种原
因无法融入。因此文化研究的对象是亚文化、反文化、少数群
体、另类潮流，以及他们的反抗形式、顽强不屈、符号的使
用，还有小到甚至不被察觉的日常生活实践中的变化。受奥斯
卡·内格特和亚历山大·克鲁格（1981）的影响，文化研究对
《真正生活的阻碍》（*Block des wirklichen Lebens*）一书非常感
兴趣，书中包含许多不同的文化表现形式。文化研究不着眼于
统治者的历史，而是着眼于反抗、多样化进程，以及如何对统
治阶级的联系进行破坏、质疑和改造。

他们听从米歇尔·德·塞托（1988）的建议，聆听"社
会的喃喃低语"，重视普通人变成匿名主角的场景和实践。这
是一个文化影子经济的进程，将已经给定的和已经成形的想方
设法变成自己的。这是创造性地对待充满矛盾的日常生活的活

15

力，是在文化中和协商中对自己位置的坚守，简而言之：是自我意识的艺术，它并非在各种论点的斗争中得以施展，也不是一个普世理性的表达，它是在最普通实践中的亲身感受。在梅洛-庞蒂（1986）眼中，这是一种正在形成的理性，它创造意义并植根社会。

　　这类普遍的创造性（参见Kiwitz 1986）的目标是通过对权力的批判改变现存。但是它往往只能迈出很小的步子，几乎微不可见，在一个由结构决定和目标明确的社会行为中往往被忽视。米歇尔·德·塞托（1988，77页起）对此谈到了在功能性理性丛林中的战术、关于野生和拼凑的过程，以及"坐在两把椅子之间"的艺术。列斐伏尔在关于日常生活变化的思考中也考虑到了比如业余时间的生活艺术的可能性（Lefebvre 1977，50页），这对文化研究影响很大。文化是一个不断改变和发展的创造性过程，文化研究思考和研究的方向不是传统，不是传递下来的意义和价值模式——尽管这些往往决定了社会文化概念，而是改变和改造文化的过程。

　　接下来我们将再现和讨论文化研究在文化社会学领域的一些研究项目，这些项目证实和促进了自我意识艺术的发展，也带来了对权力关系的分析、批判和改变。它并没有追求本质化，而是从文化社会学角度出发对这一传统进行更加紧凑的表现和讨论。文化（行动力）是有生产性的，并不从属于结构，这对于社会学来说有着核心意义，因为社会学也可以被理解为文化学。所以文化研究可以作为马克斯·韦伯、格奥尔格·齐美尔、阿尔弗雷德·韦伯，以及其他社会学家在20世纪开始的宏大项目的继续。

16

1.2　文化社会学的任务

直到1970年代末，德语区的社会学在尝试重新回归文化社会学，沃尔夫冈·李普、汉斯-彼得·图恩和弗里德里希·H.腾布鲁克在《科隆社会学和社会心理学杂志》（1979，第三期）中介绍了文化社会学的概念、历史和项目，它不再是一个附属品，而是这个学科根本上的新导向。特别是马克斯·韦伯和齐美尔一直致力于批评美国结构社会学和战后德语区社会学对结构及其解释力的过度依赖，并提出社会不仅仅有文化作为基石，文化更对社会有建构的能力。比如特尔考特·帕森斯（1972）的设想，文化是带有特殊结构模式的自我系统，调控并决定着社会实践[1]；又如威廉·奥格本（1969）关于文化堕距（cultural lag）迁移的理论，他认为社会物质领域的改变也会以非线性的方式对文化领域带来影响，他不同意马克思主义中功能性明确的经济基础和上层建筑理论（参见Lipp 1979a/1994，79页）。文化和结构之间仅仅是抽象分析的区别，而不是物品的、在社会现实中标识的区别（参见Rehberg 1986）。文化和社会关系决定论，比如认为文化是依赖于社会的变量，抑或镜面理论都被予以否定："文化社会学并不一口

17

---

[1]　美国社会学在1960年代末和1970年代也对帕森斯的功能主义提出质疑，不赞同他赋予文化作为价值和标准系统的意义。他们对此的回应是对文化完全放弃，而不是对文化和社会的关系进行重新定义（参见Smith 1998，2页起）。帕森斯的学生，比如克里福德·格尔茨、罗伯特·贝拉和爱德华·谢尔斯则开始批评帕森斯理论中缺少解释学维度，以及文化和机构之间过于紧密的功能性联系，尤其是格尔茨（1983）提出了文化的符号学维度（参见Hörning 1989，1995）。"文化引导和决定了社会存在，但是它的引导并不是以因果关系的形式表现出来，而是一种通过意义对社会生活的渗透。"（Winter 1995，77页）

咬定文化的主导性，但是它也不接受结构的主导性。作为现实的科学，如果想要理解社会的历史和文化特性，而不仅仅是结构上的一般性，便无法把结构和文化区分开来看待"（Lipp/Tenbruck 1979，397页）。

腾布鲁克从1970年代初直到他1994年离开人世，一直把社会学看作文化科学[1]，并且一再强调社会理论不能只从社会角度来理解文化，更应该以同样的方式来看待社会进程中的文化条件和文化意义（参见Tenbruck 1979，400页）。只有这样才能避免大大缩减社会的概念，进而得以理解文化的维度。与此类似的理论，比如李普认为并不存在"文化"，而只有文化进程（参见Lipp 1979b/1994，59页），它是社会生活的中介："文化并非单独存在，它通过关系、关系形式、社会转换过程和分类等来表现自己。它本身就是社会，而社会则是由充满活力的部分构成：文化"（Lipp 1979b/1994，76页）。[2]在这一重新寻找方向的过程中，腾布鲁克尤其怀念在战后被遗忘的，或者被片面解读的经典社会学[3]，经典社会学在与人文学和文化学的紧密关系中曾经非常深入地研究过"文化交流"。当今文化社会学的任务是发现文化在当下的形式和内容，同时也不忘记它的历史维度。"只有当社会再次被看作文化时，社会学才能发现新的事实和改变，这仅仅通过结构的方格是无法发现的。"（Tenbruck 1979，416页）

18

---

1 关于腾布鲁克立场的发展，参见Albrecht，Dreyer & Homann（1996）出版的文集《文化社会学展望》中的导言（Tenbruck 1996）。

2 李普（1994）在维克多·特纳（1974）符号民族志学的基础上将文化进程根据其内在的活力定义为戏剧。通过大量的戏剧化、转换和澄清产生新的意义和秩序。

3 参见腾布鲁克对帕森斯删减韦伯理论的批评（Tenbruck 1990，38页起），以及他自己对韦伯的理解（Tenbruck 1999）。

　　腾布鲁克在后期的研究中再次指出文化概念对社会学的中心意义（参见Tenbruck 1989），必须在研究文化科学的过程中对它进一步精确（Tenbruck 1990，41、49页）。"人"作为文化生物，可以也必须解读社会的状况和进程。如果社会学能再次获得文化角度的理解，就不会再认为自己是"技术的科学"，也不会把社会看作"可以计算的系统"。一个接受了文化作为社会事实的社会学，一个不把结构作为决定性因素的社会学，将不再是为决定者服务的技术性学科，而是通过文化意义强调自我反思（Tenbruck 1990，51页）。

　　这一充满野心的文化社会学项目在德语区得以迅速地实现，1979年以后大量关于文化社会学的研究论文发表，文化和社会结构的关系获得极大关注，同时也超越了这个项目的范围。奈哈特、列普修斯和维斯 1986年发布了《科隆社会学和社会心理学杂志特别版》，汉斯-格奥尔格·泽弗纳1988年则出版了社会学作品集，诺伯特·艾力亚斯、皮埃尔·布迪厄、克里福德·格尔茨[1]和尼可拉斯·卢曼等的作品引发的讨论更加深了对文化和社会关系的研究。还有斯特凡·穆勒-多姆和克劳斯·纽曼-布朗出版的关于传媒文化传递意义的著作（1995）。文化社会学新导向大彰其道。

　　尽管阐释性社会学[2]以及实证社会学研究表明，人类是一种解读的和行动的"文化生物"，但是很多文化分析还是摆

1　参见Hahn（1986a）和Rehberg（1986）关于文化、社会和文明化过程的理论，以及艾力亚斯出版的"现代文化社会学"文集（Kuzmics/Mörth 1991），布迪厄（Eder 1989）和格尔茨的现代符号民族志学（Fröhlich/Mörth 1998）；以及福克斯的概览（1998）。

2　参见Hammerich/Klein（1978），Soeffner（1979），Helle（1980），Soeffner（1984），Hitzler（1988），Soeffner（1989）和Schröer（1994）。

脱不了附属地位。因为对文化越来越高涨的关注度，沃尔夫冈·卡舒巴甚至担心社会的文化化（Kaschuba 1994）。就现在的理论讨论和研究而言，这种担心毫无必要，也对文化和社会关系的解析毫无益处。汉斯-彼得·穆勒（1994，151页）批评到，想尽一切方法捆绑经典社会学去理解后现代时期的文化是毫无意义的做法。容和穆勒-多姆（1994，474页）写道："尽管1980年代的文化社会学获得了长足的进步，但我们依然无法断言它对于自己的研究领域拥有一个完整的理论大纲，或者拥有公认的方法论，抑或拥有研究实践的和研究对象的具体方法。"尽管这些评估，尤其是英美国家的相关讨论，看起来有些负面[1]，但是它进一步强调了1979年在德语区社会学中启动的社会学作为文化学的项目还在初始阶段，要用怀疑的精神来看待它。

英语区提到社会学的"文化转向"（参见Chaney 1994；Crane 1994；Griswold 1994；Long 1997；Smith 1998；Denzin 1999a），这不仅因为后现代社会中现实状况和日常文化的改变（比如工业工作的没落，服务行业的兴起，消费、传媒和美学重要性的提升[2]），更因为一个诞生于40年前的、跨学科的研究传统——文化研究，它综合了人文、文化和社会科学方法，从当代的文化和社会进程出发进行理解和分析。它的工作多种多样，但是在德国仅仅在传媒研究、意识形态研究

20

---

1 戴安娜·科瑞出版的文集《文化社会学》（1994）和《理论，文化和社会》中收录关于美国社会学协会关于文化社会学的深入讨论。

2 关于日常生活中的后现代美学讨论（Winter 1995，第四章），以及关于社会的"后现代化"（Crook 1992）。

和青年研究领域被零星地介绍[1]，而不是从文化社会学的角度被讨论[2]。

在这个背景之下，本书通过重建的分析和讨论来解析文化研究的理论发展[3]，及其对社会学作为文化学的贡献。我们观察的焦点是行动力和结构之间的关系，尤其是自我意识的艺术作为文化批判的力量，文化研究的文化社会学核心立场。我们想要展示这个运动在1950年代末和1960年代初的诞生，理查德·霍加特、雷蒙德·威廉斯等人如何从文化角度来进行社会分析。这两位作者被认为是与历史学家E.P.汤普森并列的、文化研究的创始人（第2章）。

此外，我们还将仔细分析1960年代和1970年代伯明翰当代文化研究中心（BCCCS）的理论高度发展时期。文化研究的项目在文化主义和结构主义之间蓬勃发展（第3章）。

接下来我们会探讨文化研究的后结构主义阶段以及1980年代开始的国际化。探讨的重点是通俗文化的研究，这些研究使用了受文化主题引导的后结构主义方式。约翰·费斯克和劳伦斯·格罗斯伯格的著作尤为重要。此外，传媒文化和全球化的关系也是文化研究的关注点之一（第4章）。

在本书最后一部分，我们会进一步探讨对通俗文化研究

---

1 德语区对文化研究的接受，参见Lindner（1994）和Mikos（1997）；意识形态理论，参见Räthzel（1997，第一章）。

2 腾布鲁克书中有对威廉斯《文化与社会（1780—1950）》（1958），以及《漫长的革命》（1961）的引用（1990，51页）。威廉斯的文章《卡尔·马克思和文化理论》在奈哈特的文集中出版（1996），瑞博格曾经引用。在文化社会学的构建过程中，文化研究据我所知并没有扮演任何角色（Berking/Faber 1989）。

3 因为篇幅的关系，不可能列举中心出现过的所有理论立场和争论（参见Hall 1980a；Grossberg 1993）。以下重建的向导是从一开始就一直受到文化和社会复杂关系推动的项目。

的批评，比如认为它是"文化流行主义"。我们在社会学范畴中看待文化研究、传统实用主义和当前全球化讨论之间的亲密关系，以及文化研究对于现在的意义。我们会将文化研究的项目和第1章介绍的文化社会学项目进行比较，找出共通点和不同点，尤其是文化研究对当代社会学的现实意义（第5章）。

　　总而言之，本书的目的在于在德语区内发现[1]并巩固[2]文化研究传统作为指明未来方向的文化社会学传统。如同文化社会学在诞生时期的许多研究一样，这一传统是跨越且超越学科的。

22

1　对传统的发现，参见艾瑞克·霍布斯鲍姆（1984）。它的急迫性在于最近德国的一些学者试图从英语区的"教科书"中理解文化研究，从而逃避那些可能会对他们本身的认识、理论和方法论带来质疑的观点（参见Winter 1997a）。因此我在重建的时候尽量小心翼翼和准确。只有这样，文化研究才能为德语区已经确立的方法和理论带来挑战。

2　我已经进行过以批判为主要目的的文化和传媒理论研究（Winter 1995），比如针对传媒影响研究、文化工业理论和后现代文化理论，我指出这些理论最大的弱点在于缺少对文化加以区分的理论，没有将社会日常实践领域以及它蕴含的符号表达作为研究对象。它们没有研究文化如何制造日常环境以及这一过程的复杂多样性。

2

英国文化研究的诞生

2.1 前 言

英国文化研究项目的诞生和发展归功于不同声音之间的对话和争论。以下我们将研究，为什么在政治和知识的碰撞冲突中，文化始终站在最前线；以及在这一过程中对文化产生了哪些设想。通过分析个人及群体的行动力被赋予的角色和意义，我们会逐步接近自我意识的核心问题。我们会看到，文化研究作为福柯意义上的论述，绝不仅有单一的起源，而是如斯图亚特·霍尔（1992，278页）所述，来源于多样的理论遗产，由不同时刻的理论汇聚在一起："文化研究有着不同的话语，它有多样的历史，它是一个形态的全体集合。在历史上，文化有着自己的危机时刻，也有光辉瞬间。它包含了很多不同种类的工作"。本书的重点在于讨论社会学角度的文化研究。我们并不尝试将文化研究压缩到最本质，相反，我们会尝试重新构建文化研究这一传统。文化研究项目的开放性和多样性、研究对象的广泛性，及其不同的研究形式，并不能掩盖一个事实，即雷蒙德·威廉斯（1989a，151页）指出的文化研究项目的"能量和方向具有共同的倾向性"。本书将把"自我意识的艺术"这一项目作为对权力的批判来讨论。

2.2　新左派的诞生

雷蒙德·威廉斯、理查德·霍加特、爱德华·汤普森和斯图亚特·霍尔都在不同程度上和英国的新左派有千丝万缕的联系。1950年代中期，带有历史政治色彩的马克思主义工程陷入危机和分裂，由此产生了新左派这一政治力量。其中两个政治事件引发了这一危机：一是苏伊士运河战争，英法两国入侵埃及；另一政治事件是匈牙利十月事件，它引起了国际共产主义运动内部的危机。正如斯图亚特·霍尔在事后写到（1987），这两个事件无法被带有社会主义立场的知识分子所容忍，从而产生了明确拒绝斯大林主义，同时也明确拒绝西方帝国主义的新左派。新左派的代表人物认为，马克思主义无法为分析当时英国的权力关系、阶级关系和资本主义提供满意的解决方案。霍尔（1992，279页）认为，马克思主义因为其单一的解释模型甚至成为一种问题，所以当时出现了对待马克思主义的不同工作方法：大喊着和马克思主义保持距离；改变马克思主义、反对马克思主义；与马克思主义合作；发展马克思主义。

从机构的角度来看，新左派是一个组织松散的知识分子反对派，他们仅仅依靠几个出版社和研究机构组织在一起。在新左派中，不同的马克思主义思潮汇聚在一起，形成了一个新的统一的知识分子力量。[1]大多数新左派的代表人物相信工人

1　①异议共产主义，基于工人阶级文化和政治以及其他英国19世纪极端传统；②独立社会主义，来自牛津剑桥中产阶级，带有伦敦民众抗议的传统；③理论马克思主义，来自经典国际主义和欧洲大陆马克思主义思潮（Chun 1996，13页）。

阶级可以成为和资本统治者对抗的力量，他们对当时的社会关系发表极端却鲜活的批评，将知识分子的力量团结起来，并为进步社会思想的发展打下基础。1950年代，在冷战和美国消费文化的大环境下成长起来的新左派，其特殊之处在于，他们不仅和斯大林主义及其他东欧马克思主义划清界限，而且更深入地研究政治和社会变化时的文化层面，以及批评对社会的重要意义。文化研究第一次将文化论述放到了政治讨论的中心位置（Chun 1996，60页）。德沃金（1997，3页）认为，英国文化研究和法兰克福学派的共同点，即对经济主义的坚决拒绝，导致了文化马克思主义的形成，文化马克思主义的目标是在战后国家建立对社会主义的认识。

25

"旧左派"在1930年代对资本主义有一种僵化的，将其等同于世界末日的看法。那时的资本主义充满各种危机，马上要陷入无政府和灭亡的状态。[1]根据马克思主义的经济基础和上层建筑理论，文化属于上层建筑并取决于生产关系。文化现象被认为是对经济关系的反映。新左派却对此做出了新的理解，他们没有把文化和政治分开讨论，而是把文化分析和文化政治作为他们的核心活动。他们认为，要实现社会主义，就必须从普罗大众的文化和经验着手，关注他们的担忧、困境，以及快乐和幸福。他们拒绝承认文化仅仅是经济关系的反映并从属于政治，这奠定了英国文化研究作为理论运动和科学学科

---

1 比如考德威尔，作为代表性的理论家，认为市民文化是"垂死的"、"病态的文化"：生产力的不断提高并没有带来和平、富足、幸福，反而通向战争、饥荒和苦难。这一危机在所有领域的典型特征是无政府主义。[⋯⋯]并且它带有无政府主义的一个典型特征，即越多的人追求共同的事实、信仰和世界观，努力构建一个意识形态，而对真相的矛盾的、局部的观点也会越多（Caudwell 1938，德文版1974，6页）。

的基础。在新左派的语境当中，文化是社会斗争和政治斗争的核心过程和核心方面（Williams 1980a，255页）。本章讨论的三位作家的早期作品尤其令人瞩目：文化理论家、文学家雷蒙德·威廉斯，理查德·霍加特以及历史学家爱德华·汤普森。[1]他们的作品奠定了左派文化主义的基石（参见Milner 1994），宣告了文化研究的诞生。三人都与1956年的政治运动相关，并深刻影响了1960年代后的知识分子圈。

对文化的研究成为新左派政治讨论的重要组成部分，不同的原因可以解释这一现象。尤其是保守派的文学批评家艾略特和利维斯在英语语境中把文化的概念和"文明"这一概念批判地对立起来，这为对文化概念作出不同的阐释铺平了道路。当时的现实情况使文化这一概念成为新左派讨论的焦点，比如在战后的英国需要对工人阶级角色进行重新定位，以及重新定义社会冲突。对斯大林主义的批评显示了战胜经济衰退的必要性，以及重新讨论道德、群体，包括工薪阶层外的陌生化等问题的必要性。第二次世界大战以后，消费社会快速发展，各种深刻的社会变化，尤其是阶级结构和生活方式也与之相伴。人们认为，资本主义虽然还没有面临全面危机，但是至少正在经历一个文化危机。

另一个主题是大众媒体日渐上升的重要性和力量。正如一位学者所阐述（Chun 1996，60页），新左派首先把传播系统看作一股政治力量（参见Williams 1962）。除此之外，在政

1　他们的经历有一些共同之处。威廉斯和汤普森都是前共产主义者，但是逐渐脱离这一主张。霍加特和威廉斯来自工人阶级，三者都是英语文学专业的学生，霍加特就读于利兹，汤普森和威廉斯就读于剑桥。他们在"二战"时期都效力于英国军队，在创作奠基作品时，都受到了成人教育工作的启发（参见 Steele 1997）。

治的范畴内，与文化研究同时兴起的一系列艺术运动，比如"新戏剧"和"自由电影"，这些运动强调把文化作为抗议和批判，强调日常生活和普通百姓的重要性。[1]这些运动也和青年文化、流行文化和反精神病学建立联系。霍尔（1958）从他的学术生涯开始一直研究电影及流行文化，他认为艺术家和政治知识分子应该互相补充，因为新左派对庞大复杂的现实进行了不同方面的研究。

不像德国或者法国，英国的知识分子界没有强大的学院派社会学，新左派的文化研究正好填补了这个空白。"英国布尔乔亚社会文化的建构缺失中心，它是一种关于自我的绝对理论，必须是经典社会学或者国家马克思主义。"（Anderson，引自Green 1974，37页）在岛国英国，知识分子界有一个特殊现象，即从19世纪开始，对工业资本主义的社会学思想和批判成为英国艺术和文化批判的重要组成部分（参见Lepenies 1985，185-236页）。这一现象从华兹华斯、柯尔律治、罗斯金延续到马修·阿诺德、利维斯和他的"批判圈"，然而他们并没有组成一个独立的社会学团体。英国的文学和文学批评，与文明和文化批判公理体系关系紧密，一直以来在英国社会享有极高的声望。这一传统也融入了文化研究中，所以勒佩尼斯（Lepenies 1985，236页）将文化研究称作"社会学和文学批评的综合"。这一文化概念在英国思想潮流中的重要

1　"自由电影"狭义来说是指英国电影的纪录片倾向，代表人物是导演林赛·安德森、卡莱尔·莱斯和托尼·理查德森。他们与传统叙述性电影保持距离，认为它脱离现实、忽视和丑化工人阶级。他们致力于实现对生活方式的真实再现。在《妈妈不让》（*Momma Don't allow*）中，跳舞和爵士被看作年轻人最爱的两大活动，表达了社会解放和性解放的可能性。"自由电影"的人文倾向和再现工人阶级的努力使它与文化研究的文化主义阶段相匹配。

性，可以追溯到浪漫主义时期的精神潮流，在德国与此对应的是哲学家赫尔德、狄尔泰、李凯尔特、齐美尔等创立发展的文化哲学和文化社会学，以及伽达默尔的哲学阐释学。

处于社会学和文学批评之间，与新左派运动同气连枝，文化研究成为一个具有广泛影响力的思想运动。这一运动和霍加特、汤普森以及威廉斯这些名字紧密相连。英国的学院社会学很长时间一直默默无闻，它只埋头进行实证和数据研究，而不像德国或者法国的社会学一样，敢于做出综合性的解读（参见Anderson 1992）。而文化研究对英国及国外知识界的争论有着重大的影响。因此，英国文化社会学并不以社会理论性作品著称，而是在一些学者身上找到了出路。他们既能够用文学的和历史的方法来解读文本，同时又对政治问题和社会整体研究感兴趣。[1]

佩里·安德森（1965）认为，是新左派使英国文学批评的社会批判传统首次在社会中扎根。与"批判圈"中的精英思想不同，文化研究致力于成人教育，扩展了文本研究和经验处理（参见Steele 1997）。文化的各个层面被解剖和分析。正如威廉斯在回顾中写道："他们在这一文化和社会形式中看到了可能性，并重组了他们个人成长史中被阻断的东西，即高等教育的价值和所处阶层及附属阶层中大多数人的持续教育匮乏"（Williams 1989b，170页）。不仅是个人原因，

---

1 威廉斯认为，由他们在剑桥创办的杂志《政治与文学》带有的目的是："为了生产一种评审，可以将极端左派政治和利维斯式的文学评论家联合起来。利维斯的巨大吸引力在于他的文化极端主义。他对学院主义、布卢姆茨伯里、大都市文学文化、商业化媒介、广告所开展的广泛炮轰首先吸引了我"（参见Williams 1979，65页起）。

深刻的政治信念也带来了这一观念。因为人们不相信一个先锋党派的革命力量，而认为社会的变革需要从下往上进行，所以工人的意识觉醒就非常重要。按照葛兰西的论点，新左派的代表们担负起了"有机知识分子"的功能，他们想把自己的想法和理论变得容易被工会和工人理解，这样他们就可以把理论应用到实践中。

　　所以，在文化研究的开始阶段，它是一个和政治紧密联系的运动，它代表的理论角色可以用"文化主义"来形容。它一直尝试在英国社会批判的道德传统基础上，建立一个以文化为基石的社会主义，并且成为独立的知识分子传统。接下来我们将讨论这一传统的一些重要作品，它们都诞生于1950年代末和1960年代初。在这些作品中有大量建构性的和充满争议的对话，文学批评家、文化理论家和历史学家通过这些讨论表达了文化研究最初的文化理论和文化社会学定位。1964年，霍加特成为伯明翰当代文化研究中心的主任，开始了文化研究的学院化。我们在此首先讨论的问题是，哪些文化概念获得了发展、文化和社会的关系如何被构想、大众文化获得的角色，以及主观能动性被赋予的意义。

29

2.3　文化研究之文化地位的形成

2.3.1　导　言

众多关于文化研究的理论讨论表明，有两个研究方向确立了其框架，即文化主义和结构主义（参见Johnson 1979；Hall 1980a；Hall 1980b & 1996）。文化主义研究方向的主要代表人物是威廉斯、汤普森和霍加特。斯图亚特·霍尔则将来自法国的结构主义思想带到了伯明翰。但是他并没有照搬法国的结构主义，[1]而是尝试把两个研究方向结合到一起，令其优点互补。在综合两个理论的努力之前，我们先来研究文化主义的先驱，比如致力于文学和文化批评的F.R. 利维斯。他在文化研究之前是文化主义最重要的代表人物。深深扎根于英国人文历史中的文化主义思想一直可以追溯到埃德蒙德·伯克和威廉·柯贝特。这一思想对文化研究成为知识分子运动起了决定性作用，它的一些方法至今仍起到基础性作用。因此我们将首先重建这一背景，以便更好地阐释文化研究的意图、目标和前景。此外，我们还将研究文化研究与之划清界限的正统马克思主义。

2.3.2　利维斯的文学批评

文化主义的显著特征是将文化与社会和文明对立起来。

1　霍尔（1980b/1996，47页）批评英国知识分子对法国结构主义不加区分地接受，沉迷于对阿尔都塞的文本做出注解。

文化包含了艺术和生活方式，它与工业化的、机械化的、物质化的文明不同。19世纪末和20世纪初，这一概念在英国的传统学科，比如英语文学中被学院化。尤其在利维斯和他著名的剑桥圈中的作品可以看到这一趋势，他们在《细察》（Scrutiny）杂志刊登作品。他的作品对英国精神领域的巨大影响，并不仅仅因为其激进且毋庸置疑的价值判断，尽管这些价值判断引起了对英国传统经典文学的修正，而更多的是因为他构建了一个以文化批判为主题的文学批评。"虽然利维斯认为自己首先是文学批评家，但是毫无疑问，无论是批评功能的概念建构，还是它的任务和批评方法，都离不开对现代社会真实生活的文化批判性诊断，离不开对文化和文明对立的社会中，价值和意义缺失的批判性诊断。"（Winkgens 1998，23页起）

从对文学文本的具体分析出发，以文学批评和大众共同的价值经验和意义经验为根本，利维斯始终反对将它的文化批判和文学批评具体理论化或者一般化。他倾向于文学经验的特殊性，以此获得对其实质内涵必要的一般化判断（参见Winkgens 1988，26页）。不同于许多文学批评家，利维斯放弃具体的理论解释，因为他坚信，文学价值和可分析性是植根于文学和历史中的，是不言自明的。[1]

如果进一步研究利维斯，就会发现一些与其他文明批判

31

---

1 一位批评家认为："利维斯的全部作品都建立在一个连他自己都永远无法阐释或者捍卫的形而上的基础之上"（Lawford 1976，引自Winkgens 1998，27页）。另一个缺少文学和文化之间关系的理论性依据的原因是，他的大部分作品都是在时间压力之下为杂志《细察》所做。

传统平行的特征及其哲学方面的思考（参见Winkgens 1988；Milner 1993，14-23页）。比如，他的美学尝试，把单个的艺术作品和文化传统以比喻的方式在社会有机体中加以理解，这和德国的哲学精神系统非常接近。因此，在利维斯看来，文学传统并不是一系列的单个作品，而是一个有机的统一体，是文化历史的产物。他以这个方式来评价单个的作品，即这些作品从形式到内容是否满足这个有机统一体的美学理想。是否很好地展示了生活和生活的可能性，这是利维斯用来评价伟大文学作品的标准。生活充满了随性的创造性，在利维斯看来，这和文明及文明的物质倾向相对立。在他的文明批判中，他将现代英国社会的功利主义与生活对立起来，他将其称为"技术功利主义"。他批评批量生产的物质过程所导致的标准化和水平化，他批评技术的变迁所导致的个性和创造性的毁灭。他以工人不断重复的、自动化的工作内容为例子，将人比作屈服于外界物质力量的被动的"游戏球"。这样的一种文明必然是反对文学和艺术的，因为它已经失去了文学和艺术中保留的生活方式。与法兰克福学派相同[1]，利维斯和他的圈子批评电影、报纸和广告等，因为这些破坏审美标准和感受性。

利维斯的社会批判是悲观的，他将英国历史解读为逐渐分裂和失败的过程。分裂和失败的核心是传统有机共同体的消失和非有机的工业文明的取而代之。利维斯认为，这个过程将导致知识分子文化和大众文化的消亡。随着工业革命的深入，旧的民俗文化消失，而知识分子文化则越来越脱离"生

1　两种理论的共通性在于反功利主义。但是利维斯和他的追随者认为马克思主义是功利主义的一种游戏方式，帕森斯的观点也类似。阶级斗争没有解决现代文明的矛盾，而是完成了资本主义的工作（参见 Leavis 1933，19页）。

活"，进入"梦的世界"。利维斯对历史发展进程近乎世界末日般的看法，让他赋予知识分子英雄般的构想：他们的社会任务是保卫人的价值，对抗功利主义文明的踩踏。在他看来，"文学精神"需要有以下特征：智慧而敏感，灵活而守纪，充分且全身心关注通过文学训练产生的价值（Leavis 1948，55页）。他很清楚，在每一个时代，只有很小一部分人具有足够的感受性，能够发展文学和艺术，能够将一般"人类"的意识和英国文化特有的意识表达出来。对于他而言，英国文化在对英语的使用中发展、发扬。"其结果是一种带着卓越美德的民族主义思想的占据，即使不是因为现代英语，也可以是因为祖先和工业化前的有机社会留给祖先的语言遗产。"（Milner 1993，23页）

2.3.3　正统马克思主义

第二次世界大战以前，马克思主义作为另外一种思潮，在1930年代对自然科学家、作家和文学批评家有着极大的影响。[1]这个圈子里的学者包括塞西尔·戴·刘易斯、W.H.奥登、克里斯托夫·考德威尔和拉尔夫·福克斯。[2]他们理论的标志是由马克思和恩格斯发展的关于经济基础和上层建筑的理论。因为恩格斯对现实主义的偏好，所以正统马克思主义的文学理论认为伟大的艺术都是对社会现实的再现，认为资本主义危机重重，是必然会崩溃的社会形式（参见Milner 1993，24

33

---

[1]　利维斯和他的圈子认为自己是反马克思主义的，对马克思主义的挑战提出解答。

[2]　关于英国1930年代马克思主义文学评论，参见古斯塔夫·克劳斯的文选《三十年代的运动》（Klaus 1973）。

页）。因此那些非现实主义的作品，比如超现实主义和乔伊斯的《尤利西斯》被批评为颓废。

英国最著名的共产主义文学批评家是考德威尔。他的主要作品为《幻想与现实：关于诗歌起源的研究》（*Illution and Reality*：*A Study of the Sources of Poetry*，1937，德文版1971），以及《垂死的文化论文集》（*Studies in a Dying Culture*，1938，德文版1974）。他加入国际纵队参加西班牙内战，于1937年战死在西班牙的土地上。他死后不久，他的两部著作先后出版。他认为，文化历史作为"上层建筑"的一部分，受不断发展的经济物质基础的影响，会随着人类和自然无穷尽的斗争而不断改变。"诗歌是社会历史的结晶，是人类和自然抗争过程中充满情感的汗水。"（Caudwell 1971，简介）考德威尔将英国诗歌的发展和经济社会的发展关联起来。从最开始的1550—1600年的原始积累，到1930年代资本主义大危机，他确定了每个文学历史时期的一般特征和诗歌的技术特征（参见Caudwell 1971，图表，118-123页），比如在工业革命时期，诗歌出现的浪漫主义的抗争，并最后退回个人世界。"诗歌对旧体裁进行反抗，它们回归情感和心灵"，"节奏在浪漫主义诗歌中有着催眠的作用"，"这是诗歌技术的一大进步"（Caudwell 1971，120页起）。在他看来，文化在经济和社会发展中有适应的能力。它帮助人们的内心世界适应每个时期的特定需求。他甚至简洁地把文化称为"经济的分泌物"。

考德威尔和其他共产主义知识分子希望艺术家和知识分子们能够创造无产阶级艺术，以战斗的姿态进入新世界："我们呼吁你们真正地生活在新世界，不要把你的灵魂留在过去"，"我们应该知道，当你的艺术获得生命，转变已经发生，它会成为普罗大众的"（Caudwell，引自Milner 1993，31页）。但是资本主义并不处在下坡路上，相反，第二次世界大战后，它再次稳定并且获得新的发展。考德威尔和他的同伴们的希望没能实现。

在这个背景下，政治主导的保守主义和文学文化批评领域的精英势力没有获得成功，第二次世界大战后，进步的知识分子努力寻找新的出路。为了对抗斯大林主义和他的专制遗留，新左派开始争取社会主义人道主义，这使他们和战前的共产主义者有了决定性区别。[1]与斯大林主义不同（参见Thompson 1957），文化主义者和其他西方马克思主义者发现了一个年轻的、人道主义的马克思，一个与黑格尔和德国浪漫主义相关的马克思。在这个基础上，新左派设计了新构想，不再用任何决定论来限制人的行为自由，不再坚持文化只是被动的消费，而是强调文化是积极的创造。不仅仅如利维斯这样的文化精英，每个人都可以尝试形成自己的世界观，创造性地与世界互动，每个人的能力都可以超出简单重复别人看法和实践的围囿（参见Williams 1961）。文化主义的代表人物认为，对一个社会文化的研究不能只局限于文本形式的研究，而应该包括社会阶层和社会群体的实践。用这种方式来了解这些创造文本及实践的个人和群体所持有的观念和行为模式。

1　威廉斯在和《新左派评论》的一个访谈中说到，他和一起创建了期刊《政治与文学》的同事们，因为英国共产党在知识分子问题上犯的错误而拒绝这一党派，他们把自己看作"文化中的激进元素"（参见Williams 1979a，66页）。

35　2.3.4　霍加特《识字的用途》（1957）

　　1957年，霍加特出版了《识字的用途》一书[1]，这本关于大众文化和工人阶级的著作顿时成为争论的焦点。当时很多人持这样的观点，工人阶级通过更好的生活条件和受教育的可能性，正在经历转变为市民阶级的过程。霍加特拒绝接受这一观点，同时他也拒绝接受传统马克思主义把工人阶级作为社会结构中固定不变的组成部分的观点。他的主要目的是阐述工人阶级价值观的重要性，以及展现工人阶级文化和经验中深刻的变化[2]。商业性的大众文化不断扩大影响力，威胁到了工人阶级的传统文化。他以比较的方式来进行阐述，书中的第一部分有自传的特征，讲述了1930年代，他在英国北部，充满生命力的工人文化的核心地带，度过了自己的童年。第二部分则描述了1950年代新的娱乐和传播形式对工人阶级的影响。他的著作不仅有他个人的经历，也有文学分析和利维斯风格的批判。他用这些方法来分析歌曲、廉价小说和杂志，并且尝试把工人阶级文化作为一个文本来分析。

　　首先他通过详尽的描写来强调1930年代的工人阶级文化的特征：有着强大的群体感，团结意识，非常注重家庭和邻里，关注日常生活中重复的细节和事件。这些特征是实用的生活观的体现，是一个社会团体阶层的典型表现（参见Hall 1977，60页）。对他们而言，与其他社会阶层的接触并不重要，重要的是直面自身的生存。"我知道利兹城内这个区的人

1　这本书成为讨论的焦点，被出版过很多次，至今还可以在书店买到。我们主要参考1992年的版本。

2　《新左派评论》第一期就刊登了霍加特和威廉斯之间关于工人阶级文化的讨论。

如何生活，我知道该如何活下来，我知道我的家庭成员如何 36
患难与共，我知道该如何为自己的人生努力"（Hall 1977，60
页）。由此产生的实用的人生观，带有一点地方主义，往往拒
绝改变和创新，对此霍加特也供认不讳。

　　除此之外，他在书中描写了生活中的许多文化活动（参
见Hoggart 1957/1992，第四章和第五章）。比如他参加了管乐
队和演唱团，描述了去海边郊游的美好时光，介绍了作为工人
阶级交流聚点的酒吧。霍加特展示了工人们的公众生活和私人
生活是如何紧紧结合在一起的。读者很容易就能想象出一个传
统文化和工人阶级文化的有机结合体。利维斯曾经描述过旧
时代农民社会，艾略特也曾经赞扬过17世纪的民间艺术，这些
艺术消失于工业化和现代化进程。在霍加特的书中，我们也
可以找到怀旧的痕迹以及对工人阶级的理想主义式的崇敬和
浪漫化。[1]在他看来，尽管20世纪发生了很多变化，比如城市
化，但是工人阶级依旧没有丢失他们地域的、非匿名的、集
体式的生活方式。他认为传统马克思主义中的核心，即阶级
斗争，只能在受过政治启蒙的少数派中实现，对于整个文化
来说并没有代表性。

　　在《识字的用途》的第二部分，霍加特对大众文化进行
分析，在他看来，大众文化体现了"二战"以后巨大社会变迁
的一个维度，它埋葬和腐蚀了工人文化。[2]霍加特认为虽然受

1　霍加特对这一趋势心知肚明，他写道：怀旧是被事先涂上色彩的材料。我在复制它
　　的时候需要除去这一色彩（Hoggart 1957/1992，17页）。

2　在当时，很多知识分子都和霍加特一样将怀旧和对大众文化的批评联系起来，尤其
　　是经典社会学以及法兰克福学派的代表人物（参见Stauthffurner 1988）。一个通向
　　前方的可能出路是对大众文化的重新评估和定义。我们之后可以看到，1980年代文
　　化研究的一些代表人物走上了这一道路。

现代化进程影响，文化传统依然为工人阶级提供可能性，使其能够批判地看待这一对他们的地域团体化生活方式构成的威胁，然而主流文化的文化工业，以潜移默化的方式将"一个阶级的内在动力毁灭"，从内部重新建构这个阶级。这个过程并不是通过思想传递的方式，而是通过消费思想和大众文化直接改变阶级内部的结构来实现的。

霍加特认为，工人阶级普遍的审美是"生活在这里"，"对具体事物有着深刻的意识"，以习惯、仪式和神话为特征，拒绝把艺术作为对日常生活的逃避。而大众娱乐的形式，比如各种街头娱乐报纸，作为一股非常保守的势力，威胁阶级文化，导致文化流失。"大多数的大众娱乐归根到底是'反生活的'，D.H.劳伦斯如此描述。它们充斥着堕落的狡谲、不当的诱惑和败坏的道德[……]它们无法真正吸引头脑和心灵，它们逐渐取代那些更加积极的、更加充实的、更加讲求合作的愉悦，那种获取多少就想回报多少的愉悦[……]大量此类产品每天在侵袭着民众，其影响广布且均匀。"（Hoggart 1957/1992，340页）商业化的、操纵性的大众文化取代了工人阶级有机的自我生成的文化[1]，这些产品，比如美式的自动点唱机、侦探片、爱情小说等，往往具有很低的审美趣味，且充满了"不真实"。原本相对封闭的工人阶级文化以这种方式被打开，团体的生活方式、内在的驱动力都面临着被摧毁的危险。

该书的第一部分，将自传体式的回忆、社会学分析和

1　霍加特没有看到，1930年代已经有商业形式的娱乐了，当时已经对工人的文化活动产生了影响。

文学感受性结合在一起，对日常生活实践和形式进行详尽的现象学描述，将工人生活氛围在情感上和意义上精确重现。在第二部分中，霍加特的理论接近霍克海默和阿多诺（1947/1969），对文化工业进行批评[1]。在他眼中，1950年代的大众文化与充实的生活对立，它使得生活的内涵越来越稀薄，通过不断的过度刺激最终导致迟钝麻木。"反对大众娱乐最强大的论点不是其恶化品位，即使恶化的品位也可能鲜活和积极，而是它们过度消耗了品位，使品位变得迟钝，最终又杀死了它。"（Hoggart 1957/1992, 196页起）通过很多例子，霍加特批评了1950年代商业化呆板文化的扩张。工人文化中自带的娱乐性并不足以与之抗衡。首先他批评了大众文化的制造者，他们使文化消费变成了被动的接受。他以点唱机男孩为例："就像我前几章描述的咖啡馆，牛奶吧台满是污秽，充斥着现代化的小摆设和华而不实的俗气饰品，毫无品位可言，即使穷人家里的客厅设计也比这个强多了，起码具备平衡和文明的传统，有如18世纪的排屋。点唱机发出巨大的噪声，足以填满一个大型舞厅，更何况街头小店。一些年轻人或者晃动着肩膀或者呆视，仿佛绝望的亨弗莱·鲍嘉（Humphrey Bogart），呆滞的目光穿过钢管支撑的椅子"（Hoggart 1957/1992, 247页起）。

38

霍加特认为这种浅薄的娱乐文化，根本无法和鲜活的酒吧文化相提并论。"许多顾客 ——他们的衣着、发型和表

---

1 他带着这一论点加入利维斯的圈子，认为大众媒体是文化走向灭亡的罪魁祸首。他将1930年代的工人阶级文化定义为美好的过去，与可怕的现在形成对立；但是他与利维斯及其追随者又有所不同，因为利维斯并不太看重工人文化，他的理想状态是"敏感的少数"。

情——无不透露着这样一个信息：他们生活在一个仅由几个简单元素组成的神话世界里，他们把这些元素称为美国的生活方式。"（Hoggart 1957/1992，248页）他悲观地给未来画像，那会是一个充满被动观众的社会，他们瘫坐在电视屏幕或者电影银幕前，被牢牢吸引，或者着魔似地盯着封面女郎看。至此可以看出，该书的第一部分乐观而浪漫，而在第二部分中，霍加特失去了他敏感的、寻求差异的观察方式。他被传统文化即将被毁灭的想象所蒙蔽，没有看到流行文化消费者对这一文化兴起的贡献。正是他书中批判的点唱机男孩，在之后伯明翰当代文化研究中心对青年风格的分析中，成为有主见和有创造力的一代。尽管霍加特也承认消费者也会积极地影响商业产品，比如流行乐曲（Hoggart 1957/1992，231页），但是他没有提到，文化工业的产品也可以被观众按照自己的兴趣和目的进行吸收和改造[1]—— 这个也是文化研究，尤其是传媒研究非常重要的观点——以及通过这个方式可以创立自己的大众文化形式。[2]

　　霍加特的著作是一种尝试，一方面对不断扩张的大众文化严格地拒绝和批评，另一方面试图重建传统（实践、习惯、仪式），重建战争前的工人阶级政治，以及加强工人文化

1　在他的研究《太棒了！美国》（*BRAVO Amerika*）中，卡斯帕·玛斯（1992）展示了和霍加特相反的结论，他认为来自美国的音乐舞蹈文化和青年杂志在1950年代和1960年代导致了积极青年文化的形成以及贵族社会的民主化（参见Maase，1997）。

2　然而，在书中其他地方，他强调工人阶级的反抗力量，指出在政治讨论中，与文化相关的主题也越来越占分量。

的团结、顽强和抵抗力，以对抗外界影响。[1]他的优势在于以一个局内人的视角详细重现了工人阶级文化，传递给读者一个接近真实的画面。然而，这个画面却不能完全代表工人阶级，因为霍加特描述的只是1930年代末英国北部的工人文化，他童年时代的经历（参见Critcher 1979）。他既没有和其他地区作比较，也没有考虑工人群体的民族组成。

该书的另一个缺点是没有工人阶级的工作生活和政治生活。霍尔（1977, 59页）曾经对霍加特的研究做出如下中肯评价："他或多或少地只是在研究家庭、邻里和工作岗位以外的关系。而那个历史时期的主题则是与工作的关系以及诞生并存在于工作中的工业文化。" 对于这个文化范畴，霍加特只是浅浅涉及，因此在该书的第二部分他把大众文化和工人阶级文化对等。许多人认为这一对等是错误的，其中也包括威廉斯（1957）。他认为霍加特受保守批评的影响太深，虽然他也承认，大部分流行文化是"糟糕"的，但他拒绝接受利维斯和霍加特关于区分启蒙的少数派和麻木的大多数这一观点。汤普森（1959）批评他将工人面谱化为被动的消费者，以及将工人意识和媒体错误意识的区别水平化。霍加特与利维斯有着明显的观点区别，他认为文化是一种日常现象，批评正统马克思主义没有赋予文化根本性的意义。然而他自己将1930年代的工人阶

40

---

1 在1930年代诞生的一些来自工人阶级的电影主角，他们既体现了阶级矛盾，又展示了工人眼中的社会，以及他们自我意识的加强（参见Richards 1984）。菲特斯通（1995, 104页）将此称为"工人阶级电影明星主角，格瑞斯·菲尔兹和乔治·福姆比，代表了工人阶级的幽默感，对自命不凡极尽嘲讽。他们对共产主义和忠诚有着强烈的感觉"。

级文化[1]理想化，而没有考虑战后的社会和文化情况。尽管如此，书中包含了许多重要的理论，比如关于现代化带来的文化变迁等重要观点，强调了由大众传媒和商业化导致的阶级意识消亡。[2]《识字的用途》对文化研究的传统而言有着指明道路和确定风格的作用。霍加特用文学批评的方法来研究大众文化的文本，他努力以一个中立学者的身份把自己的回忆置于文化和社会环境中，作为"文本"来分析。他赋予自己的研究以道德和实践的意义。

各种讨论已经表明，霍加特的这本书是社会学、文学批评和政治分析的综合体。它开启一个新研究方向的先河，对1956年的事件作出回应，把文化作为讨论中心，从文学出发，把文化的外沿扩展，迈出了对抗英国文化评论精英化思潮的第一步。霍加特绝不代表文化的流行主义，他重视工人阶级文化，但同时也认为阿诺德关于文化的定义是最佳的。他也区分优质的和劣质的大众文化。[3]因此他的理论比一些仅仅批评大众文化对民众的控制的理论来得全面。当然，他也有非常明显

1　1930年代的工人阶级也受到了大众文化的影响。从20世纪开始，电影就成为底层阶级的愉悦。卓别林和巴斯特·基顿在霍加特的青年时期是美国大众文化的代表，影响力巨大。

2　1950年代和1960年代一系列英国小说和电影涉及在不断扩张的消费文化和大众文化的影响下，工人阶级内部的冲突、紧张和变化。比如艾兰·西利托的小说《浪子春潮》（*Saturday Night and Sunday Morning*，1959），之后被拍成电影，或者肯·洛奇的电影《十字路口》（*Up the Junction*，1965）和《可怜的母牛》（*Poor Cow*，1967）。

3　他在一个文化采访中如是说："如果你观察大量的大众文化，发现其中一些所含的生活你可以认同——披头士的黄金时期，或者一些漫画家的好作品——但是很多其他的，尽管他们的作品也卖出百万张，但是其中并没有生活"（Hoggart 1998，14页起）。

的怀旧和对过去理想化的倾向。[1]尽管如此，他承认1950年代
的工人在他们的日常文化实践中，依然有其坚持，他希望通过
他的研究能够加强这种坚持。

一年以后，威廉斯的《文化与社会（1780—1950）》出
版，1961年他的另一本书《漫长的革命》出版。在这两部书
中，文化和社会的关系成为讨论的焦点。它们如同《识字的用
途》一样成为文化研究的基石。在我们研究威廉斯之前，先来
分析汤普森的观点，霍加特和威廉斯都在汤普森这里找到共
鸣，同时又都热衷于对他进行批评。

2.3.5 E.P. 汤普森《英国工人阶级的形成》（1963） 42

汤普森的作品和新左派就文化问题进行深刻的对话。他
认为，冷战的氛围导致了英国社会主义思想的消亡。他尝试把
社会主义传统通过历史重建的方式再现，让与社会主义传统
相连的理想和希望获得更广泛的基础。不同于霍加特和威廉
斯，汤普森来自一个知识分子市民家庭。他偏爱的研究方向是
工人运动的历史和英国的社会主义思想。

在新左派刚刚兴起的时候，汤普森就出版过《威廉·莫
里斯：从浪漫到革命》一书（Thompson 1955），从中可以看
出端倪。在汤普森之前，莫里斯既没有受到利维斯一派，也没
有受到正统马克思主义一派的关注。汤普森认为，莫里斯把浪
漫主义批评和功利主义结合起来，将其转变为马克思主义的诉
求，展示了英国的革命传统。在汤普森的书中，莫里斯是一个

1　德沃金的观点："霍加特将利维斯的历史神话颠倒过来，将旧式英国的有机社会替
　　换成他青年时代的工人阶级文化"（Dworkin 1997，85页）。

受过良好教育的人道主义者，他从社会发展的现实出发进行道德批评，不能将他与浪漫主义中退步的、逃避现实的倾向相提并论。他的一生是一个革命者在没有革命语境的社会中的生活，他证明了道德意识也可以带来社会变迁。[1]他承认人的行为由物质环境所决定，在他看来，社会主义者的任务在于让人们清醒地意识到他们的利益所在，并鼓舞他们为了未来奋斗。历史证明，道德领域的革命可以与经济领域和社会领域的革命一样影响深远，因此汤普森含蓄地批评机械的唯物主义（参见Chun 1996，65页起）。

在与斯大林主义的争论中，汤普森很早就树立了社会主义人道主义的观点，强调人的行为自由、主观经验的重要性和道德批评（Thompson 1957）。他认为阶级关系转变的同时，道德的变迁也势在必行。同威廉斯一样，他不赞同传统的经济基础和上层建筑模式，反对经济决定论，反对贬低历史进程中的人类行为。[2]

当时正在崛起的工业无产阶级并不是经济力量的简单再现，而是积极的、站在反对立场的文化形成过程。他的经典著作《英国工人阶级的形成》充满了大量的实证研究，是英国社会历史作品中最知名的一部。他把这本书理解为英国工人阶级的传记，从青春期到早期成人阶段。书名包含"形成"，它研究一个动态的进程，研究人类行为的结果和历史意义。工人阶

---

1 在他的最后一本书《对抗野兽的证人：威廉·布莱克与道德法》（*Witness Against the Beast. William Blake and the Moral Law*，1993）中，汤普森指出，布莱克的想象和诗歌与现实的历史运动相关联，尤其是当时的马格尔顿教派。因此，他把布莱克列入大不列颠极端传统史中。

2 斯大林犯罪般的政策，在汤普森看来正是教条式照办正统马克思主义经济决定论的结果（参见 Milner 1993，34页）。

级并不像太阳一样，在一个固定的时间升起，工人阶级参与到自身的崛起当中（Thompson 1987，7页）。汤普森展示了男人和女人们怎样用自己的政治热情和坚持在历史中创造自己的文化。他不认为"阶级"是由经济关系出发的抽象独立的结构或者类别，而是一个历史性的社会和文化形态。[1]

"当人们因为相同的经验，不管是先辈遗留下来的还是自己获得的，感受到共同的利益认同，能在对内和对外时发出利益诉求（即使面对不同的利益冲突），那么一个阶级就形成了。阶级经验很大程度上取决于生产关系，阶级意识即是对经验的文化解读和传递，包括传统、价值体系、思想、公共机构的结构。"（Thompson 1987，8页）因此一个阶级既可以被理解为经济过程，也可以被理解为文化过程。

生产关系决定了经济中的必要性，但是却不能决定如何从文化角度来回答生产关系带来的社会不公。汤普森的研究兴趣在于，人们对它们的生活情况作何反应，如何尝试定义和塑造生活？如何从人的主观、人的实践行为和活动归纳出"客观"的社会结构？每一个生产关系都和一个文化相联，因此阶级斗争也是不同的文化生活形态的斗争。

汤普森用这个方式跨越了正统马克思主义经济基础和上层建筑理论的限制。他的理论中心是"工人阶级的文化历史和抗争历史，展现创造历史的主观力量"。他讨论在马克思理论中被忽视的亚历史进程：日常微观经济学，形成阶级经验的要素，比如交流、价值、对公正的构想等。这些要素

44

1　汤普森一方面和结构功能派的社会学保持距离，他认为这一学说将工人阶级物化，也没有充分考虑阶级意识；另一方面他批评正统马克思主义，不应该只把工人阶级看作生产关系的产物。

能够展现阶级形成的重要时刻（社会历史研究院[Institut für sozialhistorische Forschung] 1980，12页）。在他的论点中，人类的经验是最重要的部分。它填补了马克思理论中经济基础和上层建筑中间空虚的位置（参见Vester 1980， 13页）。

《英国工人阶级的形成》一书的核心内容并非抽象的经济和政治过程，而是普通人的经验、价值观、愿望，如何与工业革命中的经济过程发生冲突。汤普森证明了，当浪漫主义与功利主义斗争时，工人们也用他们的智慧、勇气、道德和热情进行着斗争。形成工人阶级内部团体的前提条件是拥有持续性的政治和文化传统。在他的晚期作品《道德经济学》中，他讨论了英国18世纪的底层（1971，德文版1980）。当人们起义的时候，我们不应该仅仅把原因归结为失业率高和食品涨价，而更多的是底层团体追求合法化、保卫传统权力和习俗的诉求。

汤普森认为，一些知识分子第一时间对工业资本主义进行批判，紧密地和工人阶级及其斗争结合在一起。在工人阶级文化的形成过程中，他们起到了重要作用。当工人们发现他们必须要斗争，必须表达自己的利益，必须作为阶级团结起来时，工人阶级就诞生了。汤普森也没有忘记客观的经济结构，但不认为它是对意识和行为起决定作用的力量。"经济状况与政治立场，阶级利益和意识形态未必相符合。在和威廉斯进行了关于工人文化的辩论后，文化讨论的重要性尤其突显。整个新左派开始将社会主义置于一个被改变且不断改变自身的社会中。威廉斯说：'为了理解这个社会，我们必须在非政治的领域，观察它的文化'（Williams 1960，29页）"（Chun 1996，95页）。

总体而言，汤普森发展了关于文化地位[1]的理论，反对结构决定论和功能解释论，文化追随着被压迫者的道德愤怒、坚持、行动力和合乎道德的经济，提高他们在历史进程中的地位。他给予"经验"的特殊意义，让他和威廉斯有了共同点。

2.3.6 威廉斯《文化与社会》（1958）和《漫长的革命》（1961）

在1940年代末，威廉斯就尝试在与他人共同创办的杂志《政治与文学》中，以一个文化批评家的敏锐，秉承阿诺德对于文化的见解，即文化是"世界上已知的最美好的东西"，积极讨论社会和文化课题。在对电影和其他流行文学的分析中，他和他的同事们取得和霍加特一样的看法，大众文化不仅威胁到文化价值，更威胁到工人阶级文化。威廉斯不仅继承了英国文学批判中的分析方法，而且通过对T.S.艾略特《试论文化的定义》（1948）的研究，也继承了整体文化观，其中包含了对局部具体文化的高度重视以及对文化集中的看法。同时，威廉斯也如霍加特一样，拒绝文化精英化以及对"大众"这一概念的负面化。他的社会主义立场是他对政治、经济和文化权力关系进行批判的基础。

由于他自身的生活和学习经历，他对阶级斗争的研究主要集中在价值和意义领域。"对于我而言，一个出身于工人阶级家庭却接受了高等教育的人，不平等首先是文化的不平等，是教育道路的不平等，是对待文学方式的不平等。别人

46

1　他果断地与威廉斯的文化主义划清界线，威廉斯对"整体生活方式"持和谐观点，而汤普森认为这里面充满了冲突和矛盾，深深地为工人的意识和文化打上印记。

可能直接归结为经济或政治的不平等，我却觉得不平等来自'非共同'的文化。因此需要重新审视文化的定义。文化曾经是，现在仍然是，尤其在英国，用来区别不同阶级的要素"（Williams 1968/1977b，74页）。威廉斯（1979，79页）曾回顾他的作品，论述《文化与社会》和《漫长的革命》两部作品的主要目的在于将文化的定义从精英化和学院化的樊笼里解放出来。因此他一方面反对将文化圈定在部分"高雅文化"作品的范畴内，另一方面也反对传统马克思主义把文化只作为由经济基础决定的上层建筑。以这种方式，他为英国的文化研究确定了文化和社会分析的基调。

《文化与社会》

1949年，在一个关于成人教育的课程中，参与者就艾略特对文化的定义进行了深入的讨论，由此威廉斯产生了写作《文化与社会（1780—1950）》的念头。他对文化的定义非常感兴趣，正如他自己所说文化是"社会思想的集合，这一概念显现出前所未有的重要性"（Williams 1979，97页）。在之后对文化历史定义的研究中，他把文化称为"英语文化中最最复杂的词汇之一"（Williams 1976，87页）。在《文化与社会（1780—1950）》一书中，他重建了文化这一词汇从英国工业革命至1950年代的意义史。要理解它的意义，威廉斯认为必须了解18世纪以来现代社会的诞生和知识分子对这一历史进程的反应。因此，在19世纪广泛使用的"文化"一词的含义，是对工业化和由此不断发展的民主机制的回答。"'文化'

这一词汇的发展是对由政治生活、社会生活和经济生活不断发展所引发的一系列重要持续反应的最好见证；它可以作为对这一系列变革进行分析的指导方针"（Williams 1958/1972，18页）。对"文化"一词在英国进行历史语义学的分析，在威廉斯看来，是为了发展"一个新的全面的文化史"，"是关于整个生活方式中各种关系要素的理论"（Williams 1958/1972，8页）。该书也是研究战后英国文化的基础。作为英国思想史的再现，通过对大量相关重要文献的深度解读，威廉斯阐述了"文化"这一概念是如何在现代化进程中越来越厚重的。

　　在该书导言中，威廉斯讲述了18世纪末和19世纪上半叶，一些关键词汇，比如"工业"、"民主"、"阶级"、"艺术"和"文化"重新出现并获得的新的意义。这一语言的变化体现了社会的深层次改变。这些词汇意义的改变，见证了人们对公众生活的理解在转变：对社会、政治和经济机构的理解；对这些机构的存在意义；与这些机构的关系；以及对学识、教育和艺术的努力（参见Williams 1958/1972，13页）。所有词汇中，最关键的就是"文化"一词，因为这一词汇体现了这一阶段中对"自然成长"和"人类行为"的担忧（Williams 1958/1972，17页）。他共列举出到19世纪，文化的四种含义：（1）一种共同的精神状态或者精神习惯，与人类的自我实现相关；（2）共同社会中普遍的精神发展状态；（3）艺术的总体；（4）包含物质的、精神的和知识层面的整体生活方式。威廉斯尝试把"文化"概念的发展作为分析方法的指导方针。在文化概念发展史中，我们可以看出工业的现代化发展痕迹，社会及政治的发展，包括与其相联的民主："首先，认识

48

到一个新社会的推动力分为道德活动和知识活动；其次强调这些活动是人类更高的使命，这些活动和社会生活中的实践无法分离，同时也作为一种温和的包容统一的选择项"（Williams 1958/1972，19页起）。"文化"作为一种"整体的生活方式"，把这两个阶层联系起来。

威廉斯对不同学者对文化概念的使用进行分析研究，他继承了利维斯的传统，对文本进行深入解读，重建文本的整体性。接下来我们将分段解读威廉斯在书中对19世纪的传统、过渡时期和20世纪的阐述，[1]最后我们将分析书中综合性的结尾部分。

首先，威廉斯（Williams 1958/1972，25页起）对比了埃德蒙德·伯克、威廉·柯贝特、罗伯特·骚塞和罗伯特·欧文等人的立场，他们尽管对经济和政治现代化进程有不同的理解，但是都对工业化进行了批判。骚塞认为"文化"是一个负责任的政府的工作，政府需要关心和维护文化，不同于政治经济学家认为的"无责任"，政府需要关心民众的"道德改善"（参见Williams 1958/1972，49页）。欧文认为工业革命带来的大量问题，并不是人性的问题，而是社会结构的问题。他也赞同政府负责，建立社会教育体系，实现新的道德世界和积极文化（参见Williams 1958/1972，53页）。他把人性理解为文化（整体生活方式）的产物。

49　　接下来威廉斯阐述浪漫主义运动的道德抗议和社会批评，认为独一无二的真实的艺术和文学正在这个社会中沦为可随时替换的交易品——在市场上，比如日益壮大的图书市

1　参见Eldridge/Eldridge 1994，45-75页。

场——可以随时随地获得。这个社会由市场法则决定，是艺术家的对立面。艺术家需要富有创造力的想象和人性的充分发挥。市场和艺术思想作为特殊产品变得越来越重要，一个艺术概念产生了，它把艺术作品的特殊天性作为"想象的真相"，把艺术家看作特殊的人类。艺术包含着的某种人类的价值、能力和能量，在人类社会发展为工业化文明时，面临被毁灭的威胁（参见Williams 1958/1972，62页）。

浪漫主义认为，工业化社会中工作内容的细分和专职，不符合人性的要求和对个性主义的追求，他们讨论占据首要位置的经济关系和爱情、亲密关系与亲属关系的产生，讨论在政治经济范围中诞生具有创造性想象力的生产者（参见Williams 1958/1972，69页）。浪漫主义者的反工业主义毫无疑问是充满理想主义的。威廉斯在讨论约翰·斯图尔特·密尔和柯尔律治的文化概念时深入分析了这一点（参见Williams 1958/1972，76页起）。"教化"及"文化"作为社会思想、价值观，以及人类的精神实现，要达到这一目标，必然对社会条件有一定要求。实现这一步的动力，必须从"文明的心脏"而来，也就是说，从人类内心的意识而来。但是如伯克和柯尔律治所指出的那样，人类需要机构来转换和实现他们个人的努力。因此，教化虽然是个人内部的渴求，但是从来不仅仅是个人实现的过程（Williams 1958/1972，90页）。

把教化作为人类想要达到的最高阶段，和功利主义与机械主义的思想对立，建立对金钱经济构成的社会进行批判的思想基础。文化的这一定义，也代表对价值的解读需独立于文明和寻常的社会进步（Williams 1958/1972，91页）。现代化也引发了其他现象，包括对失去的稳定共同体怀旧式的纪念和对政治改革的呼吁。

书中第一部分的主要内容是对阿诺德作品的梳理，对于阿诺德而言，文学批判是一种生活学。他认为诗歌富于意义和安慰，让人们能够理解世界，让人对其在世界上的位置明白易懂，可以忍受。"阿诺德始终以人们的生活、性格和行为为指向，设计了以诗歌为基础的民族学，把诗歌作为个人和公众生活的营养源"（Lepenies 1985，193页）。在他看来，文学批判好似行为研究，为生活学提供准则，致力于"生命的批判"。因此文学不仅与自然科学的普遍性要求相对立，也和那种把自身解释为社会生活自然学的社会学相对立（参见Lepenies 1985，202页起）。

在《文化与无政府状态》（1869/1994）一书中，阿诺德建议把"文化"理解为"教育"，以结束那个时期由于过度强调功利主义思想而导致的方向缺失。文化不仅是人类追求自我完善的表达，也是人类追求所有方面发展的表达（Williams 1972，149页）。文化不只是关于个人的，更是关于整个社会的。阿诺德认为，全面的自我完善、知识的人性化、阶级的消失，这些和教育理想相关的重大目标，只有通过国家才能实现。他把国家比作文明化和民主道德化的担保人。

因此，他把贵族统治的消亡和民主的上升与无政府状态的危险联系起来。工人骚乱就是无政府状态的一个表现。政府可能通过暴力镇压起义，同时通过教育铺平通往文化和内部文明化的道路。因此文化并不是绝对的，而是一个过程，一个建立在知识和正确行为上的过程（Williams 1972，161页）。

为了体现19世纪的传统，威廉斯以社会小说为例说明书和社会的关系，比如乔治·艾略特的作品。他还以艺术家和批判家的关系举例，比如A.W.普金、约翰·罗斯金和威廉·莫里斯。这些小说通过对工业主义的批判，表达了那个时代的情感结构（Williams 1972，142页起）。他们认为，每个艺术阶段都和当时的社会和生活方式紧密相联。因此对艺术的批评也可以被理解为对社会的批评。比如在普金眼里，建筑史也是世界史，他对建筑变化的批判也成为文化批判（Williams 1972，169页）。罗斯金也把对艺术的思考看作对社会的批判。"艺术不仅是审美天赋的产品，更是整体存在的行为。艺术家的价值在于他的'整体性'，社会的价值在于为'整体存在'创造客观条件。"（Williams 1972，157页起）

艺术家的作品缺少"整体感"，即社会中人们的生活缺少"整体感"。因此，社会的目标是评价社会的标准，是人类的自我完善。罗斯金批评了当时的不干涉主义，它通过工作分配毁灭了比它更先进的有机社会。他对社会的"有机形式"有着自己的看法，父权的政府是理想的状态。"他想要一个阶级样板，僵硬且符合他对功能的想象。"（Williams 1972，184页）

如何将这一社会理念贯彻到实践中去，罗斯金并没有提出明确的答案。威廉斯（Williams 1972，187页）认为这是他与莫里斯的最大不同。他把19世纪的传统价值与自我组织的工人阶级联系起来，把改善工人阶级生活状况作为首要要求。莫里斯不像普金一样怀念中世纪，也不要求改革阶级系统。他要求消除阶级，建立社会主义。莫里斯想用艺术来解决由生活

51

中的经济组织造成的苦难和贫穷："这是上帝赋予艺术的使
命，向他（指工人[威廉斯注]）展示什么是完整的、理性的生
活。在这种生活里，创造和感受美充满了乐趣和意味，对人而
言，和每天的面包一样重要"（Morris，引自Williams 1972，
189页）。

真正的社会主义有着这样一个目标，生活的质量应该由
艺术来决定。莫里斯从19世纪的传统中找到这种思想的根源，
他同时也积极参加社会运动，因此是一位与时俱进的思想家
（Williams 1972，202页）。与汤普森一样，威廉斯对莫里斯
的评价很积极，他把浪漫主义的反功利和工人阶级对资本主义
的反抗联系起来。[1]

《文化与社会》的第二部分主要描绘了从1880年到1914年
这一时期，威廉斯认为这是一个过渡时期。在这个时期中，艺
术思想占据重要地位。他认为这段时期内，相关作者并没有给
出新的观点。比如他认为瓦尔特·佩特的论点"为了艺术而艺
术"只是对浪漫主义思潮的另一种表述。在1880年左右，威廉
斯书中所描述的传统已经成型了。直到20世纪，这才由劳伦斯
重开先河，再次有重大理论发展，对此他将在书中的第三部分
展开评论。

劳伦斯继承了19世纪的传统，蔑视工业主义，蔑视机
械物质主义，蔑视其对人类理想的无知。他用刻板、杂乱
和分裂来形容工业化对于个人和社会的负面影响（Williams
1972，245页）。群体本能得不到实现。共同的生活和彼此的
好感由于对金钱财产的竞争而被毁灭。威廉斯对历史学家理

1　米尔纳（1993，37页）认为，汤普森和威廉斯把莫里斯作为榜样。

查德·托尼关于保护文化对抗工业化的理论和创建"共同文化"的理论很感兴趣。它的实现前提是经济条件。文化不能仅仅成为少数派的文化，因为这样它虽然可以保留一些东西，但是对于共同生活的扩展毫无帮助。托尼认为："文化不是审美的甜杏，专门为那些饕客准备，文化是精神的能量。[……]当文化只能从自身，而不是从人们的共同生活吸收能量时，它将停止生长。当它停止生长时，死亡就降临了"（Tawney，引自Williams 1972，272页）。托尼的想法，即从社会内部推行人文主义，和19世纪的传统非常接近。

不同于托尼，艾略特的观点是，文化精英是必要的，在一个以盈利为导向的社会，在一个充满广告、商业、败落的教育系统的环境中，价值正在走向灭亡。所以需要文化精英来拯救价值，对抗乌合之众，挽救社会秩序。这一保守的、植根于宗教的观点，在威廉斯看来并不是艾略特的主要思想。艾略特的主要价值在于他对于文化作为"整体生活方式"的理解（Williams 1972，280页）。因此艾略特继承了柯尔律治到卡莱尔的传统，受到人类学[1]（比如Tylor 1903）中关于文化的描绘性概念的影响。"民众所有的特点和兴趣都属于文化：德比赛、亨利皇家赛船会、8月12日狩猎季开始、奖杯赛决赛、赛狗、便士赌博机、飞镖、文斯勒德奶酪、煮熟切片的白菜、醋浸红萝卜、19世纪哥特式教堂和埃尔加的音乐。"（Eliot 1961，33页）除此之外，他对文化的定义也包括文学和艺术在保存道德和文化价值时的传统角色和信仰。

最后，威廉斯分析了I.A.理查兹和F.R.利维斯这两位文学

53

1　参见人类学中文化概念的不同概述（Winter 1995，73-82页）。

批评家。理查兹提出了1920年代的两大社会问题：一方面大众社会的发展对道德理想提出质疑，另一方面科学的胜利进军使哲学和宗教的价值失去光彩。大众的口味越来越受到商业娱乐的操纵。理查兹和阿诺德一样，把文化作为治愈无政府主义的良药，因为文化应该成为一种新意识的基础。艺术，尤其是文学，好像一块实验性场地，为人们的实践行为做准备。"文学经验就好像是针对日常经验的训练。它主要训练人们组织的能力，即人们对变化中的危险的生活环境作出丰富反应的能力。"（Williams 1972，298页）利维斯也在他发表于1930年的作品《大众文明和小众文化》中写到，人们不仅面对工业主义及其对思想和感受的影响，也面对强大的文化工业机构，以及它们的思维和感受方式，正是这些导致文化价值的消亡和文学文化公众的衰败。利维斯继承阿诺德的传统，认为文学批判不仅是为了指导阅读，更重要的是作为情感文明化的工具，作为通向正确生活的指引（参见Lepenies 1985，209-227页）。对他而言，这一文学活动有着必然性，英国未来的精神世界和人类有尊严的生存都取决于它。他拒绝社会学笼统化，拒绝社会学的社会计划功能这一思想。这两者都以市场需求和工业文化需求为导向。他对罗伯特和海伦·林德（1929）的中型城市研究非常感兴趣，这一研究以美国西部一个城市为例，以文化人类学的视角分析了它的社会变革。他非常欣赏人类学的方式，用人口普查数据和舍伍德·安德森（Sherwood Anderson）的文学引用来描述从传统到现代的变革（Lepenies 1985，223页）。

威廉斯认为利维斯关于少数派的构想存在问题，按照这个构想，少数精英文化需要保护生态的、前工业化的、乡村型的社会，以及与被商业威胁且退化的现代城市社会——在其中，工作和休闲失去了其富有意义的功能——抗争。这样一个凌驾于大众之上的少数精英派，可能会导致傲慢和怀疑主义。想象出一个生态的、令人满意的过去，用以对抗分裂的、令人不满的现在，意味着对历史的怠慢和对现实社会经验的忽视（参见Williams 1972，315页）。

　　接着威廉斯探讨了马克思主义和文化的关系。这一话题在1930年代才在英国受到重视。他发现，马克思对文学和艺术有过个别陈述，但是从来没有表述过完整的文化理论。很多持马克思理论的批评家期望社会的变革由工人阶级引起。威廉斯对这些理论草案保持距离，也和马克思主义的方法以及上层建筑和经济基础模型保持距离。经济基础和上层建筑不能仅仅被理解为对现实的描写，而应该是一种"提示性类比"的尝试（Williams 1972，336页）。马克思主义式的分析必须要作用在社会整体上，作用在整体生活方式的各个元素的关系上。正如考德威尔一样，他对经济情况和文学创作对象之关系的简单表达所带来的是抽象和言之无物的概念，比如"资本主义文学创作"，而不考虑这样一个称谓对文学创作究竟有何意义（Williams 1972，335页）。威廉斯认为，要想超越经济基础和上层建筑的简单模型，必须要把文化理解为整体生活方式，一种普遍的社会进程。他对文化的整体理解并非基于个别著作，而是秉承了利维斯和艾略特的传统。[1]

---

1 他赞扬了奥威尔为社会的失败者和牺牲者发声，但批评了他的悲观主义，对群体缺乏信任。威廉斯把自己看作非马克思主义的社会主义者，认为最重要的是保持希望，并不是什么都由资本主义说了算。

在《文化与社会》一书结尾处，威廉斯总结道："文化这个词汇的意义史，在普遍生活关系发生改变时，记录了我们的情感反应和思维反应。我们对文化的理解是对一些事件的回答，这些事件决定了我们对工业和民主的理解。[……]文化思想是对生活关系发生大规模改变的反映。它的核心元素是对完全的高质量评价的追求"（Williams 1972，353页）。

在20世纪下半叶，文化分析面临最大的问题就是"大众"的概念。威廉斯在《文化与社会》（Williams 1972，353-404页）中也讨论了这个问题。他描述了"大众"如何被暗示为贬义[1]，比如利维斯使用的概念"大众文明"，将它和需要保存的"少数派文化"对立起来，把大众和乌合之众等同，把乌合之众的民主视为对文化的威胁。威廉斯并不认为利维斯的观点不符合现实，但是他强调根据自己的经验纠正这一观点。没有人会把自己的亲人、朋友、邻居、同事和熟人看作"大众"，"大众永远是其他人，那些我们不认识也不可能认识的人。[……]事实上并没有大众，只有把人们视为大众的可能"（Williams 1972，358页起）。他认为有必要反对"大众"这个概念，反对这些决定我们日常思维的偏见，了解它们的意识形态功能，但是不能被它们束缚。威廉斯认为，把社会分为精英和受操纵的大众是错误和反民主的。同样，他也批评"大众传媒"这一概念，以及单向的"发送者—接收者—模型"，因为发送者和接收者之间的关系和传递的信息在日常中可能多种多样。在此，他已经为"文化研究"的传媒研究奠定

---

1 约翰·凯瑞在他的论文《仇恨大众：知识分子（1880—1939）》（1996）中指出，知识分子和大众之间分裂的，甚至含有无名怨愤的关系。

了思想基石：从一个媒体产品并不能线性地推断出消费者的思想、感受和生活方式。把观众想象成大众，只有在想操纵他们的前提下才有意义，比如宣传或者广告。[1]关于大众传播的研究非常关注应用，威廉斯认为这样的研究只可能在"过渡文化"时期有成效。大众传播在符合其方法的社会体系和经济体系内可能取得成功，然而预期的成功却没有出现，相反它失败了，当它传达的信息遭遇到反省的、表述清晰的经验时，它就会一直失败下去（Williams 1972，374页起）。

对威廉斯而言，当时的大众传播研究由应用心理学和语言学的碎片组成，并不能发展成为真正适用于传播的理论，因为它从开始就不是一个公众的理论。"传播成为一门学科，它穿透大众的灵魂，在那里发挥作用。"大众传播的整个理论核心内容就是关于少数人用某种手段对大多数人进行剥削（参见Williams 1972，375页起）。民主的传播学理论必须告别这种模式，对传递和接受提出新的问题。对此，威廉斯建议以"共同文化"为导向。关于文化是寻常品的想法，并不是要让工人文化取代市民文化，也不是要让大多数文化取代小众文化，而是要在各个阶层建立和实现一个平等的文化。每一个人都应该参与到创建意义和价值的过程中，这才有可能实现文化平等。同时，共同文化的介入也是对英国分裂分层文化和阶级社会的批判。大多数人创造了属于自己的价值和意义，然而却不能参与到改造并发展教育系统和大众传媒的意义这一过程中（参见Williams 1968/1977b，77页）。共同文化代表生活过程

---

1 参见洪美恩的研究《绝望地寻找观众》（1991），以及温特（1995）著作的第一章，其中表明当今的效果研究很大一部分其实是社会技能。

中所有成员共同创造的价值和意义。"文化的概念就像一个比喻：对自然生长的渴求。事实上不管是比喻还是现实，生长和成才都需要外界的施压。这是需要我们解读的领域。抛弃把'大众'作为客观存在的思维，对人和人之间的关系进行更多现实的积极构想，这意味着获得思想的自由新天地。"（Williams 1972，402页）

通过对英国精神生活中文化思想发展的重建，威廉斯指出当代生活的"人性危机"和解决方法，即开启行为和"授权"的新方式。"文化概念的发展一直是对市民社会概念的批判。"（Williams 1972，393页）现代社会"整体生活方式"的根本性改变导致了新的文化概念的诞生。"文化曾经代表某一个精神状态或精神习惯或者道德财富，今天文化代表了整体生活方式。"（Williams 1972，20页）文化是一个复杂的整体，包括最日常的生活部分。也就是说，集体民主性质的机构，比如工会或者工人阶级的政治党派也在文化范畴中（参见Williams 1958）。

这就是文化研究的一个重点：对日常文化和生活经验的研究，以及它们在社会互动中以创新方式提出的新意义和新价值。[1]威廉斯不赞成对文化概念的精英化，他认为严肃的人文研究必须关注包含社会各个阶层的共同文化的形成。利维斯把共同文化局限在一小群文化精英当中，威廉斯却强调民主化和多元化。每个人都可以也应该参与到文化中，文化是在一个共同的过程中被创造的。与利维斯一样，威廉斯把共同文化看作

1　在许多民族志学研究中，1970年代以来针对媒体和青年的文化研究主要实现了这一目标：比如威利斯对青年的研究（1979，1981），以及莫利（1992）和吉莱斯皮（1995）的研究。

一个标准理想，用以批判工业社会的功利主义。威廉斯并不如霍加特一样把共同文化的实现寄望于怀旧主义和理想化的过去。共同文化一方面已经在日常生活中实现了，另一方面则作为社会关系批判的反事实理念。[1]共同文化还未最终实现："一个全新的、包含所有阶层的文化不会是如以往梦想的那种和谐社会，它会是一个非常复杂的机构，需要不断的适应和更新。团结的情感是在稳固这个复杂机构的过程中唯一能够把握的元素"（Williams 1972， 399页）。威廉斯认为，团结的道德理念是工人阶级最大的功绩，在一个搞特殊化、区分明显的社会中，应该在各个阶层推广团结的道德理念。

在《识字的用途》和《文化与社会》两部著作出版后，新左派内部展开了关于文化和工人阶级的深入讨论。霍加特和威廉斯在他们的作品中指明，正在广泛传播的商业性大众文化有着拉平的趋向，因为它可以影响所有阶层，由此诞生"无阶级化"。教育系统的扩张导致了原来工人阶级的成员转变了阶级（Hoggart 1957，238-249页）。霍尔（1958）在他关于"阶级感"的著述中写到，消费成为最重要的社会活动，就消费行为而言，工人阶级和中产阶级已然没有区别。这并不表示阶级消亡，而是工人阶级和中产阶级的划分界限发生改变，阶级本身需要重新定义。比如商品获得了社会价值，成为阶级从属和社会地位从属的表现物，体现阶级间细微的差别。威廉斯（1957）表述了阶级消亡的积极可能性，即转变为一个众人共享、众人共建的文化。"在民主参与的大框架下，原本只是防

59

---

1 与哈贝马斯的理想言说情境的相似性显而易见。关于法兰克福学派和威廉斯的关系，参见乌都·戈特里希的研究《对媒体的批判》（1996），他将威廉斯的理论和李奥·勒文塔尔的做对比。

卫因素的工人团结，会取得积极的意义，成为共同生活形式的一部分"（Chun 1996， 92页）。在关于阶级概念变迁的讨论中，文化讨论越来越显示出其作为根本的重要性。

《漫长的革命》

《漫长的革命》（1961/1965， 德文版1977b）可以被看作《文化与社会》的延续。他研究了英国现代社会的逐步发展，重点关注工业革命、文化革命和民主革命之间的关联，尤其是过去两百年与此有关的变革。"在我看来，我们生活在一个漫长的革命当中，即使最好的形容也仅能表现其部分。这是一个真实的革命，改变着人类和工业，随着人类的行为继续扩展和加深，不停地面对明确的反应和来自习惯性形式和习惯性想法的压力"（Williams 1965，10页）。他区分了工业革命、民主革命和文化革命，认为民主革命和文化革命并不是因为经济改变而自动产生的结果。文化革命尚处于早期，尤其需要关注，因为文化往往容易被忽视。"我们谈论文化革命，就应该抱有志向，激发和加深学习文学技巧以及其他先进沟通技巧的过程，不仅仅局限在某一个人群，而是带给所有人。这与发展民主和建立科学工业同等重要。[……]这个更深入的文化革命是我们重要生活体验的巨大组成部分，我们要以复杂的方式，在艺术和理念的世界找到并解读它"（Williams 1965，11页起）。

威廉斯分析了媒体、教育系统和传播技术领域，它们的文化发展过程往往相互矛盾。不同领域的文化发展是在英国阶级社会中对革命概念进行重塑的前提条件。为了表明社会是由深层次文化革命所决定，威廉斯把文化区分为创造性活动和生活方式，同时指出文化、传播和团体之间的紧密联系。"因为我们观察世界的方式就是我们的生活方式，传播的过程即是形成团体的过程：分享同样的意义，分享共同的活动和目的"（Williams 1965，55页）。传播是建立"整体生活方式"这一文化概念的重要手段。这一重点使他和汤普森一样，赋予在各种决定论模型中被过于低估的传播过程经验更多的重要性。不仅是经济或者政治，民主的、语言的、文化的影响也共同起决定作用。威廉斯眼中的世界是互相关联的整体。

　　威廉斯（1961/1977b， 45页起）区分了三个不同的限定，在它们的辅助下将文化定义系统化。第一个限定追溯到阿诺德和利维斯，"首先有一个理想的因素，由于它的存在，文化成为人类追求完美的过程和状态，由一些特定的绝对的或者普遍的价值来衡量。如果接受这样的设定，那么文化分析的主要任务就是在人类和作品中发现跨越时代的、关乎人类天性的价值描写"（Williams 1961/1977b，45页）。

　　文化的第二个限定是其"记录"的功能，作品的整体性包含和保存了经验、思想和实践。在这个前提下，文化研究同时也是社会研究，因为文化作品是一个社会及其生活方式的表现模式。"最后一个限定是文化的'社会'限定，社会限定以某种生活方式表达出来，它的价值不仅存在于艺术和教育中，更存在于机构和非常平常的行为当中。根据这个限定，文化研究需要解释价值和意义，它们通过某一生活方式，通过某一文化或含蓄或明确地显现出来"（Williams 1961/1977b，45页）。文化并不是一个简单的实践，并不能局限于某些道

60

德、价值和行为方式，它是所有社会实践和所有社会关系的基本组成部分。

在此，我们找到了一个全面的、人类学方向的文化定义，对文化研究的进一步发展起决定性作用。它的研究范围甚至包括"生产的组织，家庭的结构，某个管控或反映社会关系的机构的组成，社会成员之间有代表性的沟通方式"（Williams 1961/1977b，45页起）。

一个适当的文化理论必须考虑到各个方面，这样才能覆盖整体生活方式中各个元素的相互关系和文化组织（Williams 1961/1977b，50页）。和《文化与社会》相比，威廉斯在这部作品中对文化的物质性有更强烈的感受（参见Milner 1993，41页），这决定了他以后关于文化唯物主义作品的基调。意义、价值和艺术作品只能在其产生的社会中被正确解读。需要明确的是，文化的表达包含了三个层次：其一是文化在某一个时间、某一个地点存在，文化只可以通过生活在其中才能感受到其全部；其二是以某种方式被记录的文化，比如从艺术到各种日常事实，这是某一个时期的文化；其三是文化作为对传统的选择性传递，承担了连接第一层次和第二层次的作用（Williams 1977b， 52页起）。

第一个形式的文化，即被生活和被体验着的日常文化，日后在伯明翰关于青年亚文化和传媒文化的人类学分析中扮演了关键角色。当只有文化的历史记录被保留下来时，自然历史记录也经历了文化传统的选择过程，那么通过分析产生的关于文化的想象必然是抽象的，因为相关的情感结构并不可能完全被重建。威廉斯（Williams 1977b，53页）以对19世纪小说的分析为例，没有人把上个世纪所有的小说都读一遍，一个专家可能研究过几百部小说，资深读者可能读过的就少多了。但是大家依然会对那个时代的小说产生某个想法。这个例子说明了选择过程：每一个生活在那个时代的人都有对当时生活的感触，小说则基于这些感触写成。之后生活的人不可能完完全全了解这种感触，他只能通过选择性的方式来接近这些生活感触。理论上可以记录某一个时代，实际上记录因为选择传承而不可能全面，它和那个被生活的文化截然不同（Williams 1977b，53页）。也就是说，文化传统不是如利维斯认为的那样，是一个民族意识的客观发展，它更多的是由"选择"而决定，比如选择的内容可能由统治阶级的兴趣决定。

威廉斯明确说明，文化传统不仅和选择相关，也和解读相关。文化研究的一个任务即是认识到解读和用以解读的基本价值，指出其他可能性（Williams 1977b，65页）。威廉斯详细研究了埃里希·弗洛姆关于社会特性的概念（Fromm 1932a，b）和露丝·本尼迪克特（1955）文化模型中关于"情感结构"的概念，这是一个由他首创的概念。他强调一个分享共同生活方式的团体具有内部经验。对于团体外部的人来说，文化物品的情感结构，尤其是一个时代的艺术，可以被展露出来。"在某种意义上，情感结构是文化中的一个时期，是组织中所有元素的鲜活成果；因此艺术也是一个时期，精神层面探讨的形式和风格也属于艺术，而且很重要"（Williams 1977b，51页）。艺术作为一种把传播记录下来的形式，首先建立在一个"让传播成为可能的团体的基础上"（Williams 1977b，52页）。这一概念表明，一个时代的情感结构，和当

62

时主导的社会特性紧密相关。

威廉斯研究了文学社会学家吕西安·戈德曼在1960年代的作品，发现在他的作品中有一个关于结构的平行概念。戈德曼（1970， 240页）认为，一个作品的想象世界中的结构和特定社会群体的思维结构之间互相有交流。这些结构不是个体的，而是以集体的方式诞生。戈德曼强调日常实践的互动和它们之间的一致性，比如小说结构和社会结构的一致性。威廉斯以19世纪小说作为例子加以说明。他认为当时的小说表现了分裂的情感结构，有意识或者无意识地展现了当时的社会矛盾。通过情感结构的表达，作者在小说中加工社会现状，将它与读者分享。[1]

总的来看，威廉斯代表了民主的和社会的文化见解；艺术本身仅仅是共同社会进程的一个特殊形式。他非常看重一个包容力强的文化概念，带有社会学色彩，把文化构想为传播。它包含了生活经验，男人和女人们在日常互动中形成和积累这些经验，在生活中，它们通过语言和文化的活动获得意义、分享意义，甚至创造意义。在这个过程中，一种共同的分享的意义就会缓慢地发展成型。霍尔对威廉斯的文化概念如此表述："他提出了一个极端的互动主义，事实上是所有实践人的互动，因此产生了决定权的问题。实践人之间的区别被消除，因为他们被看作一般人类活动和能量的不同实践形式"（Hall 1980b/1996， 35页；德文版 1999，19页）。和传统的文化批判以及马克思主义的经济基础/上层建理论不同，在威

---

1 威廉斯在《从易卜生到布莱希特的戏剧》（1968b）中也以自然主义和表现主义的发展来举例说明。

廉斯的理论中，即使最平常的活动也可能富有创造力。[1]艺术
与日常活动并没有质量上的区别，但是不应该忽视艺术的特别
意义。[2]"需要强调的是，事实上没有'平常的'活动，如果
把'平常'理解为缺少创造性的解读和努力的话。艺术之所以
有价值，是因为我们整个生活充满了创造性。我们看到的和所
做的一切，我们所有关系和所有机构的结构最终取决于我们学
习、描述和分享的能力。我们将我们的人类世界塑造成这样，
使得我们认为，艺术需要被创造"（Williams 1977b，42页）。
传播的目的在于建立共同体，它们有着共同的活动、目的、价值
和意义。文化不仅是一个整体生活方式，更是一个创造性的活
动。当这两方面结合在一起时，文化分析转变为社会分析。

威廉斯将"漫长的革命"理解为创立共同文化的过程，
它应该是一个民主的革命，将整个社会包含在内。它的目的
是根据所有社会成员的个体经验和集体经验对社会文化进行
变革，诞生新的共同文化。"'共同'这一定义的关键点在
于，整个群体都有同样的途径和参与的可能，现存的社会明
显不满足这个条件，不能称为共同的文化。相反，人们正在
以'共同文化'的名义对抗这个社会"（Williams 1977b，80
页）。共同文化究竟会不会被实现，谁也不能保证，因为社会
本身并不会向那个方向发展，让每个人都能够参与到意义的构
建中。威廉斯在之后的一部作品中写到，共同文化也是"革命

64

---

1 霍加特（1998，20页）："威廉斯其中一个最深刻的见解——一个非常出色的见
  解——你在创建一个商业联盟或者工人俱乐部时，可以像在写文学作品一样充满创
  造力。"

2 可惜在文化研究的进一步发展中这种忽视发生了。艺术获得了很少的关注（参见
  Wolff 1981）。

政治的问题，政治不断地对社会进行干涉，目的在于开放和改造机构"（Williams 1977b，80页）。

《漫长的革命》不仅因为其乌托邦式的维度和混合的论证方式[1]，也因为它对文化定义扩张式的使用，使之失去了和社会定义的联系，很早就受到很多批评。汤普森（1961）曾经写到，在一个"整体生活方式"中，充满了对立的生活方式之间的矛盾和冲突。不同阶层文化之间的冲突被威廉斯纯化为"外部对话"。汤普森对"帝国主义式"的文化概念进行批评，仿佛任何事物都能被称为文化："任何文化的理论必须含有文化和非文化之间的对话式互动。我们必须假设来自生活经验的原始材料为一极，而无穷的人类学科和系统，表达出来的或未被表达的，获得机构形式或无形中散布的，处理、改变或者扭曲这些原始材料的行为，则是另外一极。这是一个活跃的过程，人类制造自己的历史也是通过这个过程，对此我始终坚持"（Thompson 1961，33页）。威廉斯把经验定义过快地归入生活方式中，又把生活方式嵌入物质实践中，没有明显区分文化和非文化。[2]威廉斯在其后的作品对淡化社会矛盾的批评做出回应。他通过吸收葛兰西的霸权主义概念来弥补这一缺失

65

---

1 米尔纳（1993，41页）写道："《漫长的革命》最独特之处，以及这些敌意的由来，植根于它的形式、它具有的延伸开放的理论讨论和社会学内容，以及政治表达的特殊结合。"如同威廉斯（1979）追溯到，在很多批评家眼里，因为其社会学维度，这是一本危险而可恶的书。

2 这后面隐藏着文化概念最基本的问题，比如尼可拉斯·卢曼指出与历史现象相关："因此无法将'文化'这个概念归结到物品层面，抑或将文化物品和其他物品区分开来"（Luhmann 1995，54页）。文化已经被用来观察和比较现存现象。

（参见Williams 1977a）。[1]

霍尔在重建文化研究的形成过程中指出，威廉斯和汤普森的差别并没有那么大，因为两者都拒绝接受经济基础/上层建筑的理论，拒绝接受经济决定文化论。由此可见虽然有时差别明显，但是文化研究有一个清晰的思想线，它反对仅仅赋予文化剩余的或者反映的角色。通过不同的方式可以把文化看作与不同的社会实践纠缠在一起，这些实践也一一被理解为人类活动的共同方式：作为人类的感官实践，作为活动，通过它们人类得以创造历史（参见Hall 1980b/1996，37页起；德文版1999，24页）。汤普森和威廉斯考虑到了整个历史进程，这在分析过程中很重要。他们有一个关于文化整体性的构想，但是这一构想与黑格尔的本质论并不相同。通过对某些领域共同性和相同性的追求，他们感受到了霍尔口中的"本质化"。

"他们认为的整体性与对这个概念的一般理解不同，它是一种特殊的方式，是具体的和历史的，在关联中并不统一。他们认为它具有丰富的表现力"（Hall 1980b/1996，39页；德文版1999，26页）。

文化和非文化之间的关系是文化研究早期讨论的重点。威廉斯用文化的概念来对整个社会进行思考，对社会的整体性进行理解。霍加特和汤普森的文化概念则提供了观察、重建传统工人文化的可能性。威廉斯认为文化为"观察者提供了观察的视角"（Luhmann 1995，54页）。用文化作为观察视角并

66

1　1970年代和1980年代间，威廉斯在和葛兰西以及西方马克思主义爆发冲突后，抛弃了他最初的"左派文化主义"的立足点（Milner 1993），渐渐发展出一个文化唯物主义的立足点（参见Klaus 1983，Higgins 1999，Göttlich 1997），唯物主义文化的特殊特征和意义（建筑、电影、时尚等）处于社会动态变迁大环境下的中心位置。

非用文化将实体世界分裂，威廉斯在《文化与社会》一书中表述了文化如何在现代社会中从一个新生事物，发展为越来越重要的观察和描述层面（参见Luhmann 1995，39页），与存在的现象紧密关联。威廉斯在《漫长的革命》中赋予"文化"人类学式的概念之前，把文化看作一个历史性的概念，它基于反映，且并不真实（MacCannell/MacCannell 1982， 73页）。正如卢曼（MacCannell/MacCannell 1982，73页）指出的， 文化的语义学总是背负着偶发性，因此对文化的反思也是偶发的。当霍加特和威廉斯在大学求学过程中和其他"文化"发生碰撞时，他们明确意识到自己出身的文化[1]和其偶然性，开始反思自己的传统并开始研究文化的定义。

通过对霍加特、威廉斯和汤普森的讨论，我们可以发现1950年代末和1960年代初的新左派运动发展了一个文化的视角，它尤其突出人类的行为能力、价值、经验和文化的积极产物。其中对经验的强调，成了文化研究的出发点之一。

1　这既和他们所处的阶级，也和他们来自的地区有关。霍加特来自北英格兰，威廉斯来自威尔士（参见Williams 1973a；Dworkin/Roman 1993）。

3

伯明翰文化研究的形成

67 3.1 伯明翰当代文化研究中心的成立、目标和机构

　　如前文所述，1950年代末和1960年代初，霍加特、威廉斯和汤普森用他们的作品为文化研究奠定了基础。这些作者在新左派的框架内，以文化定位对利维斯主义和正统马克思主义作出了回应，在他们的理论中，经验类别和日常文化占据了中心位置。当时，文化研究尚未在英国大学获得一席之地。1962年霍加特成为伯明翰大学当代英语文学教授，在他的努力下，两年后终于在伯明翰大学建立起了伯明翰当代文化研究中心，文化研究终于开始学院化。霍加特想为博士后学生建立一个机构，用文学批评来研究通俗文化。这一机构一开始属于英语学院，然而霍加特认为新机构的研究应该在内容上和方法上打破专业的限制，正如他在《识字的用途》中的实践。中心的建立也是对第二次世界大战以后英国社会和文化变迁的一个反映。

　　他的想法在伯明翰大学不仅受到了赞同，同时还有很多反对的意见，尤其是霍加特在英语学院和社会学院的同事。[1]于是

1　参见霍加特在吉布森和哈特莱（1998）的采访中的表述。

他自己寻找资金来源，企鹅出版社和另一个私人资助者为他
提供了资金。中心聘请霍尔[1]为副院长，成立了秘书处并购买
了办公用品、图书，也有了资金用作学术旅行。之后，中心
归并给了伯明翰大学，1973年起，中心独立运行，归属于文
学院。

当霍尔1964年加入中心时，他已经著有关于D.H.劳伦斯的
一篇文章和其他文学评论，但是他真正的兴趣在于20世纪的通
俗文化，比如摇滚乐和电影。霍加特在《识字的用途》和威廉
斯在《漫长的革命》中的理论，为霍尔将这些现象引入科学分
析铺平了道路。威廉斯把文化的传统认知和人类学式的社会或
群体的整体生活方式联系起来，他跨越了阿诺德对文化的定
义，创造性的行为不仅局限于"高雅文化"，也存在于日常的
生活实践当中。1964年，霍尔和帕迪·沃纳尔共同出版了《通
俗艺术》一书，在该书中，霍尔的学术个性已经显现出来，这
些个性让他成为文化研究运动中出色的领军人物。

罗森伯格（1991，263页）如此描述他："机敏、不带成
见、开明、脚踏实地，这些是他的优点，他了解和接受社会的
新发展。霍尔正是正统理论家的对立面。尽管他致力投身于一
些经久不变的基本价值，比如公平和社会公正，但是他从未固
守某个理论，也从未步入基于理论建构的某个规范的樊篱。"
霍尔和沃纳尔关于通俗艺术的研究，起源于学生对电影、电视
和流行音乐的偏爱，他们对此始终带有乐观态度。他们并没有

---

1 斯图亚特·霍尔1956年在英国参与了新左派的成立，尽管当时还非常年轻，但他已
经和威廉斯、霍加特、汤普森一样成为政治集会时受人喜爱的演讲人。他参与创建
和出版了《大学与左派评论》，接着在1960年成为《新左派评论》的编辑。1961年
他首次在切尔西大学担任电影和大众传媒专业的讲师。

继承利维斯的理论，认为大众文化会带来负面影响，会导致道德和文化的丧失；相反，他们把如何保证大众文化产品的质量看作自己的任务。正如高雅文化中也有"劣质品"，通俗文化中也有优质作品。因此，引导公众的审美判断，让公众对文化产品可以选择性消费，才是他们认为的关键所在。

利维斯的传统理论认为，审美判断力必须武装自己以抵抗通俗文化，霍尔和沃纳尔却认为通俗文化的内部也存在不同。因此他们区分了"大众艺术"和"通俗艺术"。通俗艺术包括早期卓别林的作品、优秀的爵士乐和"音乐厅"。"这类艺术与民间艺术有着共通之处，表演者和观众之间有着最真实的联结：但是它又与民间艺术不同，因为它是个性的艺术，是知名表演者的艺术。观众群体的形成取决于表演者的技巧，他的个人风格，他如何表达普遍价值和如何解读经验"（Hall/Whannel 1964，66页）。书中还对不同类型大众文化的文本质量进行分析批判。类似威廉斯，书中呈现的结果也较为乐观，比如将电视定义为文化传播者的角色，认为它有着潜在的民主功能。

这本书的不足之处在于，虽然作者认识到了精英对大众文化批判的一些不足之处，但是却没有继续深入，对于部分批判甚至不加区分地接受了。因此霍尔和沃纳尔也认为"大众艺术"公式化、逃避现实，没有美学价值，是"通俗艺术"中被腐化的版本。此外，在对美学价值的定义上不断重提普遍人文标准，比如"共同的人性"。之后我们将看到，霍尔对媒体的观点会获得进一步发展和改变。在这本书中，他的主张非常适合伯明翰当代文化研究中心和霍加特制定的构想。他当时对通

69

俗文化的评价充满了矛盾，因此他在就职演说中讲道："很难在听流行音乐节目时[……]不感受到吸引和厌恶交杂的混合情绪"（Hoggart 1970，258页）。这时已经显现出来的对通俗文化的不同评价将在文化研究史上扮演重要角色。霍加特和霍尔都认为，可以通过通俗文化洞察到当时的文化和情感结构。

在伯明翰中心的发展史上，霍加特和威廉斯都为奠定其理论基础做出巨大贡献（参见Green 1974；Hall 1980b/1996）。霍加特（1970， 255页）称赞《文化与社会》这本书在思维上富于启发。威廉斯把中心称为"出色的先锋式样本"（Williams 1975a，149页）。[1]斯图亚特·霍尔在1968年成为中心的执行主任，1972年成为主任，因为霍加特前往巴黎加入了联合国科教文组织。理查德·强森于1979年接过主任一职，他于1972年作为社会史专家加入中心，米歇尔·格林则一直致力于研究文学社会学。[2]受到学生运动和反文化运动的影响，1970年代中心的研究重点是社会结构、社会文化维度和改变的可能（参见伯明翰当代文化研究中心[CCCS]，1980， 7页）。[3]霍尔认为，对英国和其他进步工业社会的文化变迁进行批判分析是伯明翰当代文化研究中心的研究目标，因此必须放弃最初文本研究的局

1　1980年代末，他对通俗文化研究的符号学和结构主义方向提出批评，他从文化唯物主义角度出发，认为它们太过理想主义和精英化（Williams 1989）。

2　之后，社会学家约克·拉兰担任了主任职位。1980年代末，中心陷入了极大的学院压力之中，英语学院尝试将中心重新划归门下，但是没有成功。中心成为文化研究学院，并且开始开设本科生课程。伯明翰的社会学学院解散后，一些社会学家也加入了中心。

3　文化研究中心从1968年开始就充满知识分子气息。"这是在一个紊乱的不平衡的历史空间中，自发爆发出的政治和文化观点的对立冲突。它包括新左派积极分子、先锋艺术家、另类摇滚音乐家、革命戏剧组、地下诗人和无政府主义者"（Dworkin 1997，127页）。

限，中心的主题是文化分析和社会理论。

为了能够运用人文学和社会学的知识来解释社会的变迁，必须打破学院学科间人为设置但其实松散的界限。课程规则的限制导致学科间的敌对、争吵和"边界检查"，这些情况随着伯明翰当代文化研究中心的成功甚至更加严重了。根据霍尔（1980a）的描述，当除了被奉为真经（Kanon）的著作之外，其他作品也开始被解读时，英语系成员警告不要在他们的领域乱闯。而中心成员正是故意采取这样的方式，并且取得了成功。中心的第一个项目（以"Paper Voices"之名发表）即通过对1930—1964年大众媒体的分析来研究社会变迁，该项目将文本分析和社会背景的历史研究结合起来。

霍加特把英国文学批评中原本含蓄的社会学关联直白地表达了出来，他在中心工作中一直强调文学和社会学之间的紧密连接和亲属关系。霍尔则一开始就以社会学和文化理论为导向。由于他的影响，中心的研究工作也转向社会学，更加理论化和政治化。霍尔一向憎恶知识分子那些孤立的、充满竞争性的工作方式，因此他组织了研究小组来开展工作，这成为伯明翰时期文化研究形成的推动力量。[1]安德鲁·米尔纳（1993，77页）认为："英国文化研究的成功学院化，霍尔居功甚伟。"霍尔吸收了尚不成熟的欧洲大陆的思维方式[2]，将其介

---

[1] 尽管如此，并不能把中心的工作想象成教师和学生的关系。它更多的是知识性研究的联合项目，具有不同的重点，有不同的小组，比如女性研究小组。这一小组并没有直接受到霍尔的影响，反而从女性主义角度对当时的青年亚文化研究提出批评。

[2] 1962年佩里·安德森从霍尔手中接过《新左派评论》的出版工作，专注于欧洲大陆的理论，1960年代大量作品被翻译成英语。新左派（参见Milner 1993）在1968年事件后不断扩大和发展了对西方马克思主义传统的兴趣（参见Merleau-Ponty 1968，39页）。比如卢卡奇、葛兰西和戈德曼的作品得以翻译传播。

绍到英国，推动讨论，并由此为研究工作建立理论基础。他的研究集中在文化理论、亚文化研究和传媒研究这三个领域。[1]边缘化群体、社会底层群体、民族群体和社会冲突成为主要研究对象，并深入研究了如何为理论研究和实证研究建立起通往日常"经验"和普通文化的桥梁。[2]在霍尔的带领下，伯明翰当代文化研究中心成为"这个领域有史以来最关键的机构"（Turner 1996，70页）。当文化研究在1980年代于美国开始学院化时，劳伦斯·格罗斯伯格曾经说过："仍然有像中心一样的存在，准确地说，是英国文化研究的传统，尤其是当代文化研究中心的工作"（Grossberg 1988，8页）。

在对伯明翰文化研究知识和理论发展的概览中，霍尔（1980b，德文版 1999）表明文化研究的学院化，其课程设置的形成，并不能被看作全新的开始[3]，而是通过"间断"最终形成的，通过各式各样的提问重新组织知识，最终形成一个新的研究样式。文化研究的进一步发展也是充满了"间断"，这些间断并不是因为知识层面的工作而产生，而是对历史和社会发展变迁的反映以及与针对性研究相关。"这些重大间断才是

1　迪克·赫伯迪格在回忆中心工作的日子时写道："霍加特和威廉斯认为与工人阶级有天然有机的联系。然后霍尔加入了，他是一个世界主义者。他是一个来自牙买加的旅行学者。作为一个新左派的马克思主义者，他使中心更多地接触欧洲大陆的理论，包括葛兰西、法兰克福学派、法国的结构主义和后结构主义，并且与盎格鲁-撒克逊的社会学展开了激烈的碰撞。尤其是在大学内部打开了一个批判的空间。他从来不说这个或者那个在日程之上，而是对所有新出现的和未符合规矩的事物始终留有足够空间"（Hebdige 1996，161页）。

2　"在中心内部，小组们尝试将他们的工作和最接近领域的问题联系起来。比如可能是媒体研究和媒体工作者的兴趣之间的联系，通俗文学研究和另类出版人与书店之间的联系，或者与工人作家联盟之间的联系，年轻工人阶级女孩文化信息的研究和女性主义策略之间的联系"（Green 1982，88页）。

3　霍尔拒绝接受传统思想史，也不赞同阿尔都塞关于知识发展中绝对认识断层的理论。

真正的关键——既成思路的破除，旧的组合被取代，新旧元素在其他主题和假设处重新组合"（Hall 1980b，31页；德文版1999，13页）。

73　　　在进一步分析伯明翰当代文化研究中心的具体研究之前，我们先来观察一下机构的组织情况，因为这和中心的成功密不可分：个人研究和集体研究的结合。中心开始阶段有10名学生，后来发展到25名学生，攻读硕士或者博士学位[1]。他们参加文化研究的研讨课，把各自的研究项目带入理论讨论和政治讨论中。他们自己建立非官方的小组，有着共同的研究兴趣并一起出版作品。"工作小组（一般由6~10人组成）成为文化研究各个主要领域个人项目进行讨论的论坛，比如其中的媒体研究一直很受欢迎，他们每周进行讨论，时而探讨中心文本，时而展示个人项目进度，之后一些讨论成果被整理成简易的论文，用以分享在项目过程中出现的问题和议题。这些小组成为主要工作单元[……]这样的工作小组一般有3~4年存在的时间：从对某个领域的初步回顾，到对该领域全景式的研究，然后开启一个独特的批判的阶段，建立自己的文集"（Green 1982，85页）。这些工作小组代表了中心的集体研究工作，他们主要是自发的，自己组织课程和研究项目，然后按照一定的时间间隔汇报共同的研究成果。[2]

　　　伯明翰当代文化研究中心的研究很早就在伯明翰以外地区

1　一开始只有研究生课程，因为霍加特和霍尔为了应付同事们的批判和敌意，只能在一开始专注于工作成果以获取好的名声（参见Hoggart 1998，18页）。

2　《文化研究工作论文》第9期是关于当时的研究小组，关注亚文化研究小组的作品则被收录在第7期和第8期中（《通过仪式抵抗》）。研究课题有：文化史、传媒、女性学、艺术、政治和工作。

知名, 这主要是通过论文和研讨课讲义, 演讲和工作文档。1971
年, 中心创立专业刊物《文化研究工作论文》(*Working Papers
in Culture Studies*)并在哈奇森(Hutchinson)出版社出版专业书
籍。所有这些出版物, 从胶版印刷的研讨课论文到书籍, 都为伯
明翰当代文化研究中心思想和成果的传播做出了贡献, 它们宣传
了一个全新的、激动人心的、跨专业且融合专业的、批判性的研
究活动。[1]

74

3.2 文化主义与结构主义之间理论立场的形成

我对中心理论研究的分析显示, 中心的工作可以分为三
个主要时期: 运用文学批判的方法分析通俗文化; 对文化社会
学进行深入研究; 对西方马克思主义和结构主义的吸收。

3.2.1 第一阶段: 运用文学批判的方法分析通俗文化

霍加特在他的就职演说《英语和当代社会学派》(Hoggart
1963/1970)中, 对英国大学英语语言文学课程的偏执和脱离实
际进行了批判, 他提议发展一个新的跨专业学科, 他将这个新

---

1 克劳斯(1989, 6页)写到, 在1970年代初的一段时间中, 文化研究中心的论文集
  在某些左派领域受欢迎的程度类似于学生运动期间人们焦急地等在编辑室门口的
  景象。

学科命名为"文学和当代文化研究"。[1]将现有的思潮结合起来，形成一个综合性学科，将社会实践以及对当代问题的积极研究作为学院理论性框架的补充和超越。在霍加特看来，伯明翰中心的工作应该继承威廉斯《文化与社会》的传统，以及利维斯提倡的深入阅读（Close reading），通过文化文本的研读来洞察社会、意义模式和价值。对文本的分析可以揭示出它的意义和文化迹象，这些必然和读者世界以及当时的社会相符。文化文本和读者想象之间的互动成为焦点。

如同《识字的用途》一书，伯明翰当代文化研究中心的研究工作也集中在大众文化和通俗文化文本的分析上，因此首先需要同时进行文学研究和社会学分析，下一步是把这两者的成果结合起来，揭示文化和社会的关系。霍加特建议研究在《识字的用途》中已经分析过的课题：通俗文学、广告、新闻业、大众传媒以及社会阶层问题。

尽管霍加特非常清楚，这些课题更加偏向社会学，而不是文学，但是他坚信应该使用文学批评的方法来研究它们，这是文化研究中最为关键的环节（Hoggart 1970，255页）。因此他认为深入阅读，对各个文学作品进行深入解析，也应该运用到通俗文化作品中去，将通俗文化的质量迹象剖析出来；这样的作品可以和社会学的方法结合起来（Hoggart 1992，391页）。在这里可以明显看出霍加特和利维斯的紧密联系。此外，霍加特并不想让文学成为中心的主要工作课题，而是研究文化实践的多样性，以及与精英文化传统的不同。他强调"通俗文化和大众文化中被忽视的素材"（Hoggart，引自 Hall 1980a，21

1　参见英国文化研究中英国文学方向的类似计划（Kramer 1997）。

页），以此来缓和精英文化和日常、过去和当今、理论和实际之间的区别。在伯明翰的第一个阶段，文化研究接受了英国文化批判，却拒绝了其严重的非民主和精英化倾向。"文化研究从初始阶段就是民主的拥护者。对民主的拥护只需要改变两个概念，把'精英'和'大众'前面的加减号互换位置：文化的根本主张也再次开始变化"（Sparks 1977，17页）。因此，文化研究与文化批判的重要区别在于对通俗文化的偏向。[1]

霍加特用近似文学社会学的方法把文本作为出发点和文化与社会的联结点，以研究威廉斯提出的"整体生活方式"。这一方法很快就被抛弃或者说被改良。因为对文化物品的研究表明，必须将解读的三个过程彼此紧密联系，并更具体地定义文化与社会间的交融。因此需要对文本产生和反映的社会背景进行研究，来补充文本的"深入阅读"，这样才能揭示文本的文化意义和社会意义。寻找到一种融合的工作风格，打破文化批判的框架，实现对文化和社会更深层次的理解。

3.2.2 第二阶段：对（文化）社会学进行深入研究

在中心工作的第二个阶段，中心成员们开始致力研究社会学，并很快得出结论，当时没有一种已建立的社会学理论符合他们的需求。在这段时间内，中心的代表人物越来越显现出他们的卓越能力，至今影响着后人的工作，即深入地、批判地进行理论研究，不把现存理论奉为经典，而是在它的基础上

---

1 尽管霍加特（1992，391页起）认为，马修·阿诺德给出的文化定义是"最好的"，但是他对文化定义的使用更多的是人类学意义上的，比如《识字的用途》的第一部分，他坚信文学方法的优点，想将此应用到文化文本和社会文本的解读中。

创立自己的观点。霍尔（1992，280页）曾经使用"和天使角力"这样的比喻来形容这个时期。[1]他描述了文化研究在理论工作上的建构性时期。

在霍尔看来，当时占主导地位的特尔考特·帕森斯的结构功能主义尽管适用性很强，但是过多偏向于1950年代美国社会，太过倾向于把社会学变为计算和计划社会的技术工具，是"美国世界文化霸权"的表达形式（Hall 1980，22页）。尤其是该理论中固态的非历史的概念，认为文化只是用来将个人通过价值和规范融入社会体系领域，将文化看作产生这些价值的社会机制，霍尔和中心其他成员认为这种理论太过单维度和和谐。他们的观点受到新左派的影响，认为一个社会体系中的矛盾、对抗和冲突有着决定性意义。[2]帕森斯的理论中，文化主要是指大众文化以及它通过价值在社会中的融入，他完全拒绝意识形态的说法，因此几乎无法研究文化和权力的关系。而且他主要采取量化研究方法，因为这太过靠近自然科学而在当时受到很多批评。

文化研究在这段时间内创立了以文化为导向的社会学，被认为是对社会学的一种关键性突破。他们应用社会学中被忽

1　"值得拥有的理论需要你去为它斗争，而不是仅仅可以深刻流利地说出它。[……]但是，我个人关于理论的经验，比如和马克思主义的经验，就像是在和天使角力——这是一个比喻，你可以按照自己的意愿来理解它"（Hall 1992，280页）。

2　腾布鲁克（1990）对帕森斯持类似的批评，他指出帕森斯没有结合文化学的历史研究，只是讲述了"社会系统"的运作，而不关注它的诞生和变迁。他从文化人类学中提取的文化概念是"被教化的"和"反历史的"。"从文化整体中脱离出来的规范和价值成为社会体系的可靠基石，在这里面文化作为自我生产的力量不再有位置"（Tenbruck 1990，38页）。之后他写道："帕森斯建立的社会学遵循以前的模式，将社会客体的可预测性和社会学的技术可用性作为必然前提，而并无考虑文化"（Tenbruck 1990，40页）。

略和排挤的理论、方法论和方法，在矛盾的复杂体和历史的印记中研究文化和社会的关系。[1]中心成员麦克伦南（1977，6页）曾经写道："文化研究的历史——我们中心的工作非常明确地表明——一直围绕着一系列的理论模型和理论传统，从韦伯式的'理解'分析，到不同类型的社会文化视角，到更加直接的马克思主义。因此，'文化研究'描述性地指定了一片广泛的兴趣区域，而不是一个单一的理论体。"

伯明翰当代文化研究中心成员的寻找运动[2]使他们深入研究了马克斯·韦伯和他的《新教伦理与资本主义精神》（1920/1972），以及他对"解释和理解"的区分。韦伯强调文化的特殊性，认为文化物品和历史事件可以用语义学解读也可以用因果分析方法来研究。他在重要作品《新教伦理与资本主义精神》中重建了新教主义和欧洲资本主义崛起之间的关系，有意识地反对马克思主义中的经济简化论。霍尔认为韦伯的作品在马克思主义理论的背景下非常有意义，它展现了意识形态内部复杂的表达，必须考虑到其历史的特殊性。因此资本主义在意识形态领域的崛起并不是通过对天主教的排挤或者世俗化，而是通过新教主义深度的精神化。宗教因素可能在资本主义实现以后消失。弗雷德里克·詹姆逊（1974）在文化研究的一篇论文里把宗教因素称为"消失的中介"。"尽管意识形态和经济发展长期来看有着共同的方向，但是它们各自的逻辑表达方式却是异大于同。欧洲变得

1　"但是另外一些传统尝试将社会行为和社会机构作为'意义的客体结构'。[……]他们提出了两种对文化现象的社会学解释：生产它们的社会力量和文化力量，以及用'意义的相关性'分析这些现象"（Hall 1980a，23页）。

2　霍尔（1992，280页）写道："在文化研究中心[……]我们必须深入地谈理论，我们遍及整个欧洲思想，我们阅读德国思想，翻来覆去研读韦伯，钻研黑格尔的唯心论，以及理想的艺术评论。"

资本主义——在意识形态层面——并不是因为欧洲离上帝越来越远，而是资本主义将所有（包括人类的活动）统统置于其监管之下。因此，从韦伯的作品里可以分解出一种关于意识形态'相对自主'的理论"（Hall 1979，139页）。学界把韦伯对文化现象进行的社会学历史学分析和威廉斯在《漫长的革命》中的传播理论以及79 霍加特理解工人阶级生活意义的尝试进行比较（Hall 1980a，23页），因为正是对社会行为的研究构成了韦伯社会学的核心。[1]

威廉·狄尔泰讨论了人文学科的语义学创立，格奥尔格·齐美尔和埃米尔·涂尔干的研究工作也涉及这一领域。在狄尔泰看来，把文化作为客观精神，把历史作为精神的客观化（精神史）来研究，需要将"理解"作为研究方法。"精神，作为历史的本质，也可以被理解为广泛的模型或者那个时代的形态，它体现在各个形式和表达方式中。通过'阐释'来观察文化的方法被称为'语义学'"（Hall 1979，135页）。涂尔干对社会与符号的关系，以及在宗教和原始社会的分级系统中存在的社会意义尤其感兴趣。根据康德的理论，涂尔干展示了如何重建社会关系的认知类型和精神分类。

中心工作的重点在于对社会行为的研究以及机构作为客观结构的意义。因此皮特·伯格和托马斯·卢克曼的《现实的社会构建》（1969）也被采纳，还有阿尔弗雷德·舒茨和文化唯物主义的论点。针对日常知识社会基础的研究对中心成员非常重要，因为它们往往能让人深入理解常识的意识形态特征。当我们生活在常识中时，我们并不会意识到，常识的意义也是被构建起来的。知识社会学中，社会关系也被看作知识结

---

1 雪特沃斯（1966）尤其深入研究了韦伯的文化学作为社会学的理念。

构，当然，知识作为日常的组成部分被广义地使用，而不是与系统化的思想，比如意识形态对等。霍尔（1979，142页）写道："思想获得了更广泛、更宏远的影响范围：它们为每一个社会进程提供背景。准确地说，社会进程主要由思想的立足点决定。它们有着优先地位，因为我们正是通过思想来自己构建社会现实的。"

伯明翰文化研究形成的另一个重要角色是文化唯物主义。文化唯物主义以自反性思想为出发点，将真实的日常生活和日常知识作为研究重点。主要研究人类知道什么，使用什么方法来创造日常事件，使用什么方法来将事件放入区域性背景中。加芬克尔（1970）的名言——日常生活中的行为者不是"文化傀儡"——成为文化研究的奠基性理论。哈维·萨克斯将文化唯物主义转化为对话研究，同样获得了关注，因为语言本身就可以被理解为社会行为的范例。萨克斯尤其感兴趣的是，当人们创建一种共同文化时，掌握的、使用的和彼此共享的技术。[1]中心的另一个研究方向是社会学获取其知识的过程：科学过程的自反性。[2]

象征交互作用论和民族志学田野研究的传统起到了最大的影响作用。[3]这一传统可以追溯到霍加特在《识字的用途》中描述的日常生活的民族志学。尤其是霍华德·贝克尔的

---

[1] 萨克斯（1995，226页）写道："文化是用来生成认识行为的工具。如果同样的流程既被用来生成也被用来发现，那么也许解决识别问题的方法可以和一个公式一样简单。"

[2] 民族志学方法和文化研究的关系，参见Toby Miller（1998）。

[3] 关于建构主义和文化主义的符号学关系，参见邓金（1992）极具启发意义的研究，贝克尔和麦考（Michael McCall）的《象征性互动与文化研究》（*Symbolic Interaction and Cultural Studies*, 1990），以及科罗次和温特的研究。

《局外人》一书被认为正式宣告和主流社会学的分裂，它被认为是中心的青年文化研究的起始之作。霍尔（1980a，24页）这样写道："他们决定在更深入的民族志学层面开展工作。他们敏感地意识到'被使用的'价值之间的不同，亚文化和主导文化之间意义的不同。他们不断拷问社会行为人定义自身生活状态方式的重要性——他们对'状态的定义'。"首先他们使用定性研究方法，以符合被研究人员及其文化的真实经历。我们看到，保罗·威利斯关于学校的研究和其他关于青年亚文化的研究就是最好的例子。在这个背景下，中心内部研究也和人类学中描述性的生活形式以及汤普森创立的"底层历史"的传统建立了联系。

81

然而他们并没有止步于对主观经验的分析，而是尝试将此作结构性关联。在此，可以看到结构功能主义所施加的影响，把结构看作无矛盾的、整体化的且摒弃行为能力（力量）和行为社会条件之间的辩证。"社会行为人在他们的'生活账户'中存入社会经验，他们有自己的决定条件。意识始终和意识形态元素融合起来，所有关于社会框架的分析都应考虑到相关的'错误识别'的元素。他们也有着无知的和历史的条件，这些条件使他们离开了完全'真实性'：男人和女人创造历史，但是他们创造历史的环境条件并不是由他们自己创造的"（Hall 1980a，24页）。韦伯关于有意义行为的研究和舒茨的尝试尤为重要。舒茨强调了意义在社会中的广度，否认把社会行为降低到个人意愿的层面：问题是，主观的意义和意愿是如何产生的，在某些限定的条件下，如何创造和告知社会生活的'结构'？现在，反过来，社会生活的结构塑造和充实个人意识的内部空间"（Hall 1971a，98页）。对于舒茨及伯格和卢克曼在其基础上建立的知识社会学，主要的批判在于这一学说将所有的东西，包括文化的物质基础，全部消融在思想和语言中。

1960年代末，主流社会学中的结构功能主义也开始动摇，它的领导权在面临危机时，并不如期望的那样稳固。因为当时社会和文化的争论唤醒了对自由多元社会融合能力的怀疑，以及对形成相对稳定的社会共识的怀疑。"简单地说，我们可以针对这门'科学'问一些'社会学'性质的问题，比如关于意识形态的问题，而这门学科只能再三地给我们灌输'意识形态终结'的展望。这连续不断的混乱导致社会学阵营的惊慌失措，并且释放了知识能力，让人们可以从事新的研究"（Hall 1980，26页）。社会学经历了作为社会解读力的"危机"，使得研究中心的成员意识到，他们并不能简单地融入现行社会学中，文化研究必须开发、发展和具备自己的研究领域、主题和议题。

3.2.3 第三阶段：对西方马克思主义和结构主义的吸收

1960年代末愈演愈烈的政治和文化冲突，学生运动和对社会主导结构越来越多的反对，导致伯明翰当代文化研究中心在1970年代经历了理论和实证研究的第三个阶段。第三阶段的主要特征是对西方马克思主义和结构主义的吸收，对语义学的吸收，以及对文化和社会关系概念化的吸收。中心的成员认为，无论是帕森斯还是传统的文化社会学，或者是解读式社会学的方法，都不能解释当时的事件和变迁，因为它们在讨论维

82

持权力关系（比如种族主义，性别歧视）、意识形态功能和象征性争论时，没有赋予文化角色足够的重要性。在这个前提下，中心在斯图亚特·霍尔的领导下，把批判性文化研究、英国社会变迁和其他先进工业社会变迁作为目标。这些变迁的起因是什么，它们将走向什么方向，它们有什么意义？霍尔为中心的第1期专业期刊《文化研究工作论文》（1971年春）写了导言："目的并不是在已经碎片化的'知识地图'中再增加新的分类，而是通过'文化'的制高点，来审视整个复杂变迁的过程，让社会生活中的、团体和阶级关系中的、政治和机构中的，以及价值和思想领域中的真实文化活动变得清楚易懂"（Hall 1971b，5页）。文化分析和社会理论之间的关系，成为中心的主要议题。他们的工作主要集中在文化理论领域、亚文化研究（尤其是青年文化和工人文化），以及传媒研究。

研究的内容开始脱离社会学"意识形态"的倾向，脱离对新康德主义的传播。[1]他们通过海德堡学术圈接触到了捷尔吉·卢卡奇和西方马克思主义，其作为马克思主义的综合变体[2]，不同于第二国际和第三国际的简化论。经典马克思主义在工人运动的背景下得以发展，把重点放在社会的经济和政治层面。西方马克思主义主要由"职业哲学"发展而来，把哲学、美学和文化作为观察的重点，把它们视为具有自身逻辑

---

[1] 这一方向的改变在中心被激烈地讨论过（参见1971年出版的《文化研究工作论文》第1期中雪特沃斯和霍尔之间的争论）。

[2] 莫里斯·梅洛-庞蒂提出的概念，他的著作《辩证法的历险》（1955/1968）用来和苏联式马克思主义划清界线。

和运行方式的领域，[1]对"上层建筑"发展了不同的新定义，却没有把经济基础模型完全放弃掉。直到1960年代，英国知识界始终没有形成批判思考的传统。得利于当时许多第一次出版的翻译文献，文化研究能够完成通往有所甄别的综合的马克思主义这一过渡，可以提出不同的问题，开发全新的角度。文化的概念开启了全新的第三条路——除了将文化作为经济基础的反映和文化主义新定义中把文化归结为必不可少的生活方式。除了卢卡奇，他们还研读了法兰克福学派[2]（包括瓦尔特·本雅明）、戈德曼和萨特的作品。"他们回归到了对文化和意识形态决定性特征的关键问题——它们存在的物质、社会和历史条件。因此，他们重新开启了对传统马克思主义中'经济基础'和'上层建筑'的研究——非唯心主义者或者唯物主义者文化理论的决定性问题"（Hall 1980a，25页）。他们在伯明翰开展了深入的理论探讨，同时也对实证研究产生了巨大影响。

正是一些对具体现象的深入研究，比如青年文化或者新闻节目，证明了无法简单地接受建制思维传统中关于文化的定义和文化与社会的关系，因为每一个定义都关联某一个研究项目、一种研究方法和被概念化的研究对象。首先必须要更加精确地定义，文化研究的目标是什么，如何建立一个特殊的研究领域。如同霍尔（1980a，1980b/1996）所说，在这种情况

84

1　参见佩里·安德森的作品《西方马克思主义探讨》（1978），拉塞尔·雅各比的《失败的辩证法》（1981）以及马丁·杰伊的《马克思主义与总体性》（1984）。德沃金（1997，137页）得出结论，安德森的理论对西方马克思主义传统所做出的贡献和威廉斯为"文化-社会"传统所做出的贡献类似。

2　中心对法兰克福学派的讨论，参见Phil Slater（1974），收录于《文化研究工作论文》第6期。

下，需要重新制定方向。首先要对文化进行重新定义，用以和其他文化阶段区别开来。威廉斯的人文主义文化定义把文化理解为文本和制品，这些文本和制品包含着价值和理想，对社会的不良发展进行批判。他的这一文化定义被认为太抽象，因为它把价值看作具有普世性，但是中心认为，价值也只是特定社会背景和历史背景的表达方式而已。如果仅仅研究文本本身，而不考虑它的诞生、社会实际，不考虑出版它的机构，则有拜物倾向（Hall 1980a，27页）。这一倾向掩盖了文化秩序中具有选择力的力量，这股力量甚至可以为文化秩序创造新的分级。因此如同人类学，文化也包含着文化实践，需要根据其历史特性分别考察。通过对社会秩序、文化权力、统治者、规则、阻力和斗争等元素的考察，威廉斯在"整体生活方式"的概念中提出的文化价值和意义模型所具有的和谐普遍性受到拷问。

其次，对文化概念物质化的尝试进行研究，包括文化实践和其他实践之间的关系，文化、政治和意识形态之间的关系。汤普森（1961）在给《漫长的革命》写评论的时候，曾经要求辨清观念和思想的区别，以及创造历史的主观主义问题。这是一个主动的、坚持的和具有创造性的过程，是人类的实践，是人类创造历史的过程。当时的主要任务是在文化主义和结构主义之间建立联结，因此他们进行了大量关于实践哲学和历史人类学的研究。

文化实践活动并不仅仅被视为上层建筑现象，它也在与其他实践的互动中被研究。威廉斯已经把社会看作表达性整体，每一个社会实践都和其他实践相关联。而理论研究则走上了另一

85

条道路，人们放弃寻找一个整体，而是把社会整体性理解为"占主导的结构"。根据马克思在1857年出版的《政治经济学批判》，霍尔（1980，29页）写道："整体是'多元决定的结构'，是区别和差异的特殊表达的产物，而不是相同和一致的产物。不能认为确定性是由一个单线的单一层面的社会整体——比如'基层'——发生发展的，它是被多元决定的。"

西方马克思主义强调文化实践的"相对自主性"，这一理论需要被更加准确地定义。结构主义和后结构主义拒绝文化意义中的整体思想、话语权的多样性和各级别的自主性。通过与结构主义和后结构主义的碰撞，文化研究更加从文化主义倾向于结构主义，或者说倾向于两者之间居中的位置。在文化主义中，意识形态并不占有中心地位，但是在阿尔都塞对马克思主义的结构主义解读中却扮演着关键角色。

罗兰·巴特和列维-斯特劳斯的早期论文在法国开创了文化分析的先河。巴特想要对"社会生活框架中的符号生活"（Saussure 1931/1967，19页）进行研究。列维-斯特劳斯的研究对象是文化人文学。他们两者都认为结构主义语言学的模型也适用于其他符号系统和社会实践。语言既是一个结构性系统，也是一种表述工具。它不能还原世界，而是通过具有内涵和外延两个层面的符号来对世界进行表述。这一建构主义的观点并不否认物质世界的存在，也不否认社会行动的活动性。它认为事物和物质世界并没有发自自身的意义，而是我们通过适合的符号和概念，即表征系统，给它们建构了意义。

巴特和列维-斯特劳斯的根本思想是，文化对象和文化实践所基于的意义产生于符号的象征性功能。因此文化对象和文化实践有着和语言一样的运作方式，可以使用索绪尔发展的语言学概念来进行分析。巴特在《神话学》（1964）一书中，把格瑞塔·嘉宝、电影中的罗马人和皮埃尔神父（Abbé Pierre）的形象看作符号和通俗文化文本，通过他们来传递意义。他解释了意义形成主要有两个过程，它们既独立又互相关联。第一个层面是描述性、外延性层面。第二个层面是内涵层面，作为一个信息和其他意义联系在一起，和来自社会意识形态（社会观念、价值、框架等）的主题相联系[1]。巴特把这些和第一层面相联的主题称为"神话"。"然而神话是一个特殊的系统，因为它建立在语义学链条上，而这一语义学链条在它之前就已经存在；它是一个次级语义学系统。在第一个系统中符号是一个概念或者整体联想，在次级系统中只有其含义"（Saussure 1931/1967，92页）。因此巴特认为，日常的神话基础由意识形态产生。

列维–斯特劳斯研究亚马逊原住民的仪式、神话和死亡物件。他的关注点并非这些研究对象的产生或者在日常生活中的应用，而是它们对文化的传递。他在寻找最基础的规则和编码，正是这些规则和编码使得物件和仪式获得意义。按照索绪尔的理论，他关心的并不是文化的言语，而是文化的结构，即语言的系统规则。

不管是列维–斯特劳斯对无文字民族的语言进行的研究，还是巴特对日常神话解读的尝试，他们都遵循人类学的文化概

1　"内涵所指具有普遍的、全球的、混合的特点。我们可以把它称为意识形态碎片。法语这个整体指向，比如所指'法语'；一部作品可以指向'文学'这一所指；这些所指和文化、知识以及历史有着紧密关系，通过它们，世界进入体系之中"（Barthes 1979a，76页起）。

念，研究日常文化，而不是如同文化主义一样，把文化看作历史性，看作某个社会团体或者阶级的经验记录。他们从共时的和建构性的视角来研究文化。文化主义和结构主义的共同点在于对"经济基础/上层建筑"理论的拒绝和对"上层建筑"的重视。这两种主义认为上层建筑具有自身的有效性和领导地位。霍尔把结构主义思潮归纳如下："结构主义的主要重点在于文化的特殊性和不可约性。文化不再是对其他思想领域实践的简单反映，它本身就是一种实践——一种重大的实践——自身拥有决定性的产物：意义"（Hall 1980a，30页）。因此文化系统本身的内部结构和组织就成了观察的重点。文化实践不仅是人们通过文化来表达和创造，而且也能通过文化来进行生产。

结构主义把文化理解为思想和语言的框架和分类，通过它们将社会的生存条件进行归类（参见Hall 1980b/1996，40页起）。那些产生和改变框架及分类的实践活动具备和语言一样的运作方式，它们是意义实践活动。"[……]在早期对涂尔干和莫斯的思想进行研究后，列维-斯特劳斯开始研究'重要'和'非重要'实践活动之间的关系，即'文化'活动和'非文化'活动之间的关系。他深入探讨了产生社会框架和分类的实践活动间的关系"（Hall 1980b/1996，41页；德文版1999，29页）。

在文化研究内部，成员们通过对结构主义因果关系的研究，即结构内部元素的表达逻辑，开始放弃传统人文主义思想的剩余。在文化主义中尚有这些剩余的影子。文化主义认为，意识和文化要用集体的方式去理解，但是没有意识到主体并不足以把文化表达出来，而反倒是主体通过文化把自身表达了出来。文化并不只是行为能力的体现，也是强迫和规则。"文化是由其生存条件建构而成，同时它也建构了生存条件。[……]与其说它是'意识'的产物，不如说是无意识形式和分类的产物，通过这些无意识形式和分类产生了历史性定义的意识形式"（Hall 1980a，30页起）。在中心的研究工作中，文化被看作实践的集合，需要研究它的物质条件和必要决定性。

尤其对列维–斯特劳斯的研究导致德国模型及理论和法国模型及理论的剥离。研究风格从新黑格尔主义转向带有结构主义色彩的新康德主义。列维–斯特劳斯在他的研究中遵循索绪尔和涂尔干的方向，尤其是涂尔干和莫斯共同完成了《原始分类》（1903）之后，在此书中，文化基于相互交换。从涂尔干的结构主义出发，文化研究的道路通向了由阿尔都塞继承发展的马克思主义，阿尔都塞也受到列维–斯特劳斯的影响。

涂尔干将社会自成一体，与其他孤立，马克思把社会看作关系的矛盾集合，列维–斯特劳斯研究规则、编码和形式上的对立。在这样的传统背景下，阿尔都塞尝试把结构主义和马克思主义结合起来。尤其是他对意识形态概念的重新阐释，对伯明翰当代文化研究中心的成员和其他英国知识分子产生了重大的影响。[1]在《文化研究工作论文》第10期的导言中，麦克伦南描述了中心在开展工作时，寄望于一个其意识形态表征不与其社会存在条件短接的意识形态概念。"一个关于意识形态的理论，作为对'文化'的某个领域更加细致深入的分析，提

1　参见比如拜瑞·辛迪斯和保罗·赫尔斯特（1975）对阿尔都塞的吸收。

供了一个深入目前文化研究各个方面知识的契机。至少，它可以为文化和社会这一对偶连体的两极提供更加连贯的阐释，这样可以避免其中一极削弱另一极的表现"（McLennan 1997，6页）。意识形态理论成为文化研究的中心领域。对于文化主义者而言，文化是过往经验的表现，但从意识形态的角度而言，文化是主观形成的基础。

　　然而霍尔和阿尔都塞的关系充满了矛盾。作为马克思主义专家，一些结构主义的新阐释和应用方法并没有说服他。[1]他批评阿尔都塞在《阅读〈资本论〉》（Althusser/Balibar 1972）一书中，用归纳法逻辑把马克思主义强加于结构主义（参见Hall 1989a）。在《与阿尔都塞角力》（Hall 1992）中，霍尔获取了对于文化研究继续发展至关重要的认识。阿尔都塞强调相对自主的文化意识形态层面，批判西方马克思主义的整体概念，这对中心的内部讨论有很大的帮助。

　　马克思的构想，即通过社会过程建构一个拥有独一时间和独一矛盾的同质空间，阿尔都塞对此并不赞同。社会整体是结构性的矛盾的关联，从它的非同时性出发，他认为历史的进程具备各自时代和开放度的特征。阿尔都塞（1968）提出表现型整体这一概念，类似于卢卡奇和戈德曼的理论，一个带有主因的分割结构。他联系斯宾诺莎的理论，从内在性角度出发。也就是说：社会从自身的关系中建构自身，由经济、政治和文化意识形态等因素按一定结构方式构成（参见Demirović 1994，91页起）。阿尔都塞同意生产力的决定性力量，同时也

89

1　阿尔都塞所实践的症候式阅读在他看来是"理论断头台 [……]，用这种方法，每一个概念敢于尝试偏离预定的轨道，都会被砍头"（Hall 1989a，14页）。

强调上层建筑的相对独立和特殊影响力。经济进程并不决定上层建筑的内容，而是给上层建筑在整体中设定一个功能立场。事实上，对社会结构进行归类和表述，意味着经济现象也有意识形态和政治性内核，意识形态现象也有经济生存条件因素。除了经济，政治、理论和意识形态实践都有各自的运行方式，都以自身运行方式为其他要素提供生存条件。

因此，意识形态并非必须基于资本主义进程，而是以物质方式融入国家机器中，是政治统治的一部分。阿尔都塞不再把意识形态看作注定是错误的意识形式，而是关注它作为日常知识的积极性，把它作为批判分析的对象。"与其说意识形态是思想的一部分，不如说它是实践。意识形态为理解提供框架，通过这个框架来解读经验，并赋予经验意义，也通过这个框架意识到自己所处的物质环境"（Hall 1980a，32页）。

列维-斯特劳斯把分类和框架都归于文化概念之下，阿尔都塞则强调，人类通过意识形态（图像、表现、仪式、习惯）这些无意识中进行的项目来生活，来再现他们的生活条件。在中心内部与文化主义的交锋中，这一认识起到很大作用。因为阿尔都塞提出，意识形态和意识有关，而没有埋没对文化主义而言非常重要的，行动者知觉边界的观点。[1]阿尔都塞认为意识本身就是意识形态的现象，需要被解释。同样借鉴斯宾诺莎，阿尔都塞认为意识行为是行为的一部分，作为相同的主体，具备其所有的观念、传记体的连贯性和意识形态的影响力，也就是可以将具体的个人在象征性过程中"建

90

---

1 这和巴特的符号学文化分析有着异曲同工之妙，与列维-斯特劳斯的结构主义神话阐释、福柯的话语分析以及布迪厄的文化社会学更有平行和相关之处。

构"成主体（Althusser 1977，140页）。麦克伦南/莫里纳/彼得斯（1997）在文化研究中心发表的一篇探讨意识形态的论文里，做出以下归纳："将个体建构为主体是由主体范畴的功能决定的，主体是所有意识形态中的建构范畴，意识形态对于个体以主体的名义进行质询"（McLennan u.a. 1977，96页）。意识形态国家机器，比如家庭、法律、工会或者媒体使个体"服从"于它们，这些个体对自身真实生存条件抱有假想（Althusser 1977，133页起），认为自己是自身的主人，甚至相信自己参与创造了社会关系，认为自己建构了社会（参见 Demirovié 1994，93页）。在阿尔都塞看来，意识形态国家机器承担着再生产已有生产关系和资本主义社会关系的责任。

总之，中心对于阿尔都塞的讨论充满争论；从来没有出现过阿尔都塞一言堂的现象。人们比较接受的是《与阿尔都塞角力》中的观点，即社会信息的非中心化和知识话语权的建构。关于主体仅仅是意识形态作用的产物这一观点，则在中心受到批判，比如传媒研究的一些成果。而他和帕森斯类似的、关于功能趋向的观点，则被完全否认。人们批判他的重点在于，他仅仅把意识形态作为统治阶级的功能增益进行分析，也就是再生产资本主义生产关系的功能，以及他尽管强调了文化矛盾和斗争，却几乎没有深入研究。因为社会的对抗永远不可能完全消除，生产关系的再建始终充满危机和困难。

也许阿尔都塞最大的影响在于对意识形态/文化与资本主 91义进程或生产方式发展的分析之间关系的重新描述。他把两者极端区分开来，以强调意识形态/文化领域的相对自主性。

阿尔都塞拒绝阶级结构的经济关系形成论和文化形成论。[1]因为阶级对他而言并不是单纯的经济结构，而是通过不同实践（经济、政治、意识形态）和它们之间的交互作用形成的。不应该把它们简单看成构成整体的部分，把它们简单归属于某个意识形态。

霍尔认识到阿尔都塞的影响巨大，并且在中心的工作当中形成一个新的"断层"。他如此描述文化研究中文化主义教条和结构主义教条间最大的区别："文化主义认为经验是生活领域的基础，意识和条件都基于此并在此相交；结构主义认为经验本身的定义决定它不能成为任何的基础，因为人们总是在文化给定的范畴、类别和框架中，按照生存条件生活和认知"（Hall 1980b/1996，41页；德文版 1999，30页）。类别本身——列维-斯特劳斯眼中的文化，阿尔都塞眼中的意识形态——是无意识的结构。

结构主义继承了文化主义对于实践的研究。文化主义认为不能把文化仅仅解释为经济的附属品，结构主义则致力于提炼出集合中的特殊实践。结构主义将马克思的著名言论变得透明直白，在任何分析中，必须要考虑的是人类自己创造历史，但是创造历史的条件却不是人类自己建立的。因此一个幼稚的人文主义以及在此基础上的自愿的、取悦大众的政治实践都毫无意义。"人类意识到自身的历史社会关系，组织起来，对抗这些既定条件，并且真正实现改变，这一事实也不能掩盖真相，即人们在资本主义关系中可以获得自己的

1　即使从批判的角度来看，阿尔都塞也带有马克思的本质阅读方式，因为生产方式作为经济实践和现实不断交互，同时意识形态实践和政治实践成为上层建筑的表象（参见Eagleton 1986，1-5页）。

92　位置，但是作为行动人必须自己先构建资本主义关系"（Hall 1980b/1996，43页；德文版1999，32页）。

　　霍尔提倡"理智上的悲观主义和意志上的乐观主义"。这是安东尼奥·葛兰西的说法，他是中心工作的重要研究对象之一。[1]因为他的理论填补了阿尔都塞理论上的空缺[2]，即忽视了由社会矛盾冲突引起的文化再生产的不稳定性。文化主义者与结构主义者不同，他们从一开始就指出斗争和社会组织在历史中的重要性，葛兰西的理论在两者之间架起桥梁。葛兰西也是上层建筑经济简化论的坚定反对者（参见Hall/Lumley/McLennan 1977）。他与他的导师贝内德托·克罗齐的理想主义决裂，也反对第二国际的经济决定论。在他的《狱中札记》（Gramsci 1991）中，葛兰西发展了一系列告别简单"经济基础/上层建筑"理论的概念，比如对文明社会的理解，把文明社会看作个体的集合，这些个体存在于经济结构和国家之间，包含经济基础和上层建筑的方面。在文化研究中心的一篇论文里，霍尔等人（1974，47页）这样描述："因为文明社会是各个阶级争夺权力的地带（经济、政治、意识形态）。正是在这里霸权得到应用，这也是经济基础和上层建筑斗争之地。"葛兰西拒绝认为意识形态仅仅是经济关系的再现，也不认为它仅仅是统治阶级意志的体现。尽管主导的意识形态仿佛

---

1 霍尔（1992，280页）曾经回顾到中心在葛兰西身上走的迂回之路："文化研究在英国背景下，在某一个阶段向葛兰西学习：比如大量关于文化本身的性质、形势的规则（the discipline of the conjunctural）和历史特定性的重要价值的讨论，关于有超强再生力的领导权的比喻的讨论，以及唯有通过运用置换过的整体（ensemble）和集团（blocs）的概念来思考阶级问题的方法。"

2 阿尔都塞在《阅读〈资本论〉》（Althusser/Balibar 1872）中的葛兰西式解读为葛兰西的思想带来了一场文艺复兴。

普遍有效，但并不是自动来源于统治阶级，而是统治集团之间力量关系的结果。

93 　　"霸权"这一概念是文化研究的主要对象。霸权包含意识形态，却不止于此。"从根本而言，它是关于所有此类进程的：当一个根本的社会群体（葛兰西称之为阶级阶层的联合，而不是单一的毫无问题的统治阶级）获取对经济核心的控制权，就能够将领导权和权威性扩展到文明社会和国家中社会、政治和文化各个方面"（Hall 1980a，35页）。对霸权的争夺并不止于经济和管理领域，在文化、道德、精神生活领域也展开这样的激烈斗争。霸权延展到社会生活和思考中的方方面面。成功取得霸权的标志有两个：一是被统治阶级奉行统治阶级的利益，二是统治阶级渗入中心组织和结构，支持统治阶级的权力和社会权威。"霸权的实际情况提出了一个前提，即实施霸权的利益和群体也需要达到某种平衡和妥协，即使是统治群体也要为合作的经济方式做出牺牲"（Gramsci 1996，1567页）。

　　通过对历史进程和经济趋势的分析，葛兰西的理论对非历史的、高度抽象的、形式化的结构主义进行了纠正，是某个特殊实践、某个特殊国家社会形式的理论。霍尔（1980a，36页）补充道："然而，进一步而言，霸权的概念尤其针对那些高度发展的资本主义社会，在这些社会中，国家机构和文明社会已经到达非常高的复杂度，必须能动员大众并取得他们的赞同，以获得某一特定趋势的控制权；'改革'则必定经历长期的复杂的过程，经历各种斗争、控制、妥协和转变，来改造社会，设立新目标。"关键在于怎样取得广泛的赞同，并且考虑如何让次要利益变得大众化。因此霸权不是一个稳定的长存的状态；围绕霸权一直充满了斗争，尤其是现代社会，政治和文化权力通过议会系统和代议政治系统变得相当稳定，其标志是复杂的国家结构和文明社会细致的文化机构。葛兰西的理论使我们不再用经济简化论来分析文化问题，不再认定它与某个经济基础的必然关系。社会是非常复杂的结构，不可避免地充满矛盾，必须先确定其历史特殊性。当霍尔回顾中心对葛兰西理论的研究时，他（1992，280页）总结到：葛兰西研究了马克思主义理论中没有涉及的问题和关系，这些问题无法用马克思主义来回答。正是葛兰西的研究让文化研究中心有讨论这些问题的可能性，然而葛兰西的理论也不是所有问题的答案。葛兰西对文化研究的影响远大于阿尔都塞[1]。

最后霍尔征引米歇尔·福柯1960年代的人类学作品，他的话语概念颠覆了层级决定因素。他的兴趣在于知识话语在不同时期的产生。这个一定情境下的知识不仅提供共同的意义，而且也给我们对社会和自身的理解打下烙印。霍尔认为，通过话语这一概念，福柯展示了实践与话语相关及与话语无关的方面。在某种程度上继承了巴特和列维-斯特劳斯，福柯展现了所有知识领域的内在关系和规则性。话语分析是以历史为导向的，通过分析历史文献，福柯建立了话语实践如何在不同时期建构社会的理论。此外，他重新讨论了表征的问题。他通过讨论社会实践和实践的具体形式，比如在意识形态、话语和其他知识领域的表现形式，消解了二分法，他也不

---

1 哈里斯在他的研究《从阶级斗争到享乐政治》（*From Class Struggle to the Politics of Pleasure*，1992）中甚至得出结论，葛兰西主义是文化研究中心1980年代的正统。

区分知识和意识形态。

总而言之，结构主义和文化主义是文化研究的两个重大方向（Hall 1980b/1996）。它们经常彼此纠正，指出对方的弱点，比如当结构主义过分强调"条件"或者文化主义过度强调"经验"或者"意识"时。而中心的实证性研究则开辟了综合化的新方向。

然而，文化研究的理论方向并不止于此。霍尔（1980b/1996，46页起）还指出了以下这些：拉康对心理分析的结构主义新解读[1]，文化政治经济学的回归[2]和1970年代福柯的权力分析。霍尔在他的总结中提到："希望我已经说得非常清楚，在我看来，文化研究的每个汲取结构主义和文化主义元素的努力，以及运用葛兰西的概念进行思考的努力，都越来越接近于这一研究领域的要求。这一原因是显而易见的，尽管无论是结构主义还是文化主义都并不要求在研究领域作为独立研究范例占据中心位置，但是它们因为独树一帜还是获得了中心位置，那些在它们的夹缝中生根发芽成长的正是文化研究关注的对象。它们不断地把我们带回文化和意识形态这两个紧紧相连又互不排斥的概念所在的领域。它们一

---

1 伯尼斯通/维登（1977）在中心的论文中研究了拉康关于语言中主体构建的理论，克里斯蒂娃关于主体和诗歌语言的理论，皮埃尔·马舍雷关于意识形态的概念。从艺术、文学和意识形态的关系出发，确定分析社会形态的方法。尤其感兴趣的又是经济生产方式和所指实践之间的关系。

2 默多克和戈尔丁（1979），在1990年代对文化研究进行了激烈的批评（Ferguson/Golding 1997，Murdock 1997），他继承传统的上层建筑/经济基础模型，提出要对文化进行政治经济分析。与法兰克福学派相似，他们也认为文化工业具有资本主义结构，强调大众文化统一、标准、意识形态功能。但是这样，文化文本和文化实践之间的重要区别就消失了。他们也没有理会文化领域以及意识形态在阿尔都塞的理论中，本身就具有决定性功能，抑或在文化社会学中具有生产的维度。

起提出问题，尝试思考特殊实践的不同之处和所构建的发声群体的形式"（Hall 1980b/1996，48页；德文版 1999，40页起）。文化主义和结构主义使用辩证法徘徊在条件和意识之间，努力将文化理论物质化。

3.2.4 总 结

关于伯明翰当代文化研究中心的理论讨论由于理论的异质性，无法再一一细述，但是通过以上理论的介绍可以了解这个主题的多样性。不同的成员和工作小组又有着不同的看法。因此，理论的多样性和开放性是文化研究的主要特点之一。这一现象很大部分要归功于霍尔，他一直努力避免僵化，避免先入为主。"在中心没有一个强加的独一的理论立场：尽管总有一个普遍的立场——详尽的文化和社会形态非简化论——以及一个定义的普遍话语，在这个框架里面不同的立场和重点进行互相批判"（Hall 1980a，39页起）。

在中心工作中，他尤其支持女权主义的发展，女权主义批评以男权为导向的模型、假设和主题。"关于如何思考性别矛盾的起因和影响的问题迫在眉睫。它已经成为文化研究中长期的固定的重要话题"（Hall 1980a，38页）。女权主义思想消除了阶级简化的所有形式。因为它更加表明了不同社会形态中矛盾冲突的复杂化和多样化，不可能仅仅从经济方面来解释一切。厄内斯特·拉克劳（1981）与中心一直保持紧密联系，他具体分析了不是所有的社会矛盾都可以用阶级矛盾来解释。这些认识长期改变了文化研究的领域和具体研究的对象。

3.3　伯明翰的实证研究

3.3.1　概　述

在具体分析各个实证研究之前，我首先概括性地介绍中心的实证研究。如前文所述，中心开展了不同的项目，采用不同的理论和方法。保罗·威利斯的批判民族志学研究，指出了主观因素的不可或缺，同时也不忘社会压制的决定力量。它标志了早期关于青年文化的集体研究工作，拒绝用结构来解释一切。其后期通过霸权概念和对反抗形式多样性的研究改善了这一研究方法。传媒研究专注于文本分析，受到语言学和语义学很大的影响。除此之外还有工作组，专门研究语言和文化历史。

尽管有着这么多不同的兴趣领域，但有一些主题对中心而言特别重要。比如早期关于传媒的角色、文学分析和对通俗文化的研究。"通俗文化永远是个问题区域：大量的描述性定义（常常仅是残余风俗和形式的列举）和印刻着摇摆于高雅文化和大众文化之间'文化争论'的不恰当概念。然而，对通俗文本的分析已经被传媒研究和英国文学研究两个领域接受。它的发展是由对'通俗'的极端新解读完成的：国家通俗文化传统、通俗意识形态、通俗的基本常识、高度发展的哲学也参与其间，通俗文化作为常识的土壤，更多高度发展的哲学在这里互相干预，通俗也在霸权和共识之间摇摆"（Hall 1980a，40页）。一些直接研究政治形态和机构的研究项目，比如"危机

政治"（Hall 1978）也加入其中。其他主题的研究，比如福
利国家的历史经济趋势、1930—1950年文学结构和女性写作的
关系，以及女性工作的重建也一一开展。

这些研究项目采用了不同的研究方法："有的将重点放
到民族志学领域和访谈；有的强调文本中心、话语和实践；有
的重点则因为复杂的方法论需要从形式意识形态转变为'鲜
活'的历史解读——对特殊的机构实践和政治的解读；有的
则关注研读档案、材料和其他资料的正确的历史方法"（Hall
1980a，41页）。在一些项目中，因为研究对象的关系，也会
结合不同的研究方法。中心工作的主旨在于，把研究成果和其
他同事一起分享，使成员始终把文化研究作为一个整体项目来
发展推进，建立自身的研究领域。"将这些单个的和普遍的重
点整合起来，是中心研究工作的重心和策略。这些年来，很多
资源和能量被投入中心，中心的成员需要一起担负起共同的责
任"（Hall 1980a，42页）。

3.3.2 青年文化作为反抗——重建伯明翰当代文化研究中心的亚文化理论

我们关于文化研究的讨论表明，伯明翰的研究工作受到
众多理论的影响。在处理丰富的传统和模型中，既可以对它们
提出异议，也可以采用它们激发理论的灵感，还可以将它们当
作指导。一些理论立场渐渐形成，用以解读当代文化，尤其是
通俗文化，并用于分析和理解。实证研究的出发点一般为发生
在文化和权力交替领域的社会问题，需要从社会、政治和历史
的角度进行研究。实证研究揭示了日常文化实践和其他实践及

结构的复杂关系，其他实践和结构是日常文化实践的背景，而日常文化实践又在证实和改变背景。因此，文化研究的实证工作首先是与背景相关和互相干涉的，其次才由理论决定。"文化研究认识到理论永远没有止境，它停止玩理论游戏，而是为背景（context）分析提供坚实的理论基础"（Grossberg 1992，19页）。

青年亚文化的研究尝试把其特征和问题作为特殊历史环境的答案。[1]应用的理论和模型体现了中心讨论的复杂性。格罗斯伯格（1992，17页）曾写道："每时每刻，文化研究的每一个实践都是一个混合体，受到许多不同的影响。文化研究的每一个立场都经历一个穿越不同理论和政治项目的轨道。"接下来我们将讨论三个主要方法，它们的相同点在于应用文化分析批判，把阶级社会的社会不公性作为焦点，但它们却拥有不同的理论和方法重点。威利斯的民族志学研究是芝加哥学派和理解社会学的传统，但是他运用对阶级矛盾的解读避免了太过强调相互作用的社会模型。约翰·克拉克，霍尔等人沿袭葛兰西和阿尔都塞的理论分析，提出亚文化如何融入社会再生产的问题。迪克·赫伯迪格则参考巴特和列维-斯特劳斯，在表达层面研究青年亚文化的符号系统。

保罗·威利斯的青年亚文化民族志

《世俗的文化》——自1964年起，保罗·威利斯在伯明翰当代文化研究中心拥有一个研究职位，专注于民族志学

1　霍尔很早就指出青年人的社会和文化情境的改变，比如在《通俗艺术》一书中。

研究。他的项目，包括他的博士论文《流行音乐及其文化》
（1972）是最早的脱离文学的项目。他有着非常出色的观察
力，对叛逆青年文化有着强烈的移情。他们有能力用很少的物
质和很激烈的冲突来创造自己的文化，威利斯在其中看到了文
化变革的潜力。"只有真正的人民，那些在不断变动的世界里
从事真实劳动的人，才能真正带来风格的改变。首先是意识和
感情——新的鲜活的艺术"（Willis 1982，17页）。这种鲜活
艺术的世俗创造力对我们习以为常的生活提出批判，对主导的
价值和僵化的艺术提出批判，也表现了资本主义系统的内在矛
盾。[1]但是他并没有仅仅停留于民族志学和政治发声，他也展
示了这些文化不可避免的失败，因为他们叛逆的行为，因为他
们对自身在社会大环境中的定位不清，使他们既无法改变社会
机构，也无法参与已有社会关系的再生产。

100

　　《世俗的文化》（1978，德文版 1981），基于威利斯
的博士论文，主要研究初看非常不同的摩托文化和嬉皮士文
化。威利斯在文化研究框架中的一个出发点是文化主义—人文
主义传统。他继承霍加特的传统，善于描写工人文化。如同威
廉斯一样，威利斯分析这两种亚文化的情感结构。汤普森不认
同把结构决定论作为工人阶级崛起的解释，威利斯也避免了用
简化法来忽略亚文化经验，他尝试寻找出亚文化的意义和功
效。在社会结构中可以定位摩托骑士和嬉皮士，他们是"世俗
文化"的创造者。这一观点尤其在皮特·伯格和托马斯·卢
克曼的《现实的社会构建》（1967）一书中得到强调，霍华

1　威利斯的工作必须在英国的大环境中来分析，他为研究带来了政治新导向（参见
　　Dworkin 1997，154页起）。

德·贝克尔（1973）也持相同论点。

威利斯考虑到，嬉皮士和摩托骑士都生活在麦克卢汉描述的现代通讯社会中，拥有自己的法则。[1]通过唱片这种非集中化的音乐传播形式，嬉皮士和摩托骑士可以用流行音乐来建立自己的文化。在埃尔维斯·普雷斯利（猫王）的"解放"和1950年代的代际冲突之后，年轻的摩托骑士自学了早期的摇滚乐；嬉皮士则在披头士后专注于"前卫音乐"。

101

然而这两种文化都存活在物质贫乏的情况下，尽管部分嬉皮士是自愿如此。嬉皮士和摩托骑士最大的区别在于，嬉皮士来自中产阶级，而摩托骑士则主要来自工人阶级。"他们的相同之处是，对我们而言，他们是青年文化最持久、最极端、最富有创造力的表现形式。摩托骑士把来自工人阶级的'粗糙'主题分离加工成音乐，嬉皮士选取和扩展了'智慧波西米亚'传统，尤其是与流氓无产者和被社会开除的人相关的城市生活环境"（Willis 1981，26页）。

两种亚文化都建构自身的日常，提供世俗的材料、市场和文化工业——音乐、毒品、日常用品等——他们加工和改变这些物品的传统意义。威利斯在被使用的物品和情感结构以及每个群体自身的利益之间找到紧密联系的平行关系。一个群体的建立需要通过具体物质对象来表现，这可以为他们在文化范围内部提供本体安全感[2]。有了物质化、编码化的自我感知作为支持，社会群体可以通过补充的文化物品将其情感、价值观

---

1 在文化研究的青年研究中，从《亚文化》（1979）开始到威利斯的《共同的文化》（*Common Culture*，1990；德文版1991），传媒的重要角色越来越受到关注。

2 参见罗兰德·D. 莱宁（1976，33页起）关于本体论的不确定性的讨论，以及吉登斯（1988）的作品。

和品位加深和改良。他们用社会生活的结构、形式和风格来表达他们至少对自己生存的条件暗中知晓。"他们的'知晓'表现为没有表述出来的某一个特定行为的前提条件，其唯一可能的形式是沉默，以此给行为和利益的集合第一次赋予意义。不仅如此，他们也知晓自己身处何种环境，知晓如何从中找到合适的角度，充满创造性地使用它们，把他们心所向往和身份象征之物表达出来，从而部分改变他们的生活条件"（Willis 1981，18页）。

威利斯的表述在摩托骑士和嬉皮士的生活之间轮换对比，他对他们的生活进行长期的参与式观察。[1]他不仅观察了他们在公众场合的聚会（主要是酒馆），也在私人时间和两个群体的成员见面。从摩托骑士的生活方式可以很快找到与他们父母所处文化的联系，尤其是体力劳动的强制和与之相关的行为方式。它的特点是男子气概，强调身体和灵活。与之相联的是对自身身份的强烈信念，缺乏抽象，专注于具体事物，对世界经验具备本体安全感。他们与摩托车的关系有着中心意义，因为摩托车是许多活动的出发点，而围绕摩托车也有着无尽的话题。在摩托骑士创造的世界里，摩托车不仅是一件物品，而且是他们社会经验的重要组成部分，是他们文化最重要的符号元素。摩托骑士需要展现能力来掌控摩托车和它的力量，正如对物质世界的掌控，摩托车也要臣服于骑士的主观意志，且高速骑行带来的身体感受不能被头盔和护目镜减弱，必须完完整整地被感受到。

导致死亡的交通意外也被作为主要组成部分而接受。因

[1] 除了参与式观察，威利斯也对各种景象做普遍性观察；他进行直接对话，并且录下小组讨论并誊写。比如他和两个小组的成员都见面，和他们一起听音乐，然后讨论音乐对他们生活的意义。

为无能引起的死亡不会受到关注，但是如果骑士在发生意外时正展示高超的技巧，因不可控和不可预见因素而死亡，那么这场意外会被看作对更重要价值的肯定（Willis 1981，34-36页）。在摩托车上的死亡在某种意义上成为勇气、男子气概和技巧的象征。因此，摩托车象征这个社会群体的文化价值，是骑士们情感结构和真实经验的表现，它们的特征是具体、唯一和对可控事物及自身身份的坚信。"摩托车的粗糙和吓人，令人惊喜的加速，排气管具有攻击性的低鸣符合男性的自信、粗糙的友谊、粗俗的话语，以及他们互处的风格。摩托车是所有这些特征的集合"（Willis 1981，78页）。

　　威利斯的研究表明了摩托车的使用、身份风格、群体仪式（比如打架和粗野的玩笑）以及流行音乐消费之间的共同性。尤其在摩托车俱乐部的咖啡吧中，这些联系更加明显。摩托骑士的基础本体安全感体现在男性化、有攻击性和自信的出场上，摇滚乐的力量则体现在身体能够直接感受到的节奏上，它更加强化了这一本体安全感。"摩托骑士的社会行为在摇滚乐环境中最自发、最坦白、最自然。对他们而言，大声的具有穿透力的音乐在符号层面创造和拥有了所有重要的价值：动、噪声和自信"（Willis 1981，59页）。有趣的是，摩托骑士拒绝密纹唱片，偏爱45转/分唱片，因为它们更容易被找到，也更容易被接受（Willis 1981，99页）。一个骑士讲述到，当音乐盒开始播放一张唱片，他马上会骑上摩托车绕行小区，争取在唱片播完前赶回来（参见Willis 1981，60页）。

　　早期的摇滚乐在摩托骑士的生活中有着直接的重要性，因为它再现了这个群体的价值，体现了真实。歌手如米克·贾格尔吸收了黑人音乐节奏和布鲁斯的元素，按照英国的情况进行改造，使其符合摩托骑士的需求（对真实和对固定身份的渴望）。"他们所喜爱的音乐最吸引人之处就是占据优势的节拍。这是一种舞动身体的音乐，它毫无疑问体现了以自信和运动为基础的生活方式，令它扬名和进一步发展"（Willis 1981，94页起）。摩托骑士专注于那些能展示他们生活风格的音乐。

摩托骑士的文化元素在很多方面符合他们父母以及他们自己的体力劳动节奏，而嬉皮士则用讽刺的方式和父母的公民文化保持距离，并且也在很多方面区别于摩托骑士文化。因此他们生活的环境中既没有人身安全，对自己的身份也没有确定感。他们对现实进行抽象，把这种本体不安全感看作解放，把意识作为灵性和超越的源泉。嬉皮士拒绝规划未来，宁可沉浸在对现在的主观经验中，随时间逐流。

威利斯指出自相矛盾之处，即对现在的享受基于个人自主权的缺失。"嬉皮士摆脱了新教伦理的枷锁——奇怪的是他们发展出了对不可避免事物的高度情感。没有对欲望的节制，没有对善行小心翼翼的执行，没有想成为被上帝选中的人上天堂，没有制定铁般的纪律，没有想方设法防止诅咒，嬉皮士自然而然地接受了'诅咒'。他们从来没有机会去斗争，他们也没有任何斗争目的"（Willis 1981，120页）。嬉皮士不再用原罪意识来看待他们的行为，因为他们放弃了变好的希望。他们的这一意识也是他们情感的前提——自由。对逻辑的拒绝，对传统时间理解的拒绝，使对自我意愿此时此刻的探索成为一种冒险。现实经验和成为"普通人"的希望被认为是"幻想"。

104

他们从外表到人际交往都和传统的生活方式保持距离。嬉皮士身份的一个重要标志是长发，它代表一个自然的过程，象征有机社会形态，同时也表明对下层群体的认同。他们的服饰风格（彩色衣服）和家里的布置也是嬉皮士体现"手工制作风格"的重要途径。对于摩托骑士来说，男子汉是重要标志，而嬉皮士则人为地抹去男性和女性之间的标准界限。嬉皮士不需要用打架，而是通过充满讽刺和暗示的语言来被团体接受。"嬉皮士对话的决定因素不是客观内容，而是讲话的风格，令人惊喜的对事物的表达方式。[……]内容如同语调，风格由此形成。日常生活变为一种艺术品"（Willis 1981，135页）。

嬉皮士是音乐专家，拥有能辨别细微差别的品位。他们喜爱前卫的和地下音乐，认为它们是灵性和超越的直接体现，给他们带来无法用语言描述的现实体验。体验音乐对于他们而言并不是娱乐或者打发时间，而是一种经验。不同于摩托骑士，嬉皮士喜欢安静的需要集中注意力的音乐，偏爱密纹唱片多于45转/分唱片，因为密纹唱片能够更好地传递长时间持续的声音。前卫音乐的复杂、怪异和原创加上巧妙复杂的内涵，使其充满吸引力。"西海岸之声"和"迷幻摇滚乐"（Acid Rock）则与LSD（迷幻剂）和其他迷幻体验有关。

使用意识扩展（迷幻）类药物在嬉皮士当中非常普遍。这些药物辅助他们寻找此刻的升华。药物体验被详尽地讨论和分析。威利斯曾写道："药物的主要辩证作用在于，它们是提供自由和超常体验的基本物质，从某个社会和文化角度来解读这些体验，用以反省和发展意识与生命的其他方面——从

105

而进一步改善他们的药物体验"（Willis 1981，173页）。通过药物，他们到达了一个幻想的、由嬉皮士的社会联系组成的世界。药物减少他们对责任心的感受，让他们更加强烈地认定，决定与自由之间并不相互矛盾，相反，决定是自由的前提，通过它可以体验到一种特殊的意识自主性。音乐体验和毒品体验在嬉皮士经历神秘状态的时候相互辅助，共同发现超凡的内涵。威利斯描述到，毒品设立了某种界限，然后直至某个情境中，比如特殊的文化过程中，才获得了不同寻常的意义[1]。音乐的发展也类似，一开始音乐只是资本主义环境下生产的产品，嬉皮士发现了音乐，做出取舍，将它变为己有，有很多来自嬉皮士文化的音乐人对音乐进行了充满创意的发展。威利斯总结："与市场利益有关的所有系统和统治阶级有限的想象力可以在日常关系的层面上被超越。那些日常的束缚我们的东西，可以被用来对抗隐藏在它们身后的事物"（Willis 1981，208页）。

关于《世俗的文化》的讨论显示，威利斯在民族志学的研究当中致力做到不带偏见地展现两种文化的经验和实践。他分析了顽强和充满生产力的过程，展现了两种亚文化如何划清与社会主流价值和意义的界限，创造自身。他不仅描述了摩托骑士和嬉皮士如何用世俗的创造力使用预制的廉价物品，也强调了主观是"生产的自我形态中的一个积极时刻"（Willis 1981，213页）。尽管嬉皮士和摩托骑士的文化差异

106

---

1 威利斯对于嬉皮士毒品消费的分析可以说是贝克尔的《局外人》（1973）的直接延续。在书中，贝克尔就大麻消费提出，必须理解它的文化含义。"大麻引起的感受并不一定是舒畅的。对于它的味道是在社会中获得的，就像牡蛎味道或者干涩的马提尼"（Becker 1973，46页）。

大、断层多，但是它们却有一个共同点，它们不是用语言，而是用生活方式——风格、思维、意识、对物品的转换——来显示它们"明白"自己的生存条件，它们有能力对主流文化提出批评，它们能够建立自己的文化空间。"带着巨大的、对立的、日常的、细节化的压力，他们寻找资本主义社会体系这一精美织物的层面、纤维和弱点，指出它们，展示它们。这一压力使这些事物变得戏剧化，变得被他们所用，甚至某种程度上在物质上被改变。这对于那些深受日常生活常规束缚的人而言是不可能的"（Willis 1981，214页）。嬉皮士和摩托骑士随机性的创造力源于他们所处文化的矛盾和张力，并在实践中发展成了特有的形式。他们的文化行为遵循的逻辑由各自的环境决定，但又不被它们限定。他们的文化行为既不是偶然的，也不是随机的。在他们的文化中，他们基于各自的阶级地位，表达自己的观点并提出批评，但是没有深入社会不公平的根源。比如嬉皮士从自己的精神深度出发，批判保守社会（比摩托骑士更坚决），拒绝工作，拒绝接受工业化的时间观。这也导致了他们被社会排除在外，退守到自己的"飞地"上。尽管有这些失败之处，但威利斯始终认为嬉皮士的例子证明打破日常规则，改变日常意识对于社会变革而言是多么重要。"然而这些文化教导我们，文化的革命性变革，只可能通过对意识的重新解读和构建，通过底部的发酵，通过对最日常的、最常规的、最普通的东西的改变来实现（Willis 1981，24页）。

尽管威利斯在中心的研究以批判为导向，但还是收获了很多批评，因为他的研究工作缺少政治角度（参见Maas 1980，139页）。他参考芝加哥学派所进行的中性分析仅仅浅表地触及了文化和社会的再生产，而因为对阿尔都塞和葛兰西的研究，这个主题在中心越来越重要。他强调世俗文化的行动能力，站到阿尔都塞的结构主义的对立面，因此也被批评为过于浪漫化。然而这一批评太过一概而论，站不住脚。

为什么亚文化没有成功地对权力进行批判，成为接下去研究的中心主题。此外，也有人批评威利斯的研究太过关注休闲时间的行为和男性青年。[1]他在接下来的研究工作中关注到了这一批评点。

《学做工》——他的第二部作品《学做工：工人阶级子弟为何继承父业》（1977；德文版[《反抗的快乐：工人学校的反抗文化》，1979a]）研究了来自工人阶级的没有受过高等教育的男孩如何开始工作。这是学术界第一次展现年轻工人不是环境的被动牺牲品，尽管传统的再生产理论一直这样认为。威利斯证实了，他们是积极、幽默和强大的，可以自己行使权力。尽管如此，他们往往因为缺少其他可能性而从事不需要太多资质的工作，从而导致自身的从属地位。他们创造历史，却无法决定自己所处的环境，而最终的结果也往往与他们的利益大相径庭。

如同第一部书，威利斯在当时是伯明翰当代文化研究中心的教育研究小组成员，他在第二个研究项目中继续使用民族志学的方法。他将参与式观察和访问、小组讨论、案例分析结

1　比如麦克洛比和嘉柏（1979）的批评，她们要求研究年轻女孩和亚文化的关系。她们认为年轻女孩的亚文化有着和男孩不一样的形式和仪式。男孩们追求大团体中的体验和团结，而女孩则偏爱小团体，主要以排除其他女孩为目的。不仅如此，她们也为自己争取到一定空间，发展出反抗的形式，比如针对性压迫。参见麦克洛比在《女性主义和青年文化》（1991）中收集的研究。

合起来。他的方法论符合他对文化的理解：文化作为实践，因为文化的意义和价值以及文化产品的形式可以被展现和被解读。"尤其是民族志学报告可以——尽管人们往往不知道是怎么做到的——让活动性、创造性和研究对象的人性潜在力的极大一部分得到研究，从而使读者能够体验到。这对我的目标非常有益，我并没有把文化简单地看作内部结构的外在体系（比如一些普及的社会化思潮），也没有把文化看作主流意识形态的被动成果（比如马克思主义中的某些支流），而是至少在某种程度上将其看作人类集体实践的产物"（Willis 1979a，15页起）。

书中第一部分主要是民族志学分析，其后紧跟理论分析，以此来回应中心对他之前研究成果的批评。他的学校民族志学研究的主要对象是12位工人家庭的孩子，他们在英国西米德兰兹一带的一所城市的学校上学。这个学校的学生大部分来自工人家庭，其教学水平相当于德国的初级职业技术学校。学校位于一个形成于两次世界大战之间的工业中心的典型工人聚居地。威利斯研究了学生在哈默顿学校的最后两年学习时间和他们进入职业生涯的初期。他选取了这12个学生，因为他们彼此之间有紧密相联的友谊，并且在学校里代表了对立的文化。他研究了他们的行为、仪式和对学校的反应。作为"好"学校，学校老师主要来自中产阶级，一直尝试让学生接受行为的"理智规范"。

此外，他还研究了这些小伙子是如何评价自己的越轨行为的，家长们对此如何反应，以及他们对自己父亲工作的看法。重要的是，1972—1975年，研究工作开展的时候，失业还不是一个重要的话题。威利斯的出发点不同寻常，他感兴趣的是，为什么工人的孩子在某种方式上"允许"自己接受工人的工作。把他选出的12人小组作为一个例子，威利斯想要重新构建这样一个对文化再生产和社会再生产作出贡献的发展的具体实现过程。

他得出结论，这个过程并不是像结构主义所认为的那样，通过灌输意识形态而实现，相反，小伙子们对学校叛逆的反抗是这一发展的必要前提。从青春期开始，他们就开始认同他们父亲的角色，父亲向他们描述"艰难"的"充满男性气息"的工作，让他们心理上靠近日后可能的工作岗位。通过在校里和校外的行为，他们提前感受到这种工人文化——男性气息、灵巧、性别歧视和乐趣是这一文化的重要内容。通过在学校里的（大男子主义的）反抗文化，他们建立起了对手工劳动意义的观念，为今后自己从事手工工作，从学校毕业后接受一个从属的职业角色做好准备。"学校是这样一个地方，个体和团体以自己的方式了解了工厂工人的主要议题，在这里工人的孩子将一般文化的一些方面融入自己的实践中，改变它们，甚至再建它们，使它们导向某一些工作类型"（Willis 1979a，13页）。

他们不妥协，反抗和拒绝学校的行为规则，因为这些由老师制定的行为规则象征着对中产阶级的认同。在劳动市场上，个人成绩无关紧要，抽象的劳动力才是关键。那些孩子们知道，他们将来会从事不需要太多资质的艰苦的工作，而那些"书呆子"则相信可以通过其在学校的成绩往上爬。因此那些"坏孩子"觉得自己强于"书呆子"，因为"书呆子"们支持和遵循学校这样的机构，从而丧失了乐趣、独立性和兴奋。他

109

们对自己未来的估计也比那些老师要现实得多，因为他们已经意识到了自己作为工人阶级一员的从属角色。

对未来工作可能性的估计诞生于父亲的讲述，并且在他们的反抗文化中被神话。[1]这样，未来的工作会是艰难的，需要真正的男人才能承担。父亲们的自尊来源于艰难工作的完美完成（参见Willis 1979a，85页起）。威利斯辨识了工人文化中沙文主义、艰难和大男子主义的混合，这些思想决定了男孩子们的行为。同样重要的是工人们尝试非正式地控制工作流程，比如参与决定工作速度。"此外，工厂文化的基础组织和反抗学校文化相同。非正式的小组将各种元素地方化、可行化。在这个区域内，各种关于如何摆脱官方权威对符号和自由空间控制的策略得以诞生和传播"（Willis 1979a，87页）。

成年男性工人阶层是男孩子们反抗的源泉，为校园"游击战"提供素材，每天学校都在重复上演一定的意识和战术。作为对他们社会地位的回应，他们建立了一种自己的文化，质疑主流的意义、价值和权威性。他们彼此的交往风格粗犷，强调身体。他们对打架很感兴趣，喜欢谈论打架，因为通过这种方式可以展示和实践他们的男子气概。"这种对男子气概的骄傲贯穿了'哥们'文化，表达了他们的自信。它植根于他们的语言、他们对身体的吵闹行为的强调、他们对'书呆子'的轻视，以及他们极具特色地对暴力的展示"（Willis

---

1 威利斯在《学做工》后的一个研究中尝试在访问的基础上寻找出工人如何在客观条件下，在异化的工作环境中学习工作，如何学习面对这样的情况，将自己作为主体进行再生产。通过必要的生产知识和经验，他们成功地针对自上而下的权威控制发展出了自己的反抗文化，比如自己的语言、幽默和取乐，这些也部分决定了它们的工作执行和分工。

1979a，77页）。他们用男权主义的眼光来看待女孩，对他们而言，女孩仅仅意味着"性吸引"。[1]他们对于少数民族也带有歧视态度（Willis 1979a，80-83页）。

通过父亲的讲述，他们完全拒绝学校，在自己的反抗学校文化中找到彼此的团结、示威性顽固、乐趣和社会身份。他们恶搞老师，戏仿和讽刺他们的教学风格。"他们的幽默是基于歧视：不停地找出对方弱点。没有技巧和对这一文化的'知识'是无法发起这样的进攻，同样也无法抵抗这样的进攻"（Willis 1979a，57页）。在学校这一机构内部，工人文化通过不同的实践和仪式成为具体的物质形式。

威利斯把非正式转向正式这一过程理解为分化。"一方面，相关人把分化作为一种集体学习过程来体验，他们把自身和自己的未来与机构给出的定义区分开来；另一方面，机构把分化看作不可解释的断裂、反抗和斗争"（Willis 1979a，102页）。分化也意味着，学校的合法性受到挑战。对于那些"哥们"来说，教师就像监狱警察一样，上课和传授知识对他们而言是社会控制的形式。对知识的抗拒是摆脱控制的尝试。教师和学生的互动关系上升到阶级认同的斗争，因为他们把授课看作不同意义和价值的来源。"在这个不间断的游击战中，'哥们'不会对弱者手下留情。他们的文化给他们提供了一个常识图，根据这个常识图他们可以判断什么是缺乏勇气，什么是权威失效"（Willis 1979a，110页）。总而言之，这一最终通向自我屈服的过程被看作"真正的学习"、"学到

111

---

1 这里我们也有理由批评，仅仅从"哥们"角度出发来观察女孩，而没有从女孩的角度来看"哥们"。同样从"书呆子"角度来看"哥们"也会非常有意思。

东西"和"反抗的形式"（Willis 1979a，176页）。

书的第二部分是分析和解读，为了能够更好地理解这一文化，威利斯提出了"渗入"和"限制"这两个分析类别。他强调，只有明白意义存在于"哥们"意识到的看法以外，存在于实践意识层面，才能真正理解学校反抗文化的背景和条件。"文化的形式也许并不能透漏他们知道什么，或者他们并不知道他们在说什么，但是他们的行为即他们所想——至少在他们的实践逻辑中"（Willis 1979a，195页）。"哥们"的叛逆的行为显示他们并没有意识到学校和学习对他们生活的重要性。他们正确地预估到，不需要太多资质的工作将是他们的未来。根据布迪厄和帕斯隆（1970）对教育系统的研究，制度化的知识和资质并不能帮助底层人民提高社会地位，它们的作用是为阶级社会增加限制和实现再生产，因此"哥们"对证书和学位的拒绝就可以理解了。"反对学校文化暗示了对参与竞争的拒绝，是一种极端的行为：他们拒绝通过教育来参与对自己的剥削"（Willis 1979a，199页）。

"哥们"的反学校文化渗入了教育系统的意义和"哥们"成员的生存条件之中。尽管具备了对社会和对政治行为进行批判性分析的前提条件，事实上却并没有发生。其中一个原因是，并没有任何一个政治机构关注这个文化层面，也没有去尝试运作它。另一方面，威利斯（Willis 1979a，215页起）写道："在现实中，歪曲、限制和神秘化的力量同时作用，把纯粹的逻辑分解为部分逻辑。[……]文化的渗透被深刻的基础性及混淆的区分压抑了、分裂了，无法表达政治诉求。"其中两个最重要的区分就是脑力劳动与体力劳动的区分和性别的区

112

分。"哥们"接受了工人阶级的观念，尽管有叛逆行为，仍然为再生产作出贡献。体力劳动成为男性主义和英雄式的对抗的表达。"当一般抽象劳动的原则从内部将劳动的意义抹去时，一种稍加修改的爱国主义从外部填补了这一空白。[……]工资带来了自由和独立：男性主义通过工作得到的奖励"（Willis 1979a，223页起）。

总而言之，对内部限制的各种文化渗透导致对体力劳动的肯定。限制往往是由葛兰西理论中的文明社会的内部关系产生的，而不是如同阿尔都塞所认为的那样，是由上层国家机器通过意识形态传递而产生。但是意识形态不仅为文化进程提供了环境，也对机构和媒体有着"主导性力量"："事实上，意识形态作用于文化之上，作用于文化之内，生产文化同时也有一部分产自文化。意识形态本身就部分受到文化作品的影响，也因此在文化进程中获得形态和效率"（Willis 1979a，231页）。限定性的结构比如阶级、地点和教育并不能自动决定文化形式，但是它们在文化层面上发挥符号的力量，对文化进行渗透，对它进行再生产。威利斯的民族志学研究揭示了社会行为人并不是被动接受意识形态，而是主动地获取现存的结构。他们与现实生存条件之间的关系并不是单纯的想象，相反，他们意识到了现实，并且有能力去表达。然而我们看到，他们每天的斗争和局部的渗透，也导致了这一社会结构的再生产。

"哥们"的反学校文化也显示了文化形式为主观的形成提供素材，很有可能带来极端的惊喜。"当今资本主义社会文化和文化形式的精华在于对各种关系富有创造性的、不确定的

和紧张的再生产"（Willis 1979a，249页）。威利斯主张适当
地考虑文化层面以及文化转变为物质力量的可能性。在文化主
义和结构主义的争论中，他站在中间位置。一方面，他通过分
析将自我意识的文化创造和文化主义相联；另一方面，他从结
构主义角度出发，思考某些领域，比如教育领域，是如何对社
会不公的再生产作出贡献的。德沃金（1997，163页）写道：
"需要对结构主义的解读进行'文化'概念的补充，半自律性
的场域中，社会行为人遵守且理解和代表结构的意义，抑或抵
抗和改变它，并且经常重新生产意义。"

　　如同威廉斯和汤普森，威利斯也确信文化的政治化将为
社会带来有机和长久的变迁。个人行为层面的变迁可能导致结
构性关系的改变，这正是威利斯研究的希望和吸引力所在，至
今许多研究者还受此影响。这一隐蔽的乐观主义代表了一个信
念，即在每一个文化行为中都可能隐藏着极端的潜能，每一个
日常的"反抗形式"都应该被发现。因此，文化研究内部开始
寻找"反抗"/"快乐"的形式，在关于后现代的讨论中进一
步深入这个主题。同时，威利斯也成功地为文化研究在社会
学、教育学和偏差研究这些领域获得一席之地，研究社会结
构、行为能力及其相互关系。在定性研究领域，他的研究至今
被视为经典（参见Lindner 2000）。

《通过仪式抵抗》（1975）

　　1960年代末和1970年代初，伯明翰当代文化研究中心对
青年亚文化进行了一系列研究。一开始研究成果刊登在《文

化研究工作论文》第7期和第8期（1975）中[1]，之后被统一收编在《通过仪式抵抗》（Hall/Jefferson 1976；德文版 Clarke u.a.1979）中，再通过威廉斯打开的新视角得到进一步加深和扩展。通过这些研究，霍尔和他的研究小组第一次在英国范围为人所知[2]。文化研究第一次对社会问题做出系统的阐释和定位。"《文化研究工作论文》的议题归结于战后青年亚文化。我们尝试摒除经常在讨论中出现的'青年文化'这一概念，结构性和历史性地重新建构一个更加谨慎的青年亚文化，重建它与阶级文化、与维系文化霸权之方式的关系"（"导言"，1975，5页）。

　　中心开始这项研究的契机源于不满当时对青年人的心理学和社会学解读，比如仅仅把青年人的行为简单地归类为与长辈划清界限的尝试。伯明翰的研究人员首先质疑的，就是年龄对不同行为模式和解读模式的决定性作用。这种观点将阶级区别完全遮蔽了。再者他们继承霍加特和威廉斯的传统，对于文化给予恰当的重视。在人类学范畴中，文化被定义为一个动态的环境，人们在这个环境中获得和表达自己的认同、解读模式、价值和行为。它不仅包括累积的对这个世界的知识，也包含积极的社会实践，比如意义的建立、对世界的经验。以下几个对文化的"狭义定义"证实了伯明翰内部的理论研究工作受各种不同派别的影响。"'文化'一词形容一个层面，在这个

114

1　在杂志中主要收录了历时三年的"亚文化"研究，这是中心集体工作的一个成功典范，但是实现过程并不容易。实证工作主要由威利斯和赫伯迪格来开展。此外还有中心以外的研究人员同时在研究这个课题，比如保罗·考瑞刚、西蒙·弗里斯、格雷厄姆·默多克和罗宾·麦克科荣。

2　在西德也对青年文化研究的方法进行了讨论和应用（参见Zinnecker 1981；Lindner/Wiebe 1985；Baacke 1987）。

层面上，社会团体自主发展生活方式和表达各自的社会及物质生活经验。文化是团体加工其社会存在和物质存在的原始材料的一种方式。[……]一个团体或者一个阶层的'文化'包含他们各自特殊的与众不同的生活方式，比如在社会机构、社会关系、信仰系统、风俗习惯、物品使用和物质生活中体现的不同的意义、价值和思想。[……]文化是团体中社会关系形成和构建的方式；同时它也是这个方式被感知、理解和解读的形态"（Clarke u.a. 1979，41页）。因此文化研究的领域不仅是文化制品，也包含文化的生产、分配和消费过程。生活在文化符号意义网络里面的人们是如何生产和体验文化的？文化和审美实践不止于艺术领域，而应该在常常被人们忽视的日常生活中分析它，即作为习惯的文化。"文化用历史来体现社会群体的生活轨迹：一直生活在他们无法完全由自己创造的条件和'原材料'中"（Clarke u.a. 1979，42页）。

在和葛兰西的文化霸权理论相联系后，这些定义得到进一步深化。霸权文化想要掌握社会真相的建构和经验，以此主导社会和文化领域。它表达了最有权力的社会阶级的力量、位置和利益，用自己的概念和认知结构对世界进行分类和归纳。在当时的情况下，诸多市民文化[1]占主导地位，试图取得霸权地位。它的目标是将其他从属群体的文化、思想和经验归纳到自己的世界来，这样这些群体就会按照主导文化给定的方式来体验世界和经验。葛兰西强调社会阶级之间对文化权力的

1　霍尔（1977，60页起）谈到市民文化，市民文化和工人文化一样缺乏，因为文化（比如主导文化）在一个复杂社会里面永远不可能是一个单一的结构，它永远很多层次，代表不同的兴趣。

不懈争夺[1]，阶级是现代社会最基本的群体，也是最重要的文化设定。

对于亚文化的研究意味着首先研究它的阶级来源，它和它的"根文化"的关系。亚文化和根文化尽管有许多界限，但是也有非常重要的共同之处。[2]亚文化也需要和主导文化联系起来分析。亚文化通过特殊的活动、兴趣、价值，通过对物质对象的使用和对空间的使用与无所不在的根文化明显区分开来。如果考虑年龄区别，就产生了"青年亚文化"这一概念。"服饰和风格的特殊之处、核心利益、泰迪男孩（Teddy Boys）、摩斯族（Mods）、摩托骑士或光头党的生活圈子，这些特征使它们成为独立的群体，既不同于整体的工人文化，也不同于一般工人青年（一定程度也包含女性）的各种文化形式"（Clarke u.a. 1979，47页）。克拉克等人明确地指出，尽管他们从服饰，到自我展现，到行为方式，都和父母一辈大相径庭，但是他们依然和父母们共享生活经验和条件，接受父母的文化导向。

阿尔都塞认为青年亚文化展现了一个"相对自治"的层面，但是它的核心问题最终还是植根于经济中。[3]借由对工人阶级内部青年亚文化的研究，伯明翰当代文化研究中心的成员

116

---

1 威廉斯带来了很大的影响，因为他对葛兰西有自己的看法。"可以肯定，霸权不是单一的，它的内部结构极其复杂，不断更新，不断受到重新建构和捍卫，它也不断接受质疑，并且在某种意义上进行修正"（Williams 1997b，190页）。

2 威廉斯就统治文化以外的另类文化得出结论："另类的和反抗的程度取决于不显示的生活情境中进行着的不同的历史性改变。[……]一个反对派以及它发声的可能性、它的开放程度又取决于各自的社会力量和政治力量"（Williams 1997b，192页）。

3 中心成员和青年文化这一概念划清界线，因为这一概念仅仅涉及了表面部分——他们的风格、音乐和休闲时间，但是忽略了各种青年文化的阶级基础、他们与根文化以及主流文化的关系。

明确反对工人阶级已经在1950年代被市民化甚至彻底消失的看法。[1]这种看法曾一度引导对英国社会变迁的讨论，但最终被证明只是神话。

霍尔和克拉克等人引入菲尔·科恩（1972）在《文化研究工作论文》上发表的早期作品，他与中心互为呼应，继承芝加哥学派风格并在伦敦东区进行了定性民族志学研究。科恩想要解释在港口经济日渐没落，传统工人阶层也逐渐凋零的情况下，工人青年亚文化是如何形成的。这些亚文化在一定程度上也是工人阶级衰亡的表征。由于社会变迁，他们的社会群体失去了自己的基石；"父母文化"不能提供足够的凝聚力，青年人开始相应地形成亚文化。青年亚文化主要由男性主宰，以自己的方式表达阶级矛盾；同时，他们用充满魔力的方式去解决现代化带来的社会变迁及其产生的矛盾，这些矛盾在他们父母的根文化中就已经潜在或未被解决。科恩详述了以下矛盾："工人阶级传统清教主义和新消费主义在意识形态层面上的矛盾，转变为社会精英的部分工人和沦为流氓无产者之间在经济层面上的矛盾"（Cohen，引自Clarke u.a. 1979，73页）。这种理论以不同青年亚文化的表达行为作为例子来阐述它们彼此之间的界限以及它们与父母阶层的假想关系。青年人在意识形态层面经历经济和社会的变化，他尝试在那里找到答案。

比如光头党就和摩斯族形成强烈的对比。摩斯族用服饰和生活方式诠释享乐主义的消费，而光头党则流连于流氓无产者。光头党通过对雷鬼乐（来自西印度群岛）的偏爱和"制服"来表达对父母文化的叛逆，因为在他们看来，父母文化受

1　参见Mahnkopf（1985）。

到中产阶级价值观的荼毒。他们用清教主义和沙文主义来强化工人阶级的"传统价值"。他们对亚文化领域的开拓可以说是重建消亡的工人群体的努力。

科恩的论述辩驳了工人阶级市民化的论断，展示了一幅复杂的需加以区分的图景。他展示了社会经济变迁在阶级的不同部分和群体之中的不同发展方向和不同解决方法。"摩斯族、派克族、光头党——这些亚文化有着相同的根文化，尝试用一系列的转变解决来自根文化的根本问题和矛盾。因此对亚文化的研究可以分成三个层面：首先是历史层面，将阶级的某个组成部分的特殊问题分离开来；其次是子系统[……]和事实的变革，它们从一个亚文化通向下一个亚文化[……]；最后[……]是亚文化如何被它们的承担人和追随者表现出来"（Cohen 1972；Clarke u.a. 1979，73页起）。

克拉克等人对科恩关于亚文化诞生于工人阶级生活条件的改变这一理论非常推崇。他们也认为科恩的解读尽管很难证实，但是非常有说服力，即青年人尝试将"真实的关系"在意识形态层面上化解为"假想的关系"。在阿尔都塞的理论中，所有人都享受在意识层面上建立对真实生存条件的假想关系。

克拉克等人提出疑问，是不是可以更加精准地确定亚文化的意义结构和"相对自主性"。他们借鉴葛兰西的霸权主义概念，认为青年受缚于霸权主义主导文化和工人阶级从属根文化的辩证法中。在他们看来，英国的1950年代是一个充满霸权主义的统治时期。财富意识形态尝试获得工人阶级的肯定和保证。1960年代霸权主义经历了一个危机：统治阶级虽然手握权柄，但是却越来越受到质疑。英国工人阶级文化中固有

118

的阶级冲突再次走向前台。克拉克等人（Cohen 1972；Clarke u.a. 1979，87页起）认为，主导文化和从属文化之间的斗争越来越表现为谈判、抗议和争斗。英国社会学家帕金列举了谈判所得解决方法的以下特征："主流价值不再被从属阶级反对或者拒绝，而是更多地根据情况和有限的可能性被从属阶级修改了"（Parkin 1971，92页；Clarke u.a. 1979，87页）。青年人也拒绝顺从，尝试用不同的方法为自己"争取空间"。"他们在某些地点集结成群；他们发展出特殊的交流节奏和成员之间有结构的关系。[……]他们研究群体内部生活的焦点问题：该做什么不该做什么，社会仪式体系，这些都加强了他们的集体认同，使一个群体不仅仅是个体的简单集合。他们接受和改变物质对象——私人拥有的商品和物品——重新组合它们，以达到某种风格，可以体现一个群体的存在和集体性"（Clarke u.a. 1979，94页）。因为青年亚文化远远不止意识形态构成，它们是具体的社会形态，是工人阶级对当时生活条件的集体回应。克拉克等人没有像科恩一样强调青年人的反抗、我行我素和集体行为力量。然而，亚文化策略不能真正地系统地解决他们的社会问题，而只能作为从属阶级的自我体验和创造性的加工来假想解决之道。亚文化氛围往往局限在业余时光，并不能给棘手的由社会变迁带来的工人阶级处境问题提出解决方法。

　　克拉克等人（Clarke u.a. 1979，94页）认为工人阶级青年亚文化——不管是摩斯族、泰迪男孩还是光头党——努力用不同的仪式来消化当时工人阶级的问题，以及在四分五裂的阶级之内建立起象征式的凝聚力。他们通过在时装、语言、音乐领域的实际行动，用宣告领地的行为方式，形成群体的概念，对统治秩序进行反抗。这些青年人既反抗父母的根文化，也反抗占统治地位的社会共识。在这里，我们必须明确亚文化发出的两种不同的声音，因为尽管他们尝试和父母划清界限，但是他们始终没有摆脱父母的根文化。文化分析的中心是各个青年亚文化的风格，风格是青年我行我素和创造性的自我宣言，也是他们在生活中自己构建的一个文化领域。

风格的意义和功能

通过显著的截然不同的表达[1]风格，青年亚文化在符号学范畴被看作社会文本、加密的信息以及"意义的地图"（Hebdige 1979），需要在与代际及阶级相关的文化实践中解码。青年风格不是个别的成果，而是在大环境中的共同实践。他们用集体的方式表现了社会文化的模型，行为、人物和群体可以用显性的方式识别。[2]青年人的反抗用仪式化的、轰动的符号形式表现出来，可以说他们在尝试从主流文化那里抢夺生存空间，抵抗文化霸权。

青年人的实践主要在街道上展开，既有谈判的过程（比如对领域空间提出要求），也有反抗的形式（比如在公共场合有意识地离经叛道，打破日常生活的规则）。尽管他们在象征层面挑战并以计击败了霸权规则，但实际的社会文化问题，比如缺少学校教育或者失业，并没有得到改变。因此，青年风格

---

1 汉恩（1986b）指出，活动和态度具有的表达性特征是形成社会学意义上的风格元素的前提。"我们可以定义风格，作为行为的表象（或者结果），它们对于行为人，或者行为小组，甚至整个文化都非常典型，在存在的不同领域中都可以明显地被辨析出来，并且不是纯粹'技术性'的"（Hahn 1986b，604页）。

2 参见戈夫曼在《框架分析》（1977）中的风格分析。

仅仅在想象层面得到实现，没有转化为成熟的政治策略。

　　青年人的反抗并非坚不可摧，他们对统治文化的反抗形式只是暂时和少数的。亚文化表现丰富、特征明显的风格是一种传递的媒介，它是获得象征意义的手段，是群体生活的结晶核心。从互动论角度来看，汉斯-格奥尔格·泽弗纳这样定义风格："风格作为特殊的表现宣告了个体对一个小组或者群体的从属，以及对于特定习惯或者生活方式的从属，小组或者群体感到自己有义务维系这些习惯和生活方式。风格属于一个宏大的指明社会导向的符号体系和参考体系：它是社会导向的表现、工具和结果"（Soeffner 1986，318页）。此外，风格也是对日常审美的升华（Soeffner 1986，319页）。伯明翰在分析这些耀眼的轰动的甚至奇特的青年风格时，将以上观点作为考虑重点。

　　风格形成的积极过程将群体认同表现为一致和独立的存在，同时也定义了群体成员和其他群体的界限。"风格的作用还在于使群体对于自身成员和外部人员的界限更加明确"（Clarke u.a. 1979，144页）。地方根文化（工作、家庭、休闲地）以及主导文化的传递机构，比如学校或者文化工业，都可以作为风格的来源。在亚文化中体现的经验可以在不同的地方体验，它有自己的结构、规则、意义和价值体系。

　　赫伯迪格比科恩（1972）和克拉克等人（1979）更加强调亚文化的特殊性。他在《亚文化：风格的意义》（1979a，德文版 1983）一书中指明，亚文化的特殊性，尤其是其引人注目的解决策略，无法通过其与父母根文化的关系得到解释。在风格中表现的经验更多的是对媒体在日常生活中渗透的反

121

应。"'二战'后亚文化风格装载的内容很有可能也是传媒'意识形态影响'的一个功能，是对工人阶级生活的机构范畴发生改变后的反应"（Hebdige 1979a，78页）。媒体提供了解读和释义的框架，人们可以通过媒体理解其他阶级和群体的实践，可以了解社会生活状况，可以发出自己的声音。赫伯迪格将威利斯在关于嬉皮士和摩托骑士研究中的观点极端化。他认为，1970年代的文化是传媒文化，为认同的形成和个人关系的建立带来了特殊的结果。青年亚文化的风格主要可以被理解为在一个讲究轰动效应（Debord 1978）的社会中获得关注。这就和威利斯、克拉克、霍尔的研究明显区分开来了。他们认为风格是工人阶级青年真实的表达。赫伯迪格尽管也关注社会经验的大环境，但是他同时强调风格一直就是通过媒体传播的，因此根据结构主义思想，风格也是由主导意识形态决定的。

因为文化工业提供原始材料、物品，各群体在积极的择取过程中把它们加工成自己的风格。物品在这个过程中获得文化意义，如同巴特和列维–斯特劳斯在意义编码中提及的符号。青年人在创建与新风格的关联时改变了物品的意义。[1]亚文化成员就是这样的能工巧匠（bricoleur），他们想要通过重建中心话语权的新秩序和环境，以时尚为例，来传递它的新意义（参见Clarke u.a. 1979，136页；Hebdige 1983，94-97页）。

赫伯迪格详细描写了摩斯族的"工匠"，他的学习实践、他对物品价值和使用的重新定义、他如何将物品的意义转移到另一个背景中。"摩斯族成员购买小轮摩托车，在他们

122

1　霍加特（1957/1992）已经指出，一个工人屋子里的内饰如何加工物品的意义，这些物品通过赋予新的背景而融入工人阶级文化中。

之前这是一种值得尊敬的交通工具，随后被他们转变成团结的武器和象征。他们购买药品，这些药原来是治疗神经官能症的，他们从中找到自己的用途。[……]他们创造的风格是对所处的消费社会的讽刺[……]摩斯族成员庆祝象征意义上的胜利，他们是戏剧化和神秘化的大师"（Hebdige 1979b，166页起）。达达主义以及超现实主义创造了对立的甚至颠覆的意义。另一个表明现实无法调和的例子是朋克族（参见Hebdige 1983，97页起）。他们用"Cut up"（切割）技术把传统的编码联结起来，用超现实主义的手法将它们编织在一个符号体系里。安全扣针不再是家务范畴的物品，而被穿在脸颊、耳朵和嘴巴上。他们穿着廉价且熟悉的衣服，对主流的时尚观发出讽刺。他们往往化着厚厚的妆，头发染成五颜六色。他们不仅嘲讽日常的自我表现模式，也拒绝摇滚乐的舞蹈风格。比如如机器人一般的Pogo舞就拒绝任何形式的宣传。

这些例子表明，青年亚文化为社会存在和物质存在中可以使用的文化"原始材料"（比如日常物品、传媒或者行为方式），寻找到了其他的用法，为物品重新创造背景，用以传递新的意义，用多种方法创建新的含义。青年亚文化视觉上的风格通过群体社会背景下的改造而实现；社会实践让这些被使用的符号和风格能够创造各自的意义，这些意义大多针对主流文化。文化研究的工作明确了一点，文化——如安·斯维德勒（1986/1987）的提议[1]——可以被理解为一种"工具箱"。不同的观念、符号、风格、历史、仪式和想法填充了这个工具

1　她联系了乌尔夫·汉纳茨的研究《南边：探究贫民窟文化和社区》（*Southside: Inquiries into Ghetto Culture and Community*，1969）。

箱。为了能够在具体的生活关系中提出行动策略，必须从中选择一些特定的符号形式并赋予它们特殊的意义。根据帕森斯的定义，文化是共同分享的价值和行动，它确定了人们如何理解行动的目标（他把人比喻为"服用了文化迷幻药"）（Garfinkel 1967）。因此，文化研究的一个主要课题是积极的、有能力的、有创造性的主体如何组织自己的行为。[1]

不同的群体选择不同物品，表现出他们的自信和物品可能带有的意义间的相同性。[2]威利斯就曾表示，摩托骑士选择的行为方式（积极主义、突显男性、拒绝内省、热爱速度和机器）和他们喜爱的摇滚乐有着一致性。同样，嬉皮士把迷幻摇滚乐作为"客观的文化形式"，把迷幻药作为主观的导向（无结构的、内省的、松散的群体组成）。不同的物品可以被看作群体生活的表达和反映。"在这个有机关系体中，每一个部分都和其他部分相联。通过各个方面的一致性，亚文化成员认识到世界的意义"（Hebdige 1983，105页）。"朋克也有支持其亚文化的不同的物品：廉价的破洞衣服和刺猬头、Pogo舞、Speed[3]、擤鼻涕、呕吐，粉丝杂志的版式、叛逆的姿态，以及没有灵魂的狂热的尖锐音乐"（Hebdige 1983，106页）。

亚文化的风格是拼凑的，有意偏向受众。它也有表达挑衅和愤怒的作用，比如朋克使用纳粹十字标志。大卫·鲍伊的《柏林三部曲》和罗·瑞德的音乐是他们的出发点。朋克虽然

124

1　斯维德勒将文化的两种概念区分开来："如果文化通过终端价值影响行为，在变换的环境中，人们应该坚守住他们偏爱的终端，同时调整获得它们的策略。但是如果文化提供让人们建构行为线的工具，那么风格或者策略会比人们尝试获得的终端更加具备持久性（Swidler 1986/1998，176页）。

2　在这里也可以看到威廉斯的情感结构的概念。

3　一种毒品。——译者注

使用十字标志，却并不是用来代表纳粹主义，他们仅仅使用这一标志的震惊功能。相反，朋克在和卷土重来的泰迪男孩的斗争中一直保持反法西斯定位。显著的"十字标志"被剥离其纳粹的语境，它的"空泛效果"被有意识地用作迷惑。朋克风格的总体特点就是，尽管它是一个重要的亚文化，却一直拒绝被限定到某一个意义或者某一个源头。以十字标志的例子来说，它是一个极端的文本，因为它没有给受众明确解读的可能性。"我们可以看到，朋克风格的'缺乏固定性'维系了它的一致，它并没有明确的核心价值。它更像是一个缺少环节的链条，它的主要特点就是'不恰当'和它的表达空虚"（Hebdige 1983，109页起）。

不同于光头党，朋克族完全断绝和父母文化的关系，拒绝日常的媒体的意义赋予。通过他们夸张、讽刺、自省却又毫无意义的风格，朋克把自己和其他战后亚文化区别开来。朋克的视觉风格将日常的和传媒中的矛盾通过引人注目的方式表达出来。赫伯迪格的研究成果与其他关于青年亚文化的文化研究成果不同。因为在朋克族身上找不到社会经验（工人阶级内部）和风格（对矛盾的魔法化处理）的统一，他们更多地通过显著的实践达到解构、毁灭主流意义的目的。他们的丑陋、破旧和虚无主义对抗着广告图片世界，在这个世界里充满了年轻、乐观和美丽。朋克没有传递特殊的信息，但是它代表了挑衅的实践。[1]

125　　赫伯迪格的研究还表明，青年亚文化的风格往往很快

---

1 泽弗纳也得出相同结论："朋克并没有传递的信息，朋克作为一种生活态度和风格就是它的信息"（Soeffner 1986，336页）。

就偏离其起始意义并且消失。特别是媒体的大量普及导致亚文化风格的弱化。总的来说，可以将主要意义范畴的吸收和融入分为两种形式：第一，把亚文化标志（衣服、音乐等）变为大量生产的物品（商品）；第二，给离经叛道行为贴上标签，重新定义，比如通过警察、传媒、法律（意识形态形式）（Hebdige 1983，85页）。主流文化轻易抵御住青年文化的攻击，仅仅需要把它们转化为新的商品。所以，在1977年已经可以在购物清单里买到朋克风格的衣服和配件。"可怖才流行"是当时的广告，也敲响了亚文化终结的钟声。此外，媒体报道也对亚文化进行吸纳，青年文化的迥异的风格往往被低估、被可爱化，或者被定位为舶来品。这两种策略互相支持，你中有我。

总而言之，青年亚文化风格的实践（Kristeva 1978）被艾柯称之为"符号学游击队"——至少在一段时间内——这些实践在日常生活中，在媒体的传播和信息流过程中带产生了干扰。他们好像是符号学业余爱好者，摆弄着各种符号，用它们颠覆统治秩序，直到这些符号被统治秩序吸收。从反抗，到弱化，到解散是所有亚文化的宿命。"亚文化是充满表现力的形式，它表现了当权者和注定的从属阶级之间最基本的紧张状态"（Kristeva 1978，117页）。赫伯迪格在他的研究当中也提到了青年人对符号、风格和主题的普遍化、商业化和失去价值作何反应。[1]如果我们把文化看成一个装满各种象征形式的"工具箱"，价值和目标并不是经久不变的，但是在特定社会环境下规划的策略却没有改变，并由此策略引导行为的建

1　参见Winter/Eckert（1990，146-148页）。

构。青年人怎样才能成功地用这个策略不断获得排他性？[1]他
们是否将反抗的策略也应用于生活的其他领域？对于这些问题
的探问应该在传统文化研究中涉足，毕竟汤普森在《英国工人
阶级的形成》一书中就分析了文化资源和能力在新环境中的应
用。然而对此的研究当时并未展开，直到对通俗文化开展研究
时，政治改变的问题才重新提上日程。

3.3.3　伯明翰当代文化研究中心的传媒研究

伯明翰当代文化研究中心的另一个工作重点是传媒研
究。他们在早期就建立了一个小组[2]，使用相关理论论据，对
不同问题进行分析。他们的目标是：从文化研究角度建立新的
媒体研究。对此，他们必须和主流的、教条的大众传播理论划
清界限，寻找其他可能性，表达自身的研究兴趣。当时的兴趣
主要来自"意识形态的重新发现"，霍尔（1982）写到，这是
一个过去四十年来大众传媒研究中逐渐消失的视角。在西方马
克思主义中，对意识形态、对上层建筑的研究是中心课题。

在英国，这个核心问题被长期忽视，如同佩里·安德森
（1978）所言，这与知识分子同群众政治斗争及群众机构隔离
有关，也与他们对大众文化实践一直保持距离有关。同时这
也是对马克思主义理论一直将意识形态放在次要位置的一种
回应。"意识形态问题越来越清晰，这有其客观的原因。首

1　狄德尔克森（1985）曾经非常详细地描写了亚文化在1970年代如何通过改变自我来
逃离平淡日常，尤其是朋克经常改变音乐的趋势和风格。

2　莫利（1997a，38页起）讲到传媒小组的成员每周聚会一次，不仅有伯明翰的博士
生，也有其他大学的成员。此外还有次级小组，比如当时中心的两名讲师霍尔和格
林的小组。因为人员不够，他们两人开发了一个学生自己的组织和帮助的系统。

先，'文化工业'迅速大量地增长，它是形成和改变大众意识的工具；再者，工人阶级的大部分对欧洲社会体系及其稳定化的'赞成'超出期望之外，令人不安"（Hall 1984，98页）。核心问题在于：社会思想是如何发展的，它们与权力有怎样的关系，它们如何在特定环境下为维护统治秩序作出贡献（参见Thompson 1990）。继承葛兰西的理论，有个问题迫在眉睫：一系列的思想如何主导一个历史集团的想法？如何从内部将他们统一？如何获得对整个社会的掌控权？（参见Hall 1984，99页）。不同于传统马克思主义文本，文化研究内部的意识形态概念并没有发展成系统的分析性的自我构建的思想系统（比如哲学），而是被用来描绘性地研究所有的思维形式，其重点在于实际思考和判断以及日常理性。霍尔这样描述："我把意识形态理解为一种精神上的框架——语言、概念、分类、思维形象和思想系统——不同的阶级和社会群体发展它们，为社会的运行方式赋予意义、定义，建构并且理解它"（Hall 1984，99页）。这个表述明确了，"歪曲"的问题并不是第一位的。因此在传统马克思主义中，不能把意识形态和"错误的意识"画上等号。这个定义的作用在于将社会真实的构造与框架展现出来。因为真实只可能在语言以及其他文化感官系统中被感受和建构。因此，客观定位在社会关系中如何被进行和被感知是关键（Hall 1984，100页）。

在阿尔都塞、葛兰西和沃洛希诺夫（Vološinov 1975）之后，意识形态分析在文化研究中获得新生。他们进行具体的思想在历史情况下是如何决定方向并决定形态的分析。由此出发，必须重新定义"大众传媒"领域。中心的传媒小组在工作中不可避免地和主流大众传播研究——主要是美国的实证主义社会学——产生各种"裂痕"和意见分歧（Hall 1980，117-121页）。

首先，他们建立了理论纲领，研究媒体的意识形态角色，以此取代带有行为主义色彩的媒体直接影响论模型。他们认为媒体是支配性的文化和意识形态力量，它有能力决定社会关系和政治问题，有能力唤起流行的意识形态，并传播给受众。"这一对传媒和意识形态的'回归'是贯穿文化研究传媒部分的最显著线索"（Hall 1980，117页）。

其次，中心在讨论结构主义的过程中关注意义的问题，以填补传统马克思主义在这方面的空白，即意义是如何被生产，被用于稳定统治关系的。在传统形式的内容研究中，媒体文本就没有被看作意义的透明承载者。它的语言结构和意识形态结构得到了进一步研究。

再次，传统研究的兴趣往往被广播机构和广告代理所左右，经常把"受众"简单定位为统一的被动的"大众"。威廉斯却把受众看作积极的；媒体信息编码和解码的过程成为关注焦点，尤其是解读方式的多样化。

最后，对意识形态的研究也开启了新的问题，传媒在支配性意识形态的定义、框架和表现的循环和稳定中有哪些功能（Hall 1980，118页）。

一方面对大众传播的意识形态特征进行研究，另一方面对语言形态结构开展分析，这两方面成为伯明翰中心接下去的研究基础。第一个研究即前文已经提及的"Paper Voices"，它对1930年代中期到1960年代中期大众媒体和社会变革的关系进行了分析。第二个研究关注电视中的侦探剧，针对电视和暴力的关系发展出了与美国研究不同的假设。还有多篇论文是关于妇女在广告中的视觉表现以及妇女杂志对女性特征的展现。列维-斯特劳斯的神话研究和巴特的早期研究也被重拾。他在文本分析中对符号学的使用在接下去的研究中起到重要作用，比如在新闻摄影的研究中[1]，新闻的生产以及媒体建构的事件和活动。

129

　　回顾这段时期，最重要的理论文本无外乎霍尔构想性的作品《电视话语中的编码和解码》（1973）。这一理论设想为文化研究的受众研究开创了一个新时代。直至今日，它仍然在为批判主流研究教条的理论发展起指导性作用。他将符号学研究和受众接受的民族志学结合了起来。

斯图亚特·霍尔的"编码—解码"模型

　　如同许多成功的创新的理论，霍尔的模型（1974/1993）[2]处于不同理论思考和问题的交会点。他成功地把文化主义和结构主义中对于文化研究而言非常重要的范式结合起来。初看之下，霍尔的模型是对传媒研究的理论和方法论的贡献，立足

1　参见霍尔关于新闻图片的确定（The determinations of newsphotographs, 1972）的符号学分析（载《文化研究工作论文（3）》[Working Papers in Cultural Studies 3]）。他分析了新闻图片如何传递信息，它们在制造新闻的过程中扮演何种角色，以及传递了哪些主要的意识形态主题。

2　"解码/编码论文"存在不同的版本。最初是莱切斯特大学大众传媒学院的演讲，1973年起它作为"灰色论文"开始在伯明翰流传。几个不同的版本先后出版，以下我们参考了1974年和1980年的版本。霍尔对此的态度及相关讨论可以参见他在1994年出版的作品（1994a）。西德对这个模型的讨论，参见温特（1992a，1995，1997b）以及科罗次。

于符号学思考，批评传统大众传播研究的思想和方法（比如内容分析或者效果研究）。但是，仔细分析后会发现，霍尔的模型和"香农—韦弗模式"相关联，为传媒研究展示了全新的维度，将分析的关注点转移到意义和意识形态内容。他的模型不仅为文化研究开创了新的天地，也为其他的传媒学者的理论，比如"使用与满足理论"（参见Liebes/Katy 1990）指引了方向。1973年，霍尔第一次介绍他的项目，对于当时来说，项目的内容可以称得上激进、创新，开拓了一个新的研究领域："一个唯物主义者的美学植根于观众体验"（Nightingale 1996，22页）。观众不再会被简单地从心理学角度或者作为单独的受众来分析，符号学和马克思主义理论打开了一扇新的大门，把意义和意义的产生与当时的社会结构联系起来，更多地关注意识形态维度。

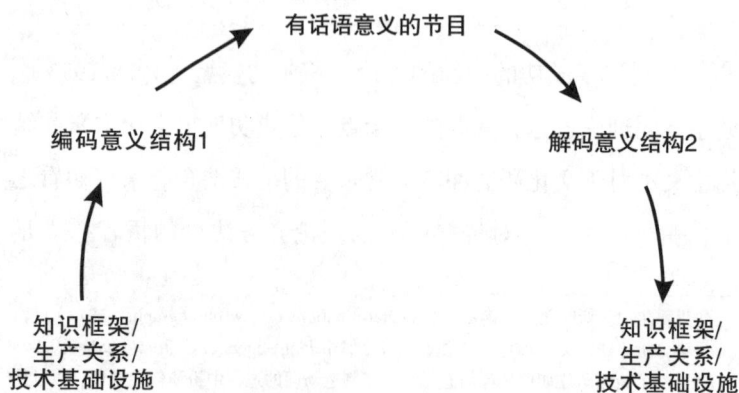

图 1　霍尔的编码—解码模型（Hall 1973/1980d，130 页）

霍尔不认为大众传播是一个透明的直线的过程，不认为固定的含义会简单地从发出者到达接收者。[1]信息有不同的结构；无论是生产还是接收，这个过程都不是简单地在传播和交换的过程框架中决定的。相反，它们是关系复杂结构中不同的时刻。

尽管如此，霍尔还是没能摆脱"香农—韦弗模式"的影子，尽管他本身对此持批评态度。因为他的模型也是从"发出者"角度出发来建构的。"生产电视节目的机构必须在节目作为话语诞生之前就存在；在解码以前，必须已经存在有话语意义的节目——当然，模型并没有说'节目是否有话语意义'取决于解码"（Nightingale 1996，30页）。一个媒体生产小组将事件"翻译"成媒体再现，用这种方式使节目变成电视话语。观众与这个有意义的话语进行互动，通过社会在他身上打下的印记、现实定义和感知模式理解话语。

霍尔不同意"接受美学论"，不认为观众在接受过程中自己创造文本，并决定意义。文本在被接收以前已经具有意义。但是"编码"和"解码"可能呈现一种不对称关系。生产小组在编码时创造了意义，但电视观众可能因为不同的社会背景和文化能力完全误解了这个信息，或者对信息作出不同解释。"误解"的可能性存在于所有的传播模型中，但往往被认为是意外，不是常规。霍尔则继承了艾柯（1972）的论点，他强调，"偏离的解码"是他的模型的中心。

从观众的符号学活动出发，艾柯认为他们完全有可能对接收的媒体消息作出不同的解读，而不是如生产者所愿。"接收的机器把信号转变为信息，但是信息还是一个空壳，观

<hr>

1　结构主义对发出者—接收者模型持类似的批评，参见Schmidt（1994，1996）。

众可以用不同的意义填满它，这具体取决于观众用哪个码来解读它"（Eco 1967；德文版 1985，151页）。当生产者和观众之间存在巨大的社会和历史差异，那么用来解码的"代码"会和用来编码的"代码"完全不同。观众——作为"接收者"的能力不等同于电影制作人——作为"发出者"的能力。他们往往不能将已编码的进行解码。尽管艾柯也提到"香农—韦弗模式"，但是他更强调不同的解读方式。他从接收者的社会环境和社会学处境出发，以接收者的视角来观察这个模型。艾柯认为偏离的解码有不同的成因："（a）首先，外国人不了解某些特定的代码；（b）对于年轻一代，或者来自其他文化的人都可能用另一种方式对信息解码；（c）不同的解释学传统；（d）不同的文化传统，对信息的理解与其说基于事实，不如说基于他们的代码"（Eco 1972，105页）。解读的意思是，媒体文章的受众往往是许多不同的社会群体，他们根据自己的代码来进行解码。因此在艾柯看来，大众传播本身就带有解读多样性的特点（Eco 1985，152页）。

霍尔从这个角度出发，认为一个信息的意义不能够单纯地固定。一个文本总有多种阅读的可能。因此也无法识别出一个带有决定性力量的意识形态。霍尔认为媒体文本具有多层结构，巴特在早期也有类似理论（Barthes 1979a）。电视文本的复杂性更归功于视觉符号和听觉符号的组合。视觉话语尝试通过图像特征，将电视信息中性化。它在观众脑海中唤醒图像印象，重新制造展现事件时刻的接受条件。霍尔指出，图像符号也是基于惯例构建：所有"自然"的，必是文化相关的。图像编码带给观众自然性和透明性的感受，本身确实深藏不漏。霍尔（1973/1980d，131页起）写道："现实存在于语言之外，但是它始终需要语言来充当媒介，我们所知和所言需要通过话语来制造。话语性知识不是语言对现实透明再现的结果，而是语言对现实环境和关系的表现。因此，所有可以清晰明白的话语都离不开对编码的操作。图像符号也是一种代码符号——尽管图像符号的运行方式和其他符号不同。语言是没有'零度'的。自然主义和现实主义——对某一个物品或者概念的忠实再现——是语言对于'现实'某种表达的结果和影响，它是推论实践的结果。"

在之前提及的第二个更大的理论背景——"编码—解码模型"被嵌入其中——变得显而易见。霍尔通过这一模型明确和传统马克思主义的相关理论区分开来，不再把语言、意识形态和文化看作次要元素，被动地受社会经济过程决定。他的看法和阿尔都塞一致，语言、意识形态和文化具备一定的自主性以及自身逻辑。他在马克思的《政治经济学批判大纲》（1857）的"导论"中寻找到了以下观点，即生产决定消费，反之消费也决定了生产。把这一观点运用到大众传播上，也就是说传播过程中的每一个元素，无论是编码还是解码，都应该被看作独立自主的过程，无法从它们当中直接预读出下一个步骤。"但还是有可能把这个过程理解为一个有结构的持续的生产过程，通过对相互关联又彼此不同时刻的表达——生产、流通、干扰/消费和再生产。也就是说把它看成一个'完整的主导的结构'，它通过相关联的实践得以持续，这些实践保留着各自的特点，有着自己的形式和生存环境"（Hall 1980d，128页）。

因此，霍尔的理论不同于主流的模型（比如拉斯维

133

尔），他认为被编码的意义和它被观众接受时的效果之间没有一致性。传播过程的要素都不具备对其他要素的同一性，"编码"和"解码"在社会实践中可能由不同的方式共同表达出来，仅仅在对它们进行分析时才可能明确区分。霍尔的理论和意识形态主导论明确区分开来，这一理论尤其在媒体研究的圈子里盛行，比如在以符号逻辑学为导向的电影理论中，其中以《银幕》（Screen）杂志（参见Health 1981；Screen 1977；Peach u.a. 1985）为代表。他们遵循俄罗斯的形式主义，认为形式——也就是电影的意义实践——主动地生产意义，并用这种方式通过电影文本把观众引导到特定的主观立场，这个主观立场在阿尔都塞看来就是意识形态。在葛兰西和文化主义者的影响下，霍尔认为观众在某一个界限内会对文本所属的意义进行商榷或全然接受[1]。不仅因为意识形态，也因为特定文化实践所带来的经验。

霍尔关于文化过程自身逻辑的理论也没有脱离阿尔都塞的樊篱。阿尔都塞认为意识形态机构的有效区域在编码层面，而霍尔把意识形态有效性这一问题推到了解码层面，因为媒体传播的内涵层带有必要的多义性，会引发不同的意义。解码作为观众和文本之间的互动，如同编码一样是传播过程中不可或缺的元素。当人们对被媒体编码的事件进行解读，将它们译解到自身的日常中，同时也完成了社会组织的意义、看法和

134

1　尽管《银幕》理论和文化研究在对西方马克思主义的研究中有相同的出发点，但是因为对阿尔都塞的不同评价而存在无法克服的不同，比如科沃德（1977）和钱伯斯（1977/78）的争论就可见一斑。文化研究运用葛兰西的理论调整了阿尔都塞的文化斗争，强调个人和群体的行为能力，注重观众的生活经验，而不是对文本及其影响的拜物教趋势。

兴趣的再生产。

为了能够更加准确地研究这一过程，霍尔仔细区分了符号的表面意义和内涵意义。这两个层面都可以在"主流"意识形态中找到。艾柯把电视文本的表面意义理解为"闭合的文本"，因为它们的意义是固定的，被看作"自然而生"的。而内涵意义层面上的文本则是开放的。"因为符号仿佛获得了全部的意识形态价值，仿佛可以表达更加广阔的意识形态话语和意义——在它们的'联想'意义层面[……]——因为'意义'在此明显不受限于它们的自然认知[……]，意义的流动性和联想将得到更大的开发和转化"（Hall 1980d， 133页）。在这个层面上，意识形态可以互相干涉，符号可以如沃洛希诺夫认为的那样被重新强调并投身于社会意义斗争。"视觉符号的内涵层面，符号在不同意义及联想的推论领域所具有的语境联系和定位，正是被编码的符号与一个文化中深层次的语义学符号相交叉的地方，在此，符号获得了更多的积极的意识形态维度"（Hall 1980d，133页）。在内涵层面，符号可以被用来进行意义转换，它的多义潜力可以被完整地挖掘。

霍尔指出，每一个符号都可以拥有额外的联想性的意义，多义却不多样。"内涵性符号彼此之间并不是同等的。任何社会和文化的趋势，带有不同程度的终结，让人们接受它们对于社会、文化和政治世界的分类。正是它们构建了一个主导型文化，尽管这一文化既不是单一的，也并非没有竞争"（Hall 1980d，134页）。

视觉符号尤其是内涵性代码参照社会文化的"意义地图"，在自身的意义构建功能中表现权力关系。这样就很容易解释表面意义层面的误解了，根据"发出者—接收者"模型，误解可以被理解为常见的"信道里的噪声"。在内涵层面和语境层面的不同解读方式并不基于传播，而是基于社会。"它们表明在'信息'层面的经济、政治和文化生活中的结构冲突、矛盾和协商"（Hall 1974/1993，32页）。霍尔在此超越了带有个人心理学特征的传播过程理解，因为解码在他看来是一个文化的集体的行为，对解码的分析可以揭示社会矛盾和冲突。

霍尔在发展"编码—解码模型"期间，认为社会主要由阶级对立决定。[1]这明显体现在他对三种用以解码媒体文本的典型立场的分类中（Hall 1980d，136页）：

1. 优势解读方式，与统治的意识形态系统相一致（主导—霸权立场）；
2. 商议解读方式（协商立场）；
3. 反抗解读方式（反对立场）。

他在此引入帕金（1971， 79-102页）关于主导价值体系、从属价值体系和激进价值体系的区别，用以解释社会不公被接受的原因。集体所共享的思想和理性化过程是由社会结构决定的，然而有的时候社会阶层来源并不能被清晰地辨明。因此，主导价值体系可以在社会的各个团体中被找到，而从属价值体系和激进价值体系的根却扎在工人阶级中。帕金认为每个

1　钱伯斯和霍尔（1977/78）并不同意科沃德（1977）的观点，他认为所指实践暗示意识形态位置，但却不是必须基于阶级实践。通过这种方式，意识形态和物质实践脱离了关系。威廉斯也提出了类似的批评，在1970年代发展出文化唯物主义的立场（参见Williams 1977a）。

人都有一定的选择自由，但没有考虑文化扮演的角色。"换言之，帕金的工作更多地基于个人主义的历史主观定义，而非文化主义"（Nightingale 1996，37页）。霍尔接受了帕金关于价值系统的观点，把它运用到解码立场中去，把电视信号看作有意义的话语。

1.当观众对"统治的霸权的代码"完全接受时，就会出现对媒体文本的优势解读方式。这符合帕金（1971）理论中的统治性意义系统。观众"完整且直接地接受一个电视新闻播报或者时事报导节目的隐含意义，将信息完全按照和编码对应的方式进行解码"（Hall 1980d，136页）。观众用所谓的"参考代码"对信息进行解码，这一"参考代码"也正是编码时被使用的。观众处于主导的意识形态中，符合媒体文本表达的核心。[1]这一解码过程是"透明传播的典型情况"。[2]

2.第二种解读方式符合帕金的"从属意义系统"。观众带有"意识形态合作"的定位（Fiske 1992a，297页）。他们基本上接受主流对国际问题和国内问题的状况和事件做出的定义，但是会根据自己的经验来建构媒体文本。在霍尔（1974/1993，33页）看来，霸权状态不仅决定社会文化意义框架，也赋予它合法性和自然性。商议解读方式的主要特征是，既含有适应性元素，因为观众基本上认可主流定义，同时也含有反抗元素，因为他们根据自己的社会经验使规定的解读

---

1 霍尔认为在主导编码中的立场由媒体产品的专业编码决定。"这一立场 [……] 是专业播放者在编码信息之时的假设，本身就已经带有霸权主义色彩了"（Hall 1980d，136页）。

2 关于优势解读方式，我们不知道观众是不是看穿了意识形态信息，但是仍然接受了它，或者他们只是盲目地接受。因为霍尔赞成阿尔都塞的观点，所以他认为意识形态影响是在无意识中发生的。

方式适合当地的情况条件，地方性的情况按照解释社会学的理论有着自己的运行基本规则。"对于主流意识形态的协商态度其实充满矛盾，尽管它们在某些场合才能被看出来。协商性代码运用我们所说的特定的或者根据情况而定的逻辑：这些逻辑来自与统治阶层的立场差异以及权力的不平等关系"（Hall 1974/1993，33页）。

持这个立场的观众并非能简单地接受用优势解读方式编码的信息，他们在和文本互动的过程中，应用自己的社会和地方意义系统，主动地建构意义。商议解读方式包含的范围可以非常广阔。最后霍尔阐述了第三种解读方式，在这种解读方式之下，媒体所传达的事件会在表面含义层面被接受，却被完全相反地解读，即反抗解读方式。

3.反抗解读方式描述的是观众虽然理解媒体文本的优势解读方式，但是从根本上拒绝它，因为他们把信息放在其他的框架中进行解读。采取这个立场的观众是霸权代码的直接反对者。霍尔举了以下例子："当一个人在观看关于控制薪水的辩论时，每一次现场提到'国家利益'，他都解读为'阶级利益'。那么他就在使用我们所说的反对派代码"（Hall 1974/1993，34页）。再比如：当我们在观看某一个党派的宣传广告时，又对这个党派从根本上不赞同，那么我们自然而然地就采用了反抗立场。通过这样的立场，广告就无法达到想要的效果。

仔细观察这三个典型的"解读立场"，可以看出，霍尔在寻找一条中间道路。这条道路位于媒体文本的绝对影响力、权力的自由主义概念和观众的积极性之间。媒体文本的影响力是传播效果研究的一部分，观众的积极性是"使用与满足理论"的一部分。他首先从编码角度出发定位权力，因为文本具备优势意义，即以某种方式为展现的事件确定框架。但是，他认为这些意义并不会被强迫接受，而只是被"建议"，或者被"强调"。比如西部片就是一个强烈的约定俗成的象征性形式，它有着自己的一套规则。对暴力的展示——对决、抢劫银行、劫掠印第安纳人等——本身就是多义的，在一部电影或者在一种电影类型中通过与其他元素的关系获得自己的意义。"事实上，它的结构是和其他元素的组合，服务于将它在特殊领域的意义和其他分割开来，以造成关闭的效果，这样，一个优势意义就产生了"（Hall 1973，9页）。这并不意味着对于暴力的表现是一成不变的，但是在西部片代码中嵌入这些元素，使它的可能性意义按照"最可能到最不可能"这样的顺序被排列。媒体文本一般来说会把优势解读方式呈现给观众，这一解读方式和统治性的文化思想，与葛兰西口中的霸权相一致。编码设定了框架，可以按照这个框架来操作解码（Hall 1980d，135页）。在这里需要指出，文本制作人有意识地告知或者娱乐观众的目的取决于他潜意识中的意识形态事件。[1]

对于解码而言："没有任何法则可以确保接收者会按照制作人的意愿，在一部暴力作品中精确地按照编码的方式接受主流的或者优势的意义"（1973，9页）。但是观众并没有如传播生产者一样的权力。因为人们对媒体能指机器的控制会导致他们对解码产生决定性影响力，所以编码时所设定的框架很难或者根本

---

[1] 霍尔曾补充道："必须研究播放者的意识，因为它生于目的的土壤，尽管不是一切的起源，那个目的明确的土壤是意识形态的产物"（Hall 1978，引自Morley 1992，120页）。

无法被打破。当观众按照媒体制作人计划的方式对文本进行解读时，就是以这种透明的方式实践着葛兰西理论中的霸权过程。一个统治群体会自然而然地获得从属群体对他们的社会和政治事件"定义"的自愿的赞同。同时，在沃洛希诺夫[1]、巴特和艾柯（1972）的影响下，霍尔认为媒体信息永远具备多义性结构，这对于文化研究的传播研究有着决定性意义。文本永远有着不同的解读可能性，但这并不意味着文本是完全开放的。

霍尔举了莎士比亚研究作为例子[2]（Hall 1994，262页）。自17世纪以来，已经诞生了无数对《李尔王》的各种解读，这种状况对于莎士比亚来说可能很难忍受，因为他极有可能希望他的作品以仅有的一种方式被解读。一个建构的意愿深植于文本的结构中，它当然可能以不同的方式被解构。媒体制作人想要固定意义的尝试始终失败，因为根据德里达的理论，意义是可以无限延伸的。霍尔（1994a）基本上同意解构主义中的文本型特征，但是他不赞成这一观点的极端性。"我使用意识形态，隔断语言中无穷的符号。语言是纯文本的，但是意识形态想制造特殊的意义。[……]我认为这正是权力对话语的介入点，权力过度调制了知识和话语"（Hall 1994a，263页）。也就是说，意识形态是一种尝试，试图通过在差异游戏中建立一个中心，从而暂时停止无休止的"差异"过程。我们不应该忽视这个过程的效果，因为媒体为事件建立的意义框架，对于许

1　沃洛希诺夫认为语言符号是多义的，它们的意义取决于社会和历史境况。"符号成为阶级斗争的舞台。符号的社会多义性是它的一个重要元素。准确地说，正因为这样，符号才具备活力、灵活性和发展能力"（Vološinov 1975，71页起）。

2　通过有意识地选取莎士比亚作为例子，霍尔和当时以后结构主义为导向的新历史主义保持距离（参见Greenblatt 1990）。

多观众来说，是他们可以接触到的唯一一个。

因为文本不可能有终极的确定的意义和解读方式，霍尔提出协商解读和反抗解读的存在。霍尔在一系列采访中确定协商解读是最为普遍的存在方式，我们一般都处在这个立场。"协商"这个概念的使用暗示着文本的意义既由生产者也由接收者决定。观众并非仅仅被动地接受文本的意义，而是在和文本的互动过程当中，通过他本身的社会意义系统，主动地建构文本意义。"读者是社会意义系统和文本偏向意义之间协商的那个点"（O'sullivan u.a. 1983，153页）。对于协商过程的强调体现了文化研究项目与文化互动论的密切关系。"编码—解码模型"不仅描述了意义结构如何被编码成文本，更研究了文本是如何被社会情境下的主体在互动中解读的。诺曼·邓金（1992，118页）总结道："霍尔的文化主体在某种程度上是符号互动主义者，他的社会行动者为自己制定生存环境。但是这个主体带给自身状况的意义却是被更大环境中的意识形态力量所塑造，因为意识'永远混合了意识形态元素，对于社会框架的任何分析都必须考虑到其所涉及的没有被识别的元素'"（Hall 1980a，24页）。

伯明翰中心对青年人的研究证实了这一观点。霍尔和他的同事通过大量的研究显示，亚文化可以从主导意识形态[1]处夺取领地，作为自己的协商立场（参见Hall/Jefferson 1976）。值得一提的是，霍尔一方面认为"编码—解码模型"并没有完全成熟，另一方面他没有把其描述的解码立场看作社会学描

140

---

1 主导意识形态这一概念在文化研究中所起的作用类似于分享的价值体系在功能性思考中的作用。

述。"观众非常清晰地在这三个立场之间变动；因此它们是关系结构，而不是社会学实体。对于实证研究而言，针对的是特定的文本，或者进行解读的特定区域的观众"（Hall 1994a，265页）。

对霍尔模型的批评

从理论角度出发，对霍尔模型的批评主要集中在优势解读方式。首先，优势解读方式的定义无法区分文本内在固有的意义、生产团队的有意识的目的和研究人员自己做出的解读。哪些代码被有意识地用作操纵，哪些代码不留痕迹地潜入编码中？其次，这个模型没有能够为解码层面提供清晰区别"理解/不理解"和"同意/拒绝"的可能性。比如根据"主导-霸权立场"的解读方式，无法将那些在浏览电视新闻文本后有意识地同意并接受的观众，和那些完全无意识同意的观众区分开来。霍尔受到阿尔都塞和帕金的影响，他的模型里面始终带有接受意识形态是"无意识"的过程这一思想。意识形态是对现实生存条件的假想关系的表达。再次，霍尔没有充分地考虑到，形式对于意义有着根本的影响，比如《银幕》理论所阐述的。对于霍尔来说，意义在被编码之前就已经存在。因此我们需要更加深入地研究不同的编码方式，费斯克就进行了这一研究。最后，霍尔的这一模型主要是为新闻节目设计的，他也举了西部片作为例子（Hall 1973）。但是这个模型可以简单地运用到其他媒体文本上吗？比如，非严肃的娱乐节目？

尽管霍尔的模型有模糊和不成熟的地方，但是它在大众传播领域为研究媒体文本和观众解读行为之间的互动提供了一个全新的视角。在寻找传播效果和个体根据需求接受媒体的过程中，研究者发现了观众的积极性，观众对意义、对社会和政治矛盾的抗争。霍尔的模型清楚地表明，对于文本的解读并非如"使用与满足理论"所描绘的是孤立的个体行为，而是一个社会过程。文本的解读就好像是对语言的使用，永远是一个社会行为。观众们分享相同的理解框架和解读框架。在家庭、工作场所和朋友圈中的制度化锚定决定了媒体文本的解读（参见Hall 1994a，270页）。[1]因此，公众既是社会群体也是话语形构。霍尔模型中的三个典型解读方式启发人们去定义不同的"解读群体"，发现他们对传播接受过程的意义。同样，研究人员的角色也被重新定义了。为了研究与日常语境相关的解读，研究人员需要采用民族志学的研究方法，不仅要关注不同观众组群中的文化差异，也需要注意研究人员与被研究者之间的文化差异。

霍尔和他的同事在建成模型后，一度打算以此进行实证研究，并根据研究成果进一步优化模型。但是实证研究开展不易，因为它和当时大众传播领域的实证研究有着明显区别。[2]最后，他们终于建立起了一个研究小组并获得了一些资金。小组成员包括夏洛特·布朗斯顿，主要研究电视剧和肥皂剧中的女性视角，以及大卫·莫利，他在中心参与《全国》

142

---

1 霍尔和费舍（1980）的观点类似：使用"解读群体"这个概念，用以区分接受文本的社会背景和机构背景与编码的明显不同。根据费舍的观点，文本的意义在阅读的过程中才会根据各个解读策略而建构，一般由解读群体的规则和习惯来决定。

2 霍尔（1994a，271页起）对资金的看法是这样的："这是一个机构式的问题——我们凑不到半点资金。你可能隔夜就能拿到资金做一个巨大的观众影响调查，任何人都有可能出资做这样的调查。但是没有人会愿意把钱花在研究解码上。"

（*Nationwide*）项目[1]。他们通过一个特殊电视节目以及对特定观众群的调查验证霍尔的模型。

《全国》（1980）——媒体接受的文本和背景：

大卫·莫利的研究

《全国》是英国广播公司（BBC）的一个栏目，播出时间为18点到19点，在1970年代早期风靡英国。节目的主要内容是来自英国各地的令人感兴趣的故事。在第一个研究中，布朗斯顿和莫利（1987）通过"深入阅读"的方法，对节目的意识形态结构、主题展示、表现形式和导演策划进行了分析。他们所分析的这一节目的内容其实来源于有限的主题范围，比如全国性事件、英国的景象、家庭世界和个人问题。在节目中，关于国家、家庭、自我和经济的主流意识形态融入其中。

通过对视觉符号、语言符号和惯例的文本分析，布朗斯顿和莫利发现了节目的"常识"表现模式，通过主持人给定的表述框架，为某种解读方式提供便利。从内容来说，《全国》和同时期BBC的另外一档节目《全景》（*Panorama*）也有很大的不同，这一档节目更好地体现了公众问题的复杂性，也探究了离观众日常生活比较遥远的主题（比如越南战争）。《全国》的主旨在于寻找出，对于一般观众而言这些事件具有什么意义，节目制作人应该用怎样的语言表达它们，让观众能够接受并共享。"它（《全国》——本书作者注）表现得能够通过多样的可理解的视角，抓住'所有'可能让我们感兴趣的

1　1975/1976年，中心的传媒小组选择了这个节目。

事，然后仅仅把它们'映照'出来，传递给观众。事实上，它 始终用同样的视角'观察'这些事件，也始终用同样的视角表述它们，用同样的'声音'表述它们，仿佛那个声音来自观众"（Brundson/Morley 1978，9页）。用这种方式，观众一直被鼓励和建议用某种解读方式来解读这些事件。

在编码的过程中，霸权主义代码被中立化了，这样主持人为观众营造了一种熟悉的信任的氛围，比如通过使用人称代词（我们）："今晚，我们遇见了……"，"我们大家都知道……"，"于是我们问道……"（Brundson/Morley 1978，18页起）。文化研究中心把这一策略称为"平民化口技"。通过这个策略以及对各个不同地区特征的强调，造成一个由个人组成的整体国家的印象，尽管地域不同，各有差异，但是有着共同的经历。"《全国》创建了一幅'英国人民'的多样性景象。我们由地方社区的成员共同构成，他们既组成了这个国家，也是每个家庭的成员"（Brundson/Morley 1978，92页）。布朗斯顿和莫利最后得出结论，尽管《全国》进行选择性的表述，但是它成功地为其所展现的事件以及英国社会提供了一个"优势观点"。特殊代码和话语的使用是他们的成功方法（参见Turner 1990，98页）。

接下来莫利在《〈全国〉的观众：结构与解码》（*The Nationwide Audience: Structure and Decoding*，1980）一书中，进一步分析了具有不同社会地位的观众对这一优势解读方式的接受程度或者拒绝程度。他研究了《全国》观众的组成结构，观众是如何对节目进行思考、讨论和评价的。既不能把观众看作完全被文本左右，也不能认为他们只是被动的消费者。因此，莫利的研究策略是，给予文本和观众同等的重要性。通过话语研究揭示不同意识形态和意义对观众的影响。他的研究围绕解码的过程这一中心。他的目标是通过符号学丰富社会学，在社会实践中研究意义实践。[1]

144　　　研究的理论部分分析了当时主导的研究方向，莫利表明了他的目标是为"大众传播"建立起社会学的切入点。[2]他将不同的思考方向结合起来：对一个被社会所有成员分享的共有价值体系的疑问；每一个解读过程和生产过程都表现现实；文本和观众的关系也同样是互动的（Morley 1980，6页起）。

他的理论思考主要围绕"编码—解码模型"和霍尔关于观众话语的三个解码立场。他的主要观点为："1）在电视话语中生产一个个具有意义的消息永远是个'麻烦活'，因为同样的事件可能被不同的方式编码。[……]2）社会传播中的信息永远有复杂的结构和形式。它始终包含超过一种的解读方法。信息本身建议且偏好某种解读方法，但是它们不可能通过一种解读就完整了。它们永远是多义的。3）从信息里'获得意义'这一活动也是一个充满问题的实践，不管它看起来多'透明和中立'。信息以一种方式被编码，但定然有多种方式可以用来解码"（Morley 1980，10页）。对媒体信息的接受不可能如同墨迹测试图一般，不能完全随心所欲地根据观众个人的想象力和需求结构来解读，正如"使用与满足理论"中所描述的那样。

从符号学角度来看，一个电视信息是复杂的符号结构，

1　有趣的是，帕金为莫利提供了研究方向或研究角度。因为他指出，从社会学角度而言，如果要分析媒体文本，则一定要研究文本对观众的意义，以作为补充。

2　莫利的研究所具有的优点和意义即在其中。费斯克写道："他的作品令人信服地表述了在文化研究中加入社会学元素的重要性，以此来平衡当前的文本化倾向。"

被编入一个优势解读方式。通过对电视信息文本的组织，尽可能地减少文本可能带有的意义。符号的多义性天性，沃洛希诺夫理论中符号的多重点性，在其他符号与词汇的语境中得到抑制。"单独的符号、词汇和图像之间的句法关系组织（在文本收拢以前）必须起到限制符号多义潜力的作用，必须比形单影只的符号意义要少"（Morley 1980，6页）。优势解读方式将葛兰西的霸权理论和传播途径的实证研究观察联系了起来。

尽管如此，文本建构也不是完全闭合的，它始终有被作 145 其他解读的潜力，在被观众接受的时候始终可能产生与编码时不同的意义。这种结构多义性决定了编码无法决定解码的结果。莫利对"使用与满足理论"提出批评，认为其缺少社会学维度。他把观众的社会情境和文化研究观点，即意识的社会特征是由语言形成的作为研究的主要对象。在观众研究中需要考虑的要素有年龄、阶级、性别以及种族。对群体和亚文化的从属性决定了对符号资源的可利用性、文化的导向和对媒体文本的解读。"必须把观众设想为根据社会情境集合成群的个体受众，他们对文本的个体解读受到共享的文化形态和实践的影响：共有'倾向'的产生反过来也由个体受众在阶级结构里的客观位置所产生的因素而决定"（Morley 1980，15页）。莫利（1981，12页）的理论在这一点上和皮埃尔·布迪厄关于文化消费的理论有共通之处。他们两者都分析了社会结构、习惯、文化能力和文化产品解读之间的关系（参见Bourdieu 1982）。布迪厄和莫利都把关注点放到结构要素和文化实践的关系上。

莫利认为受众意识中的主观要素并不是以机械的方式施加影响的。他的论点是，《全国》的观众在各自的（亚）文化框架里面进行理解。他对于个体的解读方式并不感兴趣，他真正感兴趣的是如何在个体解读中找到社会文化的程式。"在这里，我们需要一个方法，在社会经济结构中寻找到不同解读的源头，展示不同群体和阶级的成员如何分享不同的文化代码，如何有差异地解读一个给定的信息，不仅从个人的特殊层面出发，而且通过'系统的、和社会阶级地位相关联'的方式"（Morley 1980，14页起）。在莫利看来，公众是有结构的，由不同的社会集体组成，是沃洛希诺夫理论中的"社会个体"。解码的决定性意义在于各自可以使用的社会代码（Bernstein），以及布迪厄认为的各自的文化资本。"文本的意义建构取决于观众在文本中找到的话语（知识、偏见、抵抗等），以及观众/主体邂逅文本时的主要要素，文本会成为由观众处置的话语排列"（Morley 1980，18页）。

莫利针对"编码—解码模型"提出了一个核心问题，即这些话语和文化代码与社会经济地位和阶级来源有什么关系。莫利把研究建立在帕金关于阶级结构的模型上，没有在生产关系的范围内定义阶级，而是按照韦伯的理论根据职业定位来定义。不同于霍尔，莫利不赞同帕金关于阶级结构和意义系统间紧密联系的理论。在他看来，霍尔在帕金的意义系统基础上提出的三种主要解读方式（优势、商议、反抗），对社会关系太过简化。帕金的主导意义系统类别（类似阿尔都塞关于意识形态国家机器的论述）忽略了主流意识形态内部也有矛盾冲突。因此，莫利更加偏爱厄内斯特·拉克劳（1981）在批判马克思主义经济决定论和阶级简化论时提出的表述模型。单独来看，并不能简单地把意识形态划归给某个阶级，而需要先把这个阶级在一个意识形态话语中表述出来。

这些批评点表明了莫利的研究并不是如一般理解的，仅仅是为了证明"编码—解码模型"而进行的实证研究。他的目标在于从理论上和实证上揭示日常的解码过程。帕金的公式有其贡献，特别是其纠正了当时大众传播研究中普遍认为的公众只是个体构成的一盘散沙，他强调了公众的社会组织性。至于在实证研究中发掘的解读和解读方式与各自阶级地位和阶级意识的关系，还需要进一步研究。因此莫利项目的目标在于开发解码的类型学，研究解码的多样性，解码的产生以及文化能力、话语、代码、阶级和教育水平之间的关系（Morley 1980，23页）。其中关键的问题是从文本本身和观众角度两个方面找出意义产生的决定性因素。

147

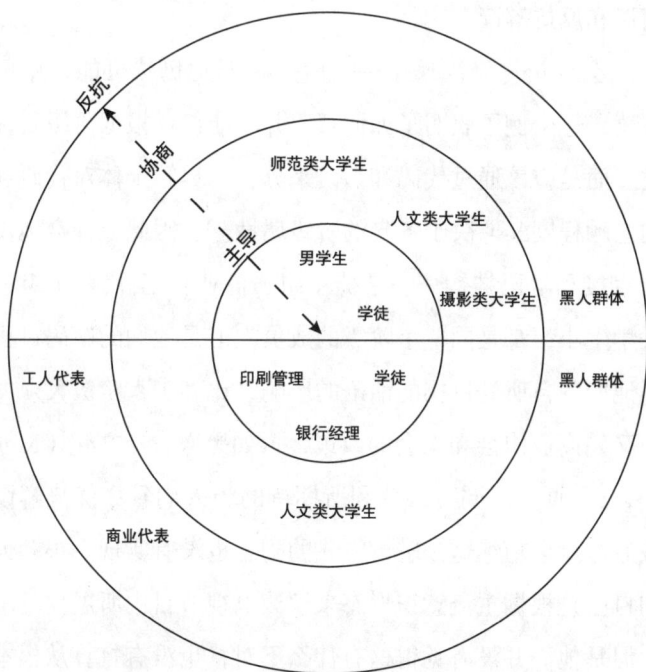

图 2　针对《全国》的研究成果（参见 Morley 1980，136 页）

莫利在实证部分为观众播放了两段《全国》中的节目：第一段已经在之前的研究中细致分析过了，共播放给了18个小组观看；第二段播放给了11个小组观看。每个小组有5～10个成员，他们主要是大学生、中学生、教师、工会成员、银行经理，他们是为了避免重复而有意识地在各自不同的机构环境中被选择组合的。节目播放完后，成员需要对节目进行讨论。对小组讨论进行的分析就是对解码模式进行归类的基础。

莫利的研究表明，中学生、教师和经理接受了在文本编码时使用的主流代码。艺术系和师范系大学生则采用了商议解读方式。黑人大学生觉得《全国》的主题与自己无关，拒绝参与讨论。工会成员的表现则与他们的政治参与有关，分别倾向于商议和反抗解读方式。

工会成员尽管同属于一个阶级，但是仍然可能采用不同的解读，这个例子表明了如何解码并不能仅仅根据阶级属性来分类，而是应该通过代码和话语来分析，尽管个体对代码和话语的接触程度又取决于各自的阶级属性。"因此，社会地位并不能直接和解码挂钩——学徒小组、商业/工会代表小组和黑人大学生小组都是同一个阶级的成员，但是他们的解码过程受到了他们各自所处机构的话语的影响，比如工人阶级大众的传统，又如商业协会和工会的政策，再如黑人青年文化（Morley 1980，137页）。同时，莫利所期待的当人们看穿优势解读的把戏后，就会拒绝这一解读方式的构想也没有实现。很多人意识到自己是根据主流意识形态来解读电视节目中所展现的事件的，但是他们并没有觉得这有什么不对，也没有打算从根本上拒绝这一解读方式（Morley 1980，140页）。

　　莫利在研究的最终章中主张发展一个能够同等对待"文本"和"观众"的理论。他的研究结果显示，媒体文本可以用不同的方式来理解和掌握。《银幕》理论提出的，文本可以建构甚至决定观众，在莫利看来完全站不住脚。尽管如此，解读也不是完全随心所欲的，它在一定程度上由文本特征决定。莫利尝试把结构主义和文化主义的观点结合起来，他采用威利斯的论点，认为现存的结构和主流意识形态会被积极地掌握。从属的群体在对现存的文化形式进行抗争时，发展出自己的文化。也就是说，意识形态的再生产并不能简单地通过文本主观定位来实现。在能指和文本相应的读者之外，社会主体也应该得到重视，他们并不是由媒体文本决定的，而是存在于差异的多样的文化话语中（参见Hardy/Johnston/Willemen 1976）。在拉克劳看来，每一个个体都是话语的承载者和交会点。[1]因此，莫利得出结论，必须超越《银幕》理论的抽象的文本—主体关系，以及帕金的解码模型。关键的问题在于，宏观的决定因素（阶级、教育、宗教）如何通过文化环境得到传递，以及文化再生产如何运作。"我们需要建立一个模型，在这个模型中，社会主体始终被一定数量的话语质询，有些话语互相平行或者互相加强；有些互相矛盾，阻碍或者影响对主体的成功质询。[……]我们不能把单一的实体化的文本和主体关系从其他话语中孤立出来。我们也不应该认为社会学/人口学要素对传播过程有直接影响：这些要素只可能通过它们发声的话语来施加影响"（Morley 1980，162页）。

149

1　葛兰西在他的《狱中札记》（1991）中已经表达过这样的看法，此外还有齐美尔（1908/1992）。

总结和批评

《〈全国〉的观众：结构与解码》（1980）是一个充满创新的研究，它的影响力远远超出文化研究的范畴。它对当时传播学界的主流理论，比如《银幕》理论、"使用与满足"理论提出了挑战。它指出了这些理论在文本方面的单一性，强调观众的作用，尝试建立一个融合两者的视角。它作为量化实证研究为媒体文本解码取得突破性成果。当然，它也有自身的局限，比如它主要聚焦电视和阶级的关系。因此，尽管莫利本人坚持传媒研究需要实证、需要运用解释社会学贴近日常，但是他本身的研究没有能够达到民族志学的广度，没能创造日常的媒体接受环境。相反，他研究了事先构建好的社会组群，而这些组群是根据阶级背景组成的。

如果事先没有根据职业和教育背景进行分类，而是在家庭环境中，小组讨论又会如何进行呢？[1]在学院或者在工作场所播放电视节目给观众看，然后在教室的氛围中进行讨论，是一种刻意营造的情况。再者，莫利低估了机构框架结构对个体进行节目解读的影响。他把机构框架弱化为普通的情况要素。文化符号的可使用性和可表达性也是受到框架限制的。如何解读媒体文本，也和观众之前是否已经看过这个节目以及观众对这个节目已经有哪些体验有关。受霍尔影响，莫利主要关注新闻类节目，而忽视了观众对虚构类节目的接受，没有讨论

1　莫利的第二大实证研究《家庭电视：文化权力与家庭休闲》（*Family Television: Cultural Powers and Domestic Leisure*，1986），比《全国》更加具有民族志学特点，主要研究家庭内部的社会进程。研究的单位是家庭。结论是"性别"是构成电视消费的主要因素（Morley 1986，146页起）。在之后的研究中，莫利呼吁多关注媒体全球化背景下的"客厅政治"（1991，德文版1997b）。

"娱乐"在其中扮演的角色（参见Moores 1992，146页）。约翰·哈特莱（1978/1992，107页）在考虑公众的话语建构时写道："显然，莫利的观众也是不可见的杜撰，是由他的项目制造的，这本身就是学院机构话语的产物。"

莫利成功地证实了霍尔的理论，即观众即使完全接受主流意识形态，也和媒体文本进行互动，但是他没能完整地应用"编码—解码模型"。为了研究观众的接受过程，不得不假设阶级来源和文本解读之间的要素。莫利在之后的一篇文章里，也表达了对建立在帕金意义系统理论基础上的解码模型的不满。他认为必须先找出观众对文本的意识形态输出是完全同意、部分同意，还是拒绝，然后才能按照三种假设的解码定位（优势、商议、反抗）进行分析。关于《全国》节目对于观众日常生活的重要性这一问题，他则完全回避了。事实上，莫利采访的黑人青年就不符合这三种解码定位的任何一种，因为正常情况下他们根本就不会去看这个节目。因此还必须更加精确地表述解码这个概念。"也许解码是一系列过程——专注、认识关联性、理解、解读、反应——每个观众在屏幕前都会经历这些过程。至少，这一模型从它现在的情况来看，模糊了对符号的理解或者不理解，以及对符号产生的意义的同意或者不同意"（Hartley 1978/1992，5页）。

因此莫利提议，离开"编码—解码模型"这一框架，建立一个开放的、灵活的"文本—公众模型"，不再局限于对意识形态的接受或者拒绝。霍尔的模型非常适合于分析新闻类节目，比如纪录片，记录和评价真实的事件。如果把"优势解读方式"转嫁到虚构类节目上，则可能因为过度关注意识

151

形态内容而导致简化论式的分析，莫利之后也承认了这一点
（Hartley 1978/1992，6页）。在研究虚构类文本时，必须发展
"解读的民族志学"，它必须包含各种不同的传播体裁，这些
体裁就是生产意义的规则集合；它也要包含不同类别的观众
以及他们的文化能力。哪些观众喜欢哪些体裁，需要辨别清
楚。哪些因素导致对某些惯例和符号的偏爱？莫利引用了布
朗斯顿（1981）的研究，布朗斯顿发现，偏爱肥皂剧的观众往
往是在私人家庭领域中熟练掌握人际关系符号的人。与之相
应，莫利（1981，13页）推测，《时事》（*Current Affairs*）节
目的观众应该熟悉宪法民主制度和经济并对它们很感兴趣。因
此，在分析节目过程时，必须要考虑观众是不是具备使用这个
符号的能力，是否能够理解节目。在进行实证研究时，不应该
人为地创造研究环境，而应该让观众在自然的情况下收看节
目，不应该把研究背景强加给观众。对传播的接受发生于日常
生活中，也就是说嵌入在私人家庭中，因此也应该在那个环境
下进行研究。[1]多萝西·霍布森尝试按照自然方法，对肥皂剧
《十字街头》（*Crossroads*，1982）进行研究，以下章节我们
将进一步分析。

1　研究项目《电视会说话》（参见Winter/Holly 1993，Püschel/Holly 1997，Hepp
　　1998，Ayass 2000，Bergmann 2001）以及开普勒（1994）的研究都以这个观点为
　　基础。莫利（1986）在不同背景的家庭中开展了实证研究。这一批评不仅指向莫
　　利，也针对霍布森以及和伯明翰毫无关系的在美国诞生的民族志学研究《阅读浪漫
　　言情小说》（*Reading the Romance*，1984）。

《〈十字街头〉：戏剧化的肥皂剧》（1982）：
多萝西·霍布森的研究

多萝西·霍布森是文化研究中心女权主义导向的女性研究小组的成员。她拜访了许多女性，在她们家里和她们一起观看了电视剧，然后进行了有意未事先组织结构的采访。她得出的结论有，对一部电视剧的理解是一个逐渐发展的过程；观众把单集节目放到整个肥皂剧的上下文中观看。对于剧集的体验和解读与她们各自的家庭情况和家庭义务有关系，因为它们决定了观众的注意力、关注度和角度（Hobson 1982，111页）。霍布森认为《十字街头》本身是一个多义的文本，在和观众的对话与观众的诠释中获得意义。"尝试解释《十字街头》对观众的意义是一个不可能的任务，因为世上并没有一个《十字街头》，有多少个观众，就有多少个不同的《十字街头》"（Hobson 1982，136页）。可见，霍布森继承了文化研究中的文化主义传统。她研究的对象并不是一个文本的意义，而是文本对观众的重要性，以及观众对文本的喜爱。霍尔和莫利关注媒体文本的意识形态结构和文本意义等，这些在霍布森这里只占次要地位。她感兴趣的是通过和家庭主妇的讨论被激活的文本。

霍布森对文化主义的回归很大程度上和她在中心的角色有关，她致力反抗男性的主导角色，提出女权主义的主题进行讨论和研究。[1]她努力地抵抗中心的男权倾向，尤其是在青年文化的研究中，争取建立女权导向的文化社会学。南丁格

153

1　《文化研究工作论文》第11期的标题是"女性参与议题：女性从属性的诸面向"（1978），由女权主义工作小组出版。

尔（1996，4页）曾写道："女权主义研究努力取代男权模式
[……] 这些研究植根于女权团体的价值和信仰，她们尝试扩大
'共同体'规则，比如忠诚的规则，对父权统治的轻视，她们
建立了一个研究日程，支持和重视女性通俗文化。"

为了进一步了解女权主义主题，我们将介绍洪美恩的
《观看〈达拉斯〉》（1985），这一研究不在伯明翰中心范围
内进行，但是深深受到了中心的影响，比如莫利具有指导意义
的《全国》研究项目。

洪美恩的《观看〈达拉斯〉：肥皂剧和戏剧化想象》（1985）

洪美恩的研究在1986年被翻译成德语出版，名为《〈达
拉斯〉的情感：琐碎平凡的制造》。洪美恩当时生活在荷
兰，她研究了电视剧《达拉斯》走红的原因，用以更好地理解
肥皂剧的社会意义和文化意义。这一研究的理论框架主要来自
伯明翰当代文化研究中心，她认为这些理论非常具有建设性。

当时非常流行的肥皂剧《达拉斯》讲述了通过石油生意
变成巨富的尤因（Ewing）一家家庭成员之间十分复杂的个人
关系和职业关系。洪美恩研究的切入点是该肥皂剧通过怎样的
文本机制为观众（主要是女性）带来愉悦，观众又是怎样解
读和理解它的。实证研究的材料也包括42封信件，当时她在荷
兰的妇女杂志上刊登广告，寻找非常喜爱和非常讨厌这部剧
的人。她的目标不是研究《达拉斯》的一般接受情况，而是
"这些写信的人如何体验《达拉斯》，当她们说自己喜爱或者

讨厌《达拉斯》时，她们是通过哪种方式感受到这一点的"（Ang 1986，19页起）。

为了进行研究洪美恩提出了症候式阅读法，把观众的信件看作文本甚至话语。观众在信里给出喜爱和厌恶的原因时，是基于自身所具备的观念和意识形态。《达拉斯》在这些理解框架中获得了自己的意义，然而观众在自己的日常生活中并不会意识到它们的存在。"如果我们仔细分析信件中包含的意识形态和观念，那我们就可以知道写信人从电视剧里面获得的愉悦（或者其他）体验以及在怎样的意识形态联系中获得社会意义和文化意义"（Ang 1986，20页）。

洪美恩没有组织小组讨论或者采访，她更关注的是观众的解码。因为她主要研究虚构类节目，所以她的重点和莫利的不同，她关注的对象是观众在收看《达拉斯》时的投入和认同而获得的愉悦。她指出这部肥皂剧并不仅仅是一个商品，而是在消费它的过程中，它的使用价值部分是由观众决定的。对《达拉斯》的消费是一种和其他日常行为相联系的文化实践。

洪美恩借鉴霍尔（1973/1980d）和艾柯（1972），把这部电视剧看作文本，一种不连贯的文本，因为电视剧以集的方式展示。她认为观众并不能用任意的方式来观看《达拉斯》，因为文本特征为愉悦设置了边界。"文本只有在被阅读时才发生作用。只有在实践中和通过阅读实践，文本才能对读者产生一个或者多个意义。在《达拉斯》和它的观众的碰撞中，观众的阅读（解读）实践是把两者联系起来的根本。这一阅读无法以任意的形态进行"（Ang 1986，38页）。

尽管《达拉斯》主要展示上流社会，充满了精致的氛围，

但是很多观众仍然认为它是现实的和贴近生活的（Ang 1986，
59页起）。为了解释这一矛盾性，她引入了"情感现实主义"
这一观点，它位于肥皂剧的内涵性和联想意义层面。在剧集的
符号层面，观众并不认为它是现实的，但是在描述情感冲突的
时候是"真实的"。"具体的情境的复杂性被看作一般人生经
验的象征性表达：争吵、阴谋、问题、幸福和不幸。写信人正
是在这个层面上认为《达拉斯》'现实'。也就是说，她们主
要赋予了《达拉斯》情感意义"（Ang 1986，57页）。

　　这一情感现实主义正是剧迷们喜爱《达拉斯》的地方，
它通过心理学的和真实情感的可信构建而产生。洪美恩认
为，观众在剧集的内涵性层面可以解读出"悲剧的情感结
构"。文本的形式特点和意识形态特点完成了这一情感结
构，但是观众究竟能否感知到悲剧的情感结构，取决于他们的
文化期待和解读方式。"因此，悲剧的情感结构并不是包含
在《达拉斯》内部的，它是一个复杂的意义集合体，《达拉
斯》的某些剧迷认为日常生活本身的逻辑和意义就是充满了悲
剧"（Ang 1986，76页）。换言之，观众的视角决定了电视剧
中的事件和演绎是否具备隐喻，文本建议的悲剧情感结构是否
能够被感知。女性尤其具备代入戏剧化想象的文化能力，她们
在生活中能够用心理学方法去理解事件和情状，用情感去掌控
解决。洪美恩（Ang 1986，96页）认为，女性的幻想策略来源
于对个人存在的隐隐约约、没有表达出来的不满。幻想是给予
日常痛苦意义的方式。有人将此解释为逃避现实，洪美恩认
为"《达拉斯》带来的愉悦既不是单调乏味的日常生活的补
偿，也不是对生活的逃避，而是日常生活存在的一个维度"

（Ang 1986，100页）。

洪美恩指出，女性观众在认同《达拉斯》女主角们的同时可能也会讽刺性地与其保持距离，很多人在两种观察角度之间互相转换。另一部分女性观众完全拒绝这部肥皂剧，这种拒绝是自信而强烈的。这种理性的评判来自社会对大众文化的主流观点，在"大众文化"和"优质文化"之间划上分界线。在日常生活中，这种对大众文化的意识形态也得以发展，具备自身的情感作用（Ang 1986，113页）。这样，人们就可以作为文化专家，和商业化的文化工业划清界限，显示自己的与众不同。"大众文化的意识形态"造就了一个话语思考框架，对于喜爱《达拉斯》的观众而言，这个框架也有指导性。因此许多观众用讽刺来辩解她们对《达拉斯》的喜爱。剧迷们用这种方式来抗争加诸她们的负面身份。

156

除了这一商议解读方式外，也有其他的话语形式，完全拒绝"大众文化的意识形态"。一些来信中，写信人奋力抗争来自"大众文化意识形态"的规范和想法。洪美恩（Ang 1986，134页起）将这种话语形式称为"平民意识形态"，它来源于每个个体的自主性，每个人都有保留自己审美的权力。这和布迪厄（1982）提出的平民审美有异曲同工之妙。不同于按照正式标准对艺术进行评价的传统审美，通俗审美对于文化对象没有一个普遍化的评价。"这一审美更加多样，更加符合自然，因为它的前提是，一个艺术物品的意义对于不同的人而言，在不同的情境中都是不一样的。它承认文化形式和日常生活的连贯性，承认参与和情感投入的根本愿望。通俗审美看重对愉悦的认可，而愉悦是个体的感受"（Ang 1986，137

起）。而在大众文化意识形态中得不到这种愉悦。

洪美恩采用了霍尔的模型和莫利的观点，认为个体的解读方式就是话语的表达。在她的研究中，"大众文化意识形态"就是主导文化，人们根据它的话语权可以采用三种行为方式。"大众文化意识形态成功地保证了，不管写信人是何种态度——拒绝的、讽刺/正面的和完全正面的态度——他们都接受到了大众文化意识形态的规范和判断"（Ang 1986，136页）。

洪美恩和霍布森的不同之处在于，她更加深入地研究了《达拉斯》的文本，但是她也同样具有文化主义倾向。洪美恩剖析了女性生活中的流行文化文本带来愉悦这一积极的功能，她把解读和愉悦作为分析媒体文本的出发点。

总结和前景

文化研究中心对青年文化和传媒文化的研究，考虑到了消费和其他日常实践，与法兰克福学派等不同，文化研究认为文化工业并不是自成一体的统治系统（参见Winter 1995，16-26页）。他们对流行文化的外在表现、符号形式、仪式和实践等各个方面进行研究。大众文化认为，日常充满了"文化兴奋剂"，人们的需求和兴趣从技术上和媒体上被预置了；文化研究分析了实践和生活方式，认为人们摇摆于不合作和固执之间，不同意大众文化的观点。

自然，伯明翰当代文化研究中心的工作也存在空白之处。因为这一研究是从工人文化出发，高雅文化并没有被列入研究范围（参见Aronowitz 1993，129页）。尽管把贴近群众的文化作为研究对象是非常重要的一点，但是在艺术领域结合符号学和民族志学的方法进行研究也非常有意义。只有把这两个领域同时进行分析，才可能确定它们之间是否有相同的社会和文化过程。我们在最后一章还会详细讲到这个缺陷。

下一章我们会具体讨论伯明翰当代文化研究中心在1960年代和1970年代进行的对流行文化的分析，重点讲述费斯克和格罗斯伯格的研究成果。他们发展了非常创新的方法和理论，在英国国内和国际上有很大影响，也备受争议。我们会看到莫利、吉莱斯皮和霍尔的理论和实证研究，他们专注于全球化、本土的媒体接受和文化认同等问题。

在分析费斯克的研究成果的同时，我们也将介绍其他作者，尤其是赞同"民族志式阅读"的作者的作品。自我意识的艺术，这一主旨我们在第1章和第2章已有所点明，这将是费斯克的主要话题。因此，他代表了文化研究中心内部非常重要的一个发展方向。他清晰而尖锐的立场不仅为他带来信徒，也带来反对者。在深入分析费斯克之前，我们将讨论文化研究在1980年代的国际化发展。

158

4

文化研究的国际化

4.1 国际化进程中的视角和主题

　　我们之前已经明确，伯明翰当代文化研究中心在1970年代的讨论不仅是阿尔都塞的结构主义马克思主义与文化研究的激烈碰撞，而且是从1970年代中叶起，通过对葛兰西和后结构主义的深入研究，最终形成了全新的社会视角，对文化和社会组织的关系有了全新看法。这一步骤并不只是在伯明翰开展，也在英国的其他地方蓬勃发展，比如米尔顿·凯恩斯（Milton Keynes）的开放大学（Open University）[1]，霍尔1979—1997年在此担任教授，并且通过学生和移民的影响，文化研究也在澳大利亚和美国兴起。[2]

　　阿尔都塞认为意识形态贯穿和决定社会，马克思主义科学和意识形态之间的斗争不可避免。葛兰西的学说为研究霸权结构的改变特性和暂时性提供了可能。[3]1970年代起的葛兰西转向，导致了"没有保证的马克思主义"（参见Hall 1984）[4]，导

1　开放大学成立于1971年。直到1986年，有一个工作组一直教授通俗文化的课程，尤其是对葛兰西和后结构主义的研究。

2　比如在澳大利亚，《澳大利亚文化研究杂志》创办，并于1987年更名为《文化研究国际杂志》，费斯克、格罗斯伯格和波洛克先后成为出版人。

3　参见霍尔（1988）对撒切尔主义的分析。

4　阶级继续存在，但是并没有可以事先预料的阶级斗争的动态。

致了对社会纲领目的化和整体化的拒绝，也导致了"解放的宏大叙事"的结束（参见Lyotard 1986），以及作为社会变革之基础的某个阶级或者社会群体的特权。相关的社会背景是社会和文化的结构变革，尤其是在后福特时期和后现代，我们将在以后详细讨论。由坚固的、积极的认同和固定的意义模式组成的基础不复存在，社会和语义关系不断地变动、不断地被质疑。为了能够适应社会变革的过程，文化研究内部致力于研究新的社会冲突形式、新的联合和团结，始终保持着社会变迁将会带来更多的社会公平的信念。迪克·赫伯迪格（1988，205页）曾描述与此相关的社会纲领："它是[……]各群体和阶级之间不断转变、不断斡旋的关系，是一个结构化的领域，是构成复杂意识形态构造的鲜活关系；它来自不同的源头，需要被组合、拆解、拼凑，这样才能在不同的部分之间建立新的有效的政治联盟，这些部分自身已经没有能力重新回到静态的单一的阶层了。"从阶级到社会运动和新联盟，从阿尔都塞理论中与统治阶级相联系的整体化社会纲领到不同权力关系的社会化模式，从社会中已固定的意义模式到不停变化、永不停息的意义生产过程，可以看出进程隐喻的激进化，威廉斯之前已经指出了这一点，以及"社会去物化"的理论策略（Giesen 1991）。

在英国教学的政治学家厄内斯特·拉克劳，继承葛兰西、福柯和德里达的理论，批评阿尔都塞对意识形态抽象化和一般化的观念。他设计了一个意识形态非简化理论（Laclau 1979），对文化研究产生了重大影响。意识形态的多样化和历史化以及它在文化文本中的表现成为研究的中心。拉克劳和尚塔尔·墨菲（1985，德文版 1991）在解构马克思主义的时

候明确排除了决定论。社会结构和意识形态之间没有决定性
关系。文化研究倾向于非决定性的意识形态话语，开创了一
个新的研究方向。文化和阶级归属不再被作为首要关注对象
（如青年文化研究或者编码—解码模型），"性别"[1]、民族
归属[2]、亚文化、阶级属性和彼此的发声关系都成为平等的研
究对象，它们被看作社会冲突中独立存在的区域。

　　尽管社会结构和文化之间并不是必须相符，但是现实中
两者之间往往有许多相符性，需要进一步分析。"特殊社会活
动、文本、实践和结构所产生的意义、效果、政治[……]永远
无法得到保证，它既不是偶然的也不是被铭刻的。无论哪个抽
象层面的结合，它的特殊性始终是被生产和确定的"（参见
Grossberg 1993，50页）。分析的核心在于语境，不只是一个
框架，它影响并决定了那些发生于其边界内的社会实践。相
反，实践和身份首先构建了它们在其中如其所是的语境。格罗
斯伯格（1992，55页）写道："要理解一个实践，需要从理论
上和历史上重新构建它的语境。"在分析文化文本时，必须要
注意它的语境所表达的声音，尽管文本和语境的区别正如实践
和结构的区别，仅仅是抽象的问题罢了。文化研究认为，理论
和语境互为条件，他们的知识永远是囿于语境的，而语境永
远不可能完全被展现，而仅是在某些不同视角下的构建。[3]因
此，文化研究的目标在于运用可用的理论资源和实证研究，

1　对于女性主义的讨论，参见麦克洛比（1991）的文集，她很早就批评伯明翰当代文
　　化研究中心在进行青年研究时忽视了女孩的角色。
2　种族主义研究成为文化研究的中心议题。参见伯明翰当代文化研究中心的出版物
　　《帝国回击》（1982）、吉尔罗伊（1993a）的《黑色亚特兰大》，以及狄德尔克森
　　（1993）的文集。
3　文化研究的彻底语境性，参见洪美恩（1997）和格罗斯伯格（1995a）。

更好地理解结合过程，并且为改变它的语境作出贡献。换言之，明确符号的冲突、意义的抗争、反抗的形式，以及提供知识，这样参与者才能更好地理解这一过程。

此外，文化研究还不断修改阿尔都塞的观点，比如"意识形态有力量去决定主观立场"。这只是一种可能性，并不是自动必然发生的。霍尔认为更应该分辨，"哪些主观个体对他们被召唤的'立场'认同或者不认同，他们如何时尚化、风格化这一立场，他们如何生产和展现这一立场，以及对于他们所面对的和用来自我规范的规则，他们为什么从不且一次也没有完整地实施，或者始终处于斗争的、反抗的、商议的或者和解的状态"（Hall 1996，14页）。发声理论不要求任何"人类"的重大特征，比如文化主义对创造性和顽抗性的要求。它解构比如"人类"、"人类形象"和"文化事业"之类的概念，这些概念可以在康德主义、哲学人类学和德语区文化社会学范畴中找到，同时它也强调活跃的主体，这些主体没有固定的社会地位或者权力关系。地位的多样性始终存在，意义、经验、认同、利益和权力关系可以有多种不同的方式互相组合，发出自己的声音。"风格，永远是在社会中定义的个性化，由已经铭刻的差异系统组成。它开始于社会学差异的赋予，由此发出自己的声音"（Grossberg 1993，51页）。

承接拉克劳关于解构阶级概念的理论，文化研究中心的许多代表人物认为，后现代社会的主要矛盾并不是阶级矛盾，而是社会构造层面上"权力集团"和"人民"的矛盾。"人民"的范围并不是由他们与生产工具的关系决定的，而是由他们和话语意识形态的关系以及对权力集团的对抗所决定的。费斯克这样写道："这是后结构的反对派，因为它的类别并不固定或者是结构上的集合，它是运动的、有策略、有战术的，根据感知的危机时刻和自身所处环境可以随时解散的。'权力集团'和'人民'并不是社会的分类，而是由共同利益组成的策略战术联盟，以加强自己的利益"（Fiske 1993a，10页）。因此我们不应该把反对派看作固定的结构，而应该看作位于"权力集团"的策略和"人民"的战术之间的过程性事件。

费斯克的研究成果特别体现了这一点，他在对当下的通俗文化进行分析时受到了福柯的影响，尤其是他的权力和反抗的理论（参见Foucault 1976，1977）。因此，我们将在以下章节讲述费斯克对通俗文化分析的贡献。

4.2 约翰·费斯克的通俗文化分析

4.2.1 中心主题：从属者的自我意识和他们的底层文化

如同拉克劳、墨菲和霍尔，费斯克的作品被称作后马克思主义[1]。他和传统西方马克思主义有着千丝万缕的联系，但是他成功地与其脱离开来，尝试把马克思主义的一部理论问题

---

1 他在和艾格·穆勒的访谈中说道："我的研究来自马克思的思想。如果我没有承接这一传统，那我也不是今天的我了。我想今天的我不再是马克思主义者，但是我的思维方式深受其影响"（Fiske 1993b，8页）。

用其他方式继续分析。因此在他的作品中，社会斗争、社会不同群体的冲突、对权力关系的批评占据了中心位置。以下，我们将用编年史的方式重现他如何发展自己的观点，如何把社会从属者自我意识的艺术作为对社会主导权力系统的批判。

费斯克主要受到符号学、结构主义和后结构主义的影响，文化研究，尤其是威廉斯和霍尔也对他产生了影响，[1]他努力把这些尽管不同但是又彼此关联的立场融合起来。在《电视文化》（1987）一书的准备材料（1985）中，他通过电视剧《哈特夫妇》（*Hart to Hart*）中的两个场景，发展了"阅读的政治"，并设计了自己的理论立场，用解构的策略将伯明翰当代文化研究中心的"偏好阅读"进行了优化。[2]接下来，我们将展示只有了解了费斯克与雅克·德里达解构主义的关系，才能真正理解他的主张。他本身并没有提到过德里达，他提到过其他后结构主义理论家及对他而言重要的社会学家，比如罗兰·巴特或者巴赫金。[3]在对费斯克作品的讨论中，迄今为止我们一直忽略了他和解构主义的关系，这导致了对他的误解。费斯克对德里达进行了从文化研究角度出发的解读，强调了解构主义的社会学重要性。[4]比如，他使用"阅读的政治"这一概念，将对文本的解读方向由对文本本身的研究转变为对文化理论导向的研究，在和其他文本与社会实践的联系中解读

164

---

1 尤其是霍尔一直支持他的工作（与费斯克的谈话，1997年3月）。费斯克不是来自伯明翰，而是来自剑桥大学，然后去了威尔士大学。

2 根据德里达（1988）分析哲学文本的边界的策略，我们认为作者在著书之前的工作和作品本身同样重要，尽管它常常被忽视。

3 费斯克在澳大利亚工作的几年，将巴赫金的理论成功用于对通俗文化的分析。尤其要提到约翰·道克（参见Docker 1994, 159页起）的研究，对费斯克有所影响。

4 在费斯克以前，米歇尔·瑞恩（1982）也对解构的政治理论的重要性提出了质疑。

文本。费斯克的研究体现了对后结构主义的接受，这导致了文化研究内部对传统马克思主义理论和模型的跨越。西方马克思主义中典型的现代主义从后现代的立场剥离。我们首先分析"阅读的政治"，再现费斯克设计这一概念时的情境。

尽管根据霍尔的"编码—解码模型"，文本的结构总是接近于"优势解读方式"的要求，但却没有办法强迫观众接受。不同于"《银幕》理论"，霍尔不赞同任何决定论，他强调协商和观众的行动能力。《银幕》理论认为，一个现实主义的电影通过它的形式使观众必须配合它的意识形态，然后用娱乐和兴趣来酬谢观众。它建立了一个封闭的世界，由主流文化的价值、观念和信念决定。[1]霍尔模型中的三种阅读方式，通过莫利的更改后，证明了在日常生活中可以根据不同的社会经验，打破文本的樊篱。费斯克则回到德里达的后结构主义定位，与拉康和阿尔都塞的《银幕》理论明显区分开来。[2]解构主义认为，文本的意义永远不是固定或者稳定的，因为语言系统有天然的分散性，表现为延异性（Derrida 1986，67页）。[3]"'延异'是差异的游戏，是差异留下的痕迹，是差异的空间化，通过延异，不同元素彼此连接"（Derrida 1986，67页起）。在德里达看来，文本不可能拥有一成不变的意义，通过读者的意识形态和解读策略可能导致表面上出现

165

---

1 劳拉·穆尔维（1980）关于传统好莱坞电影中男性视角的分析可以作为某些文化价值和社会权力关系起主导作用的例子。

2 这三种思想之间自然还有相似之处和联系点，但是在此不做详细讨论。

3 德里达描述"延异"，延异的游戏实际上以综合和指向为前提，它不允许一个简单的元素在任何时间以任何方式被表现为简单元素，或者指向自己。元素如果没有指向一个其他的无法自我表现的元素，就无法获得符号的功能，无论是口头还是书面，只有差异和痕迹的痕迹（Derrida 1986，66页起）。

"延异"停止的暂时现象。他认为文本具有意义的完整性，可以无止境地引申和追溯。从他的名言"文本之外无他物"可见一斑。

解构主义揭示了内部矛盾、漏洞和文本的随机性。这样，每个文本的意义都被文本本身边缘化了（Derrida 1988）。德里达研究了哲学传统、西方的形而上学和文学，但却没有从这些理论当时的背景环境来分析它们。历史和历史语境在他的分析中没有位置。而福柯（1974）不同，他把文本归置到特定的话语构造中。德里达的方法更加普遍和抽象，因为他关心源于文本理性的、语言内在固有的不稳定性。他的目光更多地投向了西方理性主义整体的话语，而不是囿于历史特定和社会特定的问题。

费斯克认为，社会斗争已经被写入语言和其他媒体文本中了。他引用霍尔的文章《解构"大众"笔记》（1981），这篇文章对费斯克对大众的分析产生了很大影响。霍尔写道："文化工业有力量不断地重新制造和重新打造它们所表达的，通过重复和选择，强加和植入自我定义，让我们更好地适应主流文化或者优势文化。这就是文化力量的集中——产生于少部分的头脑中——真正的意义"（Hall 1981，233页）。霍尔在关于媒体分析的文章中指出了媒体的意识形态力量，它在传播的时候并不是简单地再现对真实的理解。电视并不是展现世界的窗口，新闻也往往无法清晰地在事实和评论之间划清界限。媒体的力量主要在于通过语言（口头表达、文本、图像和电影）向我们展示世界。"它们是现代社会的表征机器。它们实践的是用某种特定方式表述世界的力量。因为世界可以用许多不同的互相冲突的方式来构建，那么关键就在于谁和什么被展现，谁和什么一直被忽视；物品、人物、事件、关系如何被陈述"（Hall 1986a，9页）。

这并不意味着媒体的力量仅仅是对意识的殖民，它的主要效果在于日常生活中的感受、经验和体验，比如通过媒体陈述和重建的矛盾和社会现实。对于社会的知识取决于那些把事件展现给我们的媒体。[1]它决定了个体的行为。霍尔认为传媒系统并不是密不透风的，相反，它也有隐匿处和空隙。"它必须以不断保持、喂养和壮大对广大观众群的控制作为它们最基本的导向，它通过那些控制着权力结构的人的视角看待和解释事物，并传递给人们"（Hall 1986a，10页）。霍尔把这称为"媒体的腹语功能"。

我们不能把文化主导理解为绝对权力，它完全不允许反对意见的存在并把自己封锁起来。文化主导其实是意义中心系统对社会真相的建构和我们对现实体验的影响。威廉斯（1973/1977b，189页）认为，霸权是"浸润社会意识的过程"。霸权的存在导致观众不可能将它的影响完全拒之门外，从而建立起一个完全独立自主的文化。尽管如此，其他的甚至反对性的生活形式和文化形式仍然有发展的可能，它们的发展取决于各自的权力关系。霍尔认为文化斗争中充满辩证关系："我认为主流文化有一种持续和必须的挣扎，尽管不规律也不平等，它不断打乱和重组大众文化；在一个主流形式更加广泛的范围内限制它的定义和形式。但仍然有反抗，仍然有取

167

---

1 卢曼在《大众传媒的现实》（1995，9页）中也持有类似的观点："我们对我们的社会、我们生活的世界的所知，都是通过媒体获得的。"这也是我们研究《媒体历史和文化差异》的出发点（Winter/Eckert 1990）。

代的瞬间"（Hall 1981，233页）。这些论点对费斯克的立场起到关键作用，无论是他对大众文化的分析，还是他早期揭示观众自我意识的努力。因此，他沿着霍尔的脚步写道："主导阶级的确有力量从文化工业的产品中提炼出自己的文化"（Fiske 1985，116页）。这一文化主义观点影响了他对后结构主义的研究，我们接下来将分析他的立场。

费斯克用社会学框架来分析解构主义，他不认为意义的不稳定性来源于语言的多义性和被无限放大的"延异的游戏"，而是源于观众们不同的多种多样的社会经验。文本的意义并不固定于它的结构中，而是在与其他文本和读者进行碰撞和互动的过程中全面绽放开来，文本和读者都处于社会文化大环境中。因此西方社会生活的典型特征是经验、体验、生活方式、感官世界的多样性，这一多样性也体现在媒体文本的意义构建当中。费斯克的观点更加通俗易懂，尤其在德里达"延异"概念的背景下，但是费斯克没有具体提到德里达，因为他的重点在于解读方式的多样。根据解构主义理论来寻找意义的不稳定性，必然在文本边际上发现相反解读方式的潜在可能，观众可以根据自己的社会立场来利用这种可能。

为了清晰地表明自己在霍尔和德里达之间的定位，费斯克加入了另一个来自后结构主义的理论元素，即符号过度。[1]它是指文本的向心力把文本的单元碎片化。费斯克当时认为，大众文化的流行文本往往具有优势解读方式，可以被理解为一种霸权的力量。观众在和文本"合作"时，如果按照主导

---

[1] 斯蒂芬·黑斯（1981）在批评克里斯提安·梅兹的电影分析时引入了"过度"的概念，一方面揭示了想象符号的表现以及与此相关的被认为具有威胁性的主体多样性，另一方面根据巴赫金的理论强调了使电影成为多样性文本的技术。

编码来阅读它，就会得到不同的愉悦形式作为奖励。"愉悦来源于认知，来源于特权的知识，来源于单向主导，它用最小的代价制造了一个符合主导文化系统的主观立场"（Fiske 1985，118页）。这一意识形态方面只是和媒体文本互动的一个方面。文本由于其必然的不稳定性，具有潜在含义，不完全受主导文化控制，文化从属者利用这点来对主流意识形态进行抗争和颠覆。

文本的这一使用方式在费斯克看来植根于文本生产者和观众不同的社会经验。观众用日常生活经验对电视所传递的意义框架进行纠正。除了制作人或者文本所认定的方式以外，电视节目永远可以用另一种方式来解读和体验。费斯克引用了罗伯特·霍奇和大卫·特里普关于孩子和电视的实证研究（1986），这个研究的结论是："非电视意义有足够的力量淹没电视意义"（参见Fiske 1985，118页起）。尽管这一论点在电视泛滥的今天不再普遍适用，然而费斯克已经能以此推断出，文本在不同观众和群体中的受欢迎程度不仅仅是市场营销的问题，尽管好莱坞很乐意这样认为。他认为文本必须关注"从属者的草根兴趣"（Fiske 1985，119页）。费斯克明确表述了文化主义立场，他的理论和威廉斯、霍加特和汤普森密不可分，同时他又继承霍尔，拥有后结构主义立场。

流行永远有两面性，正如贝内特和伍拉科特（1987）通过"詹姆斯·邦德007"的例子所展示的，通俗文本的特点正是意义的极度不稳定性。这样对主导文化的反对关系和颠覆关系可以被表述。在费斯克的文化理论中，这种表述既可以在文本过程中，也可以在观众解读过程中被表述。在优势解读方式

169

中可以找到主导文化，在符号过度中可以找到反对的声音，优势解读始终尝试排斥它，但永远也不可能完全地控制它。符号过度是指具有社会动力的解构主义者尝试从从属者的利益出发激活文本的意义，关键在于从属者拥有大量的社会经验，可以制造不同的解读方式（参见Fiske 1985，119页）。费斯克注重日常实践，注重从属者的利益，尽管有时候他们的利益未被表述，他们努力贯彻自己对经验和体验的定义，与优势、主导、单一的"全世界共同"的解读方式拧着干。从属者和被边缘化者发挥沃洛希诺夫的"多重诠释"理论，将主导文化的符号和标志系统变为己用。

总而言之，费斯克受后结构主义启发，在他的早期作品中已经涉及了文化研究方法中的关键元素。这一元素的中心是从属者和被边缘化者在处理文化时爆发出的自我意识和行动能力。接下来我们将系统性地追溯他的理论发展，从他关于电视文化的研究到大众文化的研究，尤其是费斯克在伯明翰当代文化研究中心的一系列综合性理论。然后我们将分析他在1990年代的文章，当时他更加深入地研究了社会权力在现代社会的机制和构造。美国社会的种族主义讨论、多文化主义和当代技术社会的极权主义成为他文章的主题。

4.2.2 社会作为文化

后结构主义、伯明翰当代文化研究中心的研究，以及威廉斯对文化作为"整体生活方式"的人类学定义，影响了费斯克对文化的定义和文化与社会关系的定义。他在《电视文化》一书中写道："在本书中，我对电视的定义是将其作为一个意义和愉悦的承担者和挑起者，也是文化的承担者和挑起者，以及这些意义和愉悦在社会中产生和流通的承担者。电视文化是社会活力的重要组成部分，社会结构自己对生产和再生产的持续进程进行维护：意义、大众愉悦以及它们的传播是社会结构的一部分"（Fiske 1987，1页）。在他和霍奇及格雷姆·特纳共同写作的《奥芝神话》一书中，他们也提到了类似的定义。在该书中，他们分析了澳大利亚的通俗文化，包括酒吧文化、沙滩文化和购物文化。费斯克没有用通俗文化形容特定的物品，而是研究酒吧或者沙滩实践的创造性角色。他把文化看作各个力量间的动态游戏。"我们把它看作一系列建构意义的方式。[……]从这点来看，它的意义不是确定的，它的价值不是普遍的。[……]我们认为它们（文化形式——本书作者注）最好的观察点就是澳大利亚人建构（和解构）大量的意义，运用大量的实践——不是带有单一价值的单一意义"（Fiske u.a. 1987，ix页）。他们详述了这一概念，认为从人类学角度来看，文化即生活方式，它是一个持续的、多层面的、复杂的过程。在文化过程中，意义被创造、交换和分享。"通过'文本'，这一过程得以实现，它包括有意识地创造物品，比如建筑物；也包括我们日常会赋予一些意义的事物：我们穿的衣服，我们如何休闲，我们如何组织日常生活"（Fiske u.a. 1987，x页）。文化是社会中互相交织的意义创建过程的结果。一方面，意义可以获得主体的认同，作为意识形态为其社会系统奠基；另一方面，也可以表达对系统的不满，展现其他可能性，甚至推进革命性的改变进程。文化是意义、价值和实践的整体，它们共同执行控制观念和行为的作

171

用，但是它们又充满了分隔、矛盾、切割和逃离。

在他的两本关于通俗文化的书中，费斯克（1989a，1989b）认为文化是意义和娱乐出现和循环的过程，它们决定了我们的日常生活。[1]"文化是从我们的社会经验中不断生产意义的过程，这些意义会令参与者产生社会认同"（Fiske 1989a，1页）。通过社会实践，权力得以实现和分配。在《权力游戏，权力运作》（*Power Plays，Power Works*，1993a）一书中，费斯克写道："我理解的文化总是围绕着控制社会循环的斗争以及使用意义、知识、愉悦和价值。文化永远具有创造意义和负荷权力这两种功能。创造意义的功能包括知识、话语、表征和实践；负荷权力的功能则包括权力、控制、规训、斗争、反抗和入侵"（Fiske 1993a，13页）。

费斯克在《媒体事件》（1994）一书中进一步扩大了文化的定义。基于美国当时的媒体实践，他着重研究了社会冲突，尤其是白人和非白人之间的冲突。他把自己的理论和话语分析紧密联系起来，认为文化概念是一种比喻，是话语流派，他同意威廉斯的三分法（1977b），后者将其分为主导、冗余和新兴。

总之，费斯克眼里的文化，不是分离于权力、社会结构或者个人行为而独立存在的变量；相反，他认为文化是动态、过程化、互联并嵌入社会权力关系中的。文化和社会结构紧紧咬合在一起，以至于无法分清它们之间的界限。"社会是不同的权力关系组成的网络，意义支撑社会系统成为分配

---

[1] 由于其和后结构主义以及威廉斯的关系，格林布拉特的新历史主义提出了文化实践的类似理念，分析了社会能量的流通和交换，以及行为方式（参见Greenblatt 1990）。

权力的一环"（Fiske 1986a，205页）。对于费斯克而言，文本里的微观世界就是社会宏观世界的反映。"文本的意义结构是社会亚文化结构的微缩——两者都存在于权力关系网络中，对于意义的文本抗争正如对于权力的社会抗争"（Fiske 1986a，392页）。文化的稳固和发展成为一种对社会结构的控制手段[1]，但它也是社会斗争的表达，反抗主导结构的体现，以及——比如媒体——改变世界的一种方法。费斯克理论的中心思想是多义性和通俗性之间的关系。

4.2.3 多义性和通俗性

费斯克认为社会有着文化多样性，由大量的群体、亚文化和局部文化（Teilkulturen）共同组成，它们各自存在于不同的意义世界，有着不同的想法、认同，彼此关系全然不同，对中心权力的态度和关系也不同。他尤其对对立的、反抗的亚文化感兴趣，他认为虽然采取各种不合作尝试，但是它们依然存在，尽管法兰克福学派和1970年代后期的意识形态批判家们对此持怀疑态度。威廉斯（1973/1977b，192页）被看作引领费斯克的人："我们应该重新对它们的来源、实践、经验、意义和价值提问。提问的方式可以有两种。很显然，除了统治文化外，还存在其他的选择，同样明显的是，我们可以把这种存在称为'反对派'。"威廉斯进一步说到，对这些其他的生活形式和文化形式进行分析，离不开对它们和主导文化的从属关系的分析。

1　格林布拉特（1995，49页）写道："信念和实践的集合形成文化，带有广泛的控制技术和限制，社会行为需要局限在此范围内，一个模型集合，个体需要按此行事。"

173　　　费斯克也采取同样的观点，他的主要论点是，媒体文本（尤其是电视文本）想要取得成功，也就是说被许多人看到，就必须是开放的和多义的，这样不同的群体和文化可以互相交换意义和能量，或者在碰撞过程中取得胜利。不能把这种开放性误认为"任何都可以"，理查德·罗蒂（1994）就曾持有此种观点。[1]文本必然体现出一种主导的意识形态，作为当时社会中有效统治的文化的发声。亚文化相对于权力中心的定位，与其对主导意识形态的阅读方式的定位相一致。"这个观点的核心是，为了受欢迎，所有的电视文本必须包含未解决的矛盾，这样观众可以在它们身上发掘出与自身社会关系和认同类似的结构"（Fiske 1986b，392页）。

　　　这一论点的新颖之处在于，费斯克强调了媒体文本中的矛盾和多义性，并将此作为自己研究的基础。长期以来，人们批判电视时，始终认为电视节目可以体现社会矛盾，但总是在节目框架中设法化解它，让观众不再寻根究底，而是满足于已有的真相定义（参见Kellner 1982）。费斯克则认为，处于不同社会地位的观众对于文本中矛盾的潜在意义也各有不同用处。电视文本不仅包含矛盾，而且是多母音、多声门和对话式的。纽康在这一点上继承了沃洛希诺夫和巴赫金的理论，发展了自己关于电视作为文化论坛的理论（Newcomb 1984；Newcomb/Hirsch 1986）。[2]每一个沟通性的表述，都隐含了过去的社会冲突和协商的痕迹；每一个新的使用都将它再次更新并且给予新的布局。费斯克把对于文本语言和冲突的研究兴趣

1　参见艾柯（1992）对无限制解读的思考。
2　参见约加（1995，1999）使用这一理论对电视剧《菩提树大街》的分析。

转移到了文本和观众的互动、德里达的延异以及格林布拉特的社会能量循环中。

因此他尤其关注文本将多义阅读变为可能的特性（Fiske 1986b，394页）。文本多义性等同于社会多样性。"关键在于，开发节目多义性的动机在于社会：如果想要受到更多观众的欢迎，文本必须多义，因为观众拥有社会结构中的各种情状[⋯⋯]，多义性永远是有界限和结构的，因为文本多义性与社会多样性平行"（Fiske 1987，16页）。文本获得的意义不总是在自身掌控之中，而是如哈特莱表述的"失去控制"。这样，电视节目的多义性必然充满竞争、争议和流动性。

对于费斯克而言，观众绝不仅仅是文化工业生产者操纵下的待宰羔羊，抑或文本权威的构造。他关于通俗文化的理论把观众看作积极的部分，用以分析社会和文化变迁。与法兰克福学派不同，文化研究发展了一个概念工具，用以理解社会变革以及变革发生地。观众反抗不符合自身利益和认同的解读及意义框架，但费斯克更加关心的问题是国家范围甚至世界范围内，文本话语如何与话语实践、公众框架和经验进行互动和交流。费斯克也把福柯的话语看作权力关系的表现。它是根据社会情状而定，表达了特定社会群体的利益。"话语是一种语言或者表征系统，它发展于社会，制造和传播关于重要话题领域的连贯性的意义集合"（Fiske 1987，14页）。话语可以支持主导意识形态，也可以反对它。它不仅决定了文本的生产和接受，更决定了日常的经验。

作为后结构主义者，费斯克把社会经验也看作文本，通过具有社会属性的话语，社会经验获得了意义。在日常生活

174

中，我们可以使用全部的话语，用以理解决定我们文化的多样文本和社会经验。戈夫曼（1977）关于框架概念和意义构建的理论与此有相似性。这一理论强调融入，但是完全忽视了权力关系和反映在文化作品中不同社会群体的利益[1]。对于社会中的权力关系，费斯克比戈夫曼更加敏感，并把它作为话语纲领的出发点。

他认为电视节目的话语试图限制自身潜在的多义性，而观众的话语则反抗这一控制（Fiske 1987，15页）。不同观众群体可以利用文本的潜在多义性，和主导意识形态划清界限，发展自己的反抗性阅读方式。文本的主导意识形态作为共同的意识形态框架，是文本可以吸引不同社会情状的观众注意的前提条件。主导意识形态既体现在通俗文化文本的结构中，传递编码的话语和规范，也体现在对文本的接受和吸收过程中。它决定了我们的实践和框架。

当通俗文化文本可以根据主导意识形态框架之外的观众社会经验被理解时，才算是达到了广义上的流行。"这给我们带来'通俗性'的更加充沛的定义。它想要成为'人民的'"（Fiske 1986b，403页）。因此，对通俗文化的批判性分析必须理清一点，即电视是如何做到"对话式流行"的（Fiske 1986b，406页）。解构分析可以理清，从属者如何自我地和创造性地把主导文化的产品、符号和标志系统从霸权中解放出来，用它们发出反对的或其他的声音，以实现自己的社会目标。接下来，我们将着重研究费斯克的《电视文化》（1987）。

1　性别和广告是例外（1981），参见威廉斯（Willems 1997）关于戈夫曼的讨论。

4.2.4 《电视文化》

书的主题

费斯克在《电视文化》（1987）一书中并不打算发展一个全面的和普遍的电视理论，很多评论家在这点上都理解错了。[1]他也没有局限于传媒学或者大众传播学的范畴，而是在文化研究的传统中，结合了社会分析和文化理论。由于电视在西方社会中获得了前所未有的重要性，因此他把电视文化作为思考的中心。正如费斯克之前所说（Fiske 1978），电视早就取代了文学的地位，成为形成文化性格和文化认同最重要的媒体。电视是文化的核心媒体，在文化和社会的变迁，意识形态、价值和意义的变迁过程中起决定性作用。

费斯克的电视文本分析有三个重点："电视节目形式上的质量和节目流，电视与本身、电视与其他媒体和规范的文本间的关系，以及与社会情状相关的观众和解读过程"（Fiske 1978，16页）。费斯克的分析重点清楚地表明，他在分析的时候很少甚至不考虑电视的经济和分配、调控和非调控过程等方面，因为他关心的是作为文化的一部分，在社会中实现意义和情感能量流通的电视。

电视文本和节目流

如果我们回顾迄今为止关于电视文本的论点，可以发现一些共性，因为文本多义性，往往都具有开放性结构，也就是说根据情况的改变，可以对它们作出不同的理解。它们的意义

---

1 参见麦克盖根（1992，71页）的例子。

与其说和文本关联，不如说与社会关联。一个成型社会总是尝试维护秩序和结构，因此使用霸权，其表现形式为主导意识形态。"文化研究认为文本的相似性，是意义的竞争。主导意识形态通过文本形式，可以被具有不同社会情状的观众反抗、规避或者协商"（Fiske 1978，41页）。葛兰西理论中的霸权并非静止状态，因为所有的力量平衡都只是暂时的，必须不断调整以及针对大量的反抗重新建立。从属者尝试在权力的游戏中获得更多的影响力，根据自己的利益改变社会价值。这一构想中具有决定性和惊喜效果的因素是从文本权力到观众权力的重心推移，观众获得一个积极的有能力的角色认可。费斯克为关于艺术和娱乐政治角色的大讨论引入了新的观点。

1960年代的前卫电影制作人认为，必须通过制造"激进文本"来改变好莱坞经济和文化霸权地位（参见Kaplan 1983），削弱好莱坞电影的叙述现实主义审美，拍摄与之相反的电影。让-吕克·戈达尔大力宣传"形式的政治"，对电影这一媒介进行激进反思，他认为应该动摇习惯于现实印象的观看方式，还要激发出其他的接受方式。因此，戈达尔在他的电影中，打破了当时好莱坞电影的线性流，加入中断、插画和明显缺乏的连接。认同的过程也在某些方面被打断，比如演员以个人或者角色身份插入，直接与观众对话，这样观众的认同过程以及与此相关的情感操纵过程就会被打断。这种保持距离的方法把观众和电影分离开来，让观众把注意力更多地放到符号实践中去，也就是说，通过使用慢镜头、中间标题、电影画面停止等来清晰地表现，观众只是在看一部电影，而不是"现实"。戈达尔更是使用语言和文字，让观众清楚地认识到电影不是直接的再现。他希望观众和听众能够独立思考、放松却又集中注意力。"反电影"的激进文本通过改变现实印象的性质，激发认知的学习过程。但是这个方法只有针对某些特定观众群体时才有效，无法真正威胁好莱坞的制作方式和审美。"反电影"的教学理念也受到批评。1960年代末和1970年代初，政治化的知识分子发现了电影，他们在电影中获取经验，并且发泄对没有发生的社会变革的失望情绪，米歇尔·茹施基（1980）很好地描绘了这一状况。[1]

前卫艺术在电影理论和传媒理论方面至今还有着重要作用。因此激进文本的纲领是费斯克的一个重要参考点，但是他对此持批评态度。他强调，电视文本如果要流行，就必须遵循现实主义规则。他批评激进文本的理论家没有考虑通俗文化和社会变迁之间的关系。"激进文本，在拒绝再现现实的主导规范时，尝试将主导意识形态从文本意义的生产过程中完全排除。然而，在一个工业社会，我们的文化生活被工业化文化产品的生产和分配所主导，这个文化工业的规范，包括它与主导意识形态的必然紧密关系，成为文本流行、接受和被理解的必然要素。因此，在考虑大众文化的流行意义时，必须要考虑这点"（Fiske 1987，46页起）。如果用这个想法来解释1968年以后出现的作家电影，那么显然，这些电影之所以获得了广泛的观众，和它们采取的好莱坞式的线性叙述模式分不开。当然，它们也对此进行了改变，将好莱坞电影中表现的冲突、神话和主题重新解读或者重新建构，甚至完全摒弃。维姆·文德

---

1 "1970年代大家越来越清楚地认识到，到电影院是去看的，不是去解读的：电影的特殊性在于它满足了对体验的饥渴，而不是在于它讲了什么或者通过行为要表达哪些意义"（Rutschky 1980，214页）。

斯的电影《德州巴黎》（*Paris, Texas*，1984）是一个很好的例子。他用熟悉的符号和画面再现了美国，讲述了一个寻找的故事。类似的故事已经讲过很多遍了，比如约翰·福特1956年的影片《寻找者》（*Searchers*），但是文德斯用微妙的方式避开了好莱坞典型的俄狄浦斯戏剧情节，同时很好地展现了美国和欧洲的区别。[1]文德斯没有如同他以前的电影使用反幻想式的审美，他导演的这部后现代电影，一方面靠近超现实主义审美，另一方面展现了美国和欧洲的负面关系。《德州巴黎》有着令人熟悉的模板，但是又具备反思性，更加体现了好莱坞拍摄美国时使用的那些规范。[2]

179
　　费斯克认为，现实主义的电视文本完全可以反抗主导意识形态，它包含反对的话语。他举了反映警察的剧集《警花拍档》（*Cagney and Lacey*）[3]作为例子，这是在1980年代初首次由两个女警察担当主要角色的连续剧，与当时电视表现的妇女形象形成巨大反差。传统的性别框架受到挑战，作为对当时社会上的妇女运动和各种性别角色讨论的响应，该剧集在荧屏中也对女性重新定义。女性话语是社会变迁的代表，与主导的父权主义意识形态始终关系紧张。一些电影比如《末路狂花》（*Thelma and Louise*，1991）和女明星比如安妮·蓝妮克丝或

1　参见艾尔塞瑟（1986）的解读。

2　邓金（1991，137-148页）将文德斯的美国图像和鲍德里亚（1987）的进行对比：每一个人如同流浪者一样穿越国家，到处批评其所见，怀念已经逝去的时光。两者的批评都是喜剧，发现美国可笑却又令人害怕的事情，但是在他们喜剧的表层下隐藏的是传奇剧和悲剧；他们也惋惜美国边界的消失。最后，充满讽刺色彩的是，他们都用现实文本（照片、现实风格图画）来提出一个后现代观点"（Denzin 1991，143页）。

3　达奇（1994）是费斯克早年时期的下属，就这一电视剧对女性建构的意义进行过详尽的研究。

麦当娜的出现也是对女性传统角色的质疑，表达了新女性形象的诉求。费斯克认为，起到关键作用的是观众的自我意识和能力，在这个例子中则是女性的力量（参见D'Acci 1994，63页起），将反对性话语置于主导意识形态之上。同时也要注意，从美国的电视连续剧中，包括电影和短视频（从1970年代开始流行）中可以明显看出，美国文化工业，尤其是好莱坞，不再是封闭的单一文化（Kellner 1995）。正是因为完全以利润为导向的生产方式，导致了媒体需要对文化冲突和社会冲突非常敏感，才能获得尽可能多的观众。费斯克主要关注观众和文本的互动，因此对这一方面没有充分挖掘。

费斯克认为电视文本的进步潜力在于它的多义性以及它的潜在霸权和反对意义。电视文本的特征在于闭合的张力，为了突出一个主导意义，有意识地压制它的多义性。电视文本的特征也在于开放的力量，允许大量的观众对意义进行协商（Fiske 1987，84页）。出现在公众面前的文本的声音，并不能保证意义的不可改变或者完全确定，而是使意义不能被确定。费斯克引入自己对文本的特征描述，反对闭合的意识形态，主张对电视文本采用开放式阅读方式：

1.**讽刺**：表述和实际想法不同，本身就是一种多义性，它始终可以"开放地、明显地、随意地解读，因为它的运作方式就是即时地将不同意义对立起来"（Fiske 1987，86页）。

2.**比喻**：基于两种话语，使用一种话语来描述另一种话语。它的活力也来自话语的"碰撞"，因此文本的意义可能无法被完全控制，亚文化较容易发展出自己的意义变体。

180

3.**幽默**：同讽刺和比喻一样，也是基于碰撞的。

4.**矛盾**：现实主义无论是作为风格还是作为意识形态，都在日常生活中尝试"解决"或者压抑矛盾。费斯克认为，受欢迎的文本也包含这些痕迹。对立面的读者可以将这些矛盾重新展现。当然也有听从于主导意识形态的读者。多义性和不均匀性与矛盾紧密相关。"一个社会由不同的、不平等的，甚至常常互相冲突的群体构成的系统所组成，所以受欢迎的文本也必须具备一个类似的多声音、多意义和彼此互相冲突的复杂结构"（Fiske 1987，90页）。

5.**过度**：过度可以有两种表现形式。费斯克（Fiske 1987，90-93页）将它分为夸张和符号过度。他认为夸张通过双重描述达到效果，它包括主导意识形态以及对其的批评。一个观众可以愉悦地享受一个媒体文本，同时对它持有批判态度。费斯克把肥皂剧作为例子，"肥皂剧常常被嘲笑为太夸张，然而正是夸张这一特性允许观众具有复杂的解读立场。这些剧迷把肥皂剧当作真实的，有时甚至把剧中人物看作自己家庭的成员"（Fiske 1987，91页）。这些剧迷清楚地明白，把肥皂剧作为真实生活的行为是夸张。在某种程度上，他们享受着这份非同寻常。恐怖片和动作片也有类似的效果，它们也是一方面让观众单纯地享受，另一方面观众会和剧情保持距离，明白这只是虚构。因此，这些作品和拙劣仿作的界限往往很模糊。符号过度的运作方式与此类似，是电视文本的一般特征。通过文本内不同话语的流动，造成感官过剩，主导意识形态无法再掌握控制权。费斯克参考了哈特莱"意义过剩"的思想，"电视的主要实践必然是矛盾的——它们必须生产出远远多于自己可以维持

181

的东西，观众的'优势解读'必须在这一过程中不断被大量的模棱两可打断"（Hartley 1983，76页起）。

通过对这些特征[1]的分析，费斯克揭示了电视文本和其他媒体文本相同，也是一个对意义进行斗争的领域。这一斗争是一个不间断、不结束的过程。意义被不断反复、上演、变化和重新协商，这些文本特征正是构成反抗霸权主义、反对意识形态控制的力量。他强调，多义性永远不是无结构或无政府主义的，正如社会群体在社会中有不同的方式实现社会力量，文本也包含文本力量的结构，也就是说意义并不都是同等的。"我们可以把电视文本形容为主导意识形态和观众多样性之间的争夺，主导意识形态试图封闭文本，消灭产生其他阅读方式的机会，而多样性的观众则不停地打开文本，使之符合自己的阅读"（Fiske 1987，94页）。

费斯克所谈到的"开放性"不同于艾柯在《开放的作品》（1973）一书中所描述的开放性。他在书中强调前卫艺术品的开放形式这一特征，电视文本的开放性来源于反对主导意识形态对文本进行解读的可能性。这一可能性一方面在于文本特征，另一方面在于文本生产者和消费者之间，以及消费者本身内部组群之间的社会差异。艾柯在思考符号学游击战的时候就考虑到了这个方面（Eco 1967/1985）。他并没有将文本可以有多种解读和理解方法，以及"大众传播的解读多样性原则"（Eco 1967/1985，德文版152页），归为文本的"开放

182

1　参见温特（1992a，74-86页）对情节电影的相似处理方法。

性"。艾柯认为电视文本具有封闭的带意识形态的特征[1]，而费斯克对开放性这一概念的使用有所不同，他的重点在于文本的社会使用、文本话语的碰撞，以及观众的话语。普通观众与文学教授不同，他们不需要准确地解读文章。相反，它越偏离主导意识形态，就越容易表达出不符合统治文化的认同和社会从属。

让我们来仔细观察美国文化工业1970年代以来的生产条件——好莱坞出于利润考虑，慢慢地将"特立独行的"和"反对主导意识形态的"吸收和同化（参见Elsaesser 1986）。因此，需要对文本的进步性重新定义。比如女性或者非裔美国人以何种形式被表现，他们如何融入好莱坞的格式中？对于这些问题，费斯克在《电视文化》一书中仅略带过[2]，因为他主要感兴趣的是文本和接受环境之间的关系。

为了明确地表述对开放性的设想，他引入了巴特（1974，1987）的文本理论，尤其是对可读文本和可写文本的区分。可读文本基本符合传统现实主义文本，隐藏了本身的话语属性；而可写文本则是一种开放式文本，既不统一也不透明，从本身特性来说被分成很多部分。巴特对巴尔扎克的作品《萨拉金》（Sarrasine）进行了细致分析，他没有分析内容，而是具体分析了词序和句序，甚至精确到一个单词，分析了它们彼此之间以及与其他文本的关系。他的目的在于把《萨拉金》作为一个符号组

1　新的电视剧，比如《双峰镇》（Lavery 1995）、《野棕榈》（Wild Palms）或者《X档案》（Akte X）（参见Wiemker 1999）与艾柯这一已经略显过时的定义不再相符。

2　参见米歇尔·瑞恩和科尔纳的研究《政治空间》（Camera Politica，1988），他们详解了1960年代末以来的政治和好莱坞电影的意识形态。他们用电影来展示美国社会的变迁和保守转向。科尔纳在他的《媒介文化》（Media Culture，1995）一书中继续这一方向。

织，一个文本的指示系统，从它的文化建构来理解它。他并不打算深究叙述的结构，而是专注于结构形成的过程，正是在这一过程中，各种符号共同作用。"每一个符号都是一种力量，并将这种力量赋予文本（文本即符号的网络），是编织成文本的一个声音"（Barthes 1976，25页）。

巴特以文学为例的缜密分析，在费斯克看来也可以被运用于电视文本。不同于巴特的"可写性"和艾柯的"开放性"，电视文本更加平易近人，也就是说，一般而言，观众对于电视文本的运行原则已经有所了解。费斯克把这类文本称为可生产文本。在接受和吸收电视文本的过程中，观众可以从声音的组织、文本性组织中根据自己的兴趣，组成自己的文本，同样，观众也遭遇电视节目的特征，比如流和分段。

威廉斯（1974）曾经指出电视之夜的组成部分往往彼此没有直接关联，它们的联系不是逻辑的，而是联想式的。肥皂剧的特点也是情节线的突然中断，要求观众必须积极参与。而不断换台的行为最终制造了无与伦比的个性化的电视文本。"换台允许观众架构自己的观看经验的片段，制造一个后现代的画面拼贴，通过非持续性、矛盾性和对比来获得愉悦"（Fiske 1987，105页）。

最后费斯克指出，电视易分析的形式特征会导致其很快融入当今社会口头文化的氛围中，成为包含于日常文化中的第二口头性[1]（参见Ong 1987）。口头性的基础在于观众的参与，在日常语境中谈论电视，赋予它意义。早期的研究中，费斯克和哈特莱（1978）就曾提到电视在我们当代社会中的

1　电视和口头性，参见霍利（1995）和约加（1999）。

作用类似于单一社会中的民间文化。电视承担了以前游吟诗人的功能。费斯克总结道："电视的开放性、文本矛盾性和不稳定性，使它可以轻易地以多种方式融入不同群体的口头文化中。[……]流行性、观众积极性和多义性是相互蕴含、相互依赖的概念"（Fiske 1987，107页）。费斯克（Fiske 1987，77页起）认为口头文化的过程，比如闲聊，是一种积极的参与，通过这种参与获得和他们生活有关的媒体文本。因此闲聊并不是由媒体文本决定的，相反正是闲聊激发了文本的特定意义。[1]电视的开放性维持着这一"日常对话机器"（Berger/Luckmann 1967），加密口头文化。

电视的互文性

费斯克的另一个理解电视意义和功能的主要理论基石是互文性。他不是指在观看电视剧集时立即认出它是迄今哪个剧集的变体，符合哪个模型或者基于哪个剧集。也不是如剧迷一样深究一部媒体文本对其他文本的暗示，以显示他们关于通俗文化的丰富知识和资本[2]。

费斯克所关注的互文性是一种后结构主义观点，即整个文化是一种密集的互文性织体（在一个文化中所写、所说和所视觉化的）。每一个观众在这个大网中都拥有一个特定的位置，在这个基础上，他解读和理解媒体文本。费斯克认为，互文性位于文本之间的空间内。毫无疑问，麦当娜的视频《物质女

---

1 参见安吉拉·开普勒（1994）的研究；以及约克·贝格曼（1987）关于闲聊作为社会现象的研究。

2 关于这一概念，参见费斯克（1997）。

孩》是对梦露歌曲《钻石是女孩最好的朋友》（*Diamonds are a girl's best friend*）以及电影《绅士都爱金发女郎》（*Gentlemen prefer blondes*，1953）的仿作。但是，很多年轻的观众根本没有意识到它们之间的关系，因为它们并不具备相关的文本知识——尽管费斯克（1987，108页）并不把这种暗示看作互文性。他认为这个音乐视频和我们关于女性明星的文化知识[1]之间才是互文性——金发的性感符号，用各种手段对付仰慕她们的男人，让他们为己所用。这一关于"物质女孩"的意义在各个文本之间的空间存在，甚至构成了我们文化中"金发美女"这一概念。因此，互文关系的研究可以给我们启发，以辨别哪种解读方式可以在社会中生产局部文化和亚文化。

费斯克（Fiske 1987，109-127页）将纵向互文和横向互文区分开来。初级文本之间具有横向关系，比如各个节目类别之间的关系。纵向互文存在于初级文本（比如电视节目）和二级文本（比如电视节目评论、广告文本），或者甚至由观众创造的三级文本（比如关于电视节目的对话、观众来信）之间。一个类别的关键在于标准和熟悉感，为了能够受欢迎，它必须符合主导意识形态，同时也必须符合产品区分逻辑。以叙述性和图像性的已有惯例为基础，创造新的剧集，改变甚至继续发展部分惯例，专注于某些方面，排除或者新加入其他方面。在电视节目中有很多把不同元素组合在一起而创新的例子，比如《迈阿密风云》（*Miami Vice*）将警察剧、剪辑视频和后现代审美结合起来。因此，一个类别并不是仅仅通过不停重复惯例

1 这里可以清楚地看出，费斯克从观众的角度出发分析互文性。他并不满足于像其他学院人士爱玩的游戏：在通俗文本中找出大量的暗示和指向，参见尼沃纳（1992）对《沉默的羔羊》的分析。

而存在，同时也具有一个动态的改变过程。

节目类别能够满足观众期望，无论是接下去的情节还是愉悦感。根据戈夫曼（1977）的理论，我们可以确定一个类别框架[1]，它的定义决定了发生的事情以及以何种方式组织受众经验。节目的流程和元素是易解的。费斯克强调了类别也表现了文本策略，电视的多义潜力受此策略控制和压缩。"类别是建构观众和阅读主体的方法[……] 它通过对某些互文关系的偏爱以及它们所唤起的联想来实现这一点；因为它偏爱的关系都是被工业所建议的，所以它看上去具有保守性。想要读懂《山街蓝调》（Hill Street Blues）或者《警花拍档》的先进意义，读者必须与警察节目的明显类别保持距离，把它们看作男性和女性的矛盾结合，警察剧和肥皂剧的矛盾组合，布尔乔亚现实主义和社会现实主义的矛盾体"（Fiske 1987，114页起）。

纵向互文性具有不同的形式。二级文本如评论和广告文本对初级文本作出反应，它们的贡献在于发掘出初级文本的特定意义。三级文本是这个流通过程的最后一环，它发生在观众层面和他们的社会关系层面。费斯克举了贝内特和伍拉科特（1987）关于"詹姆斯·邦德007"的研究作为二级文本的例子。

他们的研究不仅分析了小说和电影本身，也有各种广告词、主角采访（比如对辛康纳利的采访）、对邦德女郎的报道、影迷杂志等。由此，他们证明了邦德系列产品的意义并不仅仅局限于弗莱明（Fleming）的小说和电影，而是所有关于邦德的文本的集合。比如广告和评论充当了"文本搬运工"的

1　关于这一概念，参见温特（1992a，38页起）。

角色。此外，辛康纳利的个人生涯和观点也被嵌入邦德的角色中。关于肥皂剧的研究显示，杂志对剧集明星的报道有着类似的作用，演员也会被笼罩在剧集的聚光灯下。肥皂剧观众的一个特点是在观看策略中模糊表征和现实的界限（Hubson 1982；Ang 1986；Seiter u.a. 1989；Borchers 1993）。这样的策略使他们能够很好地享受想象，又与此保持距离。"这些二级文本并不比初级文本意义明确。尽管它们提供了对电视的现实解读，但是更多地将电视作为表征系统"（Fiske 1987，121页）。

互文性的第三个层面，即三级文本的层面，清晰地显示了初级和二级文本如何被接受和理解。费斯克（Fiske 1987，124页起）将公众文本（比如公开的影迷来信）和私人文本（朋友间私下的闲谈）区分开来。"观众将自己口头或者信件形式的回复加工成文本，这些回复结合起来形成一种集体回复"（Fiske 1987，124页）。这些"材料"大部分通过民族志学的方法获得，因此属于"民族–符号学材料"（Katy/Liebes 1985，189页）。费斯克认为如果对民族志学研究的解读过于片面，我们则会认为三级文本只是任意的媒体文本和观众互动的产物。应该更多地将三级文本和节目本身联系起来，研究究竟哪个意义被激活了。

最后费斯克将他的互文性理论和霍尔（1986b）关于发声的理论——尤其是"发言"和"链接"过程的理论——联系起来。当麦当娜的初级文本和花花公子的性文化相关联时，这些文本就归属于主导的父权体系意识形态。把她的文本和年轻女孩的反抗的亚文化相关联，效果则完全不同。"阅读二级和三级文本可以帮助我们了解初级文本是如何用不同的方法、对不同的读者和亚文化，发出不同的声音"（Fiske 1987，126页）。

我们看到了文本不仅本身具有多义性，而且它们的互文性关系更加扩展了这种多义性潜力。电视尝试控制意义，左右观众偏爱的解读方式，服务于主导阶级的利益，这些都符合在社会层面对从属群体进行权力的施展。同样，从属群体掌握符号的力量，能生产自己的意义，这是他们反抗权力、表达异议、避开权力的能力。

电视的社会使用

费斯克通过电视文本展示了它如何避开主导意识形态，获得其他的意义。他分析了之前的文化研究针对电视使用进行的理论和实证研究，首先他讨论了主体作为意义建构的主要场所具有怎样的角色。"文化研究关心的是由个体组成的各式各样的文化，以及我们自身作为个体的体验。在社会关系网络中个体建构的意义是我们所说的'主体'"（Fiske 1987，48页）。他的概念和符号互动主义非常接近，他把主体性理解为社会关系和互动的产物。不同的社会机构和话语也扮演了重要角色。因此社会范畴中的主体性由本身的性别、年龄层、家庭、阶级、国家和民族等元素构成（参见Hartley 1983）。这些群体间的矛盾也导致了主体间的矛盾，费斯克认为这些矛盾在既定社会中是无法被解决的。他强调，就文本和话语而言，对意义的生产始终包括对自身的和对主体性的生产。

费斯克认为普遍作用的意识形态和我们的日常经验之

间必然存在矛盾。比如电视传播的意识形态往往否认矛盾的存在，试图建造一个共同的框架，而社会主体往往充满了矛盾、张力和差异。霍尔在葛兰西的理论基础上，研究出组成我们性格的矛盾元素：进步的、激进的和消极的、保守的（Hall 1983，引自 Fiske 1987，67页）。费斯克（Fiske 1987，66页）写道："理解我们主体性的一个方法即了解它由不同的话语集合而成，我们使用这些话语来为组成我们社会经验的社会领域赋予意义。因为我们的经验是多样的，也必然是多样的，我们的主体也由大量不同的互相矛盾的话语组成，每个话语都可能包含着不同意识形态的痕迹。"

费斯克认为，媒体文本和主体性一样由话语构成。两者都包含矛盾的互相竞争的元素。"正是这些矛盾，才产生文本的多义性和阅读的多样性"（Fiske 1987，67页）。为了研究它们之间的关系，费斯克打算开发一个关于"阅读主体"与文本关系的模型，展示社会建构的主体之间的区别（Fiske 1987，61页）。《银幕》理论从文本角度来观察主体性（Fiske 1987，61页），在这之后，通过伯明翰当代文化研究中心的媒体研究，文本和社会生产的主体之间的区别受到更多关注。"真正的电视观众首先是社会主体。社会主体性对于意义建构的影响力超过文本创建的主体性，因为后者只存在于阅读的那一刻"（Fiske 1987，62页）。真正处于社会背景中的读者和观众的建构与文本的建构并不完全相同。

在这里，民族志学就起到重要作用，因为我们使用它可以研究人类如何使用文化。费斯克非常看重莫利关于《全国》的研究，因为他研究的对象不再是文本或者意识形态创建的主体，而是处于社会和历史中的主体。他反对电视意义的单一性，不认为观众完全受霸权的影响。莫利的研究表明，现实中人们如何在社会背景下观看电视，获得不同的意义和愉悦。费斯克也提到了莫利的第二个实证研究（1986），以及霍布森（1982）、洪美恩（1986）和帕尔马（1986）的研究。他使用民族志学的广义概念，研究电视的使用、观众的区别、观众的视角和意义建构，以及他们的经历。观众根据自己的社会经验、重要性标准和自身的社会利益，来填充电视文本的空缺处，使用文本间没有被主导意识形态占据的空间。

霍尔的"优势解读理论"就曾指出这个方向，因为它不赞同文本具有封闭的意识形态，转而研究观众以及协商和反抗的意义。在商议解读方式中，由电视节目给出的主导意识形态基本被接受，但是观众根据各自的要求加以修改。费斯克认为应该更加突出观众的活动："不要执着于思考单一的意义，而是要对文本的优势结构进行考虑，这一结构对某些意义有所偏爱，对其他意义则试图关闭。这是对霍尔模型的详细阐释，并不是对它的否认。因为它仍然把文本看作具有结构化的多义性，承认不同等意义的潜在性，其中一些比较有优势，这种优势只有社会情境下的观众在文本和自身社会情况的协商过程中才可能被激活"（1987，65页）。费斯克的主要兴趣在于观众的意义生产，他们把电视作为符号源，制造不同的偏离的意义。在媒体文本和观众的互动过程中，观众的话语、知识和能力决定他能够赋予文本以及自身哪些意义。

费斯克用霍奇和特里普在1986年的研究"儿童和电视"来作详细说明。这个研究的特殊之处在于它既不专注于效果研究，也不是传统的收益与回报研究，它将符号学和民族志学结合在一起。霍奇和特里普研究了电视文本和观众社会生活之间的关系。"他们关心电视文本如何被解读，观众在主动解读时如何制造意义，以及如何用文化理论来解读活动，如何将社会经验变成常识"（Fiske 1987，67页）。他们的出发点是儿童会积极地使用电视，来理解他们的社会经验。[1]一个明显的例子是讲述妇女监狱故事的连续剧《囚徒》（*Prisoner*）。霍奇和特里普发现，很多被研究的儿童在监狱与他们自己在学校的情况之间找到了共同点。"学生被关禁闭……学生没有权力，他们无法对抗不公正的老师；有些老师加害学生；……学校里有很多傻气的规矩，大家都想打破它们"（Fiske 1987，68页）。学生们使用《囚徒》来理解自己在学校里面的社会经历，用来表达自己的诉求。监狱中的犯人们为了在极权的监狱中获得更多的自由空间和私人领地，为了保持自己的自我认同，使用的大量策略手段，对学生们而言尤其重要。极权监狱中的这种"地下生活"和孩子们的学校生活有共同之处。他们也尝试能够获得更多对自我的控制，以对抗机构。费斯克总结："《囚徒》给澳大利亚学校的学生提供了一种语言、一种文化集合，包括含义、价值系统以及意识形态影响，他们用这种语言来理解学校，以符合他们的社会兴趣，让他们能够发出有力的诉求，获得积极的理解方式"（Fiske 1987，69页）。

费斯克举了更多类似的例子，比如《王朝（丹佛氏族）》（*Dynasty(Denver-Clan)*）成为美国同性恋亚文化的培养

1　参见白金汉（1993）的研究，以及德国类似的理论，参见查尔顿/纽曼-布朗（1990，1992）和查尔顿（1997）。

基。亚历克西斯（Alexis）是一个年长的、主动设计自己生活的女子，她在剧集里代表年长人群的性态。她有着男性的气息，但绝对不是女同性恋。总体来说，她还符合主导意识形态的妇女形象。对于同性恋者而言，她的认同非常有意思，模糊了传统的男女界限，比如她的穿衣风格，强调宽阔的肩部。同性恋者在她身上看到了自己反转的性别认同。她的女性身躯中蕴含了男性特征，用女性来表达男性。

费斯克认为，民族志学清晰地表明了在文化研究过程中，对于文本接受的研究和文本本身的研究一样重要，通过它才可能揭示文本和观众互动过程中产生的意义和愉悦。费斯克总结道："意义由社会决定：换言之，它们由文本和处于社会情状中的读者共同创造"（Fiske 1987，80页）。这接近威廉斯（1977b，186页）的理论，他强调不要机械地理解"决定"，而要把它理解为"设置边界"、"限制"以及"施加压力"。每个主体都承受着不同的社会影响，它们是社会历史的结果。文化研究的方法侧重大量的社会经验，它们必然导致对文本赋予不同的意义。"从文本中生产意义的过程和在社会中建构主体的过程类似。读者通过自己的社会历史和文本中的社会力量互动制造意义。阅读的瞬间就是读者的话语与文本的话语碰撞的瞬间"（Fiske 1987，82页起）。

费斯克在此强调观众日常经验的重要性，它们甚至可能强大到压倒电视。这些意义在对话中或者亚文化中得以表述，对话和亚文化对于日常经验而言非常关键。电视文本如果不提供个人理解和个人兴趣表述的空间，则会被认为毫无趣味而被观众拒绝。它们不会带来意义的生产流通以及情感的能

量，会被判为无趣。在《电视文化》的结尾，费斯克展开了他
对通俗经济的观点，他在之后关于通俗文化的研究中继承了福
柯的传统，对通俗展开了更为详尽的分析。

文化经济

根据费斯克的分析，不管是媒体制作方还是观众方，都
具有多样性和不一致性。之前的批评理论，比如霍克海默和阿
多诺的文化工业理论（1947/1969），采用的观点是尽管产品
具备多样性，但最终还是表达了资本主义意识形态。较新的理
论，比如拉克劳的，则认为意识形态是多样的，用不同的方式
来表述资本主义。费斯克认为这些整体中的碎片模型充满了
和解和矛盾，对于当代社会的研究是一个非常重要的模型。
"晚期资本主义社会由大量的社会群体和亚文化组成，它们都
被包含在社会关系的网络中，网络中最关键的元素是对全体的
不同分配"（Fiske 1987，309页）。

我们可以看出，费斯克和个体化理论的赞成者，比如乌尔
里希·贝克（1994）、罗兰德·希茨勒和安娜·荷纳（Hitzler/
Honer 1994）有着不同的着重点。在他的理论中，权力关系处
于中心位置，权力并不是片面的，而是体现在主体性的构成
中。主导意识形态试图实现均质化，却不符合从属群体的社会
认同多样化，因此必须用不同的声音去和他们交谈。电视文本
的流行性可能可以通过电视台的收视率来测量，而观众的测量
方法是看文化形式是否可以用和文化生产者所设想的不一样的
方式，用符合他们兴趣的方式来使用。费斯克使用了"人民"

192

这一概念。他明确指出这一概念并不是指带有真实文化和经验的反对力量。"我们必须把人民理解为一个多样的、不断改变的概念，一个巨大的社会全体，不断地根据主导价值体系进行自我调节，或者将自己摆到主导价值体系的对立面。因此，'人民'这一概念具备所有的合法性，我们需要把它看作不停改变的、相对短暂的联合"（Fiske 1987，310页）。"人民"不是一个社会阶级或者一个可以预定的社会类别，而是一个利益的联合，这些利益处于不断的变动和重新定义中。这一概念具备建设性特征。"人民"不是指特定的人，它本身就是权力发生的产物，这一过程具备实质性和根本性的特点。

他们的文化形式和兴趣始终与文化产品的生产者冲突。在此必须理解文化产品的特殊价值。费斯克把它区分为金融经济和文化经济。不仅文化产品可能成为商品，当商业电视台把观众贩售给广告客户时，观众也成了商品。一件文化商品的交换价值比较容易被确定，但是使用价值却很难被确定。因此，费斯克提出文化经济学的观念，来讨论意义、愉悦和社会认同。尽管存在经济上的交换，但是观众却绝不仅仅是商品。在金融和经济过程中，生产、分配和消费可以被清晰地区分开，但是在文化经济中却不可行。我们没有办法事先确定一个媒体文本可能带来的意义和愉悦，它只能"引发"和"激发"，最终决定权在消费者手里。正如理查德·蒙叙（1998，59页）在解读费斯克时所说，文化的经济化并不能导致其意义层面的消失。文化工业的产品既可能是积极的，也可能极具破坏性。

费斯克使用通俗文化资本这一概念，与布迪厄提出的制度保障的文化资本作出对比。"通俗文化资本由意义和愉悦组成，从属者可以用它们来表达和促进自己的兴趣"（Fiske 1987，314页）。不同的非主流意识形态都可以被用来表述，尤其有意思的是主导文化元素被使用，但是却以某种方式被改变，甚至获得相反的意义。费斯克提出了福柯（1977）的想法，即权力的力量永远作用于两个方向——"自上而下"和"自下而上"。"电视参与了这两种模式的权力愉悦。它运用权力来监督和揭露这个世界，监视人民的秘密，监控人们的行为，但是这个权力的另一部分是对它本身的反抗。权力的双向自然属性意味着权力的反抗本身具备多点性。权力，尽管很矛盾，可以把人们从对权力的屈从中解放出来"（Fiske 1987，314页起）。

如果仔细思考主导意识形态的重要性，费斯克关于可以运用权力来松动它本身的自我控制机制的想法就更加清晰了。反抗的力量会使用其他的意识形态和框架，来加工从属者的经验。观看《囚徒》的学生在剧集里看到了自己的日常生活，就是一个很好的例子。使用和改变意义的过程可能转变为对权力的讽刺模仿，包括对文本完全另类的解读，将它笼统地归为误解，完全忽视文本内涵的社会重要性。正是在这个过程中，观众表达了用其他方式，按照自己的兴趣解读文本的愿望。

194

费斯克参考福柯（1977）的理论，认为权力永远面对着大量的反抗点和反抗力，它们本身却也成为权力的源泉。在关于福柯的讨论中，我们往往会听到一些批评，认为福柯太过注重权力而没能够建立起权力的对立面[1]，通过费斯克的分

---

[1] 参见彼得·杜斯（1987，166页起），他认为福柯还不如发展一个关于身体力比多的积极理论，只有这样才能真正地批判规训的权力。"这一简单化的结果就是权力[……]没有确定的对立，失去了解释性内容，成为无所不在的形而上的原则"（Dews 1987，166页起）。

析，这一批评不再成立。费斯克将符号权力和社会权力区分开来，以辨清反抗点。符号权力和社会权力彼此紧密相连，却又相对独立。在通俗文化中主要是符号权力。通过福柯（1993，26页）后期出版的作品，费斯克的分析进一步精确。符号权力与符号系统的技术相一致，"它允许我们使用符号、含义、标志和意义"。符号系统的技术和权力的技术紧密相关，权力的技术塑造了个体的行为，将主体变成了物体。

自上而下的权力致力于霸权化和一致性，自下而上的权力则追求区别和冲突。"权力自上而下的力量试图建造一个一致的意义集和社会认同，围绕一个服务于现行体制的默认的共识。它试图否认任何利益冲突，尝试将社会差异变成互补性结构。这是一种和谐化、中心化和嵌入化的力量，它努力将符号和社会的力量维持在中心"（Fiske 1987，316页）。为了对抗统治，符号的多重表述性（Vološinov 1975）和多义潜在性被调动起来，用以制造区别于统治阶级给定的意义、愉悦和社会认同。费斯克强调，反抗的源泉并不在于从属者的社会经验本身，因为他们也只能按照统治阶级的利益来获得这些经验。反抗的源泉在于主体从自身经验中获得的特殊意义，在于他们努力实现自身经验的有效性，也就是说在于对自我意识的表述。

在这个符号学过程中，想象也是其中的一部分。在其他研究方向中，想象被认为是逃避主义，尽管他们从未深究逃避什么、为什么逃避，以及逃避到哪里。想象可以作为从属者权力的表达，它在一定程度上对陈述具有控制力。"想象不是对社会现实的逃避，而是对主导意识形态及其在社会关系中具体体现的直接回复。想象带来的挑战主要在于意义由什么组成以及谁有能力和权力去组成它们"（Fiske 1987，318页起）。在想象中，从属者可以表达自我意识，努力维持亚文化差异和发挥符号的力量。

费斯克认为在当今社会形式中，始终会存在电视节目制作人/发行人和各种主体形态之间的矛盾。从金融经济角度来说，电视起到同质化作用；从文化经济角度来说，电视则有着完全不同的角色。"它是偏离中心的、多样的、存在于不同的模式和接受瞬间。对电视本身的阅读实践决定了它的多样化，它的愉悦性决定了它的民主性，并且只能以碎片方式被理解"（Fiske 1987，324页）。费斯克明确指出了区别于主流的、反抗性的阅读方式和对立的愉悦并不直接导致非主流的政治，他更加赞同"电视的政治效果"。因为实践给从属者的力量和控制提供支持和扩展，这就要求主导文化具备在意识形态内部培养主体的能力，即培养能够维持权力关系之社会体系的意义。在和媒体文本互动的过程中，保持亚文化的差异，就能减少电视带来的意识形态效果，这就是文化冲突的表现。

4.2.5　通俗文化的制造

导言：福柯和费斯克的关系

继《电视文化》一书后，费斯克完成了著作《理解大众文化》（1989b）和《解读大众文化》（1989a），他在这两本书里综合文化研究和后结构主义的理论，研究了大众现象。澳

196

大利亚和美国是他的研究重点，他离开英国后在这两个国家教学。在我看来，费斯克的研究方向并不是大多数评论家认为的大众文化，他更多地投入了一种解读性分析中，就像福柯在研究现代个体谱系学时常用的方法。[1]费斯克关注权力在日常中的微观物理学，把自己看作这些过程的观察者。但是费斯克并没有像福柯一样如此详尽地研究这些问题。我们首先来详解福柯处理这些问题的方式，这样才能更好地理解费斯克的研究价值以及对当代通俗文化的批判性分析。

在他的结构主义阶段之后，福柯明白了对于历史和社会进程，他不可能具备完全中立的观察者角度。同样，费斯克也在《解读大众文化》（1989a，x页）中指出，他作为学院派所作的研究，他本身的主体性，也是各种话语和实践的产品，包括通俗文化的影响。"我们由我们的历史构成，因此我们永远不可能对自己和自己的历史有一个中立的完整的图像"（Dreyfus/Rabinow 1987，152页），福柯也持相同观点。那么，对于社会实践意义的研究以及对问题的诊断究竟有多重要？在福柯的解读方式中，他不仅和结构主义保持距离，也和文本解释学保持距离，他发展了一种新方法，讲求解读的谱系学，并不讲求文本或者实践的更深层意义（Dreyfus/Rabinow 1987，154页）。换言之，他试图找到一种他和其他人共享的，让他之所以成为他的生活方式。"福柯的方法论既不想要找出和其他行为人共同的日常生活意义，也不期望揭示出实践内部所具有的意义。它仅仅是解读的，而不是解释的"（Dreyfus/Rabinow 1987，154页）。

---

1 对福柯的这一解读，参见胡波特·德莱弗斯和保罗·拉比诺（1987）的出色解读。

费斯克采用了类似的方法深入研究了福柯的作品。他的出发点是对通俗文化的热情消费者的关注，作为学院人士，他本身和这种热情是保持距离的。他知道自己永远也不能完全跳出通俗文化之外，因为他本身也是它的产物，所以费斯克并没有尝试建立通俗文化的理论。同样，他也不要求他的解读从解释学角度和行为人的日常生活意义完全一致。但是他很看重文化实践以及文化实践所展现的力量游戏，并试图作出诊断。在这点上，他的研究内容和福柯的分析紧密相关。费斯克总是在权力关系的大背景下来观察通俗文化。"通俗文化永远是权力关系的一部分；它永远包含着主导者和从属者之间、权力和各种形式的抵抗与入侵之间、军事策略和游击战术之间不停斗争的痕迹"（Fiske 1989b，19页）。如同我们所见，费斯克在此间也吸取了米歇尔·德·塞托《日常生活实践》（1988）中的理论，尤其是关于强者策略和弱者艺术之间的区别。以下题外论介绍了这本书以及它对文化研究的影响。

题外论：米歇尔·德·塞托的《日常生活实践》
（1988）

米歇尔·德·塞托是法国历史学家、宗教学家和文化批判家，他的著作《日常生活实践》近来不仅在法国，而且在英语区也受到越来越多的关注。他跨越多个学科，学问深厚，在世界各地都留下足迹。他执教于法国、美国和巴西，在作品中进行跨专业研究，其作品直至今天还一直被不同专业所引用。对于文化研究的发展而言，尤其是对费斯克的研究工作而言，由于其本身就有很强烈的跨学科特色（参见Grossberg 1997；Morley 1997），米歇尔·德·塞托便成为一个关键性作者。他的著作《日常生活实践》（1980；英文版，1984；德文版《行为的艺术》[*Kunst des Handelns*，1988]）更是影响了很多对通俗文化的研究。这些研究关注男性和女性如何使用文化工业给定的产品，吸收这些产品，并且在这个基础上形成新的行为方式。米歇尔·德·塞托讨论了"日常生活的艺术"、日常实践的创造性和生产性、它们如何反对和避开机构的束缚和规定，创造出通俗文化。通俗文化的标志是对日常生活的物品和行为进行其他方式的使用。它是避开社会控制的尝试，是为自己和群体定义自身领域的努力。它是社会权力和生产性理性的"他者"。被给定的事物发生戏剧化的变迁。接下来我将根据《日常生活实践》重建米歇尔·德·塞托对通俗文化的分析。

德·塞托的《日常生活实践》（1988）关注"普通人"，即匿名的行为人，他们在日常生活这个舞台上已经活动了很久，但是直到近来才更多地受到社会学家和人类学家的关注。"那些知名的作为社会符号的行为人从聚光灯下消失了，灯光照向了位于边缘的群众演员，接着又照向了观众席"（de Certeau 1988，9页）。在文化批判和传播研究中，他们被作为大众；在消费和市场调查中，他们被作为消费者。这些日常行为人往往被认为是单一的、被动的和适应性强的，德·塞托反对这种说法。对他而言不存在"大众"[1]，而是如威廉斯所认为的，"有把人们作为大众来观察的可能"

---

1 德·塞托（1988，311页）确信："但是，在那些我们的科学机构所在之处，将统治者的想法——它对这些想法也必然认同——分享给大众之时，必须牢牢记住他们所要说服的被广泛生产的胜利而改变的大众也并非如他们想象的这么愚蠢。"

（Williams 1972，359页）。这使得政治和经济的功能得以实现，使人们适应市场的需求和政治的规定。[1]德·塞托把关注点放到社会实践者身上，尤其是他们的多样性、持续性和不可预测性。"这本书研究不同行为方式的组合可能性，它们也对'文化'的形成作出贡献。再现使用者的特色行为模式，这些行为模式被统治者（并不表示消费者是被动的或被适应的）无耻地掩盖在消费这个名义下"（de Certeau 1988，12页）。

　　德·塞托钻研文化差异的形成，这些差异普遍存在于从属个人和从属群体的实践中。他认为统治的经济秩序和产品规定了消费者的行为范围，但是这并不表示消费者失去了自己的独立性。他得出的结论是，对文化产品的符号范畴分析，比如对电视节目的分析，需要延伸到对产品的使用和二次生产。"这种'生产'[……] 是一种制造，是一种生成 [……]，但它是无形的，因为它躲藏在那些（电视的、都市的、商业的）生产系统之后"（de Certeau 1988，13页）。他举了印第安纳人作为例子，它们没有简单拒绝殖民者强加给他们的仪式和法律，而是改变它们的意义，将它们挪作他用。通过这种权力的游戏，他们虽然无法离开统治秩序，但却利用自己的规则、态度和目标，暂时地在一定限度内打开了缺口。德·塞托把这称为"日常生活中创造性的行为方式"（de Certeau 1988，15页）。

　　福柯在他的《规训与惩罚》（1976）和《性与真相I：认知意志》（*Sexualität und Wahrheit I: Der Wille zum Wissen*，1977）两部书中，描写了一个规训社会。他与法律权力模型划清界限，在这些模型中，权力是镇压性力量。他表示现代的权力建

1　关于传统的大众传媒研究，参见温特（1995，第一章）。

立在规训技巧上，通过监视和规训来实现身体行为的适应和习惯化。权力实践的网络和微观的权力贯穿整个社会集体，决定了人和人之间的关系。它给定行动可能性，引导主体的各种行为。但这并不是某些福柯解读者认为的极权的权力，相反，反抗形式始终存在，并有"大量的应答、反应、效果和发明"（Foucault 1987，254页）。福柯从策略的角度分析了权力，权力关系对他而言是由行为对行为的影响而决定。权力影响由实践而形成，同时它们也具备生产性特征，因为它们为主体提供了改变的可能性。福柯在他的书中没有对这种行为方式作出详细分析，德·塞托则做到了。"如果'监视'真的把范围伸展到各处并加强严格程度，那我们更加有必要研究社会是如何做到不只剩下监视：那些通俗的（以及消失的小众的、日常的）实践只是敷衍规训机制，让自己符合规训，但是最终却用来反抗"（de Certeau 1988，16页）。

比如消费者，即德·塞托口中的"被统治者"，通过实践吸收那些供他们使用的产品，通过这种方式重新占领由权力组织的领域。德·塞托（de Certeau 1988，78页起）举了居住在巴黎的来自卡比利亚的移民为例，他们住在社会福利房中，必须适应法语。在这种几乎强制的环境中，他们代入具有北非色彩的居住方式和语言方式。"他通过自己的经验对系统作出补充，用这种组合为自己创造了一个活动空间，可以应用强加的当地规则和语言"（de Certeau 1988，79页）。他无法离开他生活的地方，但是他可以用自己的意义来调整，用"坐在两把椅子之间"的创造性的艺术方式来对待它。

德·塞托认为通俗文化的特点是艺术技巧、发明精神、对系统漏洞带来的可能性的结合和利用。因此他建议"用战争科学的方法来分析文化"（de Certeau 1988，20页），钻研文化领域的战略力量关系以及强者和弱者之间的斗争和游戏。哪些可能性和活动空间决定了弱者在日常生活中的实践？消费者的日常实践究竟是怎样的？

"居住、交往、说话、阅读、购物或者烹饪——这些活动都符合伪装的特点和战略的出其不意：弱者在强者制定的秩序中成功运用了计谋，在别人的领域中'顺利登陆'，猎物单，多形性，策略上的善变，诗意般的和战争上的运气"（de Certeau 1988，93页起）。德·塞托举了大量历史上和人类史上的例子来说明这些实践。比如他写到巴西本土居民的一种"艺术"，他们讲述关于圣僧皮欧·贾诺蒂（Pio Gianotti）的奇迹故事，他的对头如何受到上帝的惩罚。穷人在受到侮辱的圣人身上看到了自己，看到自己如何战胜那些"强者"，尽管在日常生活中不得不臣服于他们。通过相信奇迹，信徒们对已建秩序和所谓的命运表示拒绝。奇迹故事涉及的宗教框架，是传教士强加于巴西本土居民的。"他们使用的系统完全不属于他们自己，这一系统的建立和传播都是由他人完成；他们通过一种夸张的'迷信'完成了对这一系统的重新使用，这种重新使用表明了他们对权力的阶层和对权力层存在权的不赞同，正如国家和宗教权威一直被怀疑的那样"（de Certeau 1988，59页）。

这种对强加系统反抗性的使用展现了被统治群体如何在统治的观念和形式中找到自我，使用这一系统，为自己争取到一定的行动空间，甚至开拓出乌托邦式的关联。社会表征并不

201

是一个一成不变的框架，相反它是一个在使用过程中也可以被改变的工具。通过社会表征，社会权力关系可以完全被颠倒，弱者在一个想象空间内战胜了建制秩序的现实。德·塞托举的其他在日常生活现实以外建立空间的例子是童话和传说。它们是"行为模式的集合"（de Certeau 1988，67页），使行为的艺术在某一个特殊的被统治的情境下得以实现。

民众实践不仅在历史和人类史中有大量的例子，在西方工业社会中也随处可见。比如在工作时间当中做私人的事（法语中的隐语 faire de la perruque）。"一个工人在官方的工作时间内干私活，会被控窃取材料或者盗用机器，偷窃工作时间 [……]，其实他是为了能够自由地、创造性地且不为了金钱利益而工作 [……]通过其他员工对他的支持（在这种情况下他们跨越了工厂强加的竞争关系），他成功实现了在建制秩序领域的'登陆'"（de Certeau 1988，71页起）。

202　　　　这是民众实践重返现代生活中被组织部分的很多例子中的一个。通过巧妙的招数或者"意外行动"的美学，与一种顽强的道德品质联系起来，已建立起来的秩序所具备的合法性和合理性受到质疑和拒绝（de Certeau 1988，73页），这并不表示人们真的认为一定可以改变这些秩序。

这些例子清楚表明了通俗文化并不是民间文艺抑或文化工业的标准化展现。德·塞托认为它是对文本、图像和物品进行创造性和狡智的使用，这些使用者并不是它们一开始的创造者，也不是拥有者。这一对对象和表征的再使用是一种多样化的过程，对于权力而言，这个过程大多不可见，只有参与者才明白其游戏性和戏剧化的特点。

消费者，或者说"从属者"，是"被忽略的生产者"，他们在"功能理性的丛林中"找到了自己的道路，用各种计谋代入不同的利益和愿望（de Certeau 1988，85页）。德·塞托将策略和计谋区分开来，这样能更好地理解实践的意义。"我把对权力关系的计算（或者操纵）称作策略，当一个具备意志和权力的主体（比如企业、军队、城市或者科研机构）可以被识别时。它的前提是具备一个可以被称为自身据点的地方"（de Certeau 1988，87页）。福柯（1976，251-292页）对边沁的全景敞视监狱的研究就是策略的一个例子，这是一个通过监视而被统治的地方。另一个例子是医生以及心理学家具备的"知识的权力"，他们的知识可以定义什么是"正常"的行为，什么是"反常"的行为。[1]

在由策略组织的时间和空间里，计谋就有发展的可能性。"不同于策略 [……]我把计谋称作来自计算的行为，这种行为的特点是缺少自身据点[……] 计谋只能利用其他人的据点。 [……]这种无据点的特征让计谋具备灵活性——但始终依赖于时代情境——能迅速地掌握当时情况下的可能性。它必须警醒地利用当权者监视的缺口，在当中横行，时不时地制造'惊喜'"（de Certeau 1988，89页）。

接下来我们会看到，文化研究的理念，尤其是费斯克，和德·塞托非常接近。但是文化研究把计谋定义得更加积极。首先从属者完全可以拥有自己的据点（参见Grossberg 1992，119页），再者可以把计谋定义为"来自底层的"权力。

费斯克在他关于通俗文化的研究中对他的早期想法进行

203

---

1 参见卡斯特等人（1982）关于心理治疗日常化的研究。

了进一步的扩展和加深，比如通过对德·塞托的研究。他致力于分析民众实践和愉悦，以及理解它们的相关性。他和福柯都认为，社会变迁只能通过社会权力关系的转移来完成，在这个过程中，权力和来自底层的抵抗力发生碰撞。社会权力关系转移的前提是利益冲突和它带来的对社会差异的维持。首先我们来仔细探讨费斯克对通俗这个概念的理解，之后分析他对生产性和通俗性愉悦的理解，最后讨论民众歧视和与之相关的政治思想。

通俗（民众）

文化研究拒绝大众文化这一概念，费斯克走得甚至更远，他尝试证明根本就没有大众文化这样一种存在。"通俗文化不是大众文化。使用大众文化这一概念的那些人，相信工业生产和分配的文化产品能够融合社会差异，为被动的、彼此疏离的大量观众制造一个统一文化"（Fiske 1989b，176页起）。他认为文化是一个积极且富有创造力的过程，包含着意义和愉悦的创造和流通，因此以生产和分配作为出发点的大众文化理论是不正确的，他认为不存在大众文化。[1]他为"通俗文化"这一概念带来了新的意义。通俗文化并不仅仅是流行文化物品，比如斯蒂芬·金的小说或者蝙蝠侠的漫画，抑或其他大众媒体生产和发布的影音节目，比如电视秀或者流行音乐会——这些具有常见和常用的意义——通俗文化也不仅仅是

---

1 蒙叙（1998，58页）没有认识到这一点。他认为费斯克对"通俗文化产品的创造性使用"和"将此变为大众文化的肯定性消费"之间进行了区分。这一判断没有考虑费斯克的主要理论维度。

"民众"对自身文化积极和真实的创造过程。民众文化的概念忽略了社会中的矛盾冲突，因此并不适合表现它本身具有的矛盾性。[1]而且人们往往认为"民众文化"产生的资源是由"民众"自己创造的。费斯克（1989a，4页起）认为民众文化和大众文化理论一样，无法解释资本主义的通俗文化现象。

当代通俗文化产生的资源是文化工业生产和分配的产品。"通俗文化是由各种形式的从属者或者被剥夺权力的人们从资源中创造的，这些资源则是由剥夺他们权力的社会系统提供"（Fiske 1989a，1页起）。这一定义既表达了通俗文化充满矛盾和冲突的特征，也强调了主体的生产力和自我意识。这些资源包括电视文本、电影、唱片、游戏、服装，甚至语言本身。这些资源，尤其是其中的文化产品，充满了统治者的意识形态和利益的烙印。也就是说，这些资源本身具有霸权式的"力量"，试图保持自己的地位。同时，这些产品又必须尽可能地获取更多的观众，因此关注观众们的共同点。费斯克（1989b，28页）认为共同点是主导的意识形态和从属者的经验以及无权状态。"文化工业的经济需求与现存社会秩序的规训和意识形态要求保持出奇地一致，因此，所有的文化商品必须或多或少地具备以下这些力量：规训、霸权、一体化、商业化"（Fiske 1989b，28页）。霸权力量往往无法避免反抗，哪里有霸权哪里就有反抗。因此这些文化资源也必须具有相反的力量线，令那些处于不同社会地位的从属者可以有不同的感受。费斯克认为，这是文化商品获取商业成功和流行的必要条

205

1　参见赫曼·包辛格对民众文化基本概念的批判（Bausinger 1972，74-140页）。但是他也没有深入研究通俗文化领域。

件。它们必须提供给消费者创造自己的社会关系和社会认同的机会。社会内部的差异体现在了流行文本的开放多义性中，因为这是让差异得以发声的必要条件。

在此我们必须提出一个问题，是否有可能仅在主导意识形态的框架中对一个通俗文本进行解读和体验。商业成功并不代表它必须提供避开霸权力量的选择，因为并不是每一个流行文本在接受和解读时必须被理解为潜在的对抗。不是所有罗莎蒙德·皮尔彻（Rosamund Pilcher）的小说都想要反抗，也不是所有《打赌》（*Wetten, daß*）[1]的观众都致力于对抗。变动的情感和协商所得的意义并不是非要走这个轨道。费斯克认为这是一种误解，但是他书中的某些段落对这一误解并无有说服力的反驳，因此有人批评他，按照市场来决定什么是流行的（参见Kellner 1995；Frith 1996，15页起）：流行取决于商业成功。但是商业上的失败为何不可能在某一些观众那里获得流行？因此费斯克的理念必须更加准确，把反抗性作为通俗文本可能具备的选项。此外，文化电影的例子表明，非通俗性文本赋予了亚文化观众群价值和不同的意义。[2]费斯克的方法中带着不必要的限制性，如果站在各自的观察角度，从建设性上来看待反抗则可以摆脱这种局限。[3]

费斯克认为，一个通俗文本既为文化工业的经济利益也为从属者的文化利益服务。"通俗文化从下而来，从内而

1　这是德国非常流行的一个挑战极限的综艺节目。——译者注
2　最知名的例子是罗基恐怖照片展（Rocky Horror Picture Show）。关于邪典电影现象的研究，参见郝伯曼和罗森鲍姆的《午夜电影》（1998）。
3　格里高利·巴特森对观察问题的解读，参见布赖德福特·科尼的《变迁的审美》（1987）。

来，而不是如一些大众文化理论家所想的那样，自上和自外而来。通俗文化始终具有处于社会控制以外的元素，逃离或者对抗霸权力量。它永远是矛盾的文化，永远充满从属者创造社会意义的挣扎"（Fiske 1989a，2页）。他认为基于通俗文化需求的力量，把文化商品转化为文化资源，在这个过程中将文本的意义和愉悦多样化，避开文本本身规训化、霸权化和标准化的努力，把文本"抢来"收为己用。在此，我们必须指明，除了费斯克尤其感兴趣的民众对文本的解读和接受方式，在主导意识形态和话语内部自然也存在着接受和吸收。

费斯克更加精确了"民众"这一概念，在他看来民众不是一个长期的社会类别。"民众、大众、大众的力量，是跨越所有社会类别的移动的集合。不同的个体在不同的时间属于不同的民众构成，他们的变动经常是流动性的。'民众'作为忠于社会的移动集合，与其用外在因素比如阶级、性别、年龄、种族、宗教或者财产来描述，不如用人们的集体感来描述"（Fiske 1989b，24页）。这并不排除"民众"和某个社会类别比如"阶级"有相交点。但是，它们之间并没有起决定性作用的社会结构关联和文化关联。费斯克认为后结构主义意义上的主观性是游牧式的主观性，在这个复杂多样的当代社会中柔韧灵活地游走，根据问题和情况结成不同的联盟，然后改变，接着再重新结盟。

费斯克将通俗文化研究的核心部分归结于米歇尔·德·塞托的日常生活理论（1980；英文版，1984；1988）。在他的理论中，日常生活是强者策略和弱者计谋之间的碰撞。当权者创立"地点"（比如学校、购物中心、工作岗位等），而弱者则尝试在这些"地点"为自己创造自由空间。这并不仅仅指空间上的自由空间，更是如何对待文本的自由空间。这样，人们在读一本书时，会敬它、爱它、体会它。阅读方式，与文本的想象型相处方式，是读者的世界。德·塞托认为日常结构正体现在对那些强加系统的使用中，但是这种使用可以是狡诈、多智和充满创造力的。不同于亨利·列斐伏尔的《日常生活批判》（1977），或者劳丽·泰勒的悲观之作《打破日常的尝试》（1977），费斯克与德·塞托一样坚信系统的弱点以及从属者的力量。

尤其值得注意的是他把消费看作积极生产和创造意义。在日常生活文化中，商品转变为资源。贫穷之人往往更加富有创意，能够进行计谋型的攻击，找到系统中的偏离。他们的计谋大部分都不可见，没有物质形式，仅仅存在于反抗的那一个瞬间。通俗文化的艺术在于将文化工业的产物变为己用，游走于生产和消费之间。人们为了达到这个目的使用各种狡诈甚至欺骗的手段，系统越复杂越缺乏全局概览，各种手段则越容易成功。

费斯克描写了如何将购物中心在很短的时间内分隔成多个可以被"弱者"控制的空间。尽管购物中心的设计初衷是消费，但消费者可以根据自己的需求来使用它。德·塞托认为官僚主义的理性本身就为颠覆提供了素材。费斯克举了詹姆逊（Jameson 1986）关于洛杉矶博纳旺蒂尔酒店的分析作为例子，一般人在这家酒店里根本无法辨明方向，它是如此地不明朗和无规则，超出了个体可以接受的程度。詹姆逊觉得这个酒店是对全球化的晚期资本主义分散性权力网络的最好讽喻。人们已经无法从认知和想象上把握这个网络了。不同于资本主义的早期，当今资本主义的结构和社会不公不再那么显而易见。

费斯克在这里看到了新的行动可能性："晚期资本主义进一步转向多国家化，超越了国家和民族，系统变得如此遥远、疏离、无法理解，以至于它控制和指挥日常生活细节的力量以一种矛盾方式萎缩了。所以，后现代的博纳旺蒂尔酒店对它的使用者而言是一个混乱、无规则、碎片化、瞬息、断裂的空间。建造和管理购物中心的系统秩序一直面临被使用者转变为无序的风险，以街角小店永远不可能获知的方式"（Fiske 1989b，43页）。在后现代社会不存在那种严格规定主体位置和决定社会矛盾的秩序。系统的策略未必始终比"人们"的计谋有效。制造社会差异的尝试必然导致社会多样性以及僵化结构的再次流动。[1]

迄今的讨论已经明确，费斯克眼中的通俗文化是对主导文化的一种反应。它通过对并不属于自己的资源进行想象性使用，来生产一些属于自己的东西。费斯克认为通俗文化不是主导文化的一部分，但是具有主导文化的一些痕迹，和主导文化紧密相连。除此之外，与其说它是一种状态，不如说它是一种过程，在这个过程中可能性被实现或者被抛弃。

费斯克对定义的重新解读经常受到批评。道格拉斯·科尔纳（1995， 33页起）从法兰克福学派的角度出发，批评费斯克和其他文化研究的代表人物，没有充分考虑到文化工业

208

---

1 费斯克（1996a）在较晚的文章中以洛杉矶的去中心化和大城市中不同的种族群体为例，指出在城市中心和边缘的区别之地——在他看来，这也象征着一致和区别——有着大量多样的拥有多维度关系的次级中心。"在这个背景下，西班牙移民和韩国移民、西班牙移民和黑人的关系比西班牙移民与白人的关系更加显著，甚至西班牙移民内部的关系比跨种族关系来，其复杂程度毫不逊色"（Fiske 1996a，54页）。

的产品来自"上层"，观众只是预先制作的信息的被动接收者。费斯克等人使用通俗文化这一概念的方式让人以为这个文化是由"民众"及"人民"制造的。科尔纳提出"媒体文化"（Medienkultur）这一概念。但是媒体文化一词也已经被使用过了，也就是说很多人脑海中自有其含义，即文化工业中由媒体传播的产品，因此这一概念也必须被重新定义，因为对媒体产品的接受和理解在一般意义上并不属于媒体文化。因此，我们更倾向于费斯克的尝试，用我们熟悉的方式来描述通俗文化。

209 　　除此之外，很多人批评费斯克将通俗文化评价得太过正面。以《达拉斯》为例（Fiske 1989b，44页），费斯克认为这个剧集可以在主导意识形态的框架内愉悦地接受，但是他完全没有对充斥于《达拉斯》和社会中的"资本主义、消费主义、性别歧视和种族主义"提出质疑。按照他的解读方式，剧集中的矛盾也未被激活。"但是如果阅读无法激活矛盾——也就是说和霸权主义策略保持一致——这便不是通俗文化的一部分：它们是权力集团的同谋，反对不同形态的民众"（Fiske 1989b，44页）。主导阶级的成员在特定情况下也可能制造民众的意义和愉悦。可见，费斯克没有用文本、主体或者社会群体来限制通俗文化。他认为通俗文化存在于观众和文本实践中，由两者话语的方式构建。

　　布迪厄（1982）描述的无产阶级文化在费斯克看来只是通俗文化的一种可能形式，由社会阶级关系中的从属者决定。民众和无产阶级有一定程度的交集，但是处于不断地重新组成中，因为它并不仅仅诞生于社会阶级的环境中。费斯克建议把布迪厄关于从属者和对其文化的分析也放到其他社会斗争和从属关系中观察。"但是阶级并不是统治者—从属者关系中唯一的轴，在阶级内部有许多不同的民众形式。即便认识到了阶级和文化之间的互联性，我们也没有必要将它们绝对地互相关联。[……]布迪厄的工作是有价值的，因为在对无产阶级文化的认识中，他揭示了文化实践是从属者特有的忠诚。女性，无论是哪个阶层，可能也的确在某种形式上'参与了'肥皂剧，这和布迪厄指出的无产阶级文化特征平行，也可以把它一般化为从属者文化，或者民众文化"（Fiske 1989b，46页起）。

在实践中，通俗文化是从属者表现创造力的机会，他们用自己的方式使用系统赋予的资源，生产自己的意义和愉悦，创立和保持自己的认同。如同葛兰西和德·塞托，费斯克也认为战斗的比喻最适合用来分析日常生活文化。研究者或者评论家的任务并不在于挖掘一个文本中潜在的真实意义，或者将它的偏向系统化。"甚至，这是在社会形态中追逐权力的游戏，在这个权力游戏中，所有的文本都有暗示性，通俗文化永远在从属者一边"（Fiske 1989b，45页）。费斯克认为文化研究必须是批判的和解放的。

总而言之，费斯克对于流行的理解来源于文化实践的解读，他研究了文化实践的矛盾特性。他没有遵循对文本的解释学分析或者意识形态批判型分析，没有深究文本的意义和结构。尽管如此，他非常看重文本，这是为了研究文本在不同社会环境下的有效性，确定和解读文本的潜在意义。他认为，最重要的不是"什么是文本，而是人们如何使用它，文本是如何运作的，如何被使用的，以及不同社会形态是如何尝试对文本进行不同的使用"（Fiske 1993b，13页）。他认为不能把文本

210

从社会运转过程中脱离出来作为单独的变量来观察。文本不是私密、孤立、可单独处理的实体，尽管很多学院人士用这种方法来分析文本[1]。文本是意义的社会运转的一部分，决定了文化的流行特征，也是社会经济流转的一部分。费斯克的文化研究不关心文化和社会结构之间的界限，因为他认为，文化和社会结构之间是深刻且紧密相连的。[2]

因此，不能简单认为费斯克仅仅从观众的角度来定义通俗文化（参见Carroll 1998，236页起），或者认为他脱离不了新古典主义生产者和消费者的经济模型，将媒体的互动从社会整体行为方式中排除（参见Lash 1996，252页起）。相反，费斯克的兴趣正处于不同社会约束的文化实践当中。

211

生产型愉悦

民众的愉悦必须从霸权式的愉悦中区分开来。它是在对抗权力的过程中产生的，权力可能是由社会、道德、审美或者文本而定。权力始终尝试控制和推行规训。费斯克提到历史上的通俗愉悦和狂欢愉悦不在社会规训之下，它们破坏和威胁规训。在社会中，民众的愉悦往往被低估、被非法化，被置于社会规训之下。[3]

费斯克一方面总结了影响力和自我意义的创造，另一方面

1　他对一个访谈中学院人士的这一解读表示了怀疑："通过分析文本，我们可能对它的界限得出完全错误的解读。学院批评家经常吃惊于人们处理文本的各种方法"（Fiske 1993b，13页）。

2　美国新文化社会主义持类似看法，参见理查德·哈维·布朗（1991）。

3　参见托尼·贝内特，科林·莫塞和珍内特·伍拉科特出版的文集《通俗文化和社会关系》（*Popular Culture and Social Relations*，1986）以及斯塔利布拉斯和怀特的历史研究《犯罪的政治和诗学》（*The Politics and Poetics of Transgression*，1986）。

强调了逃避社会规训和权力集团制定的条款所带来的愉悦。民众的愉悦一般而言基于从属者共同的社会联系。它只存在于特殊的、受空间和时间限制的社会背景、时刻和实践中。

费斯克（1989b，50页起）将民众的愉悦分为两种：回避和生产。他拾起了巴特和巴赫金的设想，愉悦并不发生于文本中，而是发生在文本遇见读者的时刻，即发生在体验中。他没有研究文本是什么，而是研究文本干什么（Fiske 1987，227页），文本给读者哪些可能性，来再现世界并与世界相处。巴特说到文本的经济性，意义和愉悦被着重强调并带入流转中。巴特的想法和威廉斯把文化作为过程的理论不谋而合。

此外，巴特在《文本的愉悦》（1974）一书中，把愉悦分为欢愉（plaisir）和享乐（jouissance）。费斯克认为欢愉是指社会认同被认出、被确认和被商议时的愉悦（Fiske 1989b，54页）。两者都可以发生在主导意识形态的框架内；同样，主导意识形态和与此相关的主体位置也可能被拒绝。这一区别非常重要，因为费斯克经常被批评，认为他把愉悦不加区分地看作反抗的。[1]事实上，他在研究巴特时已经指出，愉悦不仅存在于主导意识形态中——比如传统好莱坞电影中的男性愉悦——也可能来源于反对主导社会价值的身份的确认。因此费斯克非常看重欢愉这一类别，而巴特因为主要研究高雅文学，所以更加看重享乐。对消费电视节目的愉悦而言，欢愉

212

---

[1] 卡罗尔（1998，238页）和海普（1998，101页起）提供了两个最新的例子，来说明这类不在点子上的批评。他们其中一个断言观众永远站在意识形态信息的对立面，即费斯克颠覆了阿尔都塞的理论。另一个将费斯克关于愉悦的分类看作霸权主义的对立，但是并没有区分主导意识形态内部的愉悦和通俗文化的愉悦。两者都没能识别出福柯和葛兰西的影响对费斯克如何解读通俗文化所起的决定性作用。

是在日常生活中可以用不同方式获得的愉悦。"欢愉是复数
的：大量不同的社会身份要求我们考虑各式各样的欢愉，但
是享乐却只有一个"（Fiske 1987，228页）。这种文本愉悦的
形式在费斯克看来是基于政治和社会的。在与文本互动的过
程中，潜在地具备多种多样的实现方式，他看到了对文本所
偏好的意义的霸权力量的抵制（参见Müller 1993）。决定性的
是享乐可以由主体自己来创造。"生产这一愉悦要求能量和
自信，这就需要在回避型愉悦和生产型愉悦之间建立一种联
系：回避型愉悦生产的能量和授权是产生自我意义的基础，也
是产生社会关系的基础，这些社会关系可能会通向政治上的积
极对抗"（Fiske 1989b，54页起）。

享乐是愉悦的第二种形式，它诞生于文化的毁灭。这
并不意味着对社会离经叛道，而是离开习以为常的熟悉的框
架，决定对自己和对世界的解读。享乐，让人联想到销魂、狂
喜，甚至超越，与意义和意识形态明显保持距离。巴特认为这
是用身体在阅读，是和文本融为一体的时刻。比如青年人，当
他们想要脱离成年人对他们的束缚和过分要求时，尤其享受与
媒体文本互动时带来的身体愉悦，比如听大声的音乐，或者观
看恐怖电影。[1]肥皂剧对情感的表现可以通过"靠近"在观众
中引起强烈的情绪。玛丽·E.布朗（1987）曾提到过"好的哭
泣"是在当下的强烈的情感升华。

费斯克将这些论点进一步加强，他把意识形态的特征和
通俗愉悦的特征相比较，通俗愉悦在他的理论中是正面的，和

213

---

1 参见我们关于恐怖电影的接受和吸收的研究（Vogelgesant/Winter 1990；Winter
  1991；Eckert u.a. 1991b；Vogelgesant 1991；Winter 1995）。

受主导意识形态引导的愉悦不同。

意识形态：通俗愉悦

所指：能指

含义：身体感受

深度：表面

主体：身体，身体性

责任：欢乐

意义：无意义

统一：碎片

同质性：异质性

控制的领域：反抗 / 拒绝的领域（引自 Fiske 1987，240 页）

费斯克指出，他完全用字面意思来使用"反抗"一词。回绝给定的社会身份和社会样板，虽然不能对主流社会系统提出质疑，但是至少加强了多样化和不合作的策略。通俗愉悦与社会控制相对抗，总暗示着潜在的偏离和颠覆。费斯克的兴趣在于内部符号学式的反抗和可能的社会变化之间的关系（Fiske 1989a，9页）。他观察了愉悦的微观政治，启发了我们针对往往不可察知的日常生活的策略，正是这些策略导致了日常生活的（细微）改变。

费斯克（1989b，55页）通过贾尼斯·拉德韦的研究《阅读浪漫言情小说》（1984）展现了两种愉悦之间的联系。作者对小说创作环境和小说结构进行了分析，并对生活在美国中西部乡下或中等城市的妇女进行了民族志学研究，她的研究充满

214

大量细节和体验，最后得出的结论是：小说的阅读，不管其内容如何，对妇女们都有着积极的作用。有规律的、充满激情的、忘我的阅读帮助她们和日常生活中的社会义务和关系保持距离，为她们自己在家中创造属于自己的一席之地，因为她们总是完全为家庭而存在，将自己和家庭紧紧束缚在一起。并不固定于某一种文本的阅读实践，对于妇女们的社会情况非常重要，费斯克认为这也是一种生产型愉悦，它会导致熟悉的自我暂时缺失，同时产生一种拥有力量和情感能量的感觉。

在和小说的互动当中，基于社会身份意义的享乐也起到了作用。在拉德韦的研究中，爱情小说将女性价值和男权主义对立，甚至给予更高的评价。比如小说中有许多鲜活勇敢的女主角，她们反抗男性角色的大男子主义行为。除此之外，小说也给女性读者提供知识和指导，应该如何理解男人，如何建立双方都满意的关系。爱情小说里融入了男性具有代表性的体贴和关注，而这些在日常生活中往往是缺失的。因此，小说既具有体现生活实践的功能，也有治愈的功能，这两者都使女性读者变得更强大。下一步则有可能实现把与文本互动时产生的女性意义和价值转移到日常生活中去，比如尝试在婚姻中拓展私人空间，质疑已有的角色定位。"作为授权的结果，以及自身对两性关系给定的意义，读者被鼓励去挑战男权力量，这些力量施加在与丈夫的日常生活关系中，她们被鼓励扩展自己的空间，重新分配自我空间，尽管改变是细微的"（Fiske 1989b，56页）。

布朗（1994）在一个关于肥皂剧的研究中和女性对话，她得出结论，女性们利用这些剧集来对男性的主导表达批评态度。尽管大部分剧集依然是由男性视角所主导，但是往往被女性们通过对话推翻，比如她们聚在一起嘲笑男性角色的行为。对肥皂剧的讨论成了矛盾的愉悦。一方面，女性们意识到自己被压迫；另一方面，她们从自己对于女性文化的从属中获得愉悦，而女性文化对于男权文化处于微妙的隐藏的反抗地位。尽管肥皂剧这个剧种从策略上来看，其本来的目的是让女性认同家庭内的角色，但是布朗研究中的那些家庭妇女通过她们的闲聊网络成功地建立了一个自己的空间，她们在这个空间里享受愉悦，创建与主导价值有微小差别的意义（Brown 1994，175页）。

费斯克强调，这只是一个可能的结果，愉悦和日常社会生活的改变之间并没有明确的因果关系。但是逃避的愿望和制造与日常生活相关意义的愿望紧密相连。费斯克把自我意识看作社会行为的核心前提。"进行不同思考的能力，创建自身意义的能力，创建社会关系意义的能力，是必要的基础，缺乏这个基础，没有任何政治行为可能获得成功"（Fiske 1989a，10页）。他用这种方式来强调，即使是日常生活中极其微小的愉悦，我们也应该认真对待。因为通过讨论日常生活中权力的不平等关系，可以创建新的空间，甚至通向权力的重新分配。在通俗文化的微观政治中，通过创建有功能的重要意义而获得愉悦。如同费斯克（Fiske 1989a，57页）指出的，这些意义必须是可以直接在日常生活中实践的。就用于生产而言，只有这些与个人的日常生活有直接关联的文化文本才适用。

在此，狂欢节式愉悦就有着特别的意义。巴赫金（1969，1987）眼中的狂欢节式愉悦的特征是嬉笑、过度、坏品位和

216　社会距离的相对化。狂欢节带来了高雅文化和低俗文化的碰撞，将这个矛盾世界变成了一种官方文化。费斯克认为，当今的媒体，尤其是电视，正是给它们的观众提供这种狂欢节式的、进攻性的、身体上的愉悦。

　　在一个关于游戏厅视频游戏的研究中，他发现注意力的深度集中和身体对于游戏的完全投入带来一种忘记自我的状态、情感上的兴奋[1]，以及另类的身体感受，将愉悦和狂欢节式的自由联结起来。人们玩的时间越长，所获得的"奖励"也越多。在玩游戏的过程中，人们控制了机器，也控制了与之相关的意义；人们建造了一个与日常生活相对的世界，不需要如同在日常生活中那样臣服于各种社会控制。另一个例子是电视里面的摔跤节目[2]——极度的身体狂欢——因为作为体育中的滑稽运动，摔跤充斥着规则的破坏、荒谬和丑陋的身体，或者如巴特（1964）的描述，极度的戏剧化的血腥姿势、折磨和下流。[3]体育讲究公平的规则，但是摔跤和公平毫无关系。摔跤场上的格言是"以眼还眼"，即使必须破坏规则也在所不惜。甚至经理人本身都可能加入比赛，赛场和观众的界限经常被打破。"电视摄像头对着拥挤的人群，抓拍那些和摔跤选手一样疯狂的人。观众和景观之间的区别被废除了，所有的参与者都融入了这个倒转的怪诞的世界"（Fiske 1989b，86页）。

1　在对电脑游戏进行的民族志学研究中，我们得出了类似的结论。我们识别的玩家类别有着以下特征："注意力完全集中，自我控制和必需的快速反应能力，这使得玩家必然处在一种状态当中，即场地完全退居次要，符号的直接顺序和所需的反应占据了完整的注意力。游戏的内容不再是玩家获得电脑游戏愉悦的源泉，而是符号的闪耀和身体的反应和状态。某种程度上，他是用身体而不是用理智在玩游戏"（Eckert u.a. 1991a，251页）。

2　此处摔跤特指观赏性摔跤比赛，而非竞技性摔跤。——译者注

3　关于电视中的摔跤类别，参见巴赫麦尔/克瑞斯（1996）的媒体分析。

更何况坏蛋和不公平竞赛的人比那些守规矩的人赢面更
大。"这是一个'荒谬的现实',和社会秩序理想化的'主流
真相'矛盾:不同于官方的意识形态,许多从属者的经历是
那些不公平的'丑陋'的人获得成功,而'好人'则往往失
败"(Fiske 1989b,87页起)。不同于体育,摔跤的失败者会
被侮辱和贬损。摔跤选手往往有着难看的不规则的身体,完全
不符合对完美身体的运动审美。荒谬和夸张使它成为一种景
观,观众会惊奇、鼓掌或者吹口哨。遵守规训的身体象征着社
会秩序,而荒谬的身体则对社会秩序提出质疑:"因此身体的
荒谬、进攻性和肮脏应该成为入侵、反抗和丑化社会秩序的
方法"(Fiske 1989b,97页)。在电视摔跤中的身体表演也具
备现代社会中不可避免的规训性[1],通过夸张和夸大来实现超
越,使日常生活的所有规范都展露无遗。这使观众获得与这些
规范保持距离的可能性。在这种狂欢节式的活动中,电视体育
的规则被卡通化和戏仿了。但是费斯克反对把狂欢节看作一个
塞子,通过这个塞子的打开,会在一定时间内产生一个自由空
间,以此实现更加有效的社会控制。费斯克更加强调通过这些
现象看到西方工业社会受困扰的、反抗的和民众的力量。

现在在电视里几乎已经看不见其他节目——比如《蒙
提·派森的飞行马戏团》(*Monty Python's Flying Circus*),它
和摔跤一样完全符合巴赫金对狂欢的定义。在电影界也同样如
此,比如越来越注重特效的暴力电影或者来自香港的动作片。
费斯克看到了带有狂欢元素的后现代风格越来越重要。"关键
在于使用对从属者而言自由和赋予他们权力的语言。它与狂欢

1 参见阿洛伊斯·汉恩(1986a)和布莱恩·S.特纳(1996)关于身体规训的研究。

的类似之处在于符号的实质性、它的过度性和它提供好品位的能力（比如布尔乔亚品位）"（Fiske 1987，249页）。而且这种风格也邀请大家来参与，费斯克举了《迈阿密风云》的粉丝作为例子，他们把自己打扮得和两个主角克罗克特（Crockett）和塔布斯（Tubbs）一样。另外，还有"麦当娜的粉丝"。[1]

这种风格通过导演自己的身体获得身份，使自身也令人瞩目。在传统的好莱坞电影中，男性视角总是占据主导地位，掌控一切，而电视则让观众有更多的参与可能性。"在电视狂欢之中，视觉外观的两种愉悦无法区分：外观带来的参与性，外观毁掉了主体和客体之间的权力差别，为从属者制造了赋予权力的快乐"（Fiske 1987，264页）。

费斯克对生产型愉悦的分类为媒体效果研究和媒体消费分析打开了新的领域。一直以来，这个领域充满了逃避主义以及正面愉悦的概念。费斯克并不像某些批评家说的那样，力捧愉悦或者反抗本身。因其采用了福柯式的观察角度，他关注的焦点自然而然更多地落在了生产型愉悦上，因为它是反抗权力的。为了避免更多的误解，有必要在文化研究范畴内对正面愉悦也进行符合社会背景的实证研究，这样才能更好地把两者区分开来。[2]

---

1 关于麦当娜政治，参见温特（1992，109-117页）及科尔纳（1995，263-296页），施威茨腾伯格（1993）的《麦当娜联系》，以及关于麦当娜迷的实证研究（Schmiedke-Rindt 1999）。

2 与此相关的一个重要实证研究领域是在德国开展的关于极右青年对媒体的使用（参见Eckert u.a. 2000）。

民众的判断力

费斯克在他的早期研究中就已经指出，文本需要具备哪些特征，才能让具有不同社会关系的观众把它作为民众的文本来使用。具备这些特征的文化工业的产品在他看来是"脱缰的"，是日常生活中的"非规训性"，将民众经历印刻在等级化和权力组织化的社会中。在"高雅文化"中，书面文本变得如同巴特所说越来越"陌生"而无法企及，它对读者有较高的要求，才可能使其对这些文本进行重新解读。而通俗文化的生产性文本并没有这个距离感，更多的是社会经验的相关性结构将文本和社会互相联系起来，成为民众生产性的激发源。"通俗文化对于那些试图控制它的人而言永远是难以攀登的高山（无论控制是出于经济原因、意识形态原因还是规训原因），其游击队式阅读对于系统结构而言非常必要"（Fiske 1989b，104页起）。

被提供和流通的商品也需要被消费者认可为可用资源。它能够流行的条件是可以用其他方式，甚至反抗的方式来使用它。"自上而下的权力策略只有在遇到反抗、遇到自下而上的权力计谋时，才开始自行运转。通俗文化充满了矛盾，这些矛盾中的'反抗'元素来自生产者式的读者对（并非心甘情愿地）生产者式的文本的阅读"（Fiske 1989b，105页）。因此，费斯克分析的中心问题是文本为民众反抗性的解读方式提供了哪些链接？文本本身具有哪些矛盾，哪些意义逃过了霸权控制网的监控？尤其是那些一般极少引起批评家关注的文本，比如游戏秀、肥皂剧或者侦探剧。它们在观众中的受欢迎程度和严肃批评家对它们的评价正好成反比，这表明它们正是通俗文本。它们往往有多重结构，充满矛盾、俗套和夸张的元素，但是非常通俗易懂。这些正是它们能够在社会上受到欢迎、填补漏洞、统一意义和制造自身身份和文化的前提条件。这样，文本特定的阅读方式和使用方法就能够生产出一个社会身份；相反，社会身份也会产生某种特定的阅读方式。

比如麦当娜在"性别政治"中的角色取决于她的文本以怎样的顺序引发了哪些意义，这些文本在怎样的社会环境下被接受，通过意义的激活产生怎样的身份。只有在社会流通中，文本才能获得多样的矛盾的意义。"所有麦当娜的文本——初级、次级或者三级层面——都不是足够或完整的。麦当娜只是意义和愉悦的跨文本流通；她既不是文本也不是个体，而是过程中的一系列意义"（Fiske 1989b，124页）。因此跨文本能力、对文化框架的知识和话语，以及彼此的联系对于民众生产性和创造性的发展起决定性作用。[1]

费斯克认同威廉斯关于文化作为过程及意义流转的综合性定义，也接纳了巴特对于愉悦和快乐感受作为核心的观念。此外，他还引用了布迪厄关于底层阶级的文化研究《微妙的区别》[2]（*Die feinen Unterschiede*，1982）。在阶级分析过程中，他发现底层阶级不区分审美生活和日常生活。无产者完全融入自己的文化，而知识分子市民阶层则对日常生活保有审美距离，对文化对象抱有崇敬心理。费斯克认为布迪厄的分析对民众文化也适用，尽管通俗文化不仅仅是阶级权力斗争，而更

1　参见延金斯（1992）和温特（1991；1995；1997c）关于粉丝的研究。
2　即《区隔：判断力的社会批判》。——译者注

多的是整体上反对规训秩序。通俗文化的参与者并不主要与阶级有关，而总是与利益和日常生活的重要性结构有关。

费斯克（Fiske 1989b，141页）和布迪厄都认为参与通俗文化是自身身份的表达，是社会形态和个人之间的关系，以及共同经验和与他人团结。通俗文化文本往往充满空隙、矛盾和不恰当之处。美学家可能把这称为错误，"这些错误使通俗文本能够邀请读者进行生产性阅读；它允许在不同的背景下有不同的表达，不同的时刻有不同的解读，但是这种自由始终在与尝试限制它的文本力量和社会力量进行斗争"（Fiske 1989b，126页）。民众的愉悦在于主体能够在各自的社会本地化情境下生产与他们日常生活相关的意义。他们的社会生活条件和文本本身的特征决定了选择过程。通俗文化的形成一方面离不开文化工业所提供的文化自选；另一方面在于文化消费者的日常生活。文化资源必须有联结点，在文化和社会环境中取得回应。文本的重要性无法作为文本质量特征直接得出，因为它的重要性是一种潜在特征，取决于与文本互动的时间和地点因素。当自身的经验和文本互动中创造的意义碰撞出火花，那么通俗文本就形成了。"民众读者按照自身意愿把表征世界投射到文本中去，然后自己选择意义和愉悦。当日常生活经验和文本表征世界发生矛盾时，社会意义和文本意义就会产生冲突；社会意义占据主导地位，因为社会生产的意义在我们与他人的日常生活的互动中，始终通过奖励和惩罚得到不断加强"（Fiske 1989b，133页）。重要性作为一种质量特征，在读者阅读和接受文本时被激活。

前卫文本在当前给定的社会环境下永远不可能流行起

221

来，它正是通过和日常生活相关性的缺乏来表达其极端。费斯克认为社会变化只能缓慢进行，首先要在社会生活的微观层面上争取更多的自由空间，并加以保护和扩展。并不是所有文本都适合，因此关键在于找到适合的文本，它可以提供摆脱霸权桎梏的可能性。"通俗文本，为了能够流行，必须和大量社会背景下的大量观众有相关点，因此它必须多义，对它的阅读必须和背景相关，由阅读的社会背景所决定"（Fiske 1989b，141页）。

费斯克继承了德·塞托的观点，认为生产性和创造性来源于对工业文化资源的使用。他举了大量的例子来说明，不同的社会形态尝试将文本根据自己的利益来使用。民众对文本的接受实践往往是对个别时刻和场景的筛选。只有那些符合自己利益的才会被接受，通过这种方式绕过文本本身被打上的意识形态烙印（Fiske 1989b，144页）。民众对文本的使用并不是由文本所偏好的意义决定，而是由与社会形态相关的意义、与日常生活连接的意义决定的。

费斯克认为霍尔的发声模型比"编码—解码模型"更加适用于分析这一过程。"文本想要变得流行，就必须'说出'读者之想，必须允许这些读者在表达的过程中参与进来（因此文本必须有多样表达性），让他们构建和发现与自身社会情境的相关性"（Fiske 1989b，146页）。他得出了结论，日常生活文化和主体的位置决定[1]了对媒体文本的消费，尤其是对电视的消费，而非相反。

考虑到日常进行的大量关于媒体文本的对话，比如讨

1　这里的"决定"是指威廉斯（1977b）意义上的"设定边界"和"确立边界"。

论、选择、评价以及与自身的关系，那么，我们的身份认同，我们与其他人的界限，当中有多少是通过这种实践才产生的呢？民众的判断力更多地在辨别的过程中产生，而不是仅仅由身份决定。社会经验只有在和表达类似经验的通俗文本互动时，才能具体并可用。因此我们还要更深刻地理解费斯克的观点，研究社会关系或者身份观念如何通过文化实践而形成。

通俗文化的政治

最后费斯克强调了通俗文化的政治意义。他并不认为通俗文化是一股革命性力量，但是可能是一种进步力量，致力于保持社会差异、表达其他意见和相反意见（Fiske 1989b，161页）。在日常的微观政治层面，它可以扩展自身的生活环境，以此扩展受限的权力关系下自我决定的空间。"这两种权力之间的争吵——对自身生活环境的权力和对限定性结构的权力——就是日常生活的斗争"（Fiske 1993b，8页）。在这个斗争过程中产生了权力的分配，导致了当前权力关系的转移。毫无疑问，他的政治纲领接近于马克斯·韦伯。[1]在《政治作为一种志业》一书中，韦伯得出结论："谁从事政治，谁就渴望权力"（1980，507页）。政治行为中首要的是权力的分配、掌握和追求。当然，费斯克用符号学方式来表达政治概念，比如他认为意义是社会斗争的产物。这是非常重要的一个观点，因为它将费斯克的通俗文化研究和其他类似的研究方法区分开来，却往往被人忽略。

---

1 参见多尔纳（1999）。

223　　　比如理查德·蒙叙（1998，58页起）在他关于费斯克
的文章中忽略了费斯克和福柯的争论。因为他致力于通俗文
化，尤其是反主流文化中解构的破坏性形式，从而忽略了费
斯克感受到的微观层面上的斗争。费斯克首先关注的是从属
者，而蒙叙认为费斯克的理论由"主导文化与反抗的传统—现
代模型"所决定。蒙叙举了柏林的电子音乐节"Love Parade"
（爱的游行）为例：从一个破坏性的文化场景变成一个巨型的
商业化节日。他认为当今的文化带着"大量商业化和个人本能
需求这一后现代模式"的深刻烙印。这一矛盾自然有着自身的
解释力[1]，但是蒙叙没有把握住费斯克的核心观点。不同于蒙
叙或者伯明翰中心，费斯克没有把焦点放在轰动壮观的亚文化
上，而是放在更小的、常常隐藏于日常生活中的细微改变，它
们的局限性和对高层结构的依赖性显而易见，它们提供的可能
性也同样明显。文化实践对于费斯克而言，是微观层面的创造
过程。处于中心位置的并非归结于本能的自我表演，在这一过
程中，意义和愉悦着力于经验、身份和社会关系的不同而得以
创造和流通。费斯克观点的批判性在于，它并不从文化再生产
和社会关系再生产的角度来看待文化消费空间，而是从转变的
角度来看待。如果使用小赛威尔（1992/1998，192页）的理论
来理解结构，那么结构是一系列互相支撑的模式和资源，它们
赋予社会行为力量，也可以限制它们，以此在社会行为中重
复生产结构。但是这一过程不是无限进行的。"结构处境危

1　埃克特和温特（1987）持相似观点，现代通信技术为兴趣的多样化和意义世界的丰
富多彩做出了贡献。作者区分了"我"以外的无所不在的世界和特殊文化。在特殊
文化中，私人关系联结，私人身份形成。随之而生的是商业化、符号的泛滥和表演
模式，这些都是对特殊化产生的反应。

险，尤其在某些范围内，在它们构成的所有社会遭遇中——因为结构是多样和交叉的，模式是可换位的，资源是多义且无法预知的积累"（Sewell 1992/1998，192页）。小赛威尔和费斯克认为行为力量即行为者对于他的社会环境和关系具有一定的控制力。戈夫曼（1977）认为行为者在他们各自的环境中拥有文化解读框架，可以获得文化资源和物质资源，将它们组合和解读。也就是说他们在一定程度上也能改变社会关系。这一观点在费斯克晚期的作品中尤为明显。

在关于通俗文化的研究中，费斯克强调发展一种"积极的民众愉悦理论"的必要性（Fiske 1989b，162页），这种必要性至今只存在于理论。[1]在探讨媒体接受理论、通俗文化和民众文化的过程中，费斯克更加注意到了这一空白点。他批评到，不应该把从属的社会形态简单看作被动、缺少文化、被意识形态遮蔽、用扭曲的形式表现社会关系；更重要的是分析它是如何在日常生活实践中对待从属者的。"但是这一看法的消极方面在于没有意识到民众的不妥协，他们无数次计谋性地进攻和反抗，他们顽强地紧守对差异的感受，他们抗拒不断插入的布尔乔亚意识形态"（Fiske 1989b，162页）。在和公共系统相处时，文化多样性避开了意识形态不可调和论；避开了"生活世界丛"[2]中的花招、妙招和把戏，它不是什么策略的结果，但却是"人们"在对"权力集团"抗争时不可或缺的一部分保留节目。当从属者团结起来共同"反抗"时，也可以实

1　在盎格鲁-撒克逊区的讨论中，"愉悦的政治"在文集《愉悦的形成》（*Formation of Pleasure*，1983）中首次出现。詹姆逊在他的文章中确定了愉悦和乐趣的政治维度。关于在德语区的讨论，参见温特和戈特里希（2000）。

2　关于这一概念，参见马蒂森（1983）。

现累积式的政治行为。费斯克认为反抗不是一种本质，而是一部分关系，权力也归属其中。换言之，只有当文本接收人明确了解文本的主导意义时，媒体文本的累积意义才可以被理解为反抗（Fiske 1989b，168页）。

费斯克确信在文本中找不到通俗文化，因为它寄身于日常生活实践中。"通俗文化的文本和源头有着很多不同的流动方式，常常是国家化的，始终围绕着多种多样的社会形态"（Fiske 1989b，174页）。它基于媒体的流动（社会互动、电话对话、电子邮件等）、文本和读者之间的"对话"过程，以及读者和读者之间的对话。

值得注意的是，主体也可以拥有多个互相矛盾的主体位置。费斯克采用格罗斯伯格游牧式主体的观点，认为主体在后现代不再具有一致性，他们根据需要更换彼此互相矛盾的身份。"不仅是个体的碎片化，更是功能的碎片化，它表现为在时刻变化的位置和组织之间作游牧式的漫步。[……] 我们需要一个词汇表来描述游牧式主体性不断变动的互相矛盾的部分关系，一个在不同航向上不断移动、不断改变自身形状，但是始终拥有某个形状的主体"（Grossberg 1987，38页）。比如当我看到麦当娜的身体而感受到偷窥的愉悦时，我可以认为麦当娜是父权主义主体，或者当她的文本高于这种欲望时，我也感到愉悦。"既有主体内部的积极矛盾，也有社会经验内部的积极矛盾；既有文本内部的积极矛盾，也有用来创造意义的话语权资源内部的积极矛盾"（Fiske 1989b，181页）。

这些矛盾要求主体主动和通俗文本接触，制造与日常生活的相关性和自身的意义。费斯克一直强调通俗文化的主体并不接受已经生产完成的意义，更不是如某些大众传媒理论认为的"文化傻瓜"。这些理论虽然可以分析"权力集团"的策略，却分析不了文化和社会进程，在这一进程中先进工业社会的通俗文化以一种非常复杂且充满矛盾的方式诞生。"在复杂社会中，民众文化是从属者的文化，他们憎恨从属的角色，拒绝接受他们的地位，也拒绝为维持从属地位添砖加瓦。[……]他们在经济和社会上的匮乏不能剥夺他们的不同之处，以及他们反抗和规避主导他们的力量"（Fiske 1989b，169页）。费斯克的兴趣在于掌握自己生活环境的游击战争，他们超越了社会的限制，扩展了自己的行动能力。

　　费斯克不认为所有媒体接受的形式都是反抗的。他也没有简单地把所有的民众阅读方式归为进步，尽管麦克盖根（McGuigan 1992，72页）如此批评他。他批评到，费斯克没有考虑到文化的政治经济层面。这其实是麦克盖根的错误期待，因为在《电视文化》一书中就可以看出，费斯克并不想完成一个关于研究对象的无所不包的理论（McGuigan 1992，71页起）。费斯克继承了福柯的传统，着力于用全新的视角来感受当代的通俗文化[1]，把它作为问题来分析，把它的强迫性和局限性摆明讲清。同时他也强调了通俗文化的进步潜力。视角的改变导致了对通俗文化的不同看法以及理查德·罗蒂（1989）对它的全新描述。[2]费斯克对迄今为人所熟知的、被

226

1　托马斯·沙弗（Schaefer 1996，81页起）在《理智的反思》中对福柯的批判有清楚说明。

2　新的描述使费斯克的理论更加难以理解，因为通俗文化对于所有人而言都是熟悉和自然的。费斯克却想制造一种新的信任。重要的问题在于，如何获取我们现有的理解。费斯克并没有详细地分析那些不符合他对通俗文化理解的媒体文本相关的经验和实践。因此，有必要开发一个词汇表，来避免一些标准限制。

认为理所当然的通俗文化和民众文化的研究方法进行批评，他反对把通俗文化的描述限制在权力关系的樊篱里，强调了阐明至少部分掌控自己生活环境和增强自己行为力量的可能性[1]。

227

费斯克理论中需要批评的地方在于，他完全没有研究比如商业上失败的，也就是说没有流行起来的文本，是如何对行为力量和赋权做出贡献的。尤其在文本互动的过程中，颠覆性的反对意义和愉悦得以舒展。因此，是否要对此类文本进行特殊的研究，更多地加以区分？这对于愉悦也适用：它们是否只是沉重日常的短暂调剂？还是真的能释放积极能量，共同改变事物？弗里斯（1996，20页）写道："文化作为转变 [……]必须挑战经验，必须艰难，必须不受欢迎。[……]阿多诺在高雅文化中指出的那种乌托邦式的冲动、对日常生活的否定，以及审美的冲动，也应该成为低俗文化的一部分。"

在我们至今对费斯克的描述和解读中，我们非常关注他和福柯的亲近性，因为除此之外无法正确理解费斯克。[2]这意味着要明确他研究中的建构性和特殊性，这甚至是费斯克早期著作中未曾提及的，或他自己都未必意识到的。[3]在他接下来的研究中，费斯克继续发展对通俗文化的政治观点，一方面深

---

1 麦克盖根却没有看到，费斯克靠近后结构主义，对主体性和主体化有着建设性的看法，这取决于各自的文化背景和社会背景。将他简单理解为民族志学则没有真正理解他。麦克盖根（1992，73页）错误地认为："费斯克眼里的人，是一个非常难缠的顾客，始终在协商和策划从任何可想到的情境中获取最大利益。"

2 比如，麦克盖根在批评费斯克时忽略了他对福柯的一个评价，即"对圆形监狱偏执的沉迷"（1992，73页）。因此，全盘接受那些针对费斯克"文化流行主义"的指责是不对的，但是德语区一直没有加以分辨。应该停止不加分辨地认可那些批评，不要让错误继续延缓，但是可以继续麦克盖根的想法，将"文化流行主义"作为德国媒体研究的一个话题。

3 费斯克在早期的工作中并没有强调这一点，因此很容易引起误解。在他晚期的作品中，与福柯理论的亲近更明显。

入探讨从属社会形态的生活关系和控制尝试，另一方面关注当代的权力形态。

4.2.6　权力和对抗权力的游戏

理论视角 Ⅰ

《权力游戏，权力运作》可以被看作是费斯克对于民众研究的延伸和扩展。这本著作将福柯的权力分析，葛兰西的文化斗争和巴赫金对通俗文化的活力、能量和顽强性的研究作为核心。《电视文化》和其他作品中关于通俗文化的例子全都来自欧洲媒体文化，《权力游戏，权力运作》中的重点则已经转移到了美国，因为费斯克从1987年至2000年执教于美国。他之所以会去美国，很大程度上是因为传统意义上的世界流行文化主要发源于美国（参见Fiske 1993a，18页）。当地社会的多样性，尤其是比如《洛杉矶暴动》中表达的种族冲突，改变了他的想法。他开始更加深入地研究美国社会从属形态和经验。

他认为美国已经是没有中心的后结构主义社会，它的现象和经验是如此复杂多样，已经无法使用欧洲式思想中的深层次结构（索绪尔、弗洛伊德或者马克思[1]）来解释。福特式的工业社会（大规模生产、大规模消费、国家经济调控、同质的大众文化），被一种后福特式的、基于灵活性积累和分散化的生产方式所取代。大卫·哈维在他的《后现代的状况》（1989）一书中对此进行了深刻的描述。他的分析对费斯克和

1　费斯克关注这三位作者的结构性阅读方式，他们长期决定了文化研究的讨论方向。

其他文化研究的成员有着很大影响。接下来，我们将从资本主义全球化与文化之间关系的角度出发介绍他的主要思想。

229　题外论：《后现代的状况》——大卫·哈维关于全球化与文化之间关系的理论

在关于全球化现象和当今社会文化意义的分析中，我们往往把当代看作一个历史变迁的特殊时期。1970年代已经开始从工业社会过渡到后工业社会，尤其是在盎格鲁地区，其讨论的重点开始转向后福特主义和后现代主义，特别是在文化领域。[1]人们越来越关注文化现象，因为文化形态和实践遵循这一不可逆转的大变迁，变迁的原因和形式我们将在讨论《后现代的状况》时深入解析。

大卫·哈维是牛津的地理学家和社会理论学家，他的大量研究都围绕始于1972年的政治经济转变和文化转变。一个象征性的转折点是1972年7月15日15点32分，位于圣路易斯（密苏里州）的普鲁特-艾格的现代主义居住区被爆破拆除（参见Jencks 1984，9页）。此外，1973年的阿以战争更加加深了从1960年代起由福特式生产方式带来的石油危机，它在资本主义中心地带转化为利润危机（参见Lipietz 1987，29页起）。其结果是生产过程的改变和新的生产力空间的创立。哈维（1989，

1　利奥塔（1986）在这一讨论中具有介绍性功能："我们的工作假设是，知识在后工业社会、在后现代主义时期的文化中，也变换了状况"（Lyotard 1986，19页）。根据利奥塔，"后现代状况"取决于向后工业社会的过渡以及新的信息和通信技术的引入。

121页）参考巴黎调节学派[1]，认为资本积累的组织方式发生了
改变，与此相关的社会和政治规则也随之改变，即从福特主义
过渡到弹性积累，这与文化领域中"后现代状况"的构成达成
了一致。哈维在这两个领域之间搭建起了明显的联系，比如
关于实践和空间的经验，无论在日常生活还是在艺术中，都
起了绝对的变化，因为资本积累的弹性方式也导致了"时空
压缩"[2]。哈维一方面钻研20世纪后期资本主义的政治经济转
变；另一方面通过文化作品探讨欧洲自启蒙运动以来对时间和
空间经验的改变。

以下分析描述了后现代文化变迁和现代主义的界限
（a），以及经济的全球化转变和"时空压缩"（b），并举例
讨论了后现代的时间和空间经验（c），最后我们会就全球化
与文化之间的关系对哈维的分析进行总结。

从现代到后现代：文化变迁

哈维追随后现代主义理论家，比如苏珊·桑塔格
（1980）、弗雷德里克·詹姆逊（1986），认为后现代变迁[3]
不仅体现在文化生产领域，也体现在审美体验和感受方式领

---

1 阿格利塔作为这一学派的领军学者，于1976年发表他的作品《资本主义的调节与危机》（*Regulation et crises du capitalisme*），他对美国经济进行了研究，深入剖析了福特主义的结构，指出了工业时代正在形成的危机。调节学派的学者认为，政治和文化的关系可以调节发达工业社会的不稳定性。他们不认为经济本身固有制造平衡的倾向。

2 哈维（1989，viii页）指出资本积累领域的变化并非深入到已足够形成后资本主义或者后工业主义社会的地步。

3 与德国长时期的讨论不同，哈维主要使用后现代描述性的概念，而不是对其进行评价。在盎格鲁-撒克逊区也不会如哈贝马斯或者其他与他思想接近的学者一样，将它毫无顾忌地与保守主义同等看待。

230

域。他认为这一历史改变是不可逆的，绝不是一时的流行现象。"但是仿佛后现代主义论点没有消失，反而随着时间的推进更加甚嚣尘上了。和后结构主义、后工业主义，以及其他'新思潮'结合起来后，后现代主义在定义社会和政治发展轨迹时起到越来越重要的作用，比如定义社会重大政治实践的标准"（Harvey 1989，viii页）。建筑、绘画、摄影、文化、电影、哲学等[1]方面的变化，支持了他的理论，哈维设计了一个当代文化话语的场景，尝试发掘这一场景的背景框架、意义构建以及"情感构造"。[2]

为了更好地解释后现代的不同之处，哈维首先阐述了什么是现代，他采用了波德莱尔的作品《现代生活的画家》（1863）中对现代的定义。"现代性就是那些逝去的、那些逃走的、那些偶然的，一半是艺术，另一半是永恒和不变"（Baudelaire 1989，226页）。现代性在艺术领域一直徘徊于现实性和永久性两极之间。

对不确定性、碎片化、可逝性、社会变迁的感受和经验不仅影响了波德莱尔的作品，更影响了19世纪以及20世纪初的作家，尽管他们生活在不同地方，但是同样面对资本主义崛起的社会现实。它表现为通过不断地改变、震动和社会变迁来实现对利益的追求。如同马克思和恩格斯在《共产党宣言》中所说，"所有固有僵化的所有制关系及其老旧的观念会被新的取

1　哈维对后现代话语的表述层次丰富，极具启发性，我们在此只能再现其主要特色，并以一些例子加以说明。

2　分析的迷人之处在于将看起来不同的元素综合起来，理清它们的关系。它们在文化生产中的共同性必然得到突出，细微的差异易被忽视。因此莫里斯（1992）很容易发现后者的缺失，进而对哈维提出批评。

代。一切固有的都将消逝"（Marx/Engels 1848/1959，465页）。

诚然，现代的经验源自传统、文化和事件，正如极端的时间意识内也存在着新的可能，如伯曼所说："现代就是在一个充满冒险、权力、欢乐、成长的环境中找到自我、改变自我、改变世界，同时它也威胁着要毁掉我们拥有的一切、已知的一切、代表的一切。现代的环境和体验超越了所有的民族和地理界限、阶级和国家界限、宗教和意识形态界限"（Berman 1982，15页）。现代性通过自身的"创造性毁灭"（尼采）带来了一个充满矛盾的状态，一方面它将处于同样环境下的人们联合起来；另一方面通过"永久的革命"（蒲鲁东）导致了社会分裂的过程。

这一经验模式在涉及艺术的再现问题时得到了表达。在社会混乱内部表现永久和恒定的努力导致了对再现手段的不断创新，体现了艺术作品的现实建构。"现代主义通过冻结时间的流逝性来对话永恒"（Harvey 1989，21页）。在建筑领域最容易实现这一目标；在绘画、小说和电影领域，蒙太奇手法使不同时空中的元素和效果的结合成为可能，创造了一种共时的效果。

现代主义到后现代主义的过渡阶段在哈维看来并不是现代审美概念的断裂。[1]"尽管如此，碎片化、无常性、间断性和混乱的变化这些特性一直从现代主义持续到后现代主义，一直有着重要意义"（Harvey 1989，44页）。后现代主义没有尝试改变这种现状，也没有尝试寻找波德莱尔式的永恒和持

[1] 哈维不认为现代已经消失了，它只是不再在文化领域占主导地位。类似利奥塔，他举了进入20世纪的维也纳为例，两种文化趋势一直在资本主义中并存。

久，或用审美的方式来表达。它们两者都提倡偶然性、碎片
化、多样性和改变，强调不要单一。哈维举了大量例子来说明
这一点。

比如后现代主义建筑的特点是电的使用以及对通俗文化
的靠近。拉斯维加斯成为榜样，与曼哈顿的现代主义高楼大
厦以及社会廉租房的兴建形成对比（参见Venturi u.a. 1979）。
在文学中可以观察到从认知导向转移至本体论。麦克黑尔
（1987）认为，后现代小说关注的重点不是对完整单一现实的
精确理解，现代主义小说曾经尝试用视角转换来实现这一目
标。后现代主义小说展现现实的极端多样性，彼此互不可分却
又互相矛盾。

哈维认为多样性现实的平行表达也是艺术对社会群
体边缘化和贫民区化的反应，比如大城市的贫民和少数族
裔。"后现代小说，就像是碎片化社会、亚文化、局部传播
模式的比喻，在伦敦、芝加哥、纽约、洛杉矶随处可见"
（Harvey 1989，114页）。世界的多样性也体现在后现代主义
的电影和科幻小说中。比如大卫·林奇的《蓝丝绒》（*Blue
Velvet*，1986）就是有关位于同一地点却无法共处的世界：梦
幻般的1950年代美国小镇风情和充满犯罪、毒品、色情的疯
狂而危险的世界。福柯（1999）把这一现象称为异位移植，
即许多碎片化世界在一个不可能的空间内共存。在绘画界也
有类似例子。

哈维（1989，7页起）以被公认为杰出的后现代艺术家
辛迪·雪曼的摄影作品为例。在她的《无标题电影剧照》
（*Untitled Film Stills*）——主要是1977—1980年的作品——

中，雪曼将传统静物摄影表现得充满了文化想象。这些照片被用于广告或者电影宣传，是后现代文化中的重要元素。丹托（1990，10页）写道："人们一致认为，电影深入我们的意识当中，它的叙述方式就是我们对自己生活的观察。静物摄影是我们自我表达的一个自然形态。在观察者和照片上的人物之间会产生一种认同，仿佛电影就是关于我们自身。"雪曼的照片第一眼看去是许多女性在不同的地方以不同的形式出现，它们唤起了对悲情片、西部片、明信片、芭比娃娃等的联想。但是掌握一定背景知识就能发现，女艺术家本身也出现在每一张照片中。她并不是想表达自己，而是表现我们文化内部不同的女性联想。哈维认为这种表面的可塑性显示了人类个性的可塑性。雪曼作为个人消失于她的作品中，这些绝不是她的个人肖像。"这些是她和其他女性共享的某个身份认同的肖像，是她的低成本电影生活史中的一个想象"（Danto 1990，11页）。

234

除了"自身偶发事件"（参见Rorty 1989），生活方式和语言游戏的偶发事件也决定了后现代主义的话语。哈维参考了福柯对"权力—知识—话语"（Foucault 1976，1977）的分析，以及利奥塔（1986）的观点：社会群由未知数量的异质的语言游戏组成。由此，对被合法化的元理论或元叙事的信任就减弱了，因为它们无法再解释和覆盖所有现象。局部语言游戏通过绑定机构背景、某些活动和地点，将其知识在群体、特殊文化和选举区中进行互相监督从而实现合法化。不同社会背景中的权力关系，以及局部的解放斗争带来了微观政治，颠覆了现代主义观念中的"为了全人类的解放而战斗"的理念。

局部决定论的崛起使人们开始关注"他者"，意识到

"他者"的存在，开始认可一个"多样性的他者，他们从主体、性别和性态、种族和阶级、感受性的时间配置、空间地理的位置和断裂的诸多差异中涌现出来"（Huyssen 1984，50页）。与此相关的是公正性和社会共识互相挂钩的理念（参见Lyotard 1987）。[1]哈维提到青年文化和其他亚文化，使用其他消费文化的商品，来为自己建立一个身份认同。

235   哈维引用詹姆逊（1986，1991）的分析来进一步描述"后现代的状况"（1989，53页）。他尤其关注时间平面的断裂、后现代人格的分裂，以及波德莱尔眼中质量堪忧的现代生活。日常生活的审美被电子媒体所承载，尤其是电视，它不论地点还是时间，把所有的历史性审美风格体系、所有的亚文化统统展现在客厅的荧幕之上，并且以吸引眼球和轰动效应为导向。这种方式带来了表面上的平等的多样化，但实质却缺失了深度并促进了消费主义。

哈维在他的提要中多次提到后现代建筑，它的空间建构充满折中主义和唯美主义的特征。"现代主义者眼中的空间可以为了满足社会目的而被塑形，因此永远从属于社会项目的建构。后现代主义者眼中的空间则是独立且匿名的，是根据审美目的和原则来塑形的，不需要屈就于已然过度的社会项目，它本身也许就能够实现时间上的无止境以及无功利的美"（Harvey 1989，66页）。

此外，后现代建筑起源于两种起决定性作用的技术改变（参见Jencks 1984）。这一方面是对通信关系的改变所带来的

---

1   哈维（1989，103页起）在对后现代思想这一特征的评估中，一直在对他人承认的积极评价与对相对主义、虚无主义以及过度拔高审美的批判之间摇摆；哈贝马斯（1985）和其他后现代主义批评家也对此进行批判。

传统时空界限破碎的反应；另一方面，新的通信技术拓展了社会互动的空间，唤起了新的国际主义，城市内部较之从前更加去中心化和碎片化。而且，新技术，尤其是电脑技术，使得批量生产更加灵活，并且几乎可以实现产品个性化，使风格更加多样，甚至可以媲美19世纪的手工业作品。这样，后现代建筑师和设计师以个性化的方式深入各种不同的群体和品位文化。他们不再遵循元语言的理想形态，而是分散于各种语言游戏当中，以符合不同群体、不同状态的审美和偏爱（Jencks 1984，82页）。

除了采用过去的建筑风格，建筑师们也随心所欲地使用庞大的媒体档案，赋予彼时的历史以此时的意义。后现代建筑的生产者和消费者都明白："我们大家，延克斯说，都在脑海中携带着一个想象博物馆，来自其他地方（比如旅游）的经历，来自电影、电视、展览、旅游手册、流行杂志的知识等"（Jencks 1984，87页）。这些经验汇聚到一起，制造了后现代典型的折中主义，最终诞生了后现代建筑的国际化风格。哈维认为，后现代建筑的特征是对想象和幻想的偏爱远多于现实。它与审美世界的许多经验和实践有着共同之处。后现代主义与通俗文化以及消费主义的亲密关系，对高雅文化和低俗文化的区别作出了挑战。尽管存在许多不同，后现代主义还是对现代主义有延续性，现代主义是现代化进程在审美领域的反映，因此哈维提出"后现代化"究竟是由社会关系从根本上的改变所引起的反应，还是对极端现代化进程的反应。

哈维引用马克思主义中对现代化理论的分析，认为资本主义现代化进程的特征——比如创造性毁灭、创新、生产和消

236

费中不可预见的转变、碎片化、不安、时间和空间经验的变化、个人主义等——对现代主义和后现代主义的审美感受性和实践都起到了重要作用。后现代文化不是对后工业社会或者后资本主义社会的反映，而是由资本主义在20世纪后半叶的变迁而产生的。

全球化、后福特主义以及经济变迁

哈维赞同马克思主义中关于经济组织原则的理论（Harvey 1989，122页起），即西方世界经济行为的根本组织原则是过度生产。但是在时间和空间上普遍适用的经济规则以及由此衍生的均质性资本主义这一假设则无法再成立。赫尔什（1993，195页）写道："全球资本主义在其历史发展中获得了很多不同的形态，国际上主导关系及依赖关系的形式和分布在不断改变，国际市场和国内阵营之间的关系远比规则以为的要复杂得多。"为了解释1970年代和1980年代的经济危机以及由此引发的全球大重组，法国理论家提出了"调节"理论（参见Boyer 1986；Lipietz 1987，1988）。这一理论的支持者从资本主义时间和空间上的不连续发展出发，认为资本主义的发展并不遵循某个统一的逻辑，而是由政治社会斗争以及权力关系而决定。"这一受时间和空间限定的资本主义形态被称为积累制度和调节方式。它的特征是资本利用、阶级关系、社会政治机构和过程的特殊形态，它们在不同的社会形态中有着自己的特征，因此也保留了自己的发展和危机的节奏"（Hirsch 1993，196页）。

人们把关注的重点放到社会实践、政治实践以及文化形式的综合作用上，认为资本主义体系具有动态和不稳定的特征，而调节方式则起到稳定和支撑的作用，为积累制度提供稳定的框架，比如把企业行为、银行行为和工人行为结合到一起。利皮耶茨（1986，19页）如此定义调节方式："积累制度的物质化具备规则、习俗、法律、调节网络等形态，它们可以保障进程的整体性，将适当的个体行为和再生产模式结合起来。内在化的规则和社会进程被称为调节模式。"这一定义明确指出积累制度既由生产者也由消费者决定。因此，一个生长期由经济环境中被生产和被消费之间的匹配性所决定。福特主义标志着这样一个黄金时期，稳定的增长率、攀升的消费水平以及自我改善的社会福利。当然，不同的国家经济之间的调节方式和生产能力自然也有所区别，从世界范围来看，1970年代早期，福特主义的积累制度和调节方式不再和谐。究其原因，既有国家层面的也有国际层面的（参见Boyer 1986）。这最终导致了生产的下滑，以及随之而来的经济增长停滞和调节方式失败。

哈维也赞同这是结构性危机，而不是资本主义系统的短暂危机。"福特主义危机既是地理上的也是地缘政治上的危机，它是不信任的危机，阶级斗争的危机，抑或任何国家内部大滞胀的危机"（Harvey 1989，186页）。但是他并不认为资本主义会退出舞台（参见Offe 1985；Lash/Urry 1987）。巴黎调节学派提出了一系列的重组方法，比如弹性生产组织、生产的空间位移，以及消费的空间和时间位移。

其中一个解决策略是开发"南方"市场。利皮耶茨（1987）认为将先进工业社会的福特式生产方式出口到整个

238

世界，可以解决危机。福特模式全球化为周边带来标准化和程序化的生产，是对中心地带危机的反应。这一新福特主义的崛起，可能将经济重新带回平衡状态，但是它以工作进程中心化为支柱，却忽略了文化和社会维度在重组过程中扮演的角色。

哈维一直在为这些文化改变寻找解释，他倾向于认为后福特主义是在生产领域、消费领域和调节方式方面的一个彻底断裂。[1] 关键在于，很多论点都为其提供了支持[2]，一个灵活的积累制度，大大地提高了经济生活的速度。哈维指出，通过地理上的流动性、生产方式的灵活性、工作市场和工作流程及消费市场的弹性，经济得到了重组，这一切又伴随着生产方面以及技术知识方面的创新（Harvey 1989，159页起）。同时，他也指明两种从根本上不同的发展趋势：

第一种，首先注重知识和信息的重要性。"第一，及时准确的信息是非常有价值的商品。获得信息的渠道或者对信息的控制，辅以即时数据分析的强大能力，成为居中协调庞大企业利益的关键"（Harvey 1989，159页）。它的生产在增长，它的销售更加商业化，必须遵循市场规则。在消费领域也更加注重信息的控制，由此影响民众的品位和通俗文化。

第二种，也是哈维认为更加重要的发展，它带来了全球金融市场的全新组织并开始主导世界经济。"这是一个双重发展，一方面是金融联合公司和经纪人在世界范围内具有强大的

---

1 然而他也指出福特主义时期的延续性（Harvey 1989，170页起），他意识到同一国家也可能有不同的工业制度。但是大家同意福特主义基于大规模生产和大规模市场的模式作为工业时代的特征已经过去了。

2 在此可参考日本和德国的后福特制度。

能量；另一方面金融活动快速地扩散和去中心化，诞生了全新的金融机构和市场"（Harvey 1989，160页起）。全球资本流的加速和膨胀使得国家内部积累方式变得困难。想要全面地理解全球经济进程，作出准确的预测，变得越来越不可能。

哈维提出，这一弹性积累系统的连贯性——在马克思看来，资本主义生产的主要特征、增长导向、对生产力的剥削，以及技术和组织领域所需的活力都存在于其中（Harvey 1989，180页）。这些条件的非连贯性和矛盾性带来了资本主义活力的危机，导致了资本主义更加倾向于过度积累，从而成为长久的问题。

哈维认为，后福特主义作为对于这一危机的解答[1]，是全新的、迅速发展的、有弹性和创造力的组织形式，通过计算机和其他信息技术互相关联，达到工作关系的灵活性、生产的空间位移，以及加速实现销售额这些目的。商品的意义与时间相关，更新换代非常迅速，在电子媒体产品中尤为明显。这导致时尚在制造和扩展生活方式选择的过程中起到了关键作用，并且快速服务业也随之崛起，比如在娱乐界。哈维认为，地理和时间上对过度积累的解答带来了新的后现代感受性，它的主要特征是时间和空间体验的压缩。

240

现代主义和后现代主义中的时空体验

哈维（Harvey 1989，202页起）认为，社会生活中时间和空间的体验是对政治经济和文化进程中的限制提出的抗议。时

---

1 后福特主义并不是指福特主义的特征，如中央计划和大规模生产不再存在了，而是指这一经济行为的新方式尝试解决之前的弊端。

间和空间是人类基本的体验类型，离开了物质进程，它们没有任何客观意义。"时间和空间的客观意义是由社会再生产的物质实践赋予的。物质实践从地理和历史角度各有不同，相应的社会时间和社会空间的建构就不同。生产或社会形态的每一个不同模式都会构建一个时间空间实践纲领集"（Harvey 1989，204页）。资本主义的进一步发展和各种通信技术的发明大大压缩了时间和空间。当今的全球化和通信及信息流使得空间越来越不重要，在经济上互相依赖的世界中，时间萎缩到了只有当下。

它首先体现在现代主义启蒙运动的抽象和功能性中，脱离了想象和宗教思想。它通过数学的精确来实现空间现象的秩序，并且首先把全人类锁定在一个共同的空间之内（Harvey 1989，249页起）。这一对人类完全的清点，也是人们开始关心"他者"的背景，"他者"来自某个新加入空间秩序的屹立之地。空间本身如同时间一样，被认为是抽象、均一和普遍的。"至今所有启蒙项目的一个共同点，即对时间和空间的统一常识以及强调它们对理性秩序的重要性。这一共同的基础一方面源于手表和钟表的流行和大量拥有；另一方面由于有效的印刷技术、地图知识得以广泛传播"（Harvey 1989，258页）。

这一时空认知在19世纪中叶获得了根本性改变，当时由于资本主义过度积累引发了第一次经济和政治危机。哈维（Harvey 1989，260页起）对于这次危机引起的空间认知和时间意识的改变表达了更大的兴趣。启蒙主义带来的对时间的线性认识与传统社会的环状时间理念不同，艺术家和哲学家们开始质疑线性时间，非常关注时间问题。在1847—1848年经济衰

241

退时期，人们对空间的感受也开始改变："很多事件证明，欧洲已经达到了空间融入其经济金融生活的水平，这使整个欧洲大陆在经历危机的时候变得非常脆弱。[……]对于绝对空间和位置的确信由移动的相对位置的不确定性所取代，一个地点的事件可以立即对多个地方产生影响"（Harvey 1989，261页）。货币来往的全球化导致了欧洲地区越来越统一。

　　哈维认为，危机和改变也带来了审美再现的危机，国际化、同步性、暂时性等问题无法再回避。在审美感受性这一领域出现了巨大的变化，社会不断发生变化，传统的时空观不断地被质疑。"莫奈的笔法开始分解传统的绘画空间，打破它的框架，探索光和色的变幻；波德莱尔的诗作和反思志在超越无常和狭窄的政治空间，寻找永恒的意义；而福楼拜的小说则采用了独特的时空叙述结构和冷淡疏离的语言"（Harvey 1989，263页）。

　　斯蒂芬·克恩的研究《时间和空间的文化，1880—1918》给人留下了深刻的印象，哈维将发生于1910—1914年的艺术现代化运动解读为对时空经验危机的回答。在这段时间新诞生的通信技术和交通技术，比如电话、无线电话、电影、自行车、汽车、飞机等是带来对于时空经验改变之思的核心基础。他举了大量例子来描述这一改变。

　　正如乔伊斯在《尤利西斯》（1914）一书中所追求的，他同时在城市的不同空间和地点描述正在发生的事情，以唤醒对时间和空间的共时性意识，普鲁斯特凸显个人记忆的结构力，从某一地点的具体感官感受出发，体验过去，寻找自我（参见Hahn 1989）。个人对时间的看法和想象变得比线性时

242

间更加重要。克恩（1983，149页）得出结论："这个时代最富创新力的两位小说家将现代文学的舞台从同质空间中的一系列固定场景转变为大量不同质的空间，随着情绪和人类意识的不断变迁而转换。"

立体主义绘画风格也提供了类似的令人印象深刻的新审美观，立体主义颠覆了自从15世纪以来就占据主导地位的同质空间的中央视角。艺术中的空间时间获得进一步压缩，使得它更加符合日常生活经验，能够表达当时的美学需要。哈维（1989，283页）写道："最重要的是，时间和空间意义的改变是资本主义本身激发的，它对文化生活世界的展现带来了强制性的永久的重新评价。[……]时间和空间改变的体验和现代主义的诞生及其在时空关系方面令人迷惑的来回游走密不可分。"在这个背景下，哈维提出了他的理论，他认为后现代主义是对全新的时空体验的回答，即从福特主义到弹性积累这一过渡时期，时空的深度压缩。后现代主义的经济基础是经济生活的高速发展。

资本通过易消耗性商品和服务在生产领域、流通领域以及消费过程中快速流转。对商品市场的调控依靠时尚和资本对文化商品的渗入，这是追随曼德尔（1973）和詹姆逊（1986）的分析。1965年后这一趋势越发明显，资本周转得以更加深入，进一步改变了文化感受性和文化实践。

马克思和伯曼提出的现代主义趋势得到进一步加强，以致"一切固有的都烟消云散"。这体现在时尚、商品、思想、意识形态、生活方式、价值、人与物的关联等领域。教育机构、媒体、剧院、博物馆等文化中介不断制造新的符号系

243

统和图片世界，以期能够将它们不断贩卖。"为提高流转速度而施加压力（跨越空间上的障碍），从资本积累的角度而言，朝生暮死的图像实现商业化看上去像是天赐的好运，因为它仿佛堵上了通往资本过度积累的道路。短暂性和即时可传播性成为资本家为了自身目的开发和追捧的优点"（Harvey 1989，288页）。这些图片不仅用于营销商品，它们本身也成为重要的商品。

消费者们不断受到图片的轰炸（参见Lash 1990），进而强化了他们的态度：漠然、抑制感官刺激、专业化、对怀旧图像的追逐，一如齐美尔（1903/1984）对城市生活的描写。图像的可逝性进一步提升，甚至当消费者接受它们时，它们已经失效，因为它们在这一过程中失去了与之相联的意义。于是亚文化尝试使用消费品和媒体符号来建立自己的文化认同，市场又抓住这一文化认同，进行商业加工和利用。

时间感受的压缩还体现在未来与现在的碰撞。[1]从小说和电影中可以观察到，科幻和普通幻想之间的界限变得模糊甚至完全消失。对时间持续性的体验被碎片化体验取代，只有对比才能感受到时间。时间维度的破碎，社会生活的多变也带来另一方面的改变，人们开始尝试重新建立宗教传统以及家庭社区等传统机构。此外，人们还尝试建立文化关联。哈维举了罗赫伯格-哈尔顿（1986）的一个调查来作为例子，他对南芝加哥的居民进行访问，得出了结论，人们最在意的并非家中可以显示身份地位的物品，而是那些带有私人回忆的物品，比如对所爱之人的记忆、意义重大的事件、有价值的体验或与工作相

244

1　参见温特（1996）对威廉·吉布森网络朋克小说的分析。

关的物件。哈维描述道："照片、特殊的物品（比如一架钢琴、一只钟、一把椅子）和事件（比如播放某张唱片、唱某一首歌）成为默想回忆的焦点，因此在被过度消费主义文化和时尚充斥的世界里，为自己开辟一个自我感知的小空间。家成为私人博物馆，抵抗时空压缩带来的破坏"（Harvey 1989，292页）。费斯克（1992b/1993，266页起）也举了类似的例子，来表述物品和事件的私人意义在创建自己的文化家园时起到的作用。

不仅对时间的感受在改变，对空间的感受也同样在经历巨变。哈维认为资本主义的活力通过对时间的压缩实现对空间的压缩。运输费用的降低、卫星通信的便捷使距离不再成为影响费用的因素，这都为这一过程添砖加瓦。通过卫星传播使得全世界不同地理区域缩减成了一系列图像，成为电视机上的一张蒙太奇图片。世界地理成为可以日常消费的图片集，以拟像的形式出现在日常体验中。在大城市里由于大量移民的涌入，全世界的食物和烹调都可以被品尝到。于是一家位于里斯本的餐馆提供的印度咖喱比其发源地果阿（Goa）的印度咖喱更加符合我们对它的想象。鲍德里亚（1978）认为这是超真实。此外，在不同的阶级当中，饮食也存在着不同的风格。

空间障碍的消失并没有导致空间整体的抽象化和意义消逝。相反，弹性积累过程对地区和其所藏有的可能性非常重视。"我们触及了中心矛盾：空间障碍越小，资本对空间内多样性的感受性就越大，地区以与众不同的方式吸引资本的刺激就越大"（Harvey 1989，295页起）。空间力求多样化，同时，世界经济交换却体现出趋同化。大集团的品牌几乎在每一条购物街上都能够看到。因此，弹性积累带来的时空压缩对各地的生存既可能是积极的也可能是消极的。

人们在日常生活中是如何应对这些变化的？哈维（Harvey 1989，302页起）列举了媒体和商品的拟像所提供的各种"突破尝试"。消费者可以在各种幻想现实之间漂移，获得一种"多样的自我"。除此之外，也有人尝试对抗社会和文化形态的碎片化，寻找固定价值，建立统一的个人和集体身份认同，比如关注家庭和基要派宗教团体的新保守主义运动。跨越空间的资本霸权也可能受到一些地方的审美抵抗。"此类地方的构建，一些本土性审美图片的时尚化，使得已被限制和正被限制的身份认同感在内爆空间的拼贴中成为可能"（Harvey 1989，304页起）。这些尝试却往往因为经济关系的不稳定性和改变的巨大活力而失败。为了能够应对时空压缩带来的危险，哈维和詹姆逊（1986）一样，认为设计新的"认知地图"势在必行。只有这样才能分析和解读后现代主义的经验关联。他的理论也可以被认为是一种尝试。但是在哈维过于关注宏观层面的分析中缺少的是对日常实践的关注，在日常实践中，艺术展现了自我意识，创立自己的文化关联和群体应对全球化改变。后福特主义和后现代主义的研究正好弥补了这一角度。[1]

---

1 迄今对他们没有关注生产方面的批评并不准确。经济的后福特主义变迁是他们分析的出发点，这在费斯克、格罗斯伯格后期的作品中非常明显，这也是文化研究新时期争论的焦点（参见Hall/Jacques 1989；Hall 1989b/1996）。

总 结

总而言之，弹性资本积累带来的当代时空压缩强化了在资本主义现代化进程中就已显现的趋势。哈维如此定义后现代的弹性："后现代主义是灵活的，充满了想象、幻想、无实体（尤其是金钱）、虚拟资本、图像、朝生暮死、机遇、弹性的生产技术、劳动力市场以及消费利基；同时，它也包含了对存在和地点的坚定承诺，对魅力政治的嗜好，对本体论的关注，以及新保守主义所青睐的稳定制度"（Harvey 1989，339页）。哈维把福特主义模型和韦伯式的弹性后现代主义之间的对比以词汇对照表的形式展示出来（表1）。哈维（Harvey 1989，338页起）指出，不能认为这两种文化形式是同质的，它们应该是动态的对立关系。一个社会的"情感结构"由两者共同组成，只是组成比例会有所不同。"后现代的状况"是否能够按照巴黎调节学派的设想实现新的调控方式，对此哈维并不能完全确定。

但是通过时空体验的改变在艺术和通俗文化中的表现，他成功地证明了后现代主义是当今资本主义的文化—意识形态配置。拉什和乌瑞（1987）也持有类似观点，詹姆逊（1991）也不例外。但是，不能把经济和文化的关系看作单方面的因果决定关系，比如当哈维强调"文化和全球经济之间"必要的关系时，也不能忘记影响永远是相互作用的。关于后现代主义文化的讨论证实了这一点（参见Welsch 1987，Winter 1995）。尤其是文化研究中从威廉斯开始就非常注重文化的自身价值和生产性作用。

表 1　福特现代性 vs. 弹性后现代性
（参见 Harvey 1989，340 页起）

福特现代性	弹性后现代性
规模经济 / 主码 / 等级 / 同质 / 劳动的细致分工	范围经济 / 个人语型 / 无政府 / 多样性 / 劳动的社会分工
偏执 / 异化 / 症状 / 公共住房 / 垄断资本	人格分裂 / 去中心化 / 渴望无家可归 / 创新精神
目的 / 设计 / 掌控 / 确定性生产资本 / 普遍性	玩 / 机会 / 枯竭 / 不确定性 / 虚拟资本 / 地方化
国家权力 / 贸易联盟 / 社会福利国家主义 / 大都市	金融力量 / 个人主义 / 新保守主义 / 去都市化
伦理 / 货币商品 / 上帝 / 物质生产 / 独创性 / 权威 / 蓝领 / 先锋主义 / 利益集团政治 / 语义学	审美 / 记账货币 / 圣灵 / 非物质性 / 再生产 / 模仿作品 / 折中主义 / 白领 / 商业主义 / 魅力政治 / 修辞学
中心化 / 总体性 / 综合 / 集体商谈	去中心化 / 解构 / 对立 / 本地合同
操作管理 / 主码 / 生殖崇拜 / 单一任务 / 起源	策略管理 / 个人语型 / 雌雄同体 / 多样任务 / 寻源
元理论 / 叙事 / 深度 / 大规模生产 / 阶级政治 / 技术 – 科学理性	语言游戏 / 图像 / 表面 / 小规模生产 / 社会运动 / 多元他异性
乌托邦 / 救赎艺术 / 集中 / 专业化工作 / 集体消费	异位移植 / 景观 / 分散 / 弹性工人 / 符号资本
功能 / 再现 / 所指 / 工业 / 新教职业伦理 / 机器再生产	虚构 / 自我指涉 / 能指 / 服务 / 临时合同 / 电子再生产
生成 / 认识论 / 调节 / 都市复兴 / 相对空间	存在 / 本体论 / 去调节 / 都市新生 / 地点
国家干预主义 / 工业化 / 国际化 / 永久 / 时间	放任主义 / 去工业化 / 地缘政治 / 朝生暮死 / 空间

247

理论视角 Ⅱ

　　根据哈维的分析，当今西方世界的主导是"弹性后现代主义"。在全球化生产过程中以往的时间和空间的界限被取

消。在文化领域，后现代主义一方面带有多样性，另一方面由
于传统的阶级身份和民族身份的削弱带来了文化碎片化。因
此，阶级关系虽然还有一定作用，但是它的影响更多是非直
接的、矛盾的和运动着的，这适合于当今所有的资本主义社
会，尤其是美国社会（Fiske 1993a，8页）。

248　　在美国还从来没有出现过一个具备强烈阶级意识的工人
阶级，这不同于欧洲，美国的工人阶级一部分来自从社会上和
地理上被重新安置的农民；另外一大部分是移民和被释放的奴
隶（Fiske 1993a，36页起）。出生在美国的工人和刚刚到来的
移民之间出现紧张关系，这和他们各自的种族群体有关。[1]此
外，宗教影响也起到重要作用。美国底层也不是铁板一块，
而是支离破碎的；种族差异[2]扮演着根本性角色。"在美国社
会，阶级的角色完全不同于其在英国或者其他欧洲社会。在美
国，'种族'或者种族属性[3]是更有决定性、更加广泛的社会
问题，尽管在欧洲这一现象也在增加。美国社会的物质贫穷更
多地可以通过种族隔离来解释，而不是阶级分类；种族属性
决定了阶级属性，而非相反"（Fiske 1993b，17页）。这对于
美国来说非常关键，对欧洲而言也越来越重要。"种族"、
"性别"、年龄、宗教、生活方式以多种方式决定了界限的划
定，经验的结构、实践和关系。为了能够掌握社会多样性、文
化差异性以及社会文化生活的进程特征，社会形态这一概念比

1　参见麦克·戴维斯（1986）的研究。
2　20世纪的美国主要由移民建设而成，在美国，不仅种族差异很重要，民族差异也极
　其重要。美国社会多样性比欧洲社会更加复杂、更具矛盾。我生长在欧洲，对此也
　更加熟悉（Fiske 1993b，18页）。
3　我们使用"种族"这一概念有着广泛的边界，不仅是人种，也包括民族属性、种
　族、文化和肤色。我们使用的是狄德尔克森（1993）的翻译。

社会群体或者阶级这样的概念显得更为有效。"社会形态始终在进行中，不断被塑形、改变、再塑形，它们的成员加入和离开，成为其他社会形态的成员，而且一个社会形态的归属并不能决定其他社会形态的归属"（Fiske 1996a，54页）。

在里根时期，美国经济的不公平性日益加剧。贫穷不再是社会底层的专属，也开始蔓延到中产阶级。很多中产阶级由于失业、事业失败、疾病沦为流浪汉，贫穷可以有许多成因。"里根时期的经济扩大了穷人和富人的差距，白人和其他种族的差距，男人和女人的差距。里根主义让人几乎无法再认为美国是一个基于共识的社会，它揭露了利益的冲突，甚至不得不从社会和意识的角度来镇压这种冲突，如果共识还为所有人认同的话"（Fiske 1993a，40页）。费斯克认为欧洲盛行的关于霸权和文化斗争的理论可以用来理解美国社会的这种矛盾冲突。一方面，政治集团努力为自己的政策和权力体系获取更多的认同；另一方面民众强调自己的行为力量，尝试获得对自己生活环境的控制权或者至少是部分控制权，以维持社会形态的多样性，把所有的共识变成暂时性共识，以便随时质疑，因为利益冲突在社会中继续存在。[1]

为了研究当代社会的复杂性，费斯克提议在分析中以后结构主义为导向，因为它既带有社会批判性，又尝试诊断和理解当今特殊的斗争和冲突。后结构主义在费斯克看来具有社会学性质，必须要和民众行为力量和社会冲突的理论联系起来，以显示当代社会的多样、矛盾和特性。

249

1　费斯克也意识到仅仅用二分法来表述这种对立存在简化的嫌疑，但是他的主要目的是在分析中确立对立的力量，理清社会力量和冲突（参见Fiske 1993b，14页）。

费斯克比霍尔和葛兰西更加关注社会联合体的可动性和多轴性，因为他的重点是美国社会。原先的社会分裂，比如阶级或者"种族"不适合用来解释根据不同社会问题而建构成的不同联合体，这些联合体与不同的社会分类[1]相关。"权力集团和人民的对立是一个持续过程，从来没有从结构上被治愈过；这一过程在权力集团的策略和人民的计谋之间，像变色龙一样可以随时适应环境"（Fiske 1993a，10页）。费斯克发现不能把权力集团和某一个社会阶层或者某些分类等同起来。

他同意福柯的权力分析，现代权力不基于某个社会阶级的效力，而是通过一系列的机制和技术分散在整个社会。简单的阶级、资本和权力矛盾不适合用来描述全球化和多国化背景下的资本主义。然而某一个社会形态——比如通过阶级、性别、种族——会获得通向权力的捷径，它又会用这个权力来实现自己的政治经济目的。它的实践与来源于权力的社会秩序合作，以期维持权力。这是权力集团最关键的策略，因利益而结成的联盟从已存在的关系中获利。

费斯克在他早期作品中就指出，"人民"位于权力的另一端。"'人民'是那些获益最少但是受权力系统制约最多的群体。[……]人民的构成多样且易变，但始终是那些相对没有特权的、相对缺乏经济和政治资源的人"（Fiske 1993a，11页）。人民"和已知的社会分类重叠，但是并不能将两者等同。如果涉及工作，一个白人工人和一个黑人工人有着同样的利益。两者在这方面都是处于人民这一端的社会从属者。但是

1　费斯克（1993b，9页）举出以下例子："工人既可以认同社会中权力集团的利益，也可以认同属于同阶级者的利益。"

在他们的私人时间中，白人工人却可能和其他白人一起因为肤色歧视黑人，也就是说他们转换到了权力集团这一端。

费斯克在此提出了相反的解读方式，更加关注美国社会中的贫穷、流浪和种族歧视。"人民"没有通往权力系统的通道，因此无法使用它来实现自己的目标。他们可以做到的是，发展一种自己的权力形式，一种对抗的权力，它与权力集团的权力不同且弱小。自上而下的权力带有帝国特色，因为它的目的在于控制不同的领域。"与此不同，从属社会形态所发展的权力，其目的在于控制自身的即时社会情态。这是一种局部化的权力，并不想要主导其他社会形态，也不打算不断扩张自己的领地，而只是致力于加强对日常生活即时情态的控制。这些情态包含思想、情感、信仰和行动；它们拥有社会身份和社会关系，在日常生活的常规性和暂时性中制造物质"（Fiske 1993a，12页）。对抗的权力，可以被看作另一种权力系统，目的在于打破限制行为力量的桎梏，获得和创造一个尽可能从属于这一控制的空间。

费斯克进一步完善了他的模型，确立了这个空间的四个维度。"它是内部的，是体验社会身份、社会关系和社会历史的地方；它具备社会政治性，因为它只存在于社会秩序中；它是物质的，因为它在人们生活、玩耍和工作之处；它是暂时的，因为它存在的时间取决于创造它的人。这一内部的、社会的、物质的和暂时的所在，我将之称为'场所'（locale）"（Fiske 1993a，12页）。一个"场所"由下层通过与上层权力的斗争而被创造。[1]

---

1 戈夫曼的完全机构化的"地下生活"就是一个例子（参见Goffman 1973）。

为了更好地分析权力和对抗权力的游戏，费斯克开始研究文化、知识和权力的关系。"我理解的文化围绕着对社会流通的控制和促进、意义的运用、知识、愉悦和价值。文化永远具备创造意义和隐藏权力的功能"（Fiske 1993a，13页）。意义的创建需要知识、话语、表述和实践，权力的运用需要权力、控制、规训、反抗和规避。知识本身在后结构主义看来就是多元化的。知识和权力形成了多种不同的关系，它们有选择性地通过话语进入流通，用这种方式在某些特定领域行使权力，它们也和不同形式的愉悦和乐趣相关。

可以说费斯克持社会建构性观点，他不否认话语之外的现实，但是这些现实未成型、多态和无关紧要。[1]只有通过话语它们才能获得意义并且被感知（参见Brown 1991/1998）。费斯克的观点很明确，现实的话语并不是描述性，而是生产性的。通过话语可以开展对现实社会的控制。"带入话语是一个谈判的过程，需要选择现实的某些特征，由此抑制其他特征；选择获知和展示的某些方式，由此抑制其他方式；在流通过程中代表某些社会形态的利益，由此抑制其他社会形态"（Fiske 1993a，15页）。因此话语也是冲突的阵地，各种带有不同社会特征的知识形态在这个阵地上一较高下。费斯克首先想要体现出话语构建过程中的区别，对意义的斗争也是社会斗争的一部分。他所理解的社会不是由共识，而是由冲突构成的。

按照他的解读，帝国主义知识始终尝试不断扩张，并且在社会和物质层面掌握绝对统治权，而各种不同的局部性知识

---

1 参见费斯克和唐纳德·卡保关于民族志学作为话语实践的冲突，载于《言语季刊》（*Quarterly Journal of Speech*）（Fiske 1991）。

形态则与其对立。"它们是防御性的，并不以扩张来影响人数和物理空间为目的。它们限制在必须的范围内，以期能掌握人们生活中最直接的环境"（Fiske 1993b，16页）。但是他没有把对主导话语的分析作为重点，而是关注"人民"如何使用它，出于何种目的使用这些知识，并发展了何种形式的对抗知识。他也不分析如何通过话语来定位主体，而是关注主体的行为力量，他们对媒体作何反应，是否让自己适应媒体，还是和媒体对立，比如通过逃避、颠覆抑或讽刺？"社会机构在资源生产方面并不那么富有创造力，但其善于使用。而从属者能够提供的，一般而言，都是由权力集团供给和控制的，带有权力集团的印记"（Fiske 1993a，21页）。

在日常实践中，"人民"尝试实现自己的利益，扩大对所处直接环境的控制（比如通过身份），自下而上地行使权力。费斯克认为结构是帝国主义权力的体现，而民众的行为力量则体现为有策略有动力的实践，创造和守护自己的空间（Fiske 1993a，33页）。

那么在这个背景下，该如何理解社会变革？根据福柯的理论，费斯克认为没有权力的社会不可能存在，可以改变的是现存的监控和孤立的权力制度，福柯就此在《规训与惩罚》一书中曾详细分析过。这一改变不可能一蹴而就，必须是一个渐进的过程，逐步由周边向中心推进。权力系统中的新平衡不代表迄今为止的中心力量消失了，它往往只是退到边缘，而原本位于边缘的力量成为中心（Fiske 1993a，48页）。从文本解构的过程中可以看出，文本周边的内容往往和文本中心的内容同样重要，因此费斯克认为对那些边缘文化和社会形态的研究

253

可以给予理解那些通往中心地带的价值、图像和思想启发。

"所有符号都表明我们可能正处于历史转折时刻。这个改变是后结构性的，而不是结构性的。结构性改变被赋予革命的概念，也就是一种社会结构被另一种取代——封建主义被资本主义取代，资本主义被社会主义取代。后结构性改变是关于权力制度的改变，关于从分散到聚拢的形式，关于中心和边缘关系的重新配置"（Fiske 1993a，50页）。这一改变的具体形态将在自上而下的同质化权力与自下而上的局部化、多样化权力的碰撞中形成。费斯克希望大型决定性结构的权力能够弱化，"人民"能够将自己的权力范围扩张到生活环境以外，增强自己的行为力量。通过中心和边缘的互换推进民主进程[1]（Fiske 1993a，52页），只有这样反抗才不仅是和权力对立，而且是对整个从属结构提出质疑。费斯克列举了美国白人和黑人之间的冲突来描述这种抗争。

254 　　为了更好地揭示权力制度的改变，费斯克开始关注社会微观层面的权力游戏，对身体的控制、策略、规训以及不同形态的反抗。在社会经验的中心，费斯克研究了自上而下和自下而上的权力互换具备哪些特点和特殊形式。"书中的这一部分用来理解对身体的控制，帝国主义权力使用何种策略实施控制，局部性权力使用何种计谋保持自身，反击并实现自己的利益"（Fiske 1993a，57页）。费斯克强调冲突并不在整个系统

1　拉克劳和墨菲（1991）使用这一概念，类似于威廉斯（1965）的"漫长的革命"，他认为这是从200多年前就开始的民主的革命。"尽管我们赞同福柯所言，哪里有权力哪里就有反抗，但是我们也要承认反抗的形式总是非常不同的。只有在特殊情况下，这种反抗会具备政治色彩，将结束从属地位作为反抗的目标"（Laclau/Mouffe 1991，211页）。

内爆发，往往只是区域性冲突（Fiske 1993a，63页）。

福柯提出个体规训化的概念，它是权力和知识的综合效应。为了观察、记录和控制，个体会被彼此分离，通过数据收集使之客观化，最后被指定为社会秩序中的某一个位置。"个性化制造的个体性只存在于权力集团的数据库中"（Fiske 1993a，67页）。这是自上而下权力的一个例子。与此对立的是自下而上的个体，他在意个人生活历史中没有被强制性权力所决定的那一部分。它存在于家庭纽带、各种私人关系、所属群体，以及自选的业余活动中。

当然，这些领域也充满了规训权力的印记，但是在个性化的过程中可以用来争取身份，这些身份至少有一部分还掌握在个体手中。"个体如何利用社会秩序的资源和结构的历史，与权力集团数据库里记录的个体历史截然不同"（Fiske 1993a，67页起）。为了自我身份而抗争，"为了在生活中有点儿属于自己的东西，不同的东西"（Fiske 1993b，6页）而抗争。通俗文化使社会身份成为可能，因为它部分避开了权力集团的控制。权力集团通过对身体和关系的控制，进行对个体的识别、分离和塑造，但是权力集团却无法获知个体化的身份。[1]

费斯克在这里提到了维克多·特纳（1989）的共同体这一概念。"共同体，我认为它是一种社会形态，其主要目的在于制造身份和关系，这些身份和关系由共同体成员自己控制，而这些方法和手段被主导社会秩序拒绝。社会秩序没有制造这种形态，也没有要求它的出现：因为它的存在超越了帝国

255

1　费斯克并不研究从忏悔到心理治疗的坦白技巧，这些技巧具有主体个性化特征（Hahn 1982；Hahn/Willems/Winter，1991）。这可能与他主要关注从属社会形态有关。他的策略，即在权力技巧以外寻找反抗点，并不会由此减弱。

主义权力的控制范围，因此永远都是潜在的，甚至是现实的威胁。只有那些能够控制自身的局部性身份的人联合在一起，才可能建立共同体：它是场所（Locale）的社会性扩展，必须是个体性的对立面"（Fiske 1993a，68页起）。费斯克在此尝试用福柯的权力分析来对群体概念进行新的解读。

福柯通过制定出不同的控制，将现代权力重新建构为一个相对均质的系统。他强调，反抗是一个必然的产品，消除反抗是权力的存在条件。"他没有给我们提供不同形式的反抗得以进行的平台，也没有提供这些形式中自下而上的创造性证据"（Fiske 1993a，69页）。费斯克认为反抗本身也是权力的一种，行使它的人处于等级制度的底端。他通过分析"权力集团"和"人民"之间，同质化的自上而下的权力系统和多样化的自下而上的权力系统之间的冲突，扩展了福柯对此的解读。

福柯主要关注帝国主义权力，而费斯克则注重与之对抗的局部性权力。他使用了"站点"这个概念，作为"场所"的对立面。为了阐释自己的观点，他引用了德·塞托的《实践的艺术》（1988）一书以及关于文化游击战的理念。他提出的计谋"公器私用"，就是将站点变为场所的一个例子，使用可利用的资源实现自身目的。要注意的是，游击战必须在隐藏的情况下开展。它所能施展的力量直接和它是否被发现有关。费斯克（1993a，70页）也指出，德·塞托的比喻也有局限之处，因为现代权力不再通过军队的力量来实现，而是通过对知识的控制。

费斯克举了环球航空公司机场的电脑监控为例，将之形容为边沁圆形监狱的完美版（Fiske 1993a，71-76页）。公司实行电子监控——一如美国众多其他公司——不间断地对负责预订机票的员工的时间和行为进行监控。身体受到控制、评价，他们的行为被记录，以此来判断他们的工作是否有效率。这种全方位的监控使得计谋无法施展，个体化的"场所"也不可能实现。这是一种典型的自上而下的权力，违反规则、不守纪律、存有差异都完全不被允许。

费斯克同意福柯的理论，认为规训对于现代社会的运行是必须的，并带有生产性力量。但是他更青睐于巴赫金意义上的无规训性，以及德·塞托意义上的民众的创造性和反抗的一方。"我偏爱将福柯口中的反抗定性为控制即时环境的渴望[……]这种反抗力是防御性的和局部性的"（Fiske 1993a，78页）。[1]他尝试归纳出不同领域中，自上而下的权力和自下而上的权力如何在对身体的争夺战中变化交替。在实践中，自上而下的权力和民众的行为力量同时展开，个人的经验不会完全被规训或者被意识形态决定："我和从属的社会形态打交道越多，我就越是发现这些人非常敏锐，能够精准地认识到资本主义对他们干了什么。他们丝毫不会让自己被意识形态牵着鼻子走"（Fiske 1993b，6页）。

从边缘人士和从属者角度进行社会研究，会发现他们也具备不同的视角，始终在行动，将利益、态度、身份和能力建立在他们的历史基础上（Fiske 1993a，82页）。在"民众抗衡"的一系列过程中，费斯克区分了反转、对立、破坏和回

257

---

1 通过福柯对反抗概念的这一强调，与克劳斯·霍尔茨坎普对心理学基础思想的批判产生了一种有趣的平行。霍尔茨坎普将个人行为能力定义为"个人通过参与对社会进程的拥有从而获得对自己生活环境的拥有"（Holzkamp 1983，241页）。类似费斯克，霍尔茨坎普-奥斯特坎普（1983）论证到，对社会生活背景的控制是实现个体愿望满足和存在价值的重要参数。

避这些计谋，他通过一系列实证研究来证明这一点。他强调"民众的机构没有必要改变将人民变为从属者的系统：它往往尝试在系统里面扩大民众的空间，扩展场所，让民众获得控制"（Fiske 1993a，82页）。拥有文化框架，拥有戈夫曼（1971）所说的具有互动能力的全部本领，拥有通往资源的接口（Swidler 1986/1998），这样才能实现创造性行为。然而这些行为力量，比如在媒体接受中，未必是有意识的表达或者自我反省的表达。"人类的行为力量这一概念包含了这种情况，即人类可以了解自己的社会利益，但却不能明确地表达出来，甚至未必完全认识到了这一点，尽管如此他们却依然可以用各种办法来实现自身的利益"（Fiske 1993b，11页）。威利斯（1979）和吉登斯（1988）认为它处于实践意识层面，融入了常规、习惯和实践之中。赫尔宁（1995，95页）发现，日常实践使用"表演性的、情境性的、融入性的、社会性的行为知识"。

例子1：体育节目

费斯克举了体育运动作为例子，对其进行了精彩的解读，分析了在这一背景中深刻影响工作世界的权力—知识—机制如何反转。因为在体育节目中，观众成为运动员的监视和观察人。他们熟知运动员迄今为止的成绩和胜利。因为所有体育项目都有积累的数据，观众由此可以为运动员排名、建立等级，并给每个运动员指定一个位置。正如在工作环境中，这些观众的工作成绩也会被评价、比较和监控，在体育节目中，运动员则落入观众批判的眼光中。"橄榄球场，就好像是一个反转的圆形监狱，让小人物也感受到控制的滋味，成为阅读数据的人，而不再是被阅读数据里面的微小部分。电视体育扩展了观看和认识的力量：全方位的摄像机、慢镜头回放促进了认识的力量"（Fiske 1993a，84页）。

费斯克认为这是反对和弱化个性化力量的计谋，当体育活动在运动场或者电视中和其他节目一起被观看时，会在观众之间通过紧张、恣意和自由表达建立起一种群体联系。在这一戈夫曼（1977）式的体验框架中，对身份和关系的体验全然不同于在监视背景下（Fiske 1993a，85页）。

同时，体育迷的知识储量也起到重要作用。如同媒体迷，体育迷的知识往往也是自己主动获取的，不同于"合法"的文化资本，无法将其和经济资本融汇起来，费斯克认为这是一种量子影子经济。这样，非常受欢迎的棒球比赛票就具备了知识的物质价值，每一个球员通过身体特征和数据特征被个人化，从而受到球迷们的监控。教育机构的特征是收集关于学生的信息，记录事件，监察和建立等级制度，而球迷的入场券也让他们能够获取和积累知识。球迷们把权力和知识的关系反转了，成为掌握知识的人，尽管他们并不能对个体使用这些知识，而是在球迷群体内部进行沟通。球迷群体是一个典型由男性主导的共同体，个人在群体中的地位和知识有关。男球迷尤其喜欢用他们的非官方的知识与官方专业人士进行竞争。[1]

费斯克引用了关于球迷的实证研究（Duncan/Brummett，

---

[1] 我们在分析恐怖电影迷的社会世界时得出了类似的结论（参见对怪咖的分析：Winter 1995，187页起）。

引自Fiske 1993a，87页），其中令人惊讶的结论是女性关于体育的知识丝毫不比男性少，但是她们并不追逐"专家"的角色，而是用她们的知识，用雄性身体的表演为例子来嘲笑男性行为。"尽管不那么明显，女性对体育雄性气质的嘲弄也是对男性球迷的严肃和威望的嘲弄。这种对男性主义颠覆性狂欢性的嘲讽并不局限于体育的观众群，这是女性反抗男权社会的宝贵计谋"（Fiske 1993a，87页）。女性使用这种计谋在日常生活和工作生活中与男权进行斗争。费斯克将他的解读置于男权主义和现代主义规训形态的社会大背景之上，为他的论点寻找证据。体育运动中的纪录有着其特殊的意义，它是对常规数据的精彩打破，本身就是一个屈服于基于权力知识体系的工具。[1]许多体育迷把打破纪录那一刻描述为"有魔力的"或者"奇妙的"（Fiske 1993a，88页）。

费斯克还进一步指出，体育迷的知识并非抽象，而是一种具象的知识，存在于共同体育经验的特殊情境之中。它会带来激情和深刻的感情，也可能导致暂时的失控。"首先与体验相关。在深度的体验中，在比赛的那一刻，在球员和球迷以及球场环境的影响下，身体的感受和激情被完全激发。全身心的投入，身体与环境的认同，无论是内在还是外在都无比强烈深刻，这在被监视的日常生活中完全不可能实现"（Fiske 1993a，88页）。正是这种深刻的体验，在身体与环境融为一体之时，自身与世界之间的界限消失了，自我强迫之感减轻，身心得到放松，这也是通俗文化的吸引之处和特殊之意。费斯克强调这种峰值体验是如此的强烈，因为它深深融入

1　参见哈金（1990）和林克（1997）的分析。

了身体的身份中：它们具有显著的意义，它们的意义如此重要以致它们被当作节点，球迷们的其他记忆都围绕着节点来组织（Fiske 1993a，90页）。犹如马德琳糕点在普鲁斯特身上唤起的感情，体育事件也轻易唤起成年体育迷对从前体育盛事的回忆，以及对与此相关的童年时光和地方的回忆。[1]体育将过去和现在连贯起来，以这种方式发展对自我身份的感情。[2]费斯克得出结论："体育的体验式知识是被身体熟知的。它的有效强度提供了鲜活的体验，体育迷们可以由此组织起对自身历史和关系的感受，他们由此获得体验自身身份的可能性"（Fiske 1993a，91页）。在一个共同体内经历亲密的关系以及暂时反转工作世界中权力—知识—机制为体育迷们创建了一个空间，这个空间由体育迷们自己控制。自然，这个空间的影响范围也只是局部性的，它不能对规训社会日常生活中如圆形监狱般坚固的权力关系构成挑战，它只是一种反转的计谋。它既不能带来其他方式的知识，也不能带来反抗性的理解。而埃尔维斯（猫王）的粉丝们至少在这点上略有不同。

例子2：埃尔维斯作为文化现象

埃尔维斯·普雷斯利是费斯克研究的流行人物，他对文化和许多人的生活都产生了巨大影响，尽管这种影响常常是隐

260

1　在他的小说《地下世界》（1998）中以一场出色的垒球比赛作为冷战时期的重建。

2　尼克·宏比在他的自传体作品《极度狂热》（*Ballfieber*，1996）中揭示了死忠球迷的世界有趣的一面，他们对以往的记忆与对重大比赛的记忆叠加起来。"《极度狂热》一书尝试揭露我自己的沉迷。为什么与球类比赛的关系，能够从学生时代开始，延续将近四分之一个世纪，比其他我自愿选择的关系都要长？"（Hornby 1996，13页）

藏着的。戈埃尔·马库斯（1993，12页）在他的埃尔维斯研究中问到，埃尔维斯是否可以成为一个"文化认知之钥"，可以通往多种多样"脱离控制"的个体和群体意义。对他死亡的各种猜测、关于他改头换面在其他地方继续生活的讨论，以及各种埃尔维斯模仿者通过演出形式对他的不断复活，都使他成为与众不同的奇特的复合，成为一个多义的文化文本。马库斯在书中道："无数的人由于他的死亡而唤起冒险之心，想要重写他的历史……我想说的是，他们想要重写的其实是他们自己的历史"（Marcus 1993，13页）。因此费斯克也把埃尔维斯列为研究对象。[1]

261　　　费斯克的分析焦点是埃尔维斯具有符号表述意义的身体，因为它成为主导权力集团和"人民"从属形态发生冲突的前沿地带。埃尔维斯象征着狂野、活力和能量，他用自己的表演将白人中产阶级——用自己的身体将黑人男性——联结在一起。如果阅读一下媒体的报道，我们可以发现他的演出让女性观众歇斯底里，他令人们联想起了少年失足，引发了所谓的埃尔维斯狂乱。这一身体和情感的话语建构失去了控制，费斯克对埃尔维斯的持续热度做出解读，他认为歌迷的歇斯底里就是一个自下而上的从属性权力对抗其常规限制的证据，埃尔维斯表演的秩序与观众的"非秩序"的秩序协调地结合在一起。歌迷的身体与埃尔维斯的身体共同实践了狂欢式的逃离，建立了一个共同体、一种社会形态，它们彼此之间的联系是横向的，因此这种社会形态由从属者控制，超越了纵向个体的规训可及范围（Fiske 1993a，96页）。

　　　权力集团的社会形态和从属者的社会形态不能被认作组

1　文化研究背景下，罗德曼（1996）也对猫王进行了分析。

织或者完全一致的总体，它们是基于共识或者对共同利益和事件的追索（Fiske 1993a，99页）。费斯克以年轻人的身体投入来证明这一点。时尚、化妆、发型等一方面是文化商品，可以为权力集团带来商业利益；另一方面使得年轻人在跳舞或其他自我表现的活动中具备对周围社会环境的具体控制。"几乎毫无意外，在性欲上升而行为受压制的大背景下，摇滚为年轻女孩们提供了一个场所，在那儿她们可以摆脱受规训身体的温驯，释放自己对愉悦和情感的权力"（Fiske 1993a，102页）。埃尔维斯身体的"黑色"含义也为年轻白人提供了表达自己与主导白人秩序[1]的差异，这一秩序不仅尝试控制黑人也想获得对年轻白人的决定力（Fiske 1993a，106页）。

费斯克也研究了埃尔维斯的死亡，官方消息和小道消息甚嚣尘上，尸体解剖报告与歌迷们的所知对立起来，歌迷们用自己身体的经验，包括听觉、情感和舞蹈等和埃尔维斯有密切关系的经历，组织了这一知识。"这个知识形式来自对生活形态的信仰，因此是可以被感知的，被感知的内容又会被融入知识中去，在此加固和强化信仰"（Fiske 1993c，23页）。不同于抽象的、概括的、科学性的知识，民众知识的特点是与大环境的关联、存在于社会实践和观念中，以及具有多种声音。"信仰知识不是绝对的，不是最终有效完整和一成不变的。它更多的是一种进程中的知识，不停地改变自己来适应所处情境的改变"（Fiske 1993c，34页）。

关于埃尔维斯的死亡，民众知识必然和官方知识形成对

262

---

1 诺曼·麦勒将Hipster（美国非主流亚文化）称为"白色的黑人"，以他们为例子讲解了在"白人"的想象中，"作为黑人"代表着什么（Mailer 1981，369页起）。

立。比如很多歌迷怀疑被解剖的尸体是否真的是埃尔维斯。在民众知识中，关于埃尔维斯的身体有两种"真相"："一些人认定被解剖的是一具蜡像，另一些人则断定被解剖的是英国的一个长得很像埃尔维斯的歌迷，因为身患癌症而被邀请到优雅园（Graceland）"（Fiske 1993c，29页）。这一知识是建立在可能性的基础上，隐藏在不同的"官方渠道"之中被"事实化"了，比如出自某个前FBI探员之口。在大众的想象中，埃尔维斯不仅活着，而且还有大量关于他活着的细节，比如他如今在哪里怎样活着。

埃尔维斯模仿者的表演秀也有着特殊意义。费斯克用民族志学的方法对一个节目进行了分析。女性歌迷在观看表演秀的时候会带着白色丝巾，把丝巾献给模仿者，模仿者会用丝巾擦去脸上的汗，然后把丝巾系到那位女性歌迷的脖子上。丝巾成了链接埃尔维斯身体和女性歌迷身体之间的纽带。"这件物品所包含的知识无法一概而论，因为它是与埃尔维斯身体相关的特殊知识。对这个知识的阅读并非解读，虽然每个人都有这个能力，女性歌迷必须具备从这个知识中得到的信仰，才能对它进行阅读"（Fiske 1993c，34页）。歌迷们当然清楚地知道，模仿者并非埃尔维斯本人，但是他们宁愿相信他就是埃尔维斯。费斯克用这个例子来说明民众愉悦可以通过脱离现实世界，潜入"仿佛"世界来实现，在想象世界中畅游。在这个过程中，不仅各个领域间的界限被质疑，等级制度也受到挑战。"如果'现实'是规训和服从可以最直接被感受到的地方，那么，在'想象'和'仿佛'的世界中遨游的能力就是通俗文化的一个特征，成为不愿屈从的从属者的计谋"（Fiske 1993c，35页）。

263

在收集丝巾的过程中，在群体建构中，歌迷们躲开了真实世界的规训机制，在"仿佛"的想象世界中更好地实现自我。

费斯克（1993c，37-51页）将民众知识形式形容为粉丝控制日常生活的直接环境和社会身份的尝试。除了已经提到的多声性，民众知识在官方知识的烘托下铺散开来，与迷信、现世的束缚、怀疑、掩藏和巧合有关。"粉丝群体，他们和我同坐一桌，一起聊天，在一种共同体的所在中找到了彼此：女性们一起去看表演，一直坐在一起聊天和歌唱，一起围着圈跳舞"（Fiske 1993c，44页）。

费斯克得出结论，不管是体育迷还是埃尔维斯迷都能形成区域性的联系，而埃尔维斯迷的共同体也传播不同于官方渠道的知识。这种现实的权力和影响区域却是有限的，正如威利斯研究的嬉皮士和摩托骑士文化，尽管如此，它所制造的效果可能只存身于局部，但是获得了远远超出于此的成果。这种实践一般以隐藏的方式进行。埃尔维斯迷并不像朋克那样叛逆，但是他们仍旧是对规训秩序的一种反抗。在规避权力和反抗权力之间存在着连续性。

例子3：对暴力的喜爱

费斯克就媒体暴力的解读也提出了新的观点。他反对一概而论的观点，反对只谈暴力问题，而不涉及暴力出现的各种不同背景（Fiske 1993a，125页）。[1]他具体分析了符号性暴力和当今社会背景的关系，表达了当前存在的冲突。"暴力涉

264

---

1 类似的论据，参见开普勒（1997）。

及了特定地点中社会个体的冲突；是社会关系冲突的体现。暴力一般都是雄性的，但也不是必然。[……]符号性暴力是不平等社会关系的转世：它的结构原则和动力源自社会，而非个人"（Fiske 1993a，125页）。为了详细表述这一观点，他对流浪汉收容所中对电影《虎胆龙威》（1987）的接受进行了民族志学分析。[1]

《虎胆龙威》是布鲁斯·威利斯担纲主演的动作片，在电影中，主角尝试用暴力实现一个符合社会法治的目的，即从歹徒手里救出妻子和她的同事。这一矛盾使电影对流浪汉充满吸引力——作为从属性的社会形态。因为他们认同暴力的非法性，但也想象他们可以拥有这个力量，对抗统治他们的社会秩序。在观影过程中流浪汉越来越认同在他们眼中较弱的群体，为他们成功战胜掌权者而高兴。同样，他们会把自己置入恐怖主义犯罪分子的角色中，因为他们占领了一个跨国集团的摩天大楼，扣留了整个领导层。这些演绎的风波为流浪汉们带来愉悦，在他们的想象中，歹徒替他们报复了那些在经济系统中获利之人，而流浪汉是这个经济系统中的失败者。同时，他们也认同勇敢的单枪匹马的勇士，即布鲁斯·威利斯扮演的角色，因为他和那些远远强于他的歹徒斗争，同样还有那位胆敢和白人上级对抗的黑人警察。但是在电影结束之前，即主角在警察的帮助下变成更加强大的力量，重新建立社会秩序和常态之前，流浪汉们就把电视关了。费斯克（Fiske 1993a，129页）认为他们希望通过这个举动让"弱者"的胜利能够维持得长久一些。"接近电影结局的地方，主角被殴打，身体流

1　费斯克和道森（1996）有类似表述。

血，变得虚弱，就如同流浪汉在社会属性中的虚弱。但是主角的忍耐，正是他的忍耐而不是他最后的胜利，带给流浪汉们最大的愉悦"（Fiske 1993a，129页）。符号性暴力让边缘人士有机会向社会秩序表达他们的愤慨，更把它作为自身毅力和力量的表现。[1]

费斯克（1993a，130页起）还以恐怖电影为例，他认为女性喜欢观看恐怖电影，往往因为电影中除了有女性和男性一样送命的镜头，还有女性勇敢回击的镜头。考虑到女性常常成为暴力牺牲品的社会大背景，女性观众在电影中看到的正是她们所需的。电视剧，比如《双峰镇》有意识地将暴力和它的源头用传统手法表现出来，用风格化的加工，使一些女性对电视中其他类型的暴力表现进行批评（Fiske 1993a，132页）。尽管有许多针对女性的暴力场景，女性观众并不要求禁止这些场景，因为她们能够分清对现实暴力和对符号暴力的害怕，符号暴力也促进她们进行批判。但是与流浪者不同，她们的接受往往摇摆于厌恶和吸引之间。

费斯克认为符号暴力清晰展示了社会冲突和矛盾，这也是为什么来自上层的言论控制无法削弱它的吸引力。在一些社会背景下，某些群体被歧视，无法实施权力，这导致了将身体投入暴力冲突的愿望。

---

1 科尔纳（1995，38页）批评到，流浪汉通过恶人的暴力获得愉悦，这是对好莱坞机制不假思索的反应，他们只是进行从种族上来说略不恰当的编码改编——这并没有对费斯克的论据给予足够重视。因为这是在特殊社会背景下的自我授权的时刻。自然要在种族哲学冲突环境中对反抗问题深入分析。

总　结

　　这三个不同的例子——体育迷、埃尔维斯迷和着迷《虎胆龙威》的流浪汉——取材于局部性背景，规训的权力自上而下作用，遭受到不同方式和强度的抵抗。我们由此可以看出构建现实具有不同的方式，行为人建立的"仿佛"世界，与权利集团制造和控制的世界形成对立。这些世界并不完全是想象的，在局部性背景中也可能转变为实质，进入一种"指示性"状态。这正是"场所"的精髓："场所是想象变为实质的地方，通过提供给定的时空维度转变为经验。[……]场所不允许身份和想象脱离身体表现、行为和关系，以及表现的地点和时间。人民的局部性创造永远反抗或者远离权利集团试图创建的社会站点"（Fiske 1993a，138页）。"仿佛"的世界成为试图扩展自身权利和控制的源泉。尤其是埃尔维斯迷们在隐藏的世界里拥有的另类价值观、关系、生活方式和共同体，成为不会与官方世界形成冲突因此也不可能失败的所在。这样的世界可能成为长期社会和文化变迁的指南。

物品和实践

　　埃尔维斯迷的例子体现了民众知识具有获取对直接生活环境的控制这一功能，它也是对从属者非常有意义的社会经验。这一知识的"虚弱"形式不能详尽完整地表现它作为生产者的利益诉求，但是它也是追寻这一利益的。梅洛-庞蒂（1965）提出民众知识主要溶于身体中。"它的特殊性将其与身体捆绑，因为实践是由身体来执行，身体穿越时间和空间，使用并不完全属于自己的资源，而物品被身体用于扩展对时间和空间的占领，正是这种功能使物品变得特殊"（Fiske 1993a，206页）。自下而上的个性依靠身体实践，以此来表达不可比拟的特殊的个人身份和历史。

物品的个人意义具备指示性和特殊性。费斯克以一对夫妻装饰房间的石头为例，"这对夫妻为石头赋予了特殊意义和故事，一般石头不具备这些意义，物品所处场所和它的重要性相关"（Fiske 1993a，207页）。正是"使用"赋予了物品各自的意义。[1]图画、书本和音乐也类似，它们的表现属性在个人使用时退居幕后。在特殊化和局部化的过程中，它们成为我们个人历史和经验的一部分。

例如华盛顿特区的邻里研究（B.Williams 1988），美国黑人夫妻[2]的房子就像填满了用实践、叙述、关系和物品紧密编织的织体。从几乎一直开着的担负提供话题任务的电视机，到公寓中的浓烈装饰，无不显现出和他们自己的历史与身份相关的文化氛围和意义氛围。在语言方面，费斯克（1993，210页）也在比较贫穷的群体当中发现了指示性的使用。获取给定代码的过程起到了削弱传统规则和制定新行为形式的作用。我们将以饶舌为例进一步讨论。

不同于官方文化的脚本组织（de Certeau 1991），通俗文化主要以口头形式表现，包括故事、经验以及身份的制造、传承和流通，它们对理性主义提出质疑，对充斥着主导的科学性

267

1　在此遵循霍加特的《识字的用途》（1957/1992）。

2　来自非洲的美国人以下被称为非裔美国人。

解释和意义模式的社会提出质疑。通过日常生活的艺术，已存在的话语被吸收并变为己用，比如费斯克举的阿波纳斯-雷亚（1992）关于非裔美国人与"日间连续剧"的研究。

尽管这一种族群体与整个人口相比，甚至和观众人口相比，所占比例较小，但是在受访的观众中明显可以看出非裔美国人当中有许多充满热情的剧迷。一方面他们和主流观众一样，想要放松、逃离日常生活、寻找谈话资料；另一方面关于肥皂剧的讨论也在公共和私人空间中帮助他们获得和加强自己的文化身份。"更重要的是，这一研究揭示了非裔美国人在白天主要通过接收电视剧里的知识来变为己用——如同他们的祖先在奴隶制时代使用的各种方法在那个充满敌意的环境中生存和繁衍。当代非裔美国人使用白天播放的电视剧来学习主流文化，享受他们的'安全空间'，对主流文化价值与他们价值观不符合的地方做出反应，并使用这些故事线增强非裔美国人'家庭纽带的价值和重要性'"（Abernathy-Lear 1992，335页起）。在业余时间中对文化主流产品的选择性接受，使得非裔美国人能够为自己创造一个空间，在这个空间里面，他们可以反抗主导文化，维护自己的价值和生活方式。"非裔美国人再次接受了当代的环境，尽管他们无法控制这一环境将其完全变为己用"（Abernathy-Lear 1992，337页）。

实践使从属者和边缘人群也可以拥有自己的生活环境，并在某种程度上获得对它的控制权。日常生活中的各种限制由于行动能力的扩展而有所松动。"实践是人们利用自身结构环境系统和资源（尽管不属于他们，而属于主导者）。实践是日常生活中的计谋，它们是将商品转化为有意义事物的方法。人们利用实践从语言系统中制造自己的日常语言"（Fiske 1993a，211页）。费斯克得出结论，日常生活是强迫性和创造性的混合物。他的研究表明社会学意义上的结构不是静态和固定的，相反，它是社会互动和它本身产品之间的动态媒介。社会秩序不仅是限制和压制，同时也给人们提供解读框架和资源，让他们得以研究和转变规则，通过这种方式体现和保持矛盾的关系。"创造性和控制是局部性的：它并不是权力集团文化价值的宏大体现。创造性用于生产文化物品，比如日记和纪念品，体现了日常生活实践中的创造性。这类文化对于外部人员往往不可见，并不仅仅因为它的位置比较隐蔽，更主要的是如勒维纳所说的'神圣得无法用言语表达'，具体来说就是人们拒绝把他们独特的文化经历变为普遍的客观的话语"（Fiske 1993a，221页）。我们看到，费斯克和福柯以及德·塞托的理念非常接近，尝试展现不同的社会形态是如何创造带有不同意义的空间，他在近期研究中尤其关注非裔美国人。

非裔美国人的反文化

269

费斯克参考福柯关于反历史和反记忆的概念，以及如何通过这两者来解构官方的、连贯的、理想的、单一且一致的历史描述。福柯（1974a）区分了"传统历史"和"真实历史"。"传统意义及其背景下，实践的'真实历史'总是关注将一切都带回人们认为是不朽的东西。[……]历史的真相则是把不连续性引入我们的存在中"（Foucault 1974a，97页）。

"真实历史"对那些不会引起历史运动的事件也不予以关注。"事件并非指某个决定、行为、统治或者战役，而是指权力关系的改变、权力的推翻、语言的重新洗牌、统治者的自我弱化和毁灭、其他统治者带着面具的崛起"（Foucault 1974a，98页）。福柯想从历史中提炼出反记忆，展示不连续性、多样性和身份的游戏。他很清楚，所谓"真实历史"的知识只是从某些角度出发。"尼采理解的历史意义知道自己是片面的，但是并不拒绝自己系统本身带有的不公平性。它只是从某个特定的视角来观察"（Foucault 1974a，100页起）。费斯克认为这一历史观可以用来理解非裔美国人在美国的视角。他以对"黑人自由电台"（Black Liberation Radio）的研究为例来加以说明（Fiske 1993a，286-289页；Fiske 1994；Fiske 1996b）。

这一没有执照的非法电台由失业非裔盲人穆巴那·康塔克和他的妻子与孩子共同经营，位于伊利诺伊州州府斯普林菲尔德（Springfield）的一个非裔聚居区。他的目标是加深非裔美国人对白人压迫的认识和理解。按照福柯的理论，他的行为是建立一个"知识的反对形式"，一种"黑人反知识"。他引用了非裔知识分子的知识，把其称为"知识强盗"："他们从别处偷取知识"（参见Fiske 1996b，193页）。也就是说他们采用计谋的方式从其他地方吸取对他们自己有用的知识。费斯克（1996b，204页起）将之称为"偷取事实"，它的意义在环境中诞生，作为一种重新表述，在话语关系中重新被使用。非裔美国人以这种方式发展自己的历史观，来反驳白人的历史观。比如黑人身体在医学和其他领域中的应用，官方文档中可以找到的相关信息，同时也保留在黑人的口头记忆当中。同样还有贫民区艾滋病的暴发，尤其在非洲。[1]在一个关于奴隶制是否是针对黑人的大屠杀的讨论中，当今较为认可的解读，比如蓄奴是一种经济和贸易的形式被断然拒绝了。个别知识碎片通过特殊事件和历史载体联结起来，尽管这些联结也主要基于"更弱的事实"和联想，一个福柯意义上的"真实历史"由此产生，它对官方的历史描述进行质疑，对于非裔美国人而言有着重要的作用。"黑人自由电台的存在是为了让黑人听众在日常生活中有更多的力量去反抗白色权威：它将黑人文化的创造力、想象力、适应力组合在一起，用音乐和文字清晰地、长期地分析白人权力"（Fiske 1996b，187页）。费斯克并不探究反知识是否比官方知识以及科学知识更"真实"。他认为每一个知识由于视角和偶然性，必然存在原则上的不公平性。"不管我们自己是否相信，这并不是事情的关键：关键是很多美国人的确相信，反知识是他们保卫自己、反抗种族主义、反对歧视同性恋的方法，社会上的大多数人因为各种各样的原因并不相信这些的存在"（Fiske 1994，216页）。费斯克和福柯一样持本位主义立场。[2]从他关于美国社会的分析中可以看出，日常生活绝对不是由种族群体之间平等的普世价值构成，而是由迄今为止所充斥的奴隶史和对非裔美国人的歧视构成。他旨在指出当下对其历史前提的局限性和必然依赖性。

1 《纽约时报》（1990）的问卷调查显示，三分之一的非裔美国人认为白人科学家可能有意让黑人感染上了艾滋病（参见 Fiske 1994，191页）。费斯克的研究揭示了从白人话语中"窃取"信息、将知识碎片集合起来、在黑人话语中重新发声这些行为如何形成了社会化、政治化的反知识。"这是一种反对的知识，部分是因为它复原了白人知识所抑制的种族灭绝，也因为描写和散布这些消息是对此的反击"（Fiske 1994，202页）。非裔美国作家萨姆尔·R.狄拉尼的小说《疯子》（*The Mad Man*，1994）详细探讨了与艾滋病相关的知识和权力之间的关系。
2 参见舍弗尔（1996）对福柯"彻底的本位主义"的解释。

　　但是费斯克的观点不同于福柯，福柯认为社会从属者的
"真实历史"可以完全由历史学家以谱系方式重塑，而费斯克
认为，被葛兰西称为"有机知识分子"的"黑人知识强盗"
会自己谱写历史，为历史的流通做出贡献。[1]他们的反记忆不
是碎片化的，对于非裔美国人而言，发展自己的反历史和反
身份很有帮助。"黑人知识明显具有连续性。黑人的反历史
也和他们的反记忆一致，由当下和未来构成"（Fiske 1993a，
290页）。除此之外，黑人组成的自我决定的群体，尽可能地
与白人群体区分开来。因此费斯克在这点上告别了福柯的谱系
学。从普遍的知识、绝对的和封闭的社会解读，到特殊的知
识、对局部性斗争的认同、从属和不合格的"知识形式"的联
合，费斯克用非裔美国人的例子展示了反文化如何使用传播技
巧、知识来生产属于自己的群体知识，这些知识对于局部性斗
争非常重要。

　　福柯主要关注历史文献，而费斯克则看重非专业人士的
知识，关注"口头历史"和解读式社会学。在文化研究的传
统中，他整理和解读这些知识，希望它能够对行为人本身及
其相关群体有所帮助，比如"白人社会群体"。根据齐格蒙
特·鲍曼（1995）的理论，费斯克没有遵循社会学传统或马
克思主义中实证主义的宏大叙事，这些叙事是由立法理性决
定；他采用解读理性的原则，认为知识和认知存在于社会群体
并且可再生。生活实践的文化背景的复兴带来了社会学的新方
向，其更加关注具有被压迫和掩埋倾向的实践内涵。"从立法

1　福柯出版的关于凶手里维埃事件的材料中也有凶手自己的备忘录，从他的角度重现
　　了他谋杀母亲、姐妹、兄弟的场景（Foucault 1975）。福柯揭示了权力和斗争的关
　　系，其将凶手的话语建构成一个精神病患者或者罪犯的话语。

理性的压迫中解放出来，社会学能更好地关注自身真正需要
承担的任务。社会学终于可以大胆地站出来，做回自己：对
日常生活知识进行有理有据的系统性的评价，这些评价重新
融入知识当中，对它进行扩展，最终参与到整个过程中去"
（Bauman 1995，180页）。费斯克与其他文化研究代表人物一
样，希望自己的知识能够具有实践意义，为被观察者带来变化
（参见Giesen 1991，246页）。但是融入社会这一步不仅导致
研究失去了批判的维度，文化研究更是从一开始就强调观察的
视角，从而无法得出关于整个社会的理论。费斯克在《媒介事
件》（1994）一书中采纳了鲍曼和吉森的后现代视角，追寻知
识在群体中的基础。

4.2.7 《媒介事件》

在《媒介事件》一书中，费斯克主要分析了美国社会中特别
引人注目的媒介事件，比如O.J.辛普森事件、罗德尼·金的视频以
及购物中心每日的录像监控。他引用了居伊·德波和让·鲍德里
亚的理论，在一个景观社会中（Debord 1978），现实事件和媒介
再现之间不再有明显的界限。人们已经无法再说事件本身比对
它的再现要重要得多，也无法再说现实比再现更加重要。鲍德
里亚把媒介对社会真相的渗入、媒介事件的生产称为"超真实"
（参见Baudrillard 1978）。他的分析有些夸张，在他看来整个社
会性都已经消失，而行动人则在媒介的饱和关系中僵化。[1]因此
费斯克批评鲍德里亚的理论忽略了斗争的种类和社会的冲突。

273

---

[1] 参见科尔纳对鲍德里亚从社会学角度出发的传媒理论所开展的批评（参见Kellner
1989；Denzin 1991；Winter 1992b，1995，27-37页；Bauman 1995，181-188）。

　　为了弥补这一缺陷,费斯克建议继续发展福柯的话语权理论,让它适用于当今社会以传媒为中介的公众。与结构主义关于"语言"(langue)的研究不同,话语权的概念可以把握意义制造的特殊历史、社会和政治环境。福柯(1974b)的话语分析把纯粹的语言观察扩展到社会实践领域、机构和历史进程。因此费斯克关心的核心问题不是陈述是如何做出的,而是哪些陈述被做出,哪些因为权力关系而被排除。除此之外,他也关注传播技术在陈述流通中扮演哪种角色(Fiske 1994, 3页)。"这本书的话语分析并非想要追寻话语作为象征系统的规律和惯例,而是分析哪些被陈述,哪些未被陈述,谁做了这些陈述而谁没有,以及研究媒介传播流通技术的角色"(Fiske 1994, 3页)。

　　媒介制造全世界的符号地图,尝试定义"真实"的领域,人们使用这一意义框架来适应日常生活,从而臣服于媒介的权力。福柯(1976;1977)主要以回溯的方式研究现代规训社会带来的话语和实践,发现了统一的趋势和单一话语权的现象。而费斯克在研究美国当今传媒话语[1]的时候则注重西方社会的多样性、多话语性和多文化性[2]。他一方面想揭示话语冲突,在这些冲突中话语作为实践结果压迫、边缘化甚至完全排挤个人、群体或者知识形式,即知识和文化在日常生活实践环

274

1　这需要更进一步确认在美国以全球化方式操作的文化工业是否对于其他西方社会也有效。"莫妮卡门"(Monicagata)明确显示了在隐私的专制中也存在差别。在德国非常流行的《图片报》和其他一些私人电台和杂志揭示了隐私社会的危险(关于这一议题,参见理查德·塞内特在1983年的研究)。

2　美国社会自然比欧洲社会更加多样化,费斯克眼中的美国社会,尽管亚洲人、拉丁人、黑人在人数上已经比WASP(盎格鲁-撒克逊新教白人)更多,但是WASP还是尝试维护自己的权力地位。当他谈到主导文化时,他指的就是这一社会形态。在此关联之中,尽管有些夸张,美国作家戈尔·维达尔作为年轻一代的批评家认为美国白人仍对黑人怀有仇恨(Vidal 1999, 155页)。

境中和利益斗争中的融入。另一方面，费斯克分析从属者、被排挤者、少数群体和边缘群体如何抗争规训力量和规范化力量带来的各种限制，揭示他们如何努力跨入社会流通技术的门槛，表述自身的利益，以实现渗透性的社会斗争。

他对话语冲突作出以下区分（Fiske 1994，5页起）：（1）当词语或者符号具有涉及特殊社会利益的某种强调方式时，对此开展的斗争（参见Vološinov 1975）；（2）对词语、图像、话语库的选择的斗争；（3）被压迫声音努力发声的斗争；（4）不发声及再发声的斗争；（5）获得一般公众话语使用权和传媒使用权的斗争。"话语植根于社会。它提供社会形态，或者形态的联合体，带有对于生活核心社会经验的思考和谈话方式。日常政治生活的现实就是围绕谁的话语被采用开展的各种斗争。主导的话语形态、从属的话语形态以及竞争的话语形态就是社会组织的政治化编制"（Fiske 1994，7页）。

因为真实只能用话语来表达，事件和话语之间存在连续性。媒介再现不是关于事件的话语，而是话语事件或者说媒介事件（Fiske 1994，4页）始终包含其他话语和竞争话语的痕迹。尤其是特别引人注目的媒介事件，它可以到达最大的可见性并造成极大的社会动荡，它在以往容易被掩藏，现在却成为不同社会形态联合、干预的所在，成为民众投入和参与利益斗争的地点。在审理罗德尼·金之后，洛杉矶对该事件进行的报道和公开讨论也可以被重建为斗争，用话语的方法可以将这一事件引入不同的意义，每个意义都有其服务的特殊社会利益。对于许多贫民区居民而言，他们在这一媒介事件之后组织的抗争是在特定历史和社会背景下对所经历的压迫和侮辱的表达。媒介对它的表达是对于事件意义的话语。这只是一场抢劫？一次骚乱？一种叛逆？抑或是一场革命？就此也可以看出，费斯克和福柯的观点是很接近的，经验、知识以及"真相"都融于权力关系之中，只可能从某一个立场来确定。但是他并不像理查德·罗蒂，不追求极端的相对主义，没有完全拒绝对真相的追求，把理论简化为解读和描述。尽管知识来自权力关系之中，但其自身也可以获得一定的自治性，比如心理学知识。"真相和方法"在福柯的社会学学说中并没有被放弃，他承认了"真相和方法"的政治色彩，承认知识及真相与权力的关系，知识同样可以被用来颠覆当今权力关系。[1]关键在于辨别清楚哪些强制和约束决定了当今社会以及如何摆脱它们。福柯眼里的真相包括判定这些强制并发现新的可能性。[2]

276　　　费斯克将这一理念和威廉斯的"情感结构"概念结合起来，区分了主导、剩余和新兴三个区域，更精确地定义了文化概念（1977a, b）。他认为文化是一条"河"[3]，里面包含着不同的话语流（Fiske 1994, 8页起），并清晰地体现出文化斗争和冲突。他列举不同的媒介事件所造成的局部性冲突的例子，其中的权力关系如何通过话语和反话语、知识和反知识发生迁移。旧的主导流可能成为剩余的，新兴流则可能成为主导。因为媒介和技术手段的多样性使不同的知识形式和兴趣成为可能。[4]

1　参见贝斯特（1994）的文章；关于发展一个继承伽达默尔和福柯的批判性解释学，参见科格勒（1992）极富启发性的研究。

2　艾瓦尔特（1990, 93页）针对福柯关注现在的哲学概念（他认为与其说是话语的哲学，不如说是整体的行动哲学）："哲学的行为是保持对自己的距离。福柯将有能力制造这一效果的事件称为真相。"

3　类似的理念，参见李普（1979a/1994, 33页），他与齐美尔一样将文化看作"流动着的生活实践"，"对象化总是由此出发"。

4　我们在《传媒史和文化差异》（1990）中也持类似论点。

　　费斯克举了摄像头监视为例，说明通信技术是怎样被用来制造特殊知识并为权力所用。一个明显的例子就是直播洛杉矶高速公路上警察追捕O.J.辛普森的过程。福柯假设中一个完美的监管部门只要一眼就对一切了如指掌，这正在成为现实，尽管由于媒介化，实现的方式和他想象的不同。因为不仅是一个监视人，而且是几百万人都有机会、有能力，也有兴趣经历全景式监视。[1]这个例子也说明了摄像头监视不断扩展了美国城市的空间，并首先指向非裔美国人。"今天，观察的眼睛是白色的，而被观察者是有色的。[……] 监视是一种白色技术，在城市空间中划下种族区域的分界线，黑人无法超过，白人无法看见"（Fiske 1998，69页）。福柯指出当代权力是如何成功地将压迫的一面隐藏起来。它用生产力和效率来说服人们。摄像头监视也同样如此，它的优点，比如打击犯罪和保障安全等被再三强调，而它压迫性的一面尤其是白人对黑人的压迫性并不会被大部分白人意识到。费斯克将此看作极权的倾向，如吉登斯所说是对20世纪整个民主的威胁。"民主制度的高度可见性掩盖了极权的潜流，为那些不愿看见的人提供了'不在场证明'。在种族关系领域，这种选择性眼盲制造了我们所谓的'非种族主义者的种族主义'"（Fiske 1998，70页）。

　　再比如购物商场中肤色是主要的歧视原因，它比阶级或者宗教更加明显。"摄像头监视"能被用作"种族监视"，记录和确认那些不同于"白人标准"的行为。"监视技术加强了

277

1　费斯克（1998）认为"黑人"象征着逃离白人的想象和1990年代紧张的种族关系，以及罗德尼·金、克拉伦斯·托马斯、麦克·泰森和其他人。"他们是1990年代种族焦虑的代表人物，他们都是被超媒体化的黑人，他们的种族身份被性别化、男子气概被种族化，不管是不是有罪，都被罪犯化"（Fiske 1998，67页）。

白人的建构，因为其他人的空间被监视了，它的发展因为技术化而十分显著，更加扩展了本来已经遍布的权力。[……] 监视技术迅速扩展的部分原因是发现种族差异的技术能力和白人想要监视的需求之间的完美结合"（Fiske 1994，221页）。除此之外，摄像技术也加深了个人的孤立、监视和个体化。这种规范过程绝不仅限于种族关系。[1]

但是受损害的人也可以将摄像技术为己所用，费斯克表示，摄像头在这一社会群体中可以用最小的技术可能性实现最大的"真相效果"，因为它如照片一样很难被操控而显得真实。罗德尼·金的视频就是一个例子。费斯克举了很多例子来说明摄像头带来的对权力关系的计谋性干扰。"摄像积极分子"或者"摄像大鳄"摄录一些引人注目的事件，并在地方有线电视台播放。通过这种方式避免了官方新闻的话语控制模式，对于从属群体而言，由于传播过程加入了"高科技"，官方新闻显得不真实。费斯克总结道："但是视频既有低端科技，也有高端科技的形式，因此对它的使用充满了矛盾。它既可以被用于带给我们知识，也可以让我们暴露无遗；既可以赋予我们通往权力知识系统的通道，也可以让我们遭人驱遣。它既是传播的工具，也是监视的工具。权力集团可以用它来监视人们的来来往往，也可以把摄像头旋转180度，让它对着权力集团，揭示它们对人民的行为"（Fiske 1994，226页起）。

1　狗仔队和黄色小报的例子表明，尽管人们有保护隐私的可能性，但也臣服于看见和知晓的威力之下，即私人领域也可能处于普遍目光之下。"我在此并不想严厉批评，也并非鼓励小报作风，但是我想强调它们揭露丑闻，发掘被掩盖的、被夺权的和异常化的东西并不是因为它们需要被人知晓[……]，而是在监视的时代，小报逆转了看见和知晓的力量，提供了一时的反转和抵抗。[……]狗仔队的远距离照相镜头是反监视的小报技巧"（Fiske 1998，78页）。

　　摄像头监视和视频知识是权力直接用于身体的技术。
"权力集团"可以根据策略目的有计划有效地运用它，民众也
可以根据自身的计谋使用它。同样，其他通信技术，比如无线
电、电话、传真、电脑等也可以被用于日常生活斗争中。比
如之前提到的"黑人自由电台"就是微电台活动网络的一部
分："一个全国范围的社区站点网络，比如黑人自由电台，
它们保持着低科技和低花费，因为这是这些贫穷的、被剥夺
的、不受欢迎的群体保持对自身文化和知识传播控制的唯一手
段"（Fiske 1994，231页）。美国各地的黑人运动家尝试运用
廉价分散的通信技术建立一个隐蔽运行的传播系统，它传播
那些受自己控制的知识，或做出新的解读。产品并不站在前
台，而是传播，是对话，即文化作为一种过程。"它在人们的
理解和记忆中留下痕迹，而不是在文本中——文化分析很难研
究它，但是在它发挥作用的局部性环境中，它的影响力可能比
大众媒体还要强大，大众的高技术高成本媒体具有极高的可
见性，却也可能因此而高估自身的有效性"（Fiske 1994，232
页）。费斯克（1994，235页）认为，技术越落后越容易被应
用，受到权力集团控制的可能性就越小。

　　后现代社会包含大量社会差异，到处充斥着由全球文化
工业制造的各种图片、商品和真相组成的信息流和传播流，相
对的就需要一个来自底层的多样性文化，坚持清晰的社会差
异，对抗商业化的强趋势。"传播和信息技术的倍增扩展了斗
争地带，改变了斗争方式，人们把握大量技术提供的斗争机会
从未显得如此必要"（Fiske 1994，240页）。斗争和社会冲突
是保证社会多样性能够真正包容从属社会形态具有自我意识的

279

前提条件。通俗文化具有创造自由空间、保存和建立自身意义储备的潜力，尤其在身份形成过程中扮演了关键角色。它汲取不同的影响——既有主导文化的痕迹，也有社会从属群体的痕迹——这种混合的特征使得身份政治的本质论和孤立主义特征得到质疑和排挤（参见Fiske 1996a）。对差异的认可和维持也可以进一步形成联盟，影响当今权力关系的改变。

费斯克对美国社会做出极权倾向的预测[1]，警察的数字监视技术、国家安全和其他美国之外的机构[2]及由此带来的社会超透明度，损害了私人领域和公众之间的界限。在欧洲，许多批评家都对私人领域的消失和转化表示忧虑。费斯克认为保护私人领域是公共领域正常运行的前提条件。"没有私人领域，公共领域对于规范化就毫无防备可言，而它的边界可以继续向内扩展，将先进的和激进的都排除在外。[……]监视的目的就是规范化，它不鼓励差异，减少形成和传播反公共领域思想的机会"（Fiske 1998，80页）。费斯克没有像哈贝马斯一样把公众领域看作同质空间，而是看作由不同反公众领域构建成的空间，在这个空间中，政治一致性被转变为冲突。

1　费斯克夸大了美国完全监控和种族主义的危险，以表明与此相关的危险。福柯在《规训与惩罚》（1975）中以类似的方式描述了一个完全标准化的社会，如霍伊（1986，14页）所写，不是"因为他相信我们现在的社会即是如此，而是希望我们能把它当作一种威胁看待"。舍弗尔（1996，84页）把这看作福柯非常重要的技巧。

2　对于危险的讨论程度不一。维达尔（1991，159页）认为冷战之后国家安全机构开始针对自己的民众，私人领域的权力被不断挖空。在好莱坞，监视公司成为科波拉执导的电影《对话》（*The Conversation*，1974）的主题。邓金在他的研究《电影社会》（*The Cinematic Society*，1995）中提到，窥探隐私如何融入具有监视趋势的现代社会。"规训社会要求有一览无余之眼，这只眼睛可以看到在社会中进行的一切。然后新闻业、媒体和一般化的电影机器应运而生"（Denzin 1995，206页）。

4.2.8 总 结

费斯克的研究涉及媒体接受、民众文化分析以及反公众空间理念，始终坚持对当代的批判。他继承伯明翰学派和后结构主义，以及福柯的权力分析。福柯的研究在关注当代的过程中，通过诊断的方式将当代定格在某一个点，而费斯克则关注当前的情况，对"今天"进行解读和诊断，强调它有威胁性的方面，尝试用这种方式去干预和改变。[1]费斯克将当今区别化观察，将它的政治维度及权力与斗争的关系解析清楚，指出未来的趋势和威胁。费斯克和福柯一样把权力作为分析方法，揭示它的生产性功能。他分析了策略、计谋、权力关系、对身体的生产以及极权的趋向。从这些分析中可以看出，他更关注社会从属的边缘化群体和个体，认为他们需要理解自身的历史以及所处的社会环境，才有可能改变权力关系。费斯克从文化研究的角度出发，将围绕权力展开的社会斗争看作针对社会关系意义的冲突，看作赋予物质关系自身意义的尝试。同时，他认为需要辨别和承认社会差异。如同福柯一样，费斯克也拒绝刻有批判理论的解放模式。权力并不压迫，相反它是生产性的，因此费斯克的目的在于转移和改变权力关系，生产新的权力关系以及创造新的社会归属。

在我们研究格罗斯伯格的文化研究和后结构主义相结合的通俗文化分析之前，我们先来关注媒体接受和全球化的关系。费斯克略微涉及这一领域，分析当今通俗文化的意义和功

281

---

1 艾瓦尔特认为如果按照福柯的理论，但又不教条化地对待，这一方式是唯一有意义的行为。"不会有福柯的学生或者甚至福柯学派。一个福柯的学生，如果尊重老师的工作方式，那么就没有一个他不能继续发展和完善的学说。他只能在当前情境下做出行动，而不是在应该使用的哲学系统中"（Ewald 1990，91页）。

能，离不开对此领域的关注。关于自我意识这一主题，威利斯和他的同事开展的《共同的文化》（1990）研究非常重要，此外还有吉莱斯皮的著作《电视、种族和文化改变》（1995）。两个研究都以媒体全球化为前提，关注这一现象给各地方带来的结果。我们接下来将以嘻哈文化在全世界的扩张和在各地方上的吸收为例，最后讨论在全球化和移民的背景下，文化身份的变化和新种族的形成。

282 4.3　文化身份、全球媒体和地域接受

4.3.1　导言：微观背景和宏观背景的关系

迄今的讨论显示，文化研究远远超越对流行媒体文本的分析或者对日常电影电视接受的关注，对视频的符号分析、观众量化研究等如果不和文化与权力的关系联系起来，就不能被称为文化研究。文化研究不能给通俗文化提供普适理论，因为它始终关注特殊场景下具有反抗性、生产性和创造性的文化消费。全球化是更大层面上的社会变迁，文化研究的很多主题都与此有关，在后现代社会中，全球化并不仅仅是经济的，更对文化和社会生活的改变带来了决定性影响。新的全球化空间背景也为文化研究提供了新的课题。莫利在《当全球化遇到地域

化》（1991，德文版 1997b）中提出了全球化环境下民族志学方法面临的新问题。他认为民族志学发掘的媒体接受的微观过程和宏观层面上社会结构性特征之间的关系至关重要。民族志学的优势是在日常生活中观察媒体消费。对消费的微观过程和媒体的解读进行仔细分析，进一步联系到全球化进程带来的改变。比如，私人空间和公共空间之间关系的问题就可以从媒体消费和实践的角度进行重新审视。在传播全球化背景下的文化身份则尤为重要，莫利（1997b，30页）提倡对同时进行的同质化和碎片化、全球化和地域化的进程进行分析。我们接下来将进一步解读威利斯和吉莱斯皮的研究。

4.3.2 保罗·威利斯《共同的文化》

283

威利斯和他的团队共同出版了民族志学研究成果《共同的文化》（1990，德文版 1991），讲述了年轻人如何使用电视文本、视频、杂志、流行音乐、广告、服饰等。研究所使用的大部分数据来自年轻男孩和女孩的小组讨论，这些年轻人都属于胡弗汉顿（Wolverhampton）小镇的工人阶级。在最后一章中，威利斯以实证研究数据为基础，对当今社会的消费实践做出分析。

威利斯等人尤其关注年轻人如何融入动态的日常社会传播流，他们在媒体接受过程中所具有的生产性和创造性。他从"年轻人使用"的角度来观察全球化文化工业产品的消费（Willis u.a. 1991，17页）。

与鲍德里亚（1978）的后现代社会理论相比，威利斯认为年轻人不是被动的消费者，对一刻不停的图像、声音和商品毫无抵抗能力。相反，媒体会遇到已经在创造意义的社会行为人。威利斯的研究表明，通过全球化和深入的信息流和媒体流，人们可以扩展塑造自己业余时间和建立自身身份的可能性。工作和工业的自动化也导致失业的年轻人可以利用业余时间来发展自己个人的能力，建立特别身份。

在对年轻人媒体接受的细密描写中，威利斯明确指出，媒体文本的意义和使用方式并非一成不变。根据不同的个人和社会背景，媒体文本可以以不同的方式被解读，也可以作为符号资源用来建构特殊的个人或者社会身份。媒体文本不决定消费，而是文化产品和创造力的催化剂。"通过使用符号资源和原始材料（符号集合——比如我们成长的语言，以及所有文本、歌曲、电影、图片、物品）来制造意义"（Willis u.a. 1991，22页）。

商业形式的消费充满乐趣和娱乐，年轻人以此来表达他们的意义、存在和身份。在这个过程中，形成不同的基本审美品位。对于家庭剧而言，观众对它的第一判断是现实性，然后会联系到自己的生活，思考和讨论一些问题。基本审美通过这种娱乐方式存在于表演和真实之间。这一原则也适用于对恐怖电影的符号分析。

前提条件是观众了解电影是如何运作的，他们知道如何和电影情境保持距离，能够分辨特效组合的技术实现。另一方面，这类电影的刺激在于场景和观众现实之间尽可能多的联系。因此，在"噩梦"系列电影和"黑色星期五"系列中都由青少年来扮演主角；其他电影会把现实中的犯罪情节作为范本。恐怖电影的文化想象和接受用恐怖的方式改变观众的行为，进一步加深与电影的符号互动。[1]威利斯和他的团队访问的年轻人能够很好地分辨现实和想象，他们发展了一种特殊的"阅读愉悦"[2]。威利斯用恐怖电影和其他在接受过程中有互动和主动过程的媒体文本来说明符号的创作和创造性。

由于在日常与文化物品的接触中存在着审美潜力，威利斯认为艺术不能仅仅被限制在学院领域的高雅文化，而不认真对待通俗文化。[3]他提议扩大符号创造力概念的范围，用以解释日常生活中的基本审美，不仅包含产品，还包含接受方式。"它（基本审美这一说法——本书作者注）是关于符号和实践通过意义相联系这一过程中的创造性元素，在符号和实践中被多次选中，转变为场景，重新归类并被赋予特殊的意义"（Willis u.a. 1991，38页）。

当今社会情境带有后福特主义生产方式的烙印，审美过程和创新过程具有特殊意义。因为这些深入的现代化过程导致传统价值体系的逐步剥蚀（参见Beck 1986）。宗教、高雅文化、政治信仰等越来越被人们，尤其是年轻人，认定为无法给出一个可信的导向。此外，传统的社会形态和社会环境，比如工人阶级、邻里、亲戚等在慢慢消逝或改变。取代这些的是新群落（Maffesoli 1988），"选择的邻里"和带有不同机构化程度的特殊文化，它们是建立在"被制造的消息"和"基本审

1　威利斯等人（1991，66页）写道："讽刺的是，'模仿理论'的实践效果正是提升电影式恐怖的符号经验，而不是指明这样的恐怖对电影以外的行为有何影响。"

2　我们的研究小组"媒体特殊文化"也发现了青少年和成人在处理恐怖电影时的各种生产性、创造性的方式（Vogelgesant/Winter 1990；Eckert u.a. 1991b；Vogelgesant 1991；Winter 1991，1995）。

3　威利斯强调，新的数据显示青少年对那些高雅艺术（戏剧、歌剧、芭蕾、艺术展）丝毫不感兴趣。不仅在英国，在美国也有调查显示年轻一代对艺术无所谓，甚至抱有敌意（参见Lueken 1996）。50岁以下的美国人主要消费通俗文化商品。

美"上带有各种前缀的群体（参见Winter/Eckert 1990）。其出发点是对电影、音乐、舞蹈，甚至压马路这样的活动所持有的共同兴趣（参见Polhemus 1994，6页起）。年轻人的符号创造以及在此基础上形成的各种群体是现代化进程的反应，威利斯把它看作文化现代化。"符号创造用具体场景和具体方法来对改变——经济的、社会的、文化和结构上的改变——做出回答。他们毁灭传统和陈旧的确定性，制造带有对抗的独立可能性或者替代性的自我符号[……]。非官方的文化生产、符号作品和创造性用各种方式加工个人的主观意义和社会变迁的可能性"（Willis u.a. 1991，172页）。

社会变迁导致国家统治集团不能再根据自己的利益轻易地制造一个主导的意识形态结构。国家本身在全球化进程中逐渐剥蚀。文化现代化也在一定程度上剥夺了精英阶层的影响力（Willis u.a. 1991，167页起）；由消费者"制造的消息"是实现威廉斯口中共同的文化的第一步。为了能够通过带入自身经验来改变社会文化，必须了解媒体的语言并能够使用它。威利斯通过实证研究发现，他访问的那些年轻人具备这样的知识，能够表达自己的立场，改变已经存在的文化规范。

对比威利斯对年轻人媒体消费的民族志学研究及文化研究的早期成果，可以明显地看出他已经脱离了阶级理论的框架。阶级、家庭和国家逐渐失去自身意义，取代它们的是全球化的信息流和传播流，它们带来了文化产品的编码系统和框架，年轻人则在这一框架中有所行动。亚文化引人注目的表演不再处于中心位置，取而代之的是日常普通的媒体接受。

威利斯的观点和德·塞托（1988）、费斯克（1989）的观点接近。他们两人也强调在匿名的日常实践中所隐藏的创造力。萨特也认为结构上的强制不是决定性力量，起决定性作用的是人们把它变为了什么（参见Sartre 1964）。威利斯把这些年轻的文化消费者称为"实践存在主义者"，以此表达与影响理论相对立的观点，影响理论强调年轻人的日常实践易受环境或者社会经济设置的影响。威利斯觉得这些因素都不是孤立的变量，而是行为的可变媒介。个体和群体自己决定接受它们的方式。吉莱斯皮在她的研究《电视、种族和文化改变》（1995）中持类似观点。

4.3.3　电视消费和移民文化身份的形成

287

吉莱斯皮（1995）对绍索尔（Southall）的电视消费进行了民族志学研究，绍索尔位于伦敦西部，是人口众多、民族多样的郊区，离希思罗机场很近。该区域的大部分居民是旁遮普人，少部分人拥有英国、爱尔兰及加勒比血统。她用了一整章的容量来描述对极受旁遮普青少年欢迎的澳大利亚肥皂剧《邻居》的接受和吸收（Gillespie 1995，142-174页，德文版1999）。研究指出，绍索尔的生活和《邻居》中的生活有很多共同性。电视连续剧是一个文化文本，年轻人选择了这个文本，在和它的互动中决定和形成自己的身份。

比如年轻人日常生活中的许多庸俗之物和电视剧中的相吻合。对于吉莱斯皮观察和访问的年轻人而言，肥皂剧本身以及对它的接受和吸收带有很浓的俗气色彩。肥皂剧带来最大的愉悦是关于它的讨论，讨论也决定了对电视剧的吸收（参见Hobson 1989；Winter/Eckert 1990；Mikos 1994a，1994b，383

页起）。因为关于电视剧的讨论使讨论者有机会代入讲故事者的角色中，将假想的故事改编得与自己的生活尽可能相关。《邻居》是年轻人共同文化的一部分，它允许年轻人把剧集里的事件和角色与自己生活中类似的现实进行比较和评估。他们会判断电视文本情节的现实性，把情节和自己或者其他人在类似场景中可能的行为进行对比。在群体中关于《邻居》的议论往往是放松的、有趣的、带劲的，如果大家达成了某个共同的解读，就更加起到了保持和稳定友谊的作用。此外，关于问题的讨论也使人们直面电视剧，并尝试从自己的观点、规则和价值出发来描述和解决这些问题。比如一个受访的名为古尔温德（Gurvinder）的年轻人认为："讨论肥皂剧并且互相交换经验非常重要，因为这是更好地认识你的朋友的有效途径，他们也可以更好地了解你的所思所想，你的问题和弱点，人们变得彼此信任"（参见Gillespie 1995，147页；德文版 1999，300页）。他们也常常会谈论一些在父母面前被禁止的话题，比如某个男性角色如何吸引人。对于很多旁遮普年轻人而言，《邻居》是对他们直接社会经验的扩展，尤其是对于那些几乎只能和朋友及亲戚接触的女孩子而言。

在旁遮普紧密的亲属网络中，闲话和流言成为一种社会控制的工具，威胁着未成年人的个人自由以及家族的荣誉。在这种背景下，对于《邻居》中最爱说闲话的角色梅格太太的接受则很有意味。年轻人非常鄙视她，因为她总是在背后说别人坏话，颠倒是非，抹黑别人，对于任何超越道德常规的事充满了兴趣。因此年轻人在日常用语中会说"哦！她就是个梅格！"来表达对此类人的鄙视（Gillespie 1995，152页）。女孩们以此来表达对爱说闲话的大婶的惧怕，担心自己的私事会暴露，因为女孩的贞洁是旁遮普家庭荣誉最重要的组成部分。

除了电视剧和生活在闲言碎语方面的一致性，吉莱斯皮也研究了年轻人如何将绍索尔的邻里关系和电视剧中的邻里关系进行对比，以电视剧中的家庭生活为参照尝试批评和改变自己的家庭生活。很多人喜欢这部剧集，尤其是女孩，因为他们可以追求更多的自由和表达自己的诉求。吉莱斯皮（Gillespie 1995，170页起；德文版 1999，332页）在分析了大量对话后得出结论，"年轻人用电视剧中的家庭来表达他们自己制定和发展的规则及价值，以这种方式间接地评价自己的家庭生活。"

吉莱斯皮充满细节的精彩研究为种族群体电视（视频）接受这一复杂过程提供了很多有意思的切入点，他们如何与全球工业文化的媒体文本互动，旁遮普年轻人如何探讨父母辈的传统，如何协商产生自己的价值和规范，如何影响文化变迁。关于电视的讨论往往被轻视——不管是电视机前还是其他环境下——但这是一个非常重要的文化资源，用以协商形成身份和自我表达。通过《邻居》[1]和自身日常生活的联系，电视再现与绍索尔日常的文化差异更加明显。旁遮普年轻人在地域背景中接受这部跨国制造的电视剧，对自己的地域性文化提出疑问、进行改善，在探讨"他者"的过程中重新构建自己的集体身份（Gillespie 1995，207页）。吉莱斯皮以这种方式表明

289

1　丹尼尔·米勒在对肥皂剧《特立尼达的青年人和不安分的人》（*The Young and the Restless in Trinidad*，1992）所做的接受研究中显示，电视剧如何通过闲谈和对话参与到地方背景当中并被接受，地方社会将电视剧作为镜像，电视剧也将地方社会作为镜像。

电视全球化并不一定会带来文化同质化，媒体的地域性接受也可能对文化身份问题和"新种族性"的形成造成影响。

霍尔关于文化身份变迁的思考与吉莱斯皮的研究在西方消费品及媒体文本全球化这一点上不谋而合。他列举了三种可能出现的结果："1. 文化同质化和全球化后现代的发展导致国家身份的解体；2. 国家、地方或者特殊身份作为全球化的对抗力量得以加强；3. 国家身份逐渐衰落，新兴的混合的身份取代它的位置"（Hall 1994b，209页）。

莫利、威利斯、吉莱斯皮及霍尔等人不认可单一的文化完全同质化论，全球化后现代的多样性风格、符号碎片化、对无常和偶然的强调导致了封闭且集中的传统文化身份的碎裂；同时诞生了一系列新的认同可能性，这些身份更有立场倾向、政治倾向，更加多样，不再那么固定或者统一，也不再永恒（Hall 1994b，217页）。吉莱斯皮的研究展示了电视和视频作为传播资源如何在散居人群中形成新身份。跨国产品建构了一个想象空间，在这个空间中可以重新定义自己的文化。"媒体被有生产性的观众用来维护和加强边界，创建新的分享空间，在这些空间中，融合的文化形式，比如新的'种族性'，可能浮现"（Gillespie 1995，208页）。接下来我们再以嘻哈音乐在后殖民世界的生产和接受为例来加以说明。

4.3.4　后殖民世界中嘻哈音乐的戏剧性

嘻哈文化（由不同的文化表达形式组成，比如说唱、黑人电台、霹雳舞、涂鸦、DJ、狂野风等）是一个非常出色的例子，很好地说明了德·塞托分析的行为艺术以及后现代社会中民众实践的再次复苏。嘻哈起源于1970年代和1980年代的美国黑人贫民窟，如同之前其他黑人音乐文化一样，它也是为了表达受压迫的生活环境、种族主义和抗争。同时，嘻哈也代表了诞生于贫穷、剥夺和渴望中的创造力和生产力，它作为一种表现形式，也可以在后殖民和后工业时代的其他城市社会边缘群体中找到共鸣。"它作为一种文化形式具有非洲起源，在非裔美国和加勒比地区的历史、身份及群体的大背景下，尝试准确表达出被边缘化、严重缺乏生活机会，以及现实压迫的经验。它充满了破碎的张力，破碎是后工业社会压迫的结果；充满了黑人文化的表达力度，创造了一种团结的感情"（Rose 1997，142页）。它主要关注有色少数人群（不仅仅是美国内部），在欧洲殖民化的过程中以及奴隶贸易中被压迫的、成为种族主义牺牲品的群体。[1]

嘻哈的成功史开始于说唱派对和夜总会，之后通过CD、音乐视频、MTV和电影流行起来，成为世界范围的表达方式（参见Kellner 1995，174页起）。说唱处于中心地位，是一种带有背景音的充满节奏感的表述。在迪斯科和夜总会中，背景音乐由各种各样的播放器材制造。说唱的关键在于说唱者必须能够启发和带动观众。他不需要掌握作曲或者乐器，年轻观众便很容易转变为说唱歌手。因此年轻的说唱歌手常常进行比赛，有时会产生多人轮换的非常长的说唱歌曲。

撤去嘻哈的非洲起源，1970年代早期的纽约贫民窟中的

291

---

[1] 艾斯–T在CD唱片《死亡人数》（*Body Count*）的文案中写道："此专辑献给所有让世界变得更多彩的人；亚洲人、拉丁人、土著美国人、夏威夷人、意大利人、印度人、波斯人、非洲人、土著居民其他所有国家的人，那些白人希望你们一出生就死掉的人。我们不是少数派！我们才是多数。"

迪斯科是说唱的诞生地。当时有一个关键事件，纽约黑人帮派的一个成员开始使用祖鲁领袖的名字阿弗利卡·巴姆巴塔，成立了"祖鲁国"（Zulu Nation），并开展社会活动，为南布朗克斯地区的和平和生存呐喊（参见Toop 1992，69-73页）。作为城市"更新政策"的灾难性后果，纽约市不同城区的有色居民都被迫迁移到了南布朗克斯地区，从而产生了一个居民区，在这里原先存在的家庭结构、朋友结构和邻里关系统统被毁掉。白人的逃离和政府资金的短缺制造了一个贫民窟，成为堕落的同义词。巴姆巴塔努力将年轻人在帮派斗争中爆发的愤怒、能量和激情转入音乐、舞蹈和涂鸦中。通过组织黑人、波多黎各人、非裔加勒比人参加一系列的舞蹈活动，他成功地燃起了南布朗克斯年轻人的激情，建立了一个自己的文化共同体。当地帮派之间的敌意转变为说唱歌手之间音乐性的口头竞争，抑或激烈的舞蹈比赛。"竞赛是嘻哈的灵魂和原则。它不仅能有效限制暴力，防止成员陷入毁灭性的毒品中去，它更加鼓励他们从有限的资源中去创造。运动鞋成了流行，真实的音乐诞生于唱片播放机旁，合着混音器和不知名的唱片。街头的吹牛成了娱乐的形式，深受年轻人欢迎"（Toop 1992，22页）。

巴姆巴塔也是第一批DJ中的一员，DJ们有着非同寻常的混合天分，他们从大量的音乐风格和音乐作品中通过剪切和匀滑转换制造出不停歇的引人热舞的节拍。唱片的片段被压缩和延长，使得音乐特别适合跳舞。贫民窟中最重要的元素——这与以前的迪斯科不同——是架子鼓的应用。"这时，舞者们站起来舞动，DJ们一直重复同一个节拍，让两

292

个唱片播放机轮番工作。架子鼓慢慢成为一种独立乐器"
（Toop 1992，20页）。

巴姆巴塔和其他DJ们，比如大师弗莱什和赫茨，开创了
"碎拍"（break beat），即把已经存在的流行歌曲作为"积
木储备池"用于自己的作品。"就凭把至今的音乐史作为自身
创作资源的这种胆识，DJ就是名副其实的创造人、版权人和
建立人"（Poschardt 1995，162页）。通过碎拍，音乐从初始
的背景中被分离出来，成为派对舞曲的一部分。在德·塞托看
来，DJ们在流行音乐的世界里偷猎，解构受欢迎的歌曲，把
它们带入自己的编曲中，以他们的知识为基础，作为消费者和
音乐迷创造出自己的作品。

在通过媒体传遍全球以前，说唱的大众审美首先在地方
性的舞蹈集会中铺展开来，用戏剧化的方式来处理贫民区生活
中面临的各种问题。接下来我们将以说唱音乐为例来分析这一
艺术接受过程，以及讨论说唱[1]这一戏剧化的形式如何帮助形
成了后殖民群体。碎拍已经清楚地表明了嘻哈文化的中心是
接受过程。DJ们通过对已存歌曲片段的选取和组合，在多个
唱片播放机上制造声道，为说唱文本提供背景。音乐接受的基
本技术主要有两个方式，即搓盘（scratching）和移植（Punch
Phrasing）。

搓盘是指使用两个播放机，其中一个唱片正常播放，而 293
第二个播放机的电机关闭，DJ把针头摆在唱片上，然后快速
转动唱片，做出不规则运动，这样录制下来的音乐令人无法识

---

1 霹雳舞也是基于行为人偶然构建成的最原创的舞蹈形式。到1980年代中期，这一有
些杂技风格的舞蹈形式是饶舌歌手舞台表演的一部分。

别，更只是一种艰涩刺耳的声音。他必须对自己操控的那张唱片非常熟悉，才能使搓出来的声音获得音乐质量，带来独特的节拍。移植是对不同音色叠加和混合的细化。根据德·塞托和费斯克的理论，这些是充满想象力、多元化和具有生产力的接受形式，这也表明了从陌生文本中借取、汲取和偷猎也是创造的过程。在关于互文性的理论中，新创造的文本和之前的文本存在交换，它的织体结构就像是之前文本的回声。

如同舒斯特曼（1994）指出的，说唱通过自我反省的接受过程对传统表演的原创性和唯一性进行解构。在这个后现代的流行艺术中，原创不再存在，存在的只是对接受的接受，因为每个艺术家都借鉴了其他艺术品。将传承回收利用，将新的接受重新组织，这可以理解为弱者的计谋，它模糊了艺术和观众的界限，尝试用文化工业给定的资源做出新创造。根据弗雷德里克·詹姆逊（1986）和大卫·哈维（1989），说唱遵循后现代文化的逻辑，因为它放弃了对于现代审美而言非常关键的艺术品的机体统一，取而代之的是分裂、碎片化和拼接效果。"说唱放弃了对自己作品不可侵犯的要求，也不认为艺术进程会有终点。说唱认为所有的艺术产品都屈服于接受的变化。它表明了一个艺术品作为一个物品的完整性，永远不可能比使用这个物品而带来的无止境的新创造来得更重要"（Shusterman 1994，165页）。

嘻哈也以解构和重塑已有作品为己任，它改变那些作品，用它们来表达贫民区居民的利益和问题，比如失业、卖淫、暴力以及毒品。

许多说唱歌手具备超乎寻常、极难模仿的语言技巧，这

294

些技巧来源于他们的贫民区生活。在那里，口头的自我表现是获得和巩固更高社会地位的重要手段。语言技巧和身体技巧在贫民区往往被同等看重。很多非裔说唱歌手常把格里奥（Griots）看作自己的榜样，格里奥是非洲西部的诗人和歌者，他负责保存口头流传的文化记忆。黑人的口头文化带有许多不同的约定俗成的争吵和游戏，比如"喻事"，一种具有画面感的不恰当的言谈。"喻事是黑人的表达方式，不管是使用还是来源均是如此。它表达了一系列完全不同的情况。[……]它可以是嘲笑其他人和情境。它是指用眼睛和手来说话，在这个过程中必然带有大量的姿势和脸部表情。它可以是有意识地通过闲话挑起邻居间的争吵，也可以是在警察背后做一些动作以示嘲笑"（Abrahams 1970，引自Gates 1993，180页）。

也就是说这是一种间接的、不信任的以及戏仿的说话方式[1]，他们模仿白人，那些奴隶主的说话方式，在不同层面实现不同的意义，具体意义取决于参与者的语境和背景知识。[2]新的研究更是发现诸如避让和扭曲这些语言计谋，它们的意图都是在白人听众面前隐藏意义。[3]很多说唱文本的白人批评家认为它带有侵略性和吹牛的风格，言之无物、流于表面而且单调，并不承认这一在压力下形成的风格习俗和细微之处，而正

[1] 嘻哈的所指非常明确，而爵士则是即兴的和隐含在字里行间的。

[2] 汉纳茨（1969）对华盛顿黑人贫民区的研究证实了好的口头技巧非常重要。"一个能讲述好的故事，语速快且妙语连珠的人被认为具有非常高的娱乐价值。那些讨论高贵和强大、人物和地点及世界状况的人可能在意名声。[……]此类谈论可能高于一切对于自身的戏剧化——它吸引了别人的注意，尽管这种注意不能立即转换为实际的收益"（Hannerz 1969，85页起）。

[3] 语言形式可以被理解为在他者领域的计谋，涂鸦也可以被看作嘻哈文化的重要元素之一。涂鸦艺术家的特征是流动性和在一个"被敌人控制的空间中"对机会的利用（参见de Certeau 1988，89页）。

是这些影响了当今非裔美国人的英语。舒斯特曼（1994）则在他的研究中指出，许多说唱歌曲通过搞笑的日常口语表达，通过运用谚语和一些俗见，在说唱背景中赋予它们新的意义，从而达到多个意义层，成为复杂的多义文本。

"知识说唱"甚至具备了具体的政治功能，说唱者尝试将审美、社会现实分析和政治意识诞生联系起来。"很多说唱歌曲有着明确的目的，即加强黑人的政治意识，加强骄傲情绪和革命情绪；它们提出审美判断与[……]政治合理性问题以及社会斗争问题不可分割，说唱作为一种累进的实践，通过完全的自我肯定而成为艺术"（Shusterman 1994，175页）。很多说唱歌曲也对"白人"视角的历史描述和事件描述提出质疑，比如"洛杉机暴动事件"，并设计了其他的解释。也有一些说唱歌曲是关于道德性的陈述，或者为一些主题，比如为性、毒品和暴力提供援助。

关于说唱音乐的讨论表明了它在黑人文化身份和社会身份方面承载了重要功能。嘻哈使得身份首先在地域层面得以构建，因此也带有地域性的敌意（比如洛杉矶说唱歌手和纽约说唱歌手之间的冲突，参见Mikos 2000）。通过媒体的传播，这些身份模型也获得了全球性意义，其他从属性的民族文化和群体也可以使用嘻哈的象征形式来表述自己的立场和问题（参见Dyson 1996；Schneider 1997，272页起）。

296　　　我们曾经进行的一个民族志学研究[1]结果表明，大部分受访的自认为是嘻哈风的人用这种音乐风格来实现特殊的个人

1　我们的民族志学研究（参见Winter 1998a）主要在亚琛、科隆和特里尔开展，结合了多种方法：参与式观察，叙述式采访，小组讨论，分析爱好者杂志和电影，组织和嘻哈人的活动等。关于民族志学的一般方法，参见温特（1995，123页起）。

身份（参见Winter/Eckert 1990）。也就是说，嘻哈对他们而言首先是消费物品的组合，由CD、特大码的衣服、棒球帽、球鞋、项链等组成。如果不强调这些物品的界限作用，那么使用它们并没有矛盾或者颠覆性意义。嘻哈有助于身份建立，因为它与成年人的文化和主流的审美之间有着清晰的界限。最明显之处就是对音乐接受的不同，嘻哈音乐主要关注节拍和灌唱片，而文本仅处于次要地位，极少获得很多关注。说唱音乐的内容并无决定性作用，关键在于它的声音特色。因此，即使在德国，英语说唱因为英语这种语言本身更加流利所以比德语说唱更受欢迎。

嘻哈的成员往往通过朋友介绍加入圈子，对嘻哈音乐的历史也很了解。大多数受访人从1980年代中期就开始听嘻哈了，并且是忠实乐迷。对音乐的讲述往往被用来再建自己的过往以及朋友圈的过往，其中的核心是对群体的体验。马克如此描述嘻哈感："不感到孤单，和其他嘻哈人在一起，和其他志同道合之人一起做嘻哈，一起庆祝嘻哈。你明白吗？即使彼此互不相识，但是如此合拍，感觉属于同一个圈子。你觉得你就是它的一员"（节选自口头采访）。

群体体验带来了"共同的愉悦"，它制造积极关系，在审美共享的群体中与志同道合之人一起，自身的身份会被创建和肯定。于是，一些接受者自己也开始积极参与。安迪："其实一开始只是涂鸦，然后我听到了嘻哈音乐，比如《公众之敌》（*Public Enemy*）之类，感觉很带劲。之后就一直听一直听，后来一想，一天到晚涂鸦也挺无聊，得加点什么。就买了个声音混合器，两个播放机，开始玩嘻哈音乐，搓盘什么

297

的"（节选自口头采访）。

我们研究的数据显示，对嘻哈的喜爱可以分为三个阶段。第一个阶段是对音乐的接受和一些消费品的购买。大多数嘻哈人停留在这一阶段。第二阶段是学习黑人对唱片的创新实践，自己也开始作为DJ进行创造性表演。在这个阶段，所有受访人都和嘻哈最原始的"贫民区感觉"划清界线。在第三阶段，接受过程才会有批判性特点，人们开始根据自身情况和社会问题谱写自己的说唱文本。比如亚琛的一个说唱团队的文本就针对种族主义和酗酒，针对年轻人的生活状态和黯淡前景，在年轻人中传播开来。说唱歌手在歌曲里描述他们具体的生活，他们的愿望、希望、伤害和痛苦。他们透过自己的视线看待事物、分析真相，成为德·塞托（1988，21页）口中的"自身事物的诗人"。因此，在一些带有批判眼光的年轻人中，德语说唱受到更多喜爱，因为他们希望能够"真实再现自己"充满各种大大小小悲剧的人生。

我们的民族志学研究展示了嘻哈如何通过音乐、群体仪式、DJ表演和说唱歌手形成一个群体，它有自己的身份和社会联系。然而我们访问的嘻哈人和美国贫民区的嘻哈人又不一样，对他们而言，嘻哈并不是来自直接的日常生活实践，而首先是一种消费品。他们接受身份模型，但是只有一小部分嘻哈人会尝试将它用作文化资源来表述自己的经验和所见。尽管嘻哈已经变成了一种由西方社会全球文化工业营销的商品，但是通过它的形式和实践，在地域性的接受过程中，仍然可以获得自身的意义，表述从属者的感受性——比如和社会问题以及自身生活情况做抗争的年轻人。在这种情况下，嘻哈的意义和其他流行文本一样游走在商业日常化与创造新意义之间。利普西兹（1994，36页）认为："嘻哈表达的政治形式完全符合后殖民时代。它通过表演实现了群体的形成，它指出了人与人之间真实的和想象的关系，这些人在后工业资本主义的紧缩经济现实中遭遇了移位、幻想毁灭、绝望。"

在他的研究《危险的十字路口》（1994）中，利普西兹提出了嘻哈以外，从属者在流行音乐领域还有其他的计谋。大城市的少数族裔移民通过融合的方式将自己的文化经验和全球主流文化的形式相结合制造出音乐，并且变为己用。这些跨族裔的音乐创造包括：纽约的波多黎各邦加吉（Bugalu），巴黎的阿尔及利亚籁乐（Rai），洛杉矶的奇卡诺朋克（Chicano Punk），澳大利亚的本土摇滚以及新奥尔良的沼泽摇滚（Swamp Pop）。利普西兹用这些例子来表明受压迫少数族裔的音乐家在享受和使用主流音乐的同时，如何结合它来表述自己的种族差异性。他提出的一个计谋即反文化本质主义，这是一种受时间限制的尝试，个人和群体压制住各自的不同方面，构成一个整体，这个整体拥有共同的利益、情感和需求。这一共同性往往不是直接的，而是掩盖的或是通过某一个媒介来表达的。比如新西兰的毛利人在1980年代晚期从非裔美国人的流行文化中找到自己的身份认同。他们吸收非裔美国人的自我表现风格以及与之相关的俚语。很多流于浅表的批评家把这看作美国文化帝国主义的胜利以及对传统地方文化的摧毁，但是毛利人却自认为这是一种隐藏着的努力，用非裔美国人的元素来表达他们在自己的家乡被边缘化和自己所失去的位置。

利普西兹认为反文化本质主义[1]这一计谋是理解不同跨种族音乐联系的关键。他写道："理解每个群体的关键在于观察他们是如何通过表现为'他者'来提升'自己'的。像世界上许多受到伤害的群体成员，他们成为伪装大师，因为这决定了他们是否能继续生存"（Lipsitz 1994，63页）。这种处理音乐的方式是全球化环境下行为艺术的一个实证例子。我们看到，戏剧化的表演在这里起到关键作用。它对于身份的构成以及群体的建构都非常重要。可以把表演看作"弱者"对社会弊端和问题的解读。在文化研究中有很多研究者，比如德·塞托、费斯克或者格罗斯伯格始终严肃对待通俗文化这一领域，但是却从未失去批判的眼光而沦为流行主义。

4.3.5 展望：未来研究的任务

未来的研究承担着重要的新任务，不应该再一味追寻文化源头或者基础，而是应该比如从散居的角度深入研究，再比如研究如何通过跨国媒体产品的使用构成新的身份，并研究未曾预料到的联系或者联盟如何产生。在这个过程中产生混合的文化形式，可能会带来不同的观众。年轻人由边缘化立场发展而来的差别，自然将一直是协商的话题。保罗·吉尔罗伊认为"青年亚文化看起来似乎很平淡，但是开发出一个有自我意识的后殖民空间，在这个空间里不同观点的主张碰撞出一个关于民族的多样性概念，也许能实现自我的超越"（Gilroy 1993b，62页）。全球化和移民带来了公众的变迁，也为建

1　利普西兹（1994）使用"策略性地反对本质主义"这一说法。但是根据德·塞托和费斯克，我们认为描述为"计谋性地反对本质主义"更为精确。

构自己的生活环境和文化身份提供了机遇。根据霍米·巴巴（1994）的观点，这个过程将导致清晰文化身份的消失，文化身份的话语建构性和不清晰性将越来越明显。在新产生的"缝隙"中充满了文化退化和社会歧视，正好为发展建立新群体和身份的计谋提供了土壤，这些计谋不基于本质性，而是带有矛盾性和混合性。在这个模棱两可的文化领域，威廉斯口中剩余的和新兴的实践得以表达（1977b，参见Bhabha 1997，162页起）。霍尔（1994c）继承了霍米·巴巴的思想，要求对民族这一概念重新定义，不再将它和国家或者"种族"联系在一起。事实上，我们都属于某个"种族"，站在某个种族的角度说话，但是这并不代表我们可以欺压、消灭其他种族，不让他们发出自己的声音（Hall 1994c，23页）。关于种族的新政策应该理解种族的差异，对于身份政治而言，这代表着不再坚守根本性、统一性的身份结构。取而代之的是一种具体的、非根本性的、非统一性的"弱化的我们"（Anzaldúa 1988）。崔明霞（1991）认为，文化之间交流的空间必须成为一种程序，在这个空间中，差异和身份不断被重新定义和表达（参见Denzin 1999b）。

300

问题在于这个新建立的集体身份会带来哪些影响。罗伯特森（1992）对全球化进行了研究，发现这一过程在15世纪早期就已经伴随着现代化进程出现。很多迹象表明，在过去的几十年中全球化出现了质变的飞跃，主要通过电子媒体全球化和移民实现。媒体传播的图片和人潮带来了一种"迁徙的公众"（Appadurai 1996），个人不再仅仅依靠西方文化工业的产品。生活在旧金山的日本人租借日本影片观看，来自阿富汗的出租车司机在芝加哥听家乡的宗教音乐，旁遮普人则观看来自巴基斯坦的视频（Gillespie 1993）。

不同于现代化理论家的看法，文化研究人认为在全球化进程中宗教性并没有丢失，全球化也并不完全受西方文化帝国主义影响。民族学家阿帕杜莱写道："越来越多的证据显示，大众媒体在全球的消费往往引发反抗、嘲讽、选择性接受以及行动"（Appadurai 1996，7页）。此外，媒体还使"集体感"成为可能（Maffesoli 1988），实现各种特殊文化（Winter/Eckert 1990）以及积极的团结："大众传媒的集体体验，尤其是通过电影和视频，能够创造对魅力团体的崇拜，比如20世纪七八十年代围绕印度女神山多西玛（Santoshi Ma）产生的地区性团体，以及几乎同一时期全球范围内崇拜阿亚图拉·霍梅尼[1]的团体。类似的团结还来自体育和其他国际盛事，比如奥林匹克运动会。在孟买和加德满都，这些地方的住户们在公寓和建筑物内设立了视频俱乐部，粉丝俱乐部和政治追随者出现在南印度的小镇媒体文化中"（Appadurai 1996，8页）。

301

其中，想象领域扮演了主导角色，全球化大潮中的个人和团体由此找到与自己日常生活实践的联系。因为共同的想象是跨国集体行为的先决条件。这和各自的动态背景有关，但即使是背景也可以被有效地指引，新的"客厅政治"究竟是通向新的宗教，抑或暴力，还是更大范围内的社会公正。格罗斯伯格在文化研究的框架内详尽地分析了通俗文化的维度和它的背景所在。

1　伊朗伊斯兰教什叶派领袖。——译者注

4.4 劳伦斯·格罗斯伯格的通俗文化分析

4.4.1 导 言

格罗斯伯格在他的早期作品中已经开始关注传播的哲学和社会学方面[1]，他和约翰·费斯克一样，深受后结构主义和伯明翰当代文化研究中心的影响（他在那里学习过一段时间），尤其是霍尔的理论[2]。格罗斯伯格同时也是文化研究方法的批评者，他认为文化研究将通俗文化处理得太为积极和正面了[3]。接下来我们将着重分析他的著作《我们得离开这个地方》（*We Gotta Get Out Of This Place*，1992），他在该书中首先研究了主导的传播模式。

他批评了传统模式将传播看作媒体把信息从发出者运送到接受者这一过程。这一模式基于理想状态，即受众和文本，以及能指和所指是互不相关、独立存在的个体。每一种文化关系仅仅被理解为"编码"和"解码"之间的中介。尽管后来文化研究的重点也放到了接受和理解的层面，但还是不能解决这个模式本身的结构问题。这个模式否认了传播这个过程可以通过创造新的意义空间来消除受众和文本、所指和能指之间的空隙和差别（Grossberg 1992，38页起）。后结构主义思想也没有摆脱这个模式的影响。结构主义认为差异区域先天存在

302

1　参见他的博士论文《辩证的解释学和人类科学：传播的文化方式的基础》（*Dialectical Hermeneutics and the Human Sciences: Foundations for a Cultural Approach to Communication*）。

2　参见霍尔（1986）的采访。

3　参见奥科纳（1989；1996年再版）和柯然（1990；1996年再版）。

且稳定，后结构主义则将差异放到中心，认为这是一个永远不会完结的、超主观的过程。文本、意义和受众被融合在同一过程中，经历延期、差异和缺席。如同我们所见，文本永远不会只有单一的意义，无法在孤立的情况下被解读，它总是拥有与其他文本在形式上和历史上的联系。同样，受众也永远不是一个一成不变的单一的身份，而是存在许多差异。

格罗斯伯格的传播理论认为文化是一种过程，即发生，在发生的过程中产生差异。也就是说，文本和受众只存在于片刻，它们的意义和形态随时可能发生变化。霍尔（1986c，10页）曾这样描述这一理念："我们不是只有单一身份的'观众'，我们的观看并不是偏好和习惯的单一集合，并非仅受到一个渠道的影响，没有唯一的可预料的行为方式。我们的头脑中存在不同的观众，可以被不同的节目重新组合。我们有能力多层次和多模式的使用注意力，运用不同的观看能力。一天的不同时间，不同的家庭成员，不一样的观看模式就会有不同的'特点'。"

格罗斯伯格对后结构主义沿用传统传播模式（文本，受众，通过生产意义进行传播）提出批评。"批评家仅仅跳入了无止境的随意的碎片运动，解构所有稳定、统一和必须的诉求，但是他或她永远无法成功"（Grossberg 1992，40页）。真正对传统传播模式提出质疑的反而是源于通俗文化领域的历史性和社会性变革，这些变革正在渗透到越来越多的地区和我们栖身的机构。后现代社会的日常生活与一系列通俗文化体验和实践紧密结合。它们之间的互文关系无限增长，以致几乎无法确认稳定的实践和关联。此外，观众群体以及主观性也越来越具有移动性和改变性。

再者，格罗斯伯格（Grossberg 1992，43页起）也批评了越来越像同义词的文化和传播。"意义成为人类存在的全部，它连接的是一个以其他方式无法进入、无法感知的现实"（Grossberg 1992，43页）。这一继承康德[1]的理念，在不同的社会构建理念中被继续改造的中介模式，在格罗斯伯格看来并不够复杂，他认为"意义本身并不是简单的类别，意义有许多不同的形式（叙述性的、暗示性的、估值性的、反思性的等）。同一文本不仅可以被不同地解读，它还可以被不同的人在不同的语境中作不同的使用。同一个文本可以作为叙述性小说的资源，抑或情感支持，抑或性感想象，抑或审美愉悦，抑或语言获取，抑或淹没一切的噪声，也可用作身份构建，或者抵抗不同权力的叛逆"（Grossberg 1992，44页）。因此，与文本的关系以及文化的关系绝不仅仅止于它们的意义，而是基于在文本互动过程中的兴趣、情感、愉悦等。格罗斯伯格把摇滚乐看作"情感机器"，认为它是日常生活"乐趣政治"的一部分（参见Grossberg 1984，1997b，20页）。文化文本是多功能的，因此需要从情感层面去理解它们。

格罗斯伯格想要设计一种取代"文化=传播"的新理论，以符合文化所含有的复杂层面和效果。不同于文化研究基于"编码—解码"模式的理论，他既不把文本的解读也不把观众

304

1　格罗斯伯格（1997a，22页）写道："文化的胜利是在康德哲学胜利的基础上获得的，尤其是他对现象和本体的区别。康德假定主体和事实之间的经验空间，如此一来，除非通过调节的思想，否则便消除了所有与事实的关联。"

的解读放在显著位置。[1]他将重点放到实践的特殊构成和特征上，它们如何实现效果，效果如何组织，当效果和效果相遇时它们如何发展。"我想描述两个承诺，它们不同于传播模式的假设，即通过唯物主义的有效性理论回归现实，以及作为表达实践的情境性原则"（Grossberg 1992，46页）。

4.4.2　回归现实

格罗斯伯格反对后结构主义的解读，不认为现实和文本性等同，也不赞同只需要研究现实的话语传播和建构。他更加关心话语范围之外的关系、时间和结构所带来的影响（参见Hall 1988）。他想让现实重新成为文化研究的对象，但也认为除了意义和表征系统以外没有其他通向现实的道路（Grossberg 1992，48页）。他延续了德勒兹、加塔利和福柯的道路。

比如由德勒兹和加塔利解构的传统文化模式，即语言和现实层面的交流和分隔。他们在提出根茎概念时写道："这本书并非是世界的图像，更不是世界的能指。它没有完美的有机完整性，也不再是意义的统一体。[……]这本书不是用来理解的，而是用来使用的。不是用来解读或者意指的，而是用来实验的。一本书应该用'其他机器'来制造，应该成为外在的一个工具。它不是世界的再现，也不是意义结构的世界"（Deleuze/Guattari 1977，40页）。如何使用一本书或者一个文本，不是固有的，而是取决于它们同"外在"的关系。语言和

1　参见格罗斯伯格、哈伊、瓦特拉的文集《观众及其景观》（*The Audience and Its Landscape*，1996）。

现实、所指和能指、文本和读者互相交织、互相打扰，彼此千丝万缕，产生截然不同的效果。根据格罗斯伯格的解读，对于德勒兹和加塔利来说，现实以不同的发声方式自我表现，包括创造价值和生产意义的过程。"这样的表达性既不人性化也不具备传达性"（Grossberg 1997a，24页）。

福柯在《话语的秩序》（1974b）一书中描述了评论的无止境蔓延，以此批评文本的解释学解读。他的话语分析并不看重隐藏意义和解码，而是关注"话语事件的单纯描述"，将话语实践本身作为分析对象。两种尝试都想开发新的研究策略，将点、事件和实践之间的生产联系线以多维度、多方向的方式建立起来，正如德勒兹和加塔利提出的"根茎"概念。格罗斯伯格（1992，50页）写道："这些线构成了事件之间生产性关系组成的现实。生产性是效果的同义词，或者更准确地说，是有效性的同义词。这一概念描绘了一个事件在复杂的效果网络中的位置——它对其他事件的效果，以及其他事件对它的效果。它描述了在这个世界上实现改变和差异的实践可能性。"

格罗斯伯格也将事件的单一性和稀少性作为文化研究的焦点。实践具有现实效果，它可以转变现实。文化研究需要解释话语实践如何形成网络化的符号关系，如何生产行为和身份，如何成为自身的一部分（Grossberg 1997a，23页）。[1]这一进程无法在事先通过确定话语实践的再现内容而被预知，而是如福柯所说，语言是"真实的实践"，"或者换而言之，事

---

1 格罗斯伯格也和克里福德·格尔茨（1983）的符号人类学划清界线，包括他密集描写的方法。在这一理论中，文化被认为是人类"自我结成的意义网"。

实上，文化无法被缩减为意识形态，在这两者之间有一条鸿沟，为各式各样的文化尝试提供了空间，也为政治发声提供了空间"（Grossberg 1992，51页）。文化实践的效果根据背景的不同也有所区别。比如音乐，可以绕过理智层面，直接与听众的身体对话。[1]

4.4.3 发 声

文化实践和效果互相交织形成关系结构，在对此进行分析时，格罗斯伯格提出了霍尔和拉克劳的发声概念。因为发声模式认为，不能把实践简单地和结构对等，不能事先确定实践的效果，而一个结构或者事件（比如政治活动、经济关系或者文化文本）不具有内在的、关键的身份。"如果你讲述这个故事，如果你积极投身这个政治活动，如果你生产商品，如果你具有某种社会经验，那么你已然被锁入其必然的结果中，这一结果由事物变成本来就该成为的模样而决定。历史看来似乎事先就已确定——事件必然的发生带来必然的结果"（Grossberg 1992，53页）。

发声是一个非内在的过程，它反对实践和事件的固有身份。根据德勒兹、加塔利和福柯的理论，格罗斯伯格通过实践的效果及其对外的联系来定义。尽管这一交换和结合无法事先确定，但是它们是真实和有效的。发声的概念一方面使得我们可以发现实践和效果方面的联系，另一方面又能揭示各种不同的之前未预料到的实践效果。"发声通过区别、通过

---

[1] 巴特（1979b）曾如此表述："哪个身体正在歌唱？是什么在我的身体中唱这首歌？"

碎片单位、通过实践结构来生产身份。发声将此实践和彼效果，此文本和彼意义，此意义和彼现实，此经验和彼政治联系起来。这些联系本身又在更大的结构中发声"（Grossberg 1992，54页）。

格罗斯伯格认为实践的效果与它在各自背景中的位置相关。在分析事件的时候，需要建构事件所处的和用以发声的关系网络，以及不同的发声可能性。同时要考虑到发声将实践所处的背景也改变了。发声理论的核心在于特别的背景，它的重建对于理解实践至关重要。背景并不是分析一开始就给定的，它是分析的目标和产物。

对于我们尤其关注的自我意识，格罗斯伯格继承发扬德勒兹和加塔利（1992）关于逃逸线的概念。他认为实践有着不同的秩序和根茎形式的组织（Grossberg 1992，57页起）。根茎的特点是两个有效线路——发声和逃逸——之间的斗争。"逃逸线，另一方面，不发声，让装配得以对外打开、折断，分解整体、身份、中心和阶级。他们将自己已发声的辖域去辖域化，并非通过将装配碎片化[……]而是通过减除发声线，减除整体和阶级"（Grossberg 1992，58页）。格罗斯伯格强调不应该先入为主地用权力和抵抗来替代发声线和逃逸线。不同于对内在的分析，发声理论不以结构的现实、必要性和普遍性为前提（Grossberg 1992，61页）。

这两个由格罗斯伯格提出的看法——一个是回归现实，另一个是发声——给文化研究的实践带来了重要的启示。由于他们的研究结果和解读可以根据不同的背景来发声，研究者和批评家无法再事先知道他们的作品会有哪些影响。[1]他们的目标必须是重塑历史和社会背景以及实践的组织。文化实践由许多不同的活动和效果组成。关键问题是生活背景是如何发声和形成的。

308　　　"我所代表的立场并不关心人们是如何体验日常现实，而是他们如何在无法自我控制的现实中生活和行动，他们甚至可能从经验到意识都没有认识到"（Grossberg 1992，62页）。格罗斯伯格追求日常生活的制图法，把在这个场域里面的实践、效果和因素包含进去。如此制作合成的地图不能被看作现实的再现或者模仿。其目标在于向行为人揭示他们"无意识"的行为，以此使干涉成为可能。"文化分析者无法假设人们是完全被殖民化的，完全没有能力积极地参与制造、改变和重塑历史的过程。他或者她必须能够认识到人们奋力在这个世界为自己争取更多空间的时刻"（Grossberg 1992，65页）。

同时，分析家也必须对操纵和控制的程序有一定的敏感度。他永远是自己设计的地图当中的一部分。尽管他具有观察者的角色，但是不能忘记地图的权威性。"他或者她在通俗文化和日常生活的领域内活动，尽最大努力将实践、发声线和逃逸线映射到一起"（Grossberg 1992，66页）。费斯克和格罗斯伯格的主要兴趣在于对权力、从属者、行为能力的理解。从属者如何生活，如何反抗权力，格罗斯伯格也关注反抗如何成为统治结构再发声的工具。

1　格罗斯伯格（1997a，16页）认为："文化研究不仅相信理论之间必要的互相介入，它也基本相信每一个文化实践，包括自身文化实践，不可避免地带来效果移位。文化研究尝试理解文化实践带来的效果，同时也认为它永远不会存在于原来的位置和时间上，它总是发生在其他地方和其他时间。"

这些是格罗斯伯格民众分析理论的主要出发点，他想展示权力在通俗文化领域的斗争，以及在其他社会形态斗争中的存在。通俗文化经验模式在现代为我们的自我理解、对世界的理解，以及生存的可能性提供了核心。格罗斯伯格为了理解在通俗文化中生活意味着什么，以"二战"后的摇滚文化作为例子，研究了文化话语的发声。

4.4.4 摇滚形态

格罗斯伯格认为形态是一系列不连贯事件和实践的发声，并以此获得新的身份。摇滚形态是通过特定文本实践和大量其他文化、经济、政治实践（青年、波西米亚、少年犯罪等）相结合而产生（Grossberg 1992，70页）。发声表示在可使用的实践中选择，形成一个特殊的结构，在文化实践、效果和社会群体之间形成连接线。文化形态通过日常生活中不同的背景来发声，这样，同样的文本可以被不同地接受。部分背景在这个过程中联结起来，格罗斯伯格将此称为形态的二次发声（Grossberg 1992，71页）。

格罗斯伯格参考威廉斯（1977a，b）的"情感结构"和布迪厄（1982）对趣味的区分，提出"感受性"的概念。"每一个形态都具备特殊的感受性，它描述人们日常生活中的效果，以及特殊形态的存在方式"（Grossberg 1992，72页）。与布迪厄不同，格罗斯伯格认为在当今通俗文化中存在不同的感受性，愿望、愉悦、兴趣和幻想都以不同的方式组织于其中。

格罗斯伯格认为大众媒体无法与民众等同。"文化永远不是一个固定物体的集合，而'民众'的意义作为一个限定永

309

远在变动。通俗文化的构成永远是持续进行着的挣扎；它的内容和观众在每一个历史时期都不相同"（Grossberg 1992，77页）。霍尔（1981）曾提出，通俗文化的内容和主体事先都未确定。在斗争中，社会身份和群体首先被建构，情感和影响获得重要意义。[1]因此这对通俗文化的研究非常重要，因为它运行于身体与精神的交界区。"通俗文化常常将它的影响直接铭刻在身体上：眼泪、欢笑、拉扯头发、喊叫、脊椎发麻、闭眼、兴奋等。这些发自肺腑的回应往往像是脱离了意识的控制，通俗文化最初的影响痕迹是感性的、情感的、情绪的、兴奋的、挑逗的、狂欢的"（Grossberg 1992，79页）。通俗文化形态的感受性主要在情感层面，这对于联盟的成立、身份的形成和意识形态的效果有着决定性作用。"通过个体所在的情感联盟的位置获得的授权，和通过愉悦获得的授权完全不同。[……]情感授权是关于制造能量和热情，关于可能性的构建"（Grossberg 1992，85页）。格罗斯伯格认为情感授权在讽刺和悲观的后现代世界是决定性的，因为它激发新意义的产生和接受新的愉悦方式和身份。

格罗斯伯格关于政治的概念与奥斯卡·内格特以及亚历山大·克鲁格（参见Negt/Kluge 1981，1992）的理念不谋而合。他们将政治定义为"日常情感的深入度"。情感、兴趣、抗议等是政治的原材料，在特定条件和比例关系下，"当必要的持久、自我意愿和主观自治联结在一起，当表达能力和决定能力

---

1 格罗斯伯格提到霍尔在《新左派评论》就提出的想法：社会主义的任务是遇见人民——在他们被触碰、被撕咬、被移动、被打击、被恶心的地方——以增加不满，并同时为社会主义运动提供一些针对时代和我们在其中生活的方式的直接感受"（Hall 1960，1页）。

将关键的生活经验公开（也就是说避免隔离），就可以从中创造出自由"（Negt/Kluge 1992，47页）。在偶尔产生的原材料本身的层面上，并没有比例关系，它总是在过度和消极之间徘徊。这些实践中的原材料需要进行加工，才能获取政治影响力。这也正是格罗斯伯格的问题，情感授权是如何在政治行为中被实施的？联盟是如何组成的？政治集成在日常的情感、兴趣和冲突中，并从其中获取活力。我们将进一步观察格罗斯伯格是如何在这个背景下定位摇滚音乐以及它的情感联盟的。

如同西蒙·弗里斯所描述，摇滚是唯一一个能够从生活中获取审美意义和道德意义的媒体。"不同于流行乐，'摇滚'的概念好比诚实、真实、艺术和非商业化"（Frith 1981，15页）。这并不是说摇滚有精髓，因为它对某些人可能代表很多，对于别人而言毫无意义。格罗斯伯格认为摇滚文化存在于音乐图像、实践和乐迷等不同联合之中，通过特殊地点和公众而形成。它也是战后通俗文化的发声。它的特殊意义和身份只有在考量它和通俗文化的关系时才能够被理解（Grossberg 1992，132页）。摇滚音乐拥有一个相同的出发点和情感区域。 311

格罗斯伯格把摇滚形态看作在特定条件下产生的历史可能事件。他分析了1950年代摇滚乐在美国的诞生，将它与1980年代的摇滚乐进行比较。他首先研究了1950年代的政治状况（1），然后是婴儿潮和年轻人角色的改变（2），以及白人中产阶级和工人阶级主导的意识形态与后现代末世思想及无政府主义经验的矛盾（3）。

（1）战后的一代深深刻印着自由主义的共识，它起源于生产能力的上升，可移动性，以及对自我生活和未来的乐观信心。1950年代早期的年轻人并没有面临太多问题（Grossberg 1992，143页）。格罗斯伯格反对把摇滚简单解读为叛逆和反抗。相反，摇滚最开始是和"意识形态终结"以及移动性和消费主义有关的（Grossberg 1992，145页）。社会主导价值，比如舒适、成功并没有被放弃，但是人们开始寻找通往成功的属于自己的道路。摇滚是一个暂时的自由空间，这个空间由摇滚形态的诸多规范来调节，并寻找快乐和愉悦。摇滚文化尝试满足它的公众的需求和经验，同时不对共识提出质疑。此外，摇滚也和战后的日常生活保持距离。亨利·列斐伏尔（1977）提出了日常生活的官僚性和消费主义，认为它通过修正和常规化为空间和地点打上标记。它的特点是重复、冗余、单调和无聊，以此实现一种稳定和习惯，从而达到乐趣的体验。日常生活的可能性取决于资源的占有，因此并不是每个人都有同样的能力构建日常。

格罗斯伯格认为摇滚形态的特殊在于它建立在日常生活的基础上，同时又使用被生活排除在外的人所拥有的声音、图像、歌喉，来实现对日常生活的超越。"摇滚不仅是白人男孩唱的蓝调，还是那些被囚禁在日常生活中的人发出的声音，他们无法想象日常生活的对立面（只是含糊不清地渴望它），它尝试表达出那些没有日常生活的人的声音"（Grossberg 1992，151页）。一个例子是说唱音乐，它赋予被边缘化者一种声音，来批判它眼中的社会弊端。除此之外，格罗斯伯格强调音乐的关键不在于内容或者讲述，而在于气氛，在于一个渲染的空间，观众在这个空间中驻足和绽放。"音乐与身体有着独一无二、异乎寻常的关系，能用自己的节奏和织体围绕、包

312

裹甚至侵入身体。它与听众合二为一，进入自己的空间，将被动的接受变为主动的生产"（Grossberg 1992，152页起）。与德勒兹和加塔利（1992）一样，格罗斯伯格认为音乐决定生活的节奏和深度，它给听众指定生活中的位置，在现实中对听众产生情感影响。它是一个占领领地的机器，与日常生活建立起情感轨道，具有本体论的安全感，深入解读日常生活。弗里斯（1996）也提出过类似想法，他认为音乐和声音可以激起情感上的联盟。"但是音乐对于我们的感官尤其重要，因为它具有独特的情感深度——我们吸收歌曲成为自己生活的一部分，吸收旋律成为自己身体的一部分"（Frith 1996，273页）。音乐用深层次的方式传递了作为社会存在的主观情感。它表达和开启了集体身份的体验。"做音乐和听音乐 [……] 和身体有关；它和我们口中的社会动态有关"（Frith 1996，274页）。也就是说，我们并不仅仅根据自己的社会身份选择和享受音乐，音乐也能形成身份和社会群体，而我们自觉归其所有。

在格罗斯伯格看来，摇滚主要是给那些拥有日常生活同时又想挑战特定领域划分的人。"它梦想一个跳出日常琐碎之外的生活，但是它的逃逸线却无法逃出辖域化机器所给定的辖域。这有两个原因：它理所当然地认为每天生活中的奢侈和特权是自身反抗尘俗日常生活的努力挣扎所带来的可能状态；它没有能够成功表达对解构日常生活这个可能状态的愿景"（Grossberg 1992，155页起）。摇滚所开辟的逃逸线只能帮助人们实现对日常现实的短暂逃离（参见Cohen/Taylor 1977）。从某种程度而言，摇滚向人们挑明了我们被囚禁在了"日常生活的牢笼"之中，冲出牢笼势在必行也可能实现。

1980年代，格罗斯伯格在美国社会观察到了自由主义共识的倒塌和战后的多元化，以及意识形态差异的重返。保守主义在文化和社会领域取得主导地位。少数群体受到批评，通俗文化成为权力的斗争场。娱乐和信息受到控制，规训和标准化策略得以加强，比如加强对大学校园的管理（Grossberg 1992，166页）。

（2）摇滚形态的一个重要前提是婴儿潮和年轻一代越来越重要的地位。格罗斯伯格认为年轻人并没有确定的身份，他们属于从属群体（Grossberg 1992，176页）。年轻阶段的主要特征是在情感影响下寻找对日常生活的合适理解，寻找可以进入和绽放的领域。一方面成年人努力想要将年轻人标准化，另一方面年轻人用各种隐藏的方式对成年人划定的日常生活现实进行反抗。摇滚正是对惯常无聊的日常生活发出的反击，它突出年轻人生活中特殊的片段，并加以庆祝。"它的力量首先在于魔术般地将寻常转变为不寻常，然后又将不寻常通过自身的投入变为寻常。[……]摇滚是关于人们如何冒着失去控制的风险而获得控制，通过拒绝身份的方式获取身份。[……]它将自身建构成一个'魔术般转变'的空间"（Grossberg 1992，180页）。对于摇滚乐迷而言，他们不仅要生产和强调与成年人的区别，更需要和其他摇滚乐迷保持区分。每一个摇滚乐迷都拥有自己对摇滚的理解，他对摇滚的情感占据就是摇滚本身的构建。

（3）格罗斯伯格（1992，201页起）眼里的摇滚具有一系列的计谋，以重新构筑日常生活，使摇滚乐迷们能够适应日常生活的要求。他认为战后时代出现了情感和意义危机，对于年轻人来说，困难在于接受成年人的价值和意义。由此，成年人的意义结构和年轻人的投入与激情之间产生了鸿沟。摇滚使得经验情感组织和主导意识形态要求之间产生的障碍得以跨越。"摇滚如此重要，因为它是当意识形态和情感地图结合到一起产生的地方——用以建构其他地方。[……]摇滚打开了一种可能性，让人可以投入当下而无须考虑未来"（Grossberg 1992，205页）。通过对摇滚的认同以及归属感，年轻人感觉打开了新的空间，他们可以在里面自由伸展。摇滚的真实性起到非常重要的作用，这使它和单纯的娱乐音乐严格区分开来。格罗斯伯格认为这一特点来源于摇滚乐的额外品质。"对现实的额外标记，摇滚迷区别的合法化，使摇滚往往被解读为与反抗、拒绝、异化、边缘化等有关。[……]'真实摇滚'取决于它同时表达个体和群体的愿望、情感和经验，并将其转变为共享公共话语的能力。[……]它建构了或者表达了一个'团体'，通过都市流动性、少年罪犯和波西米亚生活等图像来表达"（Grossberg 1992，206页起）。真实的意识形态深刻影响着摇滚形态，决定了它的表达和逃逸线。摇滚及其意识形态带来的感受性和情感结构在1980年代被转变为后现代的感受性。格罗斯伯格尝试进一步描写这个带有深刻不确定的感受性，以及其产生的历史条件。他列举了对生存的不确定、对未来的害怕、对环境灾难的担忧，以及本体安全感的消失。与布迪厄和费斯克一样，格罗斯伯格也指出现实和图像之间的区别变得越来越困难，或者说越来越无足轻重。詹姆逊（1986）将后现代的感受性形容为情感的小事，格罗斯伯格则认为后现代的感受性终于找到了一个可以让人真正投入的任

314

务（Grossberg 1992，222页）。它具有一种讽刺的虚无主义逻辑，或者一种真实的非真实性。"如果现实已经陈腐不堪，陈腐即是现实。如果人们完全异化，异化自然而然成为他们构建生活的基础"（Grossberg 1992，225页）。

格罗斯伯格将非真实性的不同表述加以区别。它可能是讽刺的、多愁善感的、超现实的或者荒诞的（Grossberg 1992，227页起）。比如新的电影往往带有荒诞的吓人桥段，出自日常生活又毫不加解释。用特效完成的超现实恐怖电影表达了一种荒诞的不真实性，加强了负面的情感。但是对于观众而言，这可能成为他们的一种授权计谋，因为这使他们和成年人以及"非迷"区别开来。其他此类真实的非真实性形态也可以加以运用。

315　　对于摇滚而言，后现代的感受性意味着把它的过度品质与真实性意识形态隔离开来。同时，它与年轻人的紧密关系也可能成为问题。"结果就是，当摇滚依然重要，那就无所谓是何种方式的重要。或者说，因为摇滚仍然和娱乐不同，那就无所谓是何种方式的不同。摇滚的不同并没有那么重要，而对不同的定义才重要"（Grossberg 1992，235页起）。摇滚既不能重新建构日常生活，也不能提供替代的空间，但是它给了一条逃逸线，制造了能量、深入度和流动性。关键问题在于，如何组织它的情感能量，以何种方式和何种比例重新建构（Negt/Kluge 1992）。

4.4.5　权力和日常生活

格罗斯伯格反对粗暴地指责文化研究把每一个愉悦都解

读为积极进步，把文化研究等同于非批判性的流行主义。[1]
他认为文化研究不仅把通俗文化看作反抗和愉悦的表达。
"相反，文化研究往往认识到愉悦本身可能是压抑的和退步
的——比如那些来自主导群体的优越于其他群体的种族主义
形态"（Grossberg 1995b，75页）。格罗斯伯格（1992，93页
起）也用批判的态度对待文化研究内部的后现代潮流，认为他
们在有能力建立结构的社会权力与多元、不同质和差别化的日
常生活（拒绝和解构建立的结构）之间，持一边倒的过于乐
观的态度。在这些理论中，他们寻找多义性，强调实践、愉
悦和主观性的多样化。[2]然而他们往往忘记了，统治并不通过
文化力量实现，以及日常生活如何在社会形态政治中得以表
述。"将日常生活的稳定作为具有内在破坏性的和贪玩的，
它始终不断发掘反抗的时刻，无论这种反抗有无实质效果。
在结构和力量等同之时，它让人产生幻觉以为自己可以从中

316

---

1 参见批评家巴德等人（1990）、麦克盖根（1992）、加汉姆（1995）和默多克
（1995）。这些作者都批评文化研究对政治经济学考虑得太少。他们主要研究消
费、休闲时间和日常实践，但是没有深入生产和工作领域。格罗斯伯格（1995a）
和凯瑞（1995）对此作出回答，表示这一指责太过夸大，且并不符合文化研究对自
己的定位。"一方面，我想说政治经济学话题是政治经济学家的工作，为什么他
们希望我们文化研究来做"（Grossberg 1995b，74页）。我们对文化研究的重建显
示，这些批评大多有着理论政治的色彩，并没有充足的理由。从文化研究的角度来
说更应该问的是生产具有哪些文化背景和哪些相关的实践。而且，把文化研究在生
产和消费之间一分为二也并非可取，因为它们的关系太过复杂。文化研究后期的
成果也将生产的背景和特征作为主题（例如参见Du Gay 1996；Negus 1997；Nixon
1997；McRobbie 1998）。

2 格罗斯伯格在此提到了钱伯斯的《通俗文化：大都市体验》（*Popular Culture: The
Metropolitan Experience*，1986）以及费斯克的《解读通俗文化》（1989a）。在提
到费斯克时他写道："事实上，并不清楚这究竟是费斯克的立场，还是解读将他建
构成如此，看起来他对此也接受"（Grossberg 1992，411页）。其他在文化研究传
统以外对后现代理论较为"乐观"的作品，比如吉亚尼·瓦蒂莫的《透明的社会》
（1992）以及马费索利的《世界的沉思》（*La contemplation du monde*，1993）。两
者都强调在后现代背景下所产生的可能性和行动机会。

逃脱。[……]在反抗和破坏结构等同之时，它往往无意识地再生产了那些无论何时无论何由逃脱了解构攻击力量的位置"（Grossberg 1992，94页）。这样简化的对等给了人们批评文化研究[1]的理由，它也会带来一些问题，比如愉悦和意义制造在某种程度上可以实现对自身生活环境的控制，可以强调自己和他人的不同，可以保持自己的行为可能，但是对于这些愉悦/意义制造和社会形态结构之间关系的分析却往往不被关注。此外，分析的方向也仅仅局限于将实践作为自我授权和反抗来理解。[2]格罗斯伯格反对这一点，他认为对于文本充满兴味的接受不代表主导优势意义必然的消失。"批判需要指明实践制造愉悦以及授权的复杂且矛盾的方式，但是也应该指出不愉快、焦虑、无聊、苦活、易碎和不安全，甚至剥夺权力"（Grossberg 1992，95页）。

那些会带来授权，带来日常生活中一席之地的实践，需要和大规模的政治项目和权力结构结合起来研究。如何在社会大背景下解读它们？[3]我们无法想当然地把它们和改变生活环境的努力等同。符号学意义的反抗未必源自政治项目。"挣扎并非始终是反抗，因为反抗需要有一个特定的对立状态。反抗也非始终是反对，因为反对必须对现有的权力结构提出积极的、具体的挑战"（Grossberg 1992，95页起）。

格罗斯伯格提倡区分，反对不加辨别地鼓吹来自底层的

---

1 巴德等人（1990，170页）写道："人们习惯性地使用主流媒体的内容来反抗它自己，来给自己授权。"

2 参见莫里斯（1990）的批评，他要求对这一程序进行区别化的分析。

3 费斯克（1990，98页）写道："民族志学致力于发掘系统的特殊用途，具有多样形态的人们如何使用提供的资源。民族符号学家致力于解读这些用处和政治，在它们之中发掘文化（意义）和政治（行为）交集的更大的系统。"

力量，也反对忽略已存的统治结构和压迫。从我们之前对费斯克的分析可以看出，他将文化时刻和文化进程嵌入了威廉斯意义的"整体生活方式"中。汤普森和葛兰西认为这其中充满了矛盾、冲突和斗争。文化研究的目标是建立个别的自我授权时刻与整体社会和文化进程之间的联系。文化研究的批评者往往逃避了这一点，从而忽略了文化研究的观点，即看起来无关紧要的日常自我意识的艺术也表达了对权力的批判，尽管它的结果往往难以预料。内格特和克鲁格（1992，45页起）认为政治是一个过程，在此之中自我意愿、区分能力和情感压缩到公共密度，造成共同意愿的形成。解放的问题始终在背景当中起调节作用，鲜有人如内格特和克鲁格将此表述得如此清晰（Negt/Kluge 1992，47页）。

为了让批评家们不再能够如此随意开炮，格罗斯伯格开始钻研一个详尽的权力概念。他倚靠福柯思想设计的这个权力概念，需要能够体现其生产性和其他所有深入人们生活的特征。权力犹如在一个变化着的力场中不断改变的游戏状态。身份和差别决定了特定环境中的权力关系，但是它们并不是一开始就固定，更多的是在发声的角力中被逐渐决定，比如作为一位女性或者黑人的意义（Grossberg 1992，98页）。应该把某一主体与话语形态之间的关系理解为发声，或者是一种没有必然后果的协议关系。[1]同样，实践以复杂和矛盾的方式通过权力关系来发声。购买商品可能使人异化，但也可能成为表达自己利益、稳定自身身份的新工具，正如青年文化研究所展示

318

---

[1] 格罗斯伯格和霍尔在《传播探究期刊》（*Journal of Communication Inquiry*，1986）中的讨论。

的。

为了更详尽地解释权力的生产，格罗斯伯格使用了福柯的"配置"（apparatus）这一概念。配置结合了话语和非话语事件，是权力技术的排列组合。格罗斯伯格进一步扩展了福柯的概念，他认为配置的功能不止于现代的真相游戏。"配置是一个积极的形态，它作为一个权力机器运行，通过建构经济价值、社会身份和财产系统以及它们的关系来组织行为"（Grossberg 1992，102页）。为了更加清晰地展示权力运作的结构，他将德勒兹和加塔利在《千高原》（1992）中关于社会认同机器的讨论结合起来，将差别机器和辖域机器两者区分开来（Grossberg 1992，103页起）。差别机器首先是"建立真相政体"，它制造社会差别系统（比如自身/他人）和社会身份。它在普通人和非普通人之间建立起屏障。辖域机器是"司法政体"，它规定日常生活的地点和空间、稳定和流动。在某种程度上，它将时间空间化，又将空间时间化（Grossberg 1992，104页）。对于这两者，情感层面扮演了决定性角色。

格罗斯伯格认为文化研究的重要任务在于设计一个日常生活的地图[1]，将它的动态品质和结构化流动性全部包含在内，从而开启干涉的可能性。设计本身就是对日常生活的一种干预。"这样一种结构性流动是通过发声线（辖域化）和逃逸线（去辖域化）的相互作用而实现"（Grossberg 1992，107页起）。

1980年代的保守主义采用了通俗文化和摇滚形态，为自

---

1 詹姆逊（1986，98页起）提出类似的要求，描绘了一幅后现代社会的漫画。

己树立"权威"的形象，重新建构日常生活。[1]格罗斯伯格因此研究摇滚的后现代重组如何对保守主义的霸权做出贡献。和霍尔（1988）一样，他也以撒切尔主义为例，认为任何建立霸权的努力都必然带有关于通俗文化新发声的斗争。"霸权是有组织地围绕在一个明确定义的重新建构社会形态的国家项目上，这个项目推动了通俗文化和日常生活的斗争"（Grossberg 1992，247页）。新保守主义的成功来自策略性地攻击和挖空了摇滚形态的情感占领（Grossberg 1992，281页）。这样，通过推广情感占领在后现代不可能实现的意识形态，成功地改变了日常生活的情感地图（Grossberg 1992，284页）。其结果是"情感瘟疫"的诞生，"从意识形态领域转变到情感瘟疫的效果是不可能再将它们作为偶然的公众争论了。[……]同样地，他们可以建构一些带来巨大公众热情的事件（比如目前对大学的攻击以及政治正确）而不为公共参与留下任何空间"（Grossberg 1992，292页）。

在日常生活中建立一个新的权力部署，割断政治和经济背景的关联，将去政治化和摇滚形态的失权联系起来。"就好像人们在每天的日常生活中沉浸过深，无法再关注是什么建构了日常生活。看起来似乎没有逃离日常生活的出路，仿佛维持某个生活方式就是全日制工作，它吸干了人们所有的时间和精力"（Grossberg 1992，303页）。尽管如此，始终还有很多通俗文化实践有人追随，因为他们可以借此表达自身的情感和兴趣，并且在后现代背景下获得权力。格罗斯伯格认为最关键的问题在于，这些实践该如何通过广泛的结构得以发声，以及它

320

---

1 参见马库斯的文本《在法西斯浴室：里根、撒切尔和科尔之下的朋克》（1994）。

们是否真的可以对限定每个人生活的社会秩序提出挑战。因为
授权策略往往镶嵌于"日常生活中被规训的流动性"。格罗斯
伯格（Grossberg 1992，40页）有两层意思：第一，流动性作
为美国主导意识形态发生了改变。它的关注点不再是向上攀
升，而是时时刻刻处于运动之中，比如电子乐。与此相关的是
日常生活固有的（自我）控制形态，使得外部控制不再是必
需。第二，规训的流动性是指将偏离常规的行为正常化，比如
学校学生的无聊或者多动成为话语问题，将它和毒品联系起
来。格罗斯伯格想通过这个概念表达当今日常中的策略性正常
化。正如林克（1997）所写，坚守固有稳定边界及差别的策略
被灵活正常化的策略所取代，它包含自我正常化和自我调整的
各种实践。[1]

4.4.6　民众的行动力

格罗斯伯格把战后的通俗文化形态作为一种占领预期，
要理解发声是如何进行的，就必须回答关于主体与其行为能
力之间关系的问题，因为发声必须由真人来完成（Grossberg
1992，113页）。如同其他文化研究代表人物一样，格罗斯
伯格坚持认为个体或者群体永远不是完全被动的或者被操纵
的。从属者积极地生活，参与到权力的实践中。关键点在于如
何对实践进行新的发声，以此来抵制、反抗或者逃离少数派的
权力结构，如何占领一个无法自我控制的空间。葛兰西认为一
些趋向性力量，比如资本主义、国家主义、宗教等，会对发声
有所限制。

1　参见温特（1998b）用邪典电影《猜火车》对年轻人进行的规范化话语分析。

格罗斯伯格（1992，116页起）进一步细化了文化研究的历史观，首先他不赞同文化与经济之间的决定性关系，不赞同文化与经济之间的结构性关联。"与之相反，将历史看作发声，暗示着连贯性和积极因果关系的存在，它们存在于穿越各种阶层与平面的带有决定性条件的可能性中"（Grossberg 1992，116页）。此外，文化研究认为，人类的天性有着历史和社会的印记。它是社会实践的产物，因此有着历史属性。格罗斯伯格（Grossberg 1992，119页）批评德·塞托仅仅通过其与掌权者的区别来定义从属者。从属者不只拥有计谋，他们也拥有尝试改变自身和世界的行动地点。

格罗斯伯格（Grossberg 1992，119页起）更进一步把文化研究的立场与询唤（interpellation）理论区分开来，但是文化研究和询唤理论对主体有着相同的政治和历史理解。他批评询唤理论赋予了语言和话语过多的力量。他们认为主体通过意识形态永远处于某个主体位置中，无法在给定的框架中对自己所处的位置施加影响。这一理论忽略了主体的行动能力，将历史结构简化（参见Hall 1996，13页起）。然而事实证明，指定的主体位置往往复杂且矛盾。一个主体受到不同社会差异、不同意识形态系统的影响（男人/女人、黑人/白人、异性/同性等）。这导致一个碎片化、游牧式、分散的主体性。主体行为能力则与不同时刻如何互相发声有关。"行动力只能在情境中才能够被描述。行动力不是超然的，它永远存在于各种历史力量之间互相竞争的关系之中"（参见 Grossberg 1992，123页）。

格罗斯伯格拒绝接受有关基础本体论范围的主体概念，

322

比如符号学的混沌状态[1]。他提倡情感化个体的概念："是情感表述的主体，而不是身份的主体（也不是无意识的力比多欲望），是个体在不同深度的关联图上流动。情感个体存在于它的承诺、流动和在日常生活不断变化的地点和空间中"（Grossberg 1992，125页起）。这些情感个体由社会和历史因素决定，但是他们在日常生活中的道路却非固定。他们设计新的地图，寻找其他道路，创建自己的空间。格罗斯伯格用饶舌音乐来说明个性化。"情感个体往往喜欢讲述引以为傲的事情，就如饶舌歌曲是宣布饶舌歌手的存在。他或者她的饶舌成为一种成就，远远比所宣称的成就重要。饶舌事实上是当代文化中情感个体真实性最有力量、最显著的表述（与重金属一道）"（Grossberg 1992，126页）。

在《我们得离开这个地方》（1992）一书最后一部分，格罗斯伯格认为在美国建立一个保守霸权主义是构筑一个世界新秩序的尝试。他分析了哈维的后福特主义对经济的改变，在文化领域导致多样化、区别化和碎片化，同时警告与此相关的乐观主义。准确地说是资本主义进入了一个新阶段，在这个阶段中，它已经不再能够识别外部界限（Grossberg 1992，348页）。个体成为人力资本，"个体不再是单个的社会主体，不再是抽象的存在，而是一个碎片化且活动的资本[……]个体是具体碎片的集合，按照各自与资本的关系被分入集合中"（Grossberg 1992，352页）。后福特主义用这种方式生产出层出不穷的差别流，不停地挖空同类身份的聚集或者共同群

---

1 克里斯蒂娃（1978，36页起）用希腊语中的"Chora"来描述母子二元一位的连续期。在这个时期，身体和外部世界之间还没有明显的界限。

体。身份政治的目的在于反抗这种趋势，帮助从属群体获得表述立场的权力。尤其是文化研究在1980年代所进行的关于"新时代辩论"，深入讨论了由后福特主义过渡到深度的后现代主义[1]时期，去结构化和去传统化带来的后果（参见Hall/Jacques 1989），后现代身份政治也得以表述。个体始终处于各种流动的、暂时的和互相竞争的社会位置当中，群体身份或者真实的基础体验不再存在。这种新的身份也通向新的群体。此外，它还和渗透到日常生活中的权力形式紧密相连。格罗斯伯格（1992，371页）得出结论："新时代，作为后现代的身份政治，尝试正确地将人们放置到他们生活的区域中：真实的恐惧、需求、渴望、灵感、希望、挣扎和问题，它们建构了人们可以想象的自身政治位置的边界。"但是他提出警告，不要提升政治讨论与消费、身份、文化的关系。他认为关键在于建立一个由此衍生的联合政治，不否认差异，但是也能创造共同之处，能够运用情感，只有这样才能避免出现日常生活充满规训流动性的趋势（Grossberg 1992，393页）。他认为重要的问题有：越来越碎片化和差异化的通俗文化怎样才能实现这样一个新形式的群体？敢于对抗权力集团的共同体该如何形成？后现代通俗文化的讽刺如何才能带来改变的希望？（Grossberg 1992，395页）以摇滚形式和对保守的攻击为例，格罗斯伯格指出通俗文化有自己的逃逸线，每一个乐迷都可能是一个狂热分子，无法轻易地被规训。"准确地说，摇滚形态具有改造供

323

---

1 霍尔和雅克（1989，11页）写道："《纽约时报》的论点是世界已经改变，不仅是量变而且是质变，英国以及其他先进资本主义社会越来越带有多样化、差异化和碎片化的特征，而不是标准化、同质化，以及标志着现代大众社会的规模经济和组织。"

百万人行走的道路的能力，它有能力将人们置于希望这一情
感结构中，这使得它成为右派的眼中钉和左派的重要资源"
（Grossberg 1992，395页起）。

4.4.7 总 结

324

格罗斯伯格的分析主要不是关注摇滚乐的美学性质或者
文化真实性，而是它在日常生活的效果和政治可能性。他没有
把摇滚乐作为文化现象孤立起来，而是把它看作围绕音乐的文
化事件和文化效果。摇滚形态由分布在空间和时间中的实践构
成，从反抗的类别来看，格罗斯伯格把它归类为情感授权，认
为这是行为能力和行为的前提。他指的是摇滚乐当中的情感状
态和身体状态，可以释放额外的能量，让个人获得一定程度上
对自己的身体有控制权的感觉。这是发展新意义和愉悦、发现
新身份的前提条件，也是反抗后现代主义中悲观主义、沮丧
感、不真实感和犬儒主义的一个保护盾。

格罗斯伯格认为通俗文化以及与此相关的愉悦可以有许
多不同的功能，但是他坚决反对对通俗文化和消费者行为能力
丝毫不加辨别地赞誉。"尽管文化研究拒绝承认人类其实并
没有发达的文化大脑，但是它也不认为人类可以一直反抗，
始终保持注意力，并对自己的行为有充分认识"（Grossberg
1999，74页）。

格罗斯伯格对通俗文化政治潜力的分析提出了它的情
感维度。他对摇滚形态的研究主要关注能指的情感效应，与
文化研究的后现代版本和伯明翰项目密不可分。如同费斯克
一样，他把愉悦政治作为通俗文化的中心。尽管他以摇滚乐

为例，并不排除逃离日常文化线路的可能性，但是他总体是悲观的。他倾向于认为出逃之路已被封锁（参见Grossberg 1996）。通过摇滚释放的情感和深刻很难被正确地利用起来，并有效地把能量、自我意识和政治共同体连接起来，甚至它反而会让人觉得给定的环境更加可以接受。尽管如此，格罗斯伯格对新的联盟充满了希望，联盟的出发点是人们的恐惧、情感和希望。以此，他继承了文化研究从1950年代起开始的传统，即一个生动的政治永远扎根于日常生活的真实中。

325

5

文化研究的自我意识

5.1 关于"文化流行主义"的问题

文化模式的特征是对高雅文化和通俗文化（比如商业化的大众文化）的二分法。这两个概念只有在与对方对立使用时才有意义。高雅文化往往被打上真实和原创的印记，而大众文化则被看作价值低廉的代言。高雅文化以普遍意义为目标，以知识分子为对象，与启蒙紧密相关。在19世纪初，通俗文化和民众文化被看作"普通民众"的产物。如同彼得·伯克（Burke 1985，284页起）指出，这已不再如18世纪一样是每个人的文化。那些受过教育的阶层，教士、贵族、商人等把它留给了下层人民，把自己与他们分隔。大众有一种放纵的品位，能够自我愉悦，放开身心，无所顾忌又不服管教，而主导阶级则仿照文学中和社会中的理想形象，强调自我控制、距离和文明的享受。在浪漫主义时期，已经形成了知识分子和平民之间的距离，当时的知识分子把通俗文化看作带有异域风情的有意思的所在。通俗文化的诞生归结于有创造力的群体。威廉斯提出关于"共同文化"的概念以及将文化按照人类学归纳为"整体生活方式"也起源于此，包括"符号的创造力"这一概念以及日常生活的发明和生产力亦来自于此。文化研究的动力在于：艺术的自我意识，永远不仅局限于"高雅艺术"，而且是在所有社会领域中都有所体现。

在超现代时期，由大众文化消费产生的高雅思想往往让人联想到被动、女性主义[1]、低价值和缺乏判断力。大众文化理论的批判论点无需在此赘述了。有一些评论家认为文化研究的特点正是对传统大众文化批判的反向。[2]尤其是吉姆·麦克盖根在他对文化研究的重塑中提出的核心动力："文化通俗主义是一种学者的假设，由通俗文化的一些追随者提出，符号体验和普通人的实践就分析和政治而言，比一个以大写字母C开头的文化（Culture）要重要得多"（McGuigan 1992，4页）。他认为文化研究是文化精英主义的镜面对称物（McGuigan 1997，139页）。他进一步将自己的理论尖锐化，认为文化研究在1950年代新左派的背景下诞生，到今天已经成了保守派。文化精英主义在后现代环境下逐渐失去了意义，这样，文化研究的文化通俗主义也失去了对比的对象，开始明显靠近自由市场，自由理性商品选择等意识形态。麦克盖根认为费斯克和威利斯描述的社会主体，就是新经济主义认为的成熟消费者。"在这样的新古典经济中，成熟的消费者是一个必要的想象，是对一个完全理智的主体的建构，他们在消费选择时永远追求利益最大化"（McGuigan 1997，143页）。在这个背景下，他认为共同的文化或者符号民主的理想（Fiske 1987）只

---

1 参见《女性的大众文化：现代主义的他者》（Huyssen 1986）。

2 梅根·莫里斯（1990）很早就表达了这样的批评。他认为费斯克、钱伯斯和德·塞托的理论屏蔽了关于消费的生产方面，由此也屏蔽了消费本身——由"人民"力量作为支撑，创造性地吸收大众文化产品——如同巴赫金所说的自由王国。

是一种伪装。那么，这一与文化研究的自我认识完全背道而驰的解读是否正确？

我们相信，这本书中的论点——自我意识的艺术——作为一种对权力的批判，作为文化研究的核心，可以证明以上对文化研究的批评并不切实际。因为文化研究诞生的历史背景，以及高雅文化和通俗文化的二分法并不是文化研究本身的过错，并且从《文化与社会》一书开始他们就在不断反思。当然，更不能一概而论地说文化研究只是单一地关注通俗文化方面，大肆庆祝歧视和消费愉悦，认为它自身必然带有破坏性和反抗性。

麦克盖根没有注意到当代高雅文化和通俗文化对立的前提正是商业化，将文化转化为商品，造成了由文化消费带来的社会对比："事实上，现代文化不仅捧起了惊悚片和乔伊斯、滚石和勋伯格，使他们享有盛誉，也使他们成为额外的选择"（Márkus 1997，18页）。麦克盖根在关于"文化流行主义"的定义中对文化研究代表人物提出了批评，他认为他们对通俗文化文本比对高雅文化更加看重和珍惜，他们听朋克摇滚，而不听勋伯格，喜欢看斯蒂芬·金的小说打发时间，严格遵守历史传递下来的对高雅文化和通俗文化的区分，在后现代时代，这成为一个问题（参见Jameson 1991；Featherstone 1992；Winter 1995；Best/Kellner 1997）。与这一区分相关的是，文化形式和文化实践的等级制度在当代也越来越受到质疑，以此产生的对均匀化的恐惧其实毫无必要，因为朋克摇滚永远不可能取代勋伯格，斯蒂芬·金也无法取代马赛尔·普鲁斯特。

文化研究的目的正是如同对待高雅文化一样，严肃地对

待通俗文化实践和经验。威利斯和费斯克对"学院化"的高雅
文化提出强烈批评，并不是源于"文化流行主义"，而是一种
愤怒的表达，因为高雅文化的文化堡垒和政治堡垒毫不关注
来源于日常的民众文化实践，而仅仅支持和看重现代艺术的
作品，而这些作品在威利斯看来已经失去了真正的价值和意
义，因为它们不再扎根于群体之中，而且变得无端抽象。[1]因
此我们对威利斯提出的批评需要和相关背景联系起来看，而不
能以此来概括文化研究。[2]

330

　　费斯克、钱伯斯（Chambers 1986）、格罗斯伯格、莫
利的研究成果也表明，文化研究在后现代潮流和信息流全球
化、传播全球化的大环境下有所调整改变。全球化后现代时
期的文化与1500年左右的文化有类似之处。对于21世纪初的
很多人而言，通俗文化主要是一种经验模式和视野导向。
"高雅"文化是一个额外的选择，受过相关教育的人有这个
选项。而后现代感受性的标志正是，人们可以享受《尤利西
斯》，也能享受拉里·白哈德的"卡塞拉"（Cassella）侦探
系列，可以将唐老鸭和毕加索[3]、猫王和亨德尔联系起来。不
管是"高雅文化"还是"通俗文化"，文本都可能很复杂，也
可能很简单，可能成功也可能失败。对这些文本的质疑、文本
带来的愉悦、对文本的评价可能会非常接近，尽管他们也许处

1　威利斯批评越来越抽象的高雅文化，他要求充满活力的文化必须和日常实践相关
　联。这一思想也得到了一些并不赞成文化研究的学者的赞同。比如马库斯写道：
　　"只有这样才能控制高雅文化不要越来越异化，高雅文化由于严格遵循自我逻辑因
　　此会和个体的生活兴趣越来越远；只有这样它们的创造才能对个体的认同重新产生
　　作用"（Márkus 1997，18页）。
2　即使他（真的）采纳了"文化流行主义"的立场，如同麦克盖根认为的那样，那他
　也是出于策略考虑的暂时选择（参见Willis 1990）。
3　参见对普拉特豪斯漫画的研究（1998）。

于完全不同的社会背景。的确，文化研究主要关注不同社会环境中的民众文化，它的目的[1]和动机，即自我意识的艺术，也在进行自我调整。文化研究的作者，尤其是麦克盖根强烈批评的那些人，让人们意识到后现代环境下的文化状态也随之改变。正因为如此，对当今通俗文化的分析非常关键，并且具备政治意义。

同时，文化研究的分析也带有批判的色彩，它将文化、媒体、权力和社会实践之间的关系分解清楚。将它与新古典经济的主张等同起来只能说是一种辩术。除此之外，在文化学和社会学范畴还有其他一些知名理论涉及这个领域，但是麦克盖根并没有对此进行研究。如果关注德国现行的关于民众文化的讨论和研究情况，我们则可以看出，尽管有一些流行的观点，但是基本没有像文化研究一样提出专门对权力进行批评的理论。如果说文化研究将通俗文化放在分析的核心位置，那么我们不应该像麦克盖根以及他的追随者一样来判断评价。从威廉斯、霍加特到汤普森，文化研究始终致力于倾听个人和社会群体的知识形态、地方历史、仪式、记忆和实践，它们和社会阶级不平等性相关，抑或植根于性别和种族的区别之中。文化研究展示了反抗权力的结构所具有的文化实践，这些实践基于经验和知识，努力用非主导的方式解读文本和对象，也就是说并不按照生产的逻辑来解读。克拉尼奥思卡斯（Kraniauskas 1998，11页）曾经明确地指出："与其说仅仅是对通俗文化或者大众文化形式的维稳，不如说是复原了通俗文化的组成，这

331

---

1 理查德·强森（1986/1987）要求开发一个同等对待生产、文本性和接受的模型。科尔纳（1995）也赞同这个提议，提倡全方位的文化研究。杜高和霍尔等人共区分了五个文化循环：生产、表征、控制、消费和身份。

也是文化研究的必经之路"。因此，这是已存在的生产性和创造性相结合的仪式，同时也不能忘记它们所具备的临时性和地方性特征，以及文化与权力交错的关系。

5.2 文化反身性和（后）现代化

我们关于文化研究的讨论已经明确地显示，文化研究最大的优点在于对当今民众文化符号形式和元素的研究分析。一般而言，它们的出发点是在日常、文化和权力相交领域存在的社会问题或者疑问，因此需要在它们的社会、政治和历史维度下进行分析。它关注的是日常文化实践如何与其他实践和结构处于非常的关系中，如何在这个背景下实现抑或改变。这种被吉登斯（Giddens 1988）概括为结构双元性[1]的社会再生产理论的观点，既不把社会实践看作被决定的，也不把它定义为主观任意的。[2]文化研究的研究过程与各自的大环境和现实的问题相关，理论分析与实证研究相结合。

文化研究最大的兴趣在于，社会从属者形态如何努力

---

1 吉登斯（1988，343页起）通过威利斯（1982）早期的一个研究阐明了结构的双元性。

2 文化工业如此来制造被消费者吸收、加工和接受的媒体产品。在这个过程中，观众通过与各种媒体文本的互动来开发文本意义和愉悦。如果可以，在它的帮助下提出自己的社会利益诉求。文化工业对自身产品的成功和失败也有所反应。通过这个方式，消费者用自己的行为来推动文化商品市场的发展。

将由社会和媒体建构的生活状况赋予自身意义。在福柯或者德·塞托看来，这就是对当代权力形态的反抗。在实用主义的大背景下仍然存在其他的解读方式，尽管这种实用主义甚至已经影响到了文化研究，尤其是在美国[1]。詹姆斯·凯瑞（1995）指出，叛逆公众的反抗具有治疗效果，也是民主对话的前提条件。"民主发源于普通人的对话，发源于公众开始质疑自己的经验与政客以及知识分子想要传递给他们的内容之间的不一致。[……]这要求市民积极主动，用政治参与的方式来表达他们的愤怒"（Carey 1995，88页）。凯瑞认为文化研究最重要的工作正是在媒体影响范围以外的区域不断更新民众对话。这一过程从大学开始，但是不应该仅仅停留于此，更应实现公众话语权的转型。

通过对实践、经验和意义的不断强调，文化研究的一个主导方面是其与实用主义思潮的关系，尤其是发声概念得到越来越多的重视之后。理查德·罗蒂提出更新实用主义项目，他在文章中不断强调偶然性、不必要性、意外性、成为其他的可能性。[2]他认为语言、自我甚至全体都具有偶然性特征（参见Rorty 1989）。他也是对文化文本进行"创造性误读"的追随者。阅读并不是为了在文本中寻找意义，而是为了将意义储备起来，作为"自我创造比喻"的源泉（Rorty 1989，79页），以扩展我们的自我感知能力和描述自身和群体的能力。其中自我创造和互相团结是相关联的，即使是文化研究也致力于发掘和推进新的描述可能性。对个体偶然性和社会偶然性的承认和

333

1　参见凯瑞（1989）、邓金（1992）和格罗斯伯格（1999）。实用主义和文化研究的亲密关系通过舒斯特曼（1994）关于饶舌音乐的研究可见一斑。

2　偶然性也是卢曼系统理论的中心（比如Luhmann 1984）。

研究为解读和构建打开了更加广阔的空间。

在信息和传播全球化造成的文化转型的背景下，可以把对媒体文本具有生产力和创造力的处理方式看作文化反身性的表达。乌尔里希·贝克（Beck 1986）以及吉登斯（1990，德文版 1995）指出，在全球现代化的大潮下，个人行为和社会结构之间的关系有所松解。个体和社会关联的消失导致个体具有更多选择自由，能够更好地对社会规范和结构进行反思，并尝试改变。在《反身性现代化》（1996）一书中，贝克、吉登斯和拉什提出在"反身性现代化"这一大框架下来分析基本社会变革[1]，由此打开对后现代工业社会的新视角，自我确信在消失，各个社会领域的不确定性和政治化愈加明显。反身性现代化并不是说现代化有计划、有意识，如人所愿地带来理性和控制的增长；相反，它的开展是"没有反身性，不被指望的、带有无法预料的后果"（1996，9页）。

334　　对这一社会变迁分析的主要目的不在于揭示带有理性目的的行为链，而是揭示长期被忽视或者被隐藏的、工业社会现代化带来的并发症。贝克认为风险、危险、个性化和全球化是工业社会的产物，它们共同作用导致前提和形态的消失以及结构的破裂（1996，40页）。在他的解读方式中，工业社会并不是真正的"现代"社会，因为它内部的现代元素与同时产生的反现代元素有着千丝万缕的联系。现代原则的执行（给出理由的强迫性，部分理性，政治自由）伴随着反现代化的归化、倒退和人造的无可质疑（比如生物学主义）（1996，

1　我们无法将反身性现代化理论完全和后现代理论相比较，只是指出了两者的一些不同和联系，提出了综合的可能性。

56页起）。[1]反现代化致力于稳定新的"旧有"身份，建立边界，反身性现代化则进一步加深和普及20世纪末的不确定性（1996，67页）。

以不同的领域为例，贝克展示了那些与他早期关于风险社会的研究相关的社会诊断如何使新的经验、疑问和研究成为可能。他提出，对工业社会现代化的质疑对于民主意味着什么。他举了当时关于内部安全的争论为例，说明自由民主的法律国家的基石被挖空和挑战，这是一个非常危险的趋势，道格拉斯·科尔纳（1990）、费斯克（1994）和诺曼·邓金（1995）在他们关于美国媒体公众的分析中也得出了类似结论。这一去民主化的过程所对应的是在新社会运动中实现民主化的要求（Beck 1996，72页）。对于贝克而言，这两个逆向的现象都是反身性现代化的表现：民主开始反身，并从基部出现问题（Beck 1996，74页）。[2]他认为这些转变暗示了反身性现代化几乎是对"工业现代化基石的改变"（Beck 1996，98页），它并不是如同一些后现代理论所认为的极端的断裂，而

335

1　贝克赞同鲍曼（1992），在20世纪现代化和野蛮现代化是无法分割的。

2　贝克继续补充操作理性的问题以及贫困的情况。全球资本主义稀释了生产性工作，取而代之是越来越多的资本和知识生产性（Beck 1996，82页）。那些还有工作的人，也面临着理性化进程的威胁，它改变了企业内部的规则和权力关系。这就造成了"工业工作形式和生产关系的不断（亚）政治化过程"（Beck 1996，82页）。工业工作和生产的基本规范宣告了一个没有工作的反社会资本主义，与此相伴的是吉尔·德勒兹（1993）描绘的控制社会。因为"无情的新自由主义"正在分解以前的市民革命和工人运动创造的基本权利（Beck 1996，86页）。与此紧密相关的是贝克提到的第三个问题：贫困现象是社会情状脆弱的表现。他认为传统的解决方式（更多的学校、更多的福利、更多的经济增长等），在现代时期可能成功，但是如今已经失效。在现在说明这些解决之道反而更加延长甚至加重了被排挤者的困境：一个特殊学校或者职业中学的文凭并没有带来工作，而是带来沉沦：没有工作，没有钱，没有房子，没有民主。"贫困现象是高度负面社会化的产物。被排挤者的处境是机构较高要求的反面"（Beck 1996，93页）。

是一种固有的改变，同时兼具持续性和断裂性，也具有原则上的开放性和不可预估性（Beck 1996，99页）。

反身性现代化理论描述了当前正在进行的社会变迁进程，这一进程必然带来不同的估计、评价和解决之道。我们在之前已经了解了大卫·哈维的立场，他对后福特时代的经济转变、时空关系转变以及与此相关的文化变迁进行的研究比贝克更加深入。他认为这些是后现代性的基础，但是同时他也承认在某些领域存在着非同时的同时性，比如福特主义和后福特主义的生产方式并存。他和贝克都持相同的观点，即在一个全球化的社会中，对于所有社会关系的质疑，离不开高度发展的反身性批判教育、政治选项的发展以及试验新事物的勇气。"第二个现代"也带来了克服"工业社会视野狭窄和一分为二"的可能性（Beck 1996，102页）。

336　　吉登斯在《生活于后传统社会》（1996）中描述了去传统化现象，对这一现象的精确定义关系到能否准确理解当今社会。我们经历着全球范围的现代机构扩张，这些机构直接渗入以及建构日常生活中的关系和行为网，同时也带来了意义的消亡，进一步掏空了传统的行为关联（Giddens 1996，115页）。吉登斯强调了不断增长的机构反身性、有意识的社会关系组织及其再组织、对自然的掌握，尽管这种掌握在自身区域引起了

"大范围的前所未有的不确定"（Giddens 1996，118页）。[1]
资本家和现代主义带有强迫行为的特征，即使毫无传统也可以
被定义为传统，因为所有的传统都有自己的配额。他通过一个
启发性的比较展现了瘾的传统。"后现代社会的一个显著标志
是所有上瘾行为的增加，但是对于去传统化过程而言，它又是
一个负面指标"（Giddens 1996，137页）。这种为自己创建一
个传统的尝试，在日常生活中不再通过常规和传统挂钩，而是
通过机构反身性过程进行。如此，日常生活中通过专家认知
（比如心理学帮助）获得的习惯和期望会得到不断的修正。[2]
吉登斯最后得出结论，在反身性的现代化社会中，传统不会消
亡；相反，新的传统会不断地诞生。当然，传统也需要通过话
语发声来捍卫自己，因为它要和许多其他价值及感官世界竞
争。如果做不到，那么传统就僵固于基要主义，由于对公式化
的真相坚信不疑而甚至不惜动用暴力。吉登斯认为除了撤回以

337

1　为了更加明确这一变化，吉登斯引用了毛瑞斯·哈尔伯瓦克斯（1985）的集体记
忆理论，他认为可以用传统来理解它。它是"集体记忆机构的中介"（Giddens
1996，125页），有着"道德和情感的连接力量"（Giddens 1996，124页），暗示
着一种公式化的真相概念，使用仪式用可见的方式重现过去。此外，传统有着标准
和道德的内涵，通过不断地重复深入人心。吉登斯将这一分析进一步深入，加入了
弗洛伊德关于强迫性重复的思考。弗洛伊德将强迫神经症患者的仪式和宗教的集体
仪式相比较。吉登斯则更进一步，他认为传统本身就是一种强迫行为。他以这种方
式将韦伯的新教主义研究尖锐化，推断出资本主义精神的推广与其说是自我否定伦
理的成功，不如说是强迫性动力的结果（Giddens 1996，135页）。

2　吉登斯认为强迫性行为可以避免，如果个体吸收存在的与他相关的机构知识，以这
种方式追求"真实"。在他的著作《现代性与自我认同》（1991）中，吉登斯表示
信任心理治疗师和教育者的专业知识，对他们将个体融入社会的行为作出"积极"
的评价。而因其受到福柯对于现代的看法的影响以及权力—知识—困境的影响，汉
恩、林克和格罗斯伯格则对心理治疗的未来持批判态度，因为心理治疗只会带来社
会控制和规范。拉什（1996）也认为在私人关系领域向专家请求建议会导致共同意
义的空泛和毁灭。私密和互相理解本是共同性的基础，却由此被葬送。因此，拉什
也提倡如果发生危机应该采用解释学和叙述意义上的真相，它们是美学反身性的表
达。不同于抽象的专家系统，通过这种意义制造的方式可以重新获得共同的意义。

外，"对话式民主"是在一个充满文化矛盾的全球化社会中避免暴力的另一个可能性（Giddens 1996，193页）。

拉什进一步研究了贝克和吉登斯对反身性现代化的诊断对于当今资本主义化的信息社会而言有什么作用。他认为，现代化由于将自身变成了反身性的对象，可能为启蒙运动的辩证法带来一个"积极的新的转折"（Lash 1996，198页）。当然，反身性现代化理论本身在很多方面还需要批评和修正。

首先，拉什进一步指出，个体化论点、行为人自由的论点都需要进一步精确，社会结构的瓦解伴随着新信息和传播结构的诞生，这些新的结构给予了反身性存在的前提。个体的生活机会和他们与文化结构的接触相关，和他们在社会"信息道路"上所处的位置有关（参见Poster 1990）。[1]其次，拉什指出，贝克和吉登斯提出的反身性主要是感官的，他则认为新的信息结构和传播结构"带来了新的经济"（参见Lash/Urry 1994），通过模拟的符号实现了审美反身性的前提。他提出对普遍"系统"的批评，这种普遍"系统"不仅仅存在于高雅文化中，在民众日常文化，在对媒体产品的接受过程中都能见到。最后，拉什与贝克和吉登斯个体化理论的不同之处在于他对群体可能性的探讨，以及对反身性现代化的传统世界中，群体存在的条件和基础的探讨。[2]他想要论证贝克和吉登斯提出

1　因此存在反身性的赢家（新的中产阶级）以及反身性的输家（新的底层阶级）（Lash 1996，221页起）。资本积累在反身性现代化过程中成为信息积累，当新兴中产阶级忙于各种信息产业的时候，被排挤者生活的贫民窟中固有的社会结构在消融，却没有新的信息和传播结构来取代它。

2　感官认知和美学反身性无助于更好地理解"我们"，拉什认为只有海德格尔的解释学再生才能够"重新发现作为群体'在世界上'的本体论基础"（Lash 1996，251页）。

的坚守相同意义和实践的反身性关系群体是否有可能存在，他
最后得出了当今群体具备反身性结构的结论。"人们不是被
'投入'群体，而是自己'投入'进去。[……]他们有意识地
对自己将变成怎样以及如何建构自我提出问题，与传统群体相
比，他们不断地重新寻找自我"（Lash 1996，274页起）。

　　吉登斯和贝克在研究过程中主要关注专业人士和机构，
对日常生活实践的关注略少，他们并没有研究美学和文化的
反身性，而文化研究则关注了反身性在通俗文化中，在对
音乐、电影、电视的体验和使用中如何体现。比如威利斯
（1991）的研究更加明确了在社会变革中，日常美学是社会进
程的重要组成部分。费斯克、格罗斯伯格以及其他作者更是补
充解释了通俗文化资本可以跨越阶级和教育的樊篱而被越来越
大的群体取用。对流行电影、电视节目和视频的有意识使用也
会激发对日常的反身性调控，这不是一个感官的过程，而是通
过审美来组织。因为基本审美将媒体提供的材料和符号变为生
产性的、创造性的、属于自己的产品，对自己的生活、衣着和
发型进行反思，对自己的业余时间进行审美的规划，甚至体现
在身份的形成过程中。因此，在全球化信息和传播大潮中，媒
体接受就是日常审美形成的一部分。通过媒体语言的知识，通
过民众文化资本的积累，由去传统化过程带来的空隙可能被填
平，同时带有更高的可批评性和反身性。

　　因此贝克和吉登斯的学院派分析带有很大的缺陷，即缺
乏对社会文化维度的研究，这对理解当今社会关系和机构非常
重要。霍尔（1997）曾预言了一个"文化革命"，由于文化的
生产、流通以及接受因为新传播技术和信息革命发生了天翻地

覆的巨变，因此必须重新定义文化和社会的关系。不能仅仅把文化看成次级现象，它对于当今社会的结构和组织有着关键意义。反身性现代化理论不可以无视文化（参见Winter 1997d；Hörning 1997，1999），必须直面文化中心化趋势。即使贝克和吉登斯描述的反身类型也是植根于文化的。此外，也有必要将越来越重要的媒体文化具有的角色和意义明朗化。反身性现代化理论也应该研究在日常生活的互动中文化是如何产生的，这对于参与者而言有着重要意义，以及在社会大环境中，文化反身性如何产生，在政治化和民主化进程中扮演何种角色。文化研究对这些方面都有深入研究，反身性现代化理论家应该向他们学习。

340

文化研究中围绕媒体使用和媒体接受的编年体式发展所开展的讨论和研究，进一步表明了这一研究传统对于社会变革的敏感度。对于未来研究而言，威利斯（1991）描绘的作为亚文化出现的"样本群体"代表了哪个社会基础，能传递哪种"我们的感受"（参见Lash 1996）。亚文化也部分地与选择行为有关，因此具备反身性。当我们属于一个亚文化群体时，从风格到符号至少拥有一个临时的共同基础，因为我们会分享意义和符号。样本群体则是更高程度上的反身性群体，它取决于参与者的生产性和创造性实践。因为媒体接受可以导致完全不同意义的出现，如何才能通过基本审美制造共同的意义，为群体和共属文化搭建起基础，使这一文化的寿命起码要比看场电影或者听场音乐会长。[1] 因此，媒体消费者组成的

1　1980年代在全球媒体广为传播的音乐会比如"Live Aid"或者"Free Mandela"是渴求群体及情感联盟的表达。尽管这一渴求看起来漫不经心而且流于表面，在它们内部却蕴藏着如迪克·赫伯迪格（1989）所说新的集体认同。

群体如何在较长的时间段里不断生产并在一定空间里组织自我，就是问题的关键所在。如何解决创造性和不断地自我发现的问题，相比传统社会而言，这些问题将会更加突出（参见Bauman 1995）。

未来，地方性群体的媒体消费，比如只在城市某一个区域或者只针对某个民族，将会获得更多关注。已经建构的群体有着自身的意义世界和符号关系，在这个环境中进行的媒体接受，可以跨越"编码—解码"的狭窄视野，将超出接受之外的文化实践划入分析范围。在这里也可以与安塞尔姆·斯特劳斯和霍华德·贝克基于符号互动传统发展的社会世界概念结合起来（Strauss 1978；Becker 1982）。从媒体的使用和接受以及某个特定媒体文化类型出发，这一概念将使生活形态、社会活动和媒体消费这三者结合起来的分析成为可能。许多文化研究成果因为基于某个特定的媒体分析，尤其是基于各自特定的"文本受众"互动，在研究过程中很容易产生遗漏，而社会世界概念弥补了这些遗漏（参见Winter 1999）。

此外，文化研究范围内较新的成果（参见Hall 1994；Morley/Robins 1995；Appadurai 1996）进一步指出，在当代想要研究媒体接受和媒体使用，就必须充分考虑全球化和地方化的关系。可见，媒体消费在定义和建构文化身份的过程中起到非常重要的作用。

341

5.3　文化研究作为当代文化社会学

　　我们对文化研究发展的分析显示了它们在跨学科的背景下发展了一种文化社会学，它关注的是社会作为文化的建构、它的复杂关系以及文化和各式各样不同的社会实践之间的互动。社会和文化之间的区别只是分析上的（参见Rehberg 1986），这些区别如同威利斯所说是文化研究的出发点和前提。文化研究尝试消除这一双元性中的张力和区别，或者指出将两者严格区分并不可取。但是这一过程永远无法完全结束，甚至文化研究自己也建立在理论矛盾上（参见Frow/Morris 1993，xx页）。

　　不同于大部分的社会学理论或者传统观念所认为的文化

342 社会学只是简单地把文化和社会并列罢了[1]，文化研究给予文化更多意义。它结合不同的社会学、人文学和后结构主义理论，揭示出文化的自我意义，并研究了狄尔泰提出的社会"文化系统"。腾布鲁克和经典文化社会学的主要兴趣在于找出文化具有自身生产力的证据。这需要将社会学、人文学和文化学结合起来才可能实现。诚然，文化研究在发展的过程中向法国结构主义和后结构主义敞开怀抱，并超越了其发起者的人文主义、理想主义推动力。[2]

　　文化研究拒绝采取那些固定的、静态的、反历史的社会学和人类学文化概念，尤其是那些和社会实践脱离的概念。它

1　一些德国和美国的文化社会学家都持这一观点。

2　美国文化社会学的新方法参照了文化研究。他们也联系结构主义和后结构主义，分析它们的符号和意义。文化可以被理解为文本和编码（参见Smith 1998，15—87页）。

始终认为文化与社会实践有着多样的关系，嵌入特定表述的大环境中。它既不把文化看作一个审美形态的自治区，也不是一个群体的有机表达，而是一个过程，在这个过程中，表征实践和经验建构实践、身份建立以及社会群体形成结合在一起（参见Frow/Morris 1993，xx页）。这一过程的走向和出发点并没有事先确定，它是矛盾的、复杂的、充满冲突和意义的斗争，比如关于年轻人和媒体文化的研究。文化既不是简单地反映社会结构，它也不能决定主体行为。文化研究关注文化形态，"制作"、协商、生产、表演的进程和后现代文化的形成。文化作为一个工具箱（Hannerz 1969；Swidler 1986），包含了许多符号形式，通过它们可以策划行为策略。赫尔宁（1999）写到，文化研究清晰地表明了"文化生活"存在于文化知识的常规储备以及有意识的运用中。"实践是运用已经存在的可能性，是不断重复地展开，是对已存事物所进行的新的吸纳。同时，也要把实践看作生产性过程，是新事物产生的过程，是创造性的继续，是将熟悉事物用非常规方式重新表现"（Hörning 1999，96页）。实践和其他实践互成竞争关系，嵌入社会权利关系中，尽管它们远不止于此。权利的策略越来越微妙，同样反抗的计谋也越来越老道。

对费斯克和格罗斯伯格的分析可以看出，民众文化成为斗争和冲突的新场所，尤其是在吸收了后结构主义思想以及民族志学中文化情境的观念之后。霍尔提出的"葛兰西转向"在文化研究内部将（微观）斗争和反抗霸权的斗争联系起来，体现在社会中、政治中、生活中，甚至语言、文化文本和表征系统中。这是一个不平等力量之间、权力和反权力之间永远

343

不可能停歇的斗争。福柯在《规训与惩罚》（1976，397页）一书的最后一页用比喻的手法提出"如雷声般滚滚不息的战斗"，权力斗争永不停止的喧嚣。通过这个形象的比喻[1]，他想说明，分析历史事实和社会现象时，必须全面考虑文化冲突和社会冲突。从一开始的新左派起，文化研究就致力于通过微观的分析手法关注各个日常特殊生活场合中的反抗点。"因此，与权力相对的并不是集中的反抗——起义的精神、反抗的焦点、革命者的铁律等，而是单独的反抗。可能的、必须的、概率不大的、自发的、无组织的、孤独的、事先约定的、地下的、暴力的、无法调和的、可以调和的、有意义的抑或时刻准备牺牲的各种反抗，它们只可能存在于权力关系的策略场中"（Foucault 1977，117页）。文化研究坚持特殊群体相对一般群体而言的权力。他们的方法是在各自的文化背景和社会背景中观察社会现象和文本。"只有在那里，在个体孤立分离的地方才可能扩展知识。当然，这假设了与一般群体的关系，但并不是归属关系，而是恰恰与之相反"（Adorno 1951/1979，90页起）。

此外，文化研究并不仅仅停留于文化所包含的潜在的社会生活特征（参见Wuthnow/Witten 1988），它还作为社会互动基础的价值、观念和规范。它的研究也包含了显著的外在的文化，自霍加特开始就尝试各种方法（比如深入阅读，结构主义和后结构主义方法）对此进行研究，主流社会学的空白也由此得到了填补。主流社会学如果关注文化，往往要么只关注没有被记录的文化（参见Smelser 1992），要么是那些作为外因

---

1 参见乔瓦纳·普罗卡奇的《战斗的轰鸣声》（1997）。

变量[1]被记录的文化，比如科学和自然。

文化研究开始于特殊的和不一般的现象，往往举日常文化中的例子，定位于社会和历史背景当中。研究者遵循文化社会学的观点，认为社会事实首先处在一个"根本的大环境中"（Rehberg 1986，106页），然后专注研究决定这一社会环境的冲突、斗争和权力关系。他们并不关心电视或者流行音乐本身，而是它们在生产中的角色和功能，以及社会意义、关系和主体性。他们并不追求对研究对象无所不知，而是从社会事件中抽离出精华部分，显示文化文本和程序如何嵌入权力结构和社会冲突当中。文化研究以这种方式建立起超越经验空间的联系，指出作用于社会的大环境。文化研究把文化理解为一种过程，是与空间和事件相关的实践、仪式和对话的排列，在这个排列中，意义和情感能量得到循环和生产。"每一个文化实践都具有重要意义，因为它是地方性和暂时性的特殊文化实践。我们无法将它转移到其他情况中去，它的意义基于现实，包含了文化展示（讲述故事）和一系列互相转换和冲突的文化意义"（参见Denzin 1999b，120页）。比如，一个由许多不同的实践构成的公众（参见Fiske 1999）。文化研究的任务在于在不同的大环境下揭示这一形成过程，由此找到参与文化过程的入口。

每一个现象都是不同社会实践和话语的对象，文化研究并不奢求掌握关于它的所有知识，不奢求从每一个层面再现。他们承认理解的不同视角，提出学院派也应该谦虚。因为

345

---

1 科瑞写道："尽管本世纪被记录的文化数量和影响都显著增长，这为现代社会的本质带来巨大的改变，但是记录的文化在主流社会学理论中却没有占据主导位置"（Crane 1994，3页）。

他们的所有理解注定不可能全面，必须意识到自身话语与其他话语之间的区别。在福柯看来，发现真相并不是目的所在，发现特殊真相的生产才是关键，这些真相为文化理解提供帮助，在日常实践中甚至可以自己制造答案和链接。

文化研究对文化的分析专注于社会问题，比如权力、社会不公、压迫、反抗和主体的能动性等。这与德国的社会学文化分析有着显著的区别，在德国，这些问题只作为边缘问题被提出。[1]这样，对于生活世界的自我意识的民族志学式的重新建构，就成为描述性的，从而失去了涉及社会权力结构的深

346

1 　阿蒙和赫尔绍（1997）所声称的对社会学帝国进行的民族志学挑战并没有提及这些问题。尽管对他们的社会学改革项目心存好感，尤其是他们对自身文化的民族志学的提倡，但是看来对改革进行改革非常必要。文化研究认为文化一方面是一种过程，带有很多不同的声音和角度；另一方面必须充分考虑到民族志学的解释性特点。关于"性别"、阶级、民族所属（种族）以及其他的社会和文化不公正对于民族志学而言很重要。民族志学总是对文化进行话语式的建构，包含研究者的偏向性看法。他所进行的观察植根于他所处的世界以及被观察者所处的世界。在赫尔绍和阿蒙的理念中，民族志是"参与对社会情状的内省"（Amann/Hirschauer 1997，24页）。研究者在人类学内部的民族志学中开展自我批评，比如詹姆斯·克里福德（1993）以及诺曼·邓金（1977）关注质变的社会学。因为这些讨论显示了在民族志学中，只有和立场相关的真相才能被建构，它取决于观察者，观察者的权威性还需要进一步探讨，而且这只是暂时的权威。洪美恩（1997）把这些称为极端的民族志学背景主义，它不显示有什么缺陷需要删改，而是强调研究者/作者不可避免的自身参与以及责任。这样来看，仿佛民族志学——尤其是赫尔绍和阿蒙这个圈子的人，还在追随着现代主义的日程。根据现代主义，在世界上出现的情况应该被理解为相对稳定的外部社会现实，以观察者视角来看，这得归纳为"可以感受的实践"。尽管对这个现实有着各种各样的解读，观察者也努力找到通往正确交流的渠道。观察者提供相对可信的、有说服力的解释，这些解释可能是观察者本身都没有想到的。纽曼-布朗和德普曼持与赫尔绍、阿蒙类似的立场（1998）。

度。[1]在英语区的讨论中，对于"文化流行主义"的批评其实更适用于此。通过分析我们已经看到，自我意识的艺术只有在成为权力关系的一部分，并且理解权力关系的反应时，才有可能变得简明有力。因此，文化研究将文化消费的微观过程与广泛的社会宏观结构联系起来。

347

如同法兰克福学派，文化研究关注的是对文化现状的批判性分析，是合法化和融入的大问题（参见Kellner 1997）。但是因为其主要关注通俗文化现象，文化研究没有充分地分析"高雅文化"及其社会意义。[2]就这一点，他们可以向德语区的文化社会学学习，而文化社会学则应该向文化研究学习，以此了解通俗文化是如此复杂、多样且意义重大。[3]希望今后的文化研究如同它对理论和实证小心翼翼地探究一样去研究艺术，艺术的意义如同通俗文化的意义一样是内在固有的，需要在特殊社会环境中才能实现。此外，文化研究还应该涉及，比如文化等级是否是权力关系的产物，以及边界[4]作为社会现实是如何产生、

---

1 参见罗兰·希茨勒（Roland Hitzlers）和米歇尔拉·普法登霍尔重建的电子音乐界（1998），他们再现了锐舞（RAVE）族的经历、经验和共性。锐舞族被认为是"后传统主义群体的典型"。在文化研究框架中，这只能作为一个分析的出发点。其核心问题是电子音乐生产和传播的这些意义和愉悦如何与文化斗争和社会斗争相关。如何在福柯的规训过程背景下理解希茨勒和普法登霍尔描述的锐舞族的身体关系？如何理解锐舞族的愉悦及"与自己和他人进行的控制身体的游戏"（Hitzlers/Pfadenhauer 1998，88页）？锐舞族是少数人的舞台？抑或如汤姆·霍勒特和马克·特克西迪斯（1996）指出的，少数派中的主流多数派？看起来叛逆的年轻的享乐主义者是不是反映了"新的控制社会的运动"（Holert/Terkessidis 1996，8页）？
2 伯明翰并不把与公民文化相关的"高雅文化"作为研究对象。但是弗若和莫里斯出版的《澳大利亚文化研究》（1993）中可以找到一些关于高雅文化的研究，以及珍内特·沃尔夫（1981）关于艺术社会生产的研究。
3 我们的分析表明，文化研究的重点不是文化物品。所以也不能将它同通俗文化的研究和民俗学等同起来，尽管它们也属于媒体研究的范围。
4 参见苏珊·桑塔格（1980）及其与温特（1995，48-55页）和弗里斯（1996，19页）的讨论。

如何被移动并被重新规定的（参见Nelson/Treichler/Grossberg
1992，13页）。文化文本总是在大环境中被表述，具有不同程
度的多义结构，以及互相矛盾、不稳定和有争议的意义。

通过对文化、媒体和权力[1]的深入分析，文化研究虽然和德
语区的文化社会学有不一样的重点，但是两者始终强调文化不
是一个取决于社会结构的变量，而是社会生活的建设性力量。并
不是所有的都是文化，但是每一个社会行为在韦伯看来都是有
意义的，或者用福柯的话来说，具有话语色彩。霍尔（1997，226
页）针对文化研究的社会分析中所存在的文化中心化倾向写道：
"因此，文化的组成是'政治的'和'经济的'，正如'政治'和'经
济'也有文化的构建，并为文化设定边界。它们互为对方的一部
分——也就是说他们以彼此来发声[……]每一个社会实践都有文
化或者话语状态的存在。社会实践——它们的操作和效果往往
取决于意义——发生在'叙述'的框架之中，具有推论性。"

文化研究有意识地跨越学院界限，寻求和其他学科的合
作，通过理论和方法的共通性，推进研究项目。他们设计了新
的理论和历史发展，给予现代启发，推动改变的发生。与传统
文化社会学一样，文化研究的任务也是解读当代，但是从最
开始的新左派背景就带有政治意义上的实践道德目的。文化
研究更有积极参与反对社会不公的一面（比如阶级、性别和
种族），在今后的研究中也应该保留。[2]从威廉斯开始，文化
研究的一个重要目的就是在个体和群体的日常努力中给予帮
助，比如表述他们的日常经验，尤其是那些在已经存在的文

1　参见海普和温特（1999）。

2　参见邓金（1996，1999b）对美国的批评，以及温特（1997a）对德国和奥地利的批
　　评。

化当中还没有找到自己位置的经验。文化研究认为文化是传播，即一种过程，在这个过程中，历史给定的公共意义和个体或者群体自我创立的意义互相碰撞，产生了一个新的意义框架（参见Grossberg u.a. 1998，19页起）。这一充满改变和创新的过程包含在日常生活的习以为常当中，它被威廉斯称为"漫长的革命"。如同我们对自我意识的分析，它始终伴随着对权力的批判，这也是文化研究至今的主旨。

文化研究认为社会学是文化科学，一方面它由此淡化了主流社会学作为一种有效力话语的角色[1]，另一方面也促进了社会学的"文化转向"——正如韦伯和齐美尔所做的——使研究社会和文化之间复杂的互动、互相作用和互相参照成为可能。

349

---

1 参见科尔纳（1997）和塞特曼（1997）。

参考文献

Abernathy, G. E. (1992), »African Americans‹ Relationship with Daytime Serials«. Unpublished dissertation, Dept. of Philosophy (Communication Arts), University of Wisconsin-Madison.

Abrahams, R. D. (1970), *Deep Down in the Jungle ... Negro Narrative Folklore from the Streets of Philadelphia*, Chicago.

Adorno, T. W. (1951/1979), *Minima Moralia. Reflexionen aus dem beschädigten Leben*, Frankfurt am Main: Suhrkamp.

Aglietta, M. (1976), *Régulation et crises du capitalisme. L'expérience des Etats-Unis*, Paris.

Albrecht, C., W. Dreyer und H. Homann (1996), »Einleitung der Herausgeber«, in: F. H. Tenbruck, *Perspektiven der Kultursoziologie. Gesammelte Aufsätze*, Opladen: Westdeutscher Verlag, S. 7-24.

Althusser, L. (1968), *Für Marx*, Frankfurt am Main: Suhrkamp.

– (1976), *Freud und Lacan*, Berlin: Merve.

– (1977), *Ideologie und ideologische Staatsapparate*, Hamburg/Westberlin: VSA.

–, und E. Balibar (1972), *Das Kapital lesen*, 2 Bde., Reinbek: Rowohlt.

Amann, K., und S. Hirschauer (1997), »Die Befremdung der eigenen Kultur. Ein Programm«, in: S. Hirschauer und K. Amann (Hg.), *Die Befremdung der eigenen Kultur. Zur ethnographischen Herausforderung soziologischer Empirie*, Frankfurt am Main: Suhrkamp, S. 7-52.

Anderson, P. (1965), »The Left in the Fifties«, in: *New Left Review*, Heft 29, S. 3-18.

– (1978), *Über den westlichen Marxismus*, Frankfurt am Main: Syndikat.

– (1992), *English Questions*, London/New York: Verso.

Ang, I. (1986), *Das Gefühl Dallas. Zur Produktion des Trivialen*, Bielefeld: Dädalus.

– (1991), *Desperately Seeking the Audience*, London/New York: Routledge.

– (1997), »Radikaler Kontextualismus und Ethnographie in der Rezeptionsforschung«, in: A. Hepp und R. Winter (Hg.), *Kultur – Medien – Macht. Cultural Studies und Medienanalyse*, Opladen: Westdeutscher Verlag, S. 85-102.

Anzaldúa, G. (1988), *Borderlands / La Frontera: The New Mestiza*, San Francisco: Spinsters/Aunt Lutte Press.

Appadurai, A. (1996), *Modernity at Large. Cultural Dimensions of Globalization*, Minneapolis: University of Minnesota Press.

Arnold, M. (1869/1989), *Culture and Anarchy*, hg. von S. Lipman, New Haven/London: Yale University Press.

Aronowitz, S. (1993), *Roll over Beethoven. The Return of Cultural Strife*, Hanover/London: Wesleyan University Press.

Ayass, R. (2000), »Das Vergnügen der Aneignung. Lachen und Gelächter in der Fernsehrezeption«, in: U. Göttlich und R. Winter (Hg.), *Politik des Vergnügens. Zur Diskussion der Populärkultur in den Cultural Studies*, Köln: Herbert von Halem Verlag, S. 146-165.

Baacke, D. (1987), *Jugend und Jugendkulturen*, Weinheim: Juventa.

Bachmair, B., und G. Kress (Hg.) (1996), *Höllen-Inszenierung »Wrestling«. Beiträge zur pädagogischen Genreforschung*, Opladen: Leske + Budrich.

Bachtin, M. (1969), *Literatur und Karneval. Zur Romantheorie und Lachkultur*, München: Hanser.

– (1987), *Rabelais und seine Welt. Volkskultur als Gegenkultur*, Frankfurt am Main: Suhrkamp.

Barthes, R. (1964), *Mythen des Alltags*, Frankfurt am Main: Suhrkamp.

– (1974), *Die Lust am Text*, Frankfurt am Main: Suhrkamp.

– (1979 a), *Elemente der Semiologie*, Frankfurt am Main: Syndikat.

– (1979 b), *Was singt mir, der ich höre, in meinem Körper das Lied?* Berlin: Merve.

– (1987), *S/Z*, Frankfurt am Main: Suhrkamp.

Baudelaire, C. (1863/1989), »Der Maler des modernen Lebens«, in: ders., *Sämtliche Werke/Briefe*, Bd. 5, München: Hanser, S. 213-259.

Baudrillard, J. (1978), *Agonie des Realen*, Berlin: Merve.

– (1987), *Amerika*, München: Matthes & Seitz.

Bauman, Z. (1992), *Moderne und Ambivalenz. Das Ende der Eindeutigkeit*, Hamburg: Junius.

– (1995), *Ansichten der Postmoderne*, Hamburg/Berlin: Argument.

Bausinger, H. (1972), *Volkskunde*, Berlin/Darmstadt: Carl Habel.

Beck, U. (1986), *Risikogesellschaft*, Frankfurt am Main: Suhrkamp.

– (1994), »Jenseits von Stand und Klasse«, in: U. Beck und E. Beck-Gernsheim (Hg.), *Riskante Freiheiten*, Frankfurt am Main: Suhrkamp, S. 43-60.

Beck, U. (1996), »Das Zeitalter der Nebenfolgen und die Politisierung der Moderne«, in: U. Beck, A. Giddens und S. Lash (1996), *Reflexive Modernisierung. Eine Kontroverse*, Frankfurt am Main: Suhrkamp, S. 19-112.

– und E. Beck-Gernsheim (Hg.) (1994), *Riskante Freiheiten*, Frankfurt am Main: Suhrkamp.

–, A. Giddens und S. Lash (1996), *Reflexive Modernisierung. Eine Kontroverse*, Frankfurt am Main: Suhrkamp.

–, A. Giddens und S. Lash (1996), »Vorwort«, in: dies., *Reflexive Modernisierung. Eine Kontroverse*, Frankfurt am Main: Suhrkamp, S. 7-12.

Becker, H. S. (1963/1973), *Außenseiter. Zur Soziologie abweichenden Verhaltens*, Frankfurt am Main: S. Fischer.

– (1982), *Art Worlds*, Berkeley/Los Angeles: University of California Press.

–, und M. M. McCall (Hg.) (1990), *Symbolic Interaction and Cultural Studies*, Chicago: University of Chicago Press.

Benedict, R. (1955), *Urformen der Kultur*, Reinbek: Rowohlt.

Bennett, T., C. Mercer und J. Woollacott (Hg.) (1986), *Popular Culture and Social Relations*, Buckingham/Philadelphia: Open University Press.

–, und J. Woollacott (1987), *Bond and Beyond: the Political Career of a Political Hero*, London: Macmillan.

Berger, P. L., und T. Luckmann (1966/1969), *Die gesellschaftliche Konstruktion der Wirklichkeit*, Frankfurt am Main: S. Fischer.

Bergmann, J. (1987), *Klatsch. Zur Sozialform der diskreten Indiskretion*, Berlin: de Gruyter.

–, W. Holly und U. Püschel (Hg.) (2001), *Über Fernsehen sprechen*, Opladen: Westdeutscher Verlag.

Berking, H. und R. Faber (Hg.) (1989), *Kultursoziologie – Symptom des Zeitgeistes?*, Würzburg: Königshausen & Neumann.

Berman, M. (1982), *All That is Solid Melts into Air. The Experience of Modernity*, New York: Simon & Schuster.

Best, S. (1994), »Foucault, postmodernism, and social theory«, in: D. R. Dickens und A. Fontana (Hg.), *Postmodernism and Social Inquiry*, London: UCL Press, S. 25-52.

–, und D. Kellner (1997), *The Postmodern Turn*, New York/London: The Guilford Press.

Bhabha, H. K. (1997), »DissemiNation: Zeit, Narrative und die Ränder der modernen Nation«, in: E. Bronfen, B. Marius und T. Steffen (Hg.), *Hybride Kulturen*, Tübingen: Stauffenburg, S. 149-194.

Borchers, H. (1993), »Wie amerikanische Fernsehzuschauer/innen mit *Soap Operas* umgehen – Bericht über eine *Audience Study*«, in: W. Holly und U. Püschel (Hg.), *Medienrezeption als Aneignung. Methoden und Perspektiven qualitativer Medienforschung*, Opladen: Westdeutscher Verlag, S. 59-66.

Bourdieu, P. (1982), *Die feinen Unterschiede. Kritik der gesellschaftlichen Urteilskraft*, Frankfurt am Main: Suhrkamp.

– und J.-C. Passeron (1970), *La réproduction. Éléments pour une théorie du système d'enseignement*, Paris: Minuit 1970; deutsche Teilübersetzung: *Grundlagen einer Theorie der symbolischen Gewalt*, Frankfurt am Main: Suhrkamp 1973.

Boyer, R. (1986), *La théorie de la régulation: une analyse critique*, Paris.

Bromley, R., U. Göttlich und C. Winter (Hg.) (1999), *Cultural Studies. Grundlagentexte zur Einführung*, Lüneburg: zu Klampen.

Brown, M. E. (1987), »The politics of soaps: pleasure and the feminine empowerment«, in: *Australian Journal of Cultural Studies* 4, 2, S. 1-25.

– (1994), *Soap Opera and Women's Talk. The Pleasure of Resistance*, London/Thousand Oaks/New Delhi: Sage.

Brown, R. H. (1991/1998), »Textuality and the postmodern turn in sociological theory«, in: P. Smith (Hg.) (1998), *The New American Cultural Sociology*, Cambridge. Cambridge University Press, S. 19-28.

Brunsdon, C. (1981), »›Crossroads‹. Notes on soap opera«, in: *Screen* 22, Heft 4, S. 32-37.

–, und D. Morley (1978), *Everyday Television: Nationwide*. London: BFI.

Buckingham, D. (Hg.) (1993), *Reading Audiences. Young People and the Media*, Manchester: Manchester University Press.

Budd, M., R. M. Entman und C. Steinman (1990), »The affirmative character of U.S. cultural studies«, in: *Critical Studies in Mass Communication* 7, S. 169-184.

Burke, P. (1985), *Helden, Schurken, Narren. Europäische Volkskultur in der frühen Neuzeit*, München: dtv.

Burniston, S., und C. Weedon (1977), »Ideology, Subjectivity and the Artistic Text«, in: *Working Papers in Cultural Studies*, Nr. 10: *On Ideology*, S. 203-235.

Carey, James (1995), »Abolishing the old spirit world«, in: *Critical Studies in Mass Communication*, März, S. 82-89.

– (1997), »Reflections on the project of (American) cultural studies«, in: M. Ferguson und P. Golding (Hg.), *Cultural Studies in Question*, London/Thousand Oaks/New Delhi: Sage, S. 1-24.

Carey, John (1996), *Haß auf die Massen. Intellektuelle 1880-1939*, Göttingen: Steidl.

Carroll, N. (1998), *A Philosophy of Mass Art*, Oxford: Clarendon Press.

Castel, F., R. Castel und A. Lovell (1982), *Psychiatrisierung des Alltags*, Frankfurt am Main: Suhrkamp.

Caudwell, C. (1937/1971), *Bürgerliche Illusion und Wirklichkeit. Beiträge zur materialistischen Ästhetik*, München: Hanser.

– (1938/1974), *Studien zu einer sterbenden Kultur*, München: Hanser.

Centre for Contemporary Cultural Studies (Hg.) (1982), *The Empire Strikes Back. Race and Racism in 70s Britain*, London/New York: Routledge.

Chambers, I. (1986), *Popular Culture: the Metropolitan Experience*. London: Methuen.

–, J. Clarke, I. Connell, L. Curti, S. Hall und T. Jefferson (1977/78), »Marxism and Culture«, in: *Screen* 18, Nr. 4, S. 101-119.

Chaney, D. (1994), *The Cultural Turn*, London/New York: Routledge.

Charlton, M. (1997), »Rezeptionsforschung als Aufgabe einer interdisziplinären Medienwissenschaft«, in: M. Charlton und S. Schneider (Hg.), *Rezeptionsforschung. Theorien und Untersuchungen zum Umgang mit Massenmedien*, Opladen: Westdeutscher Verlag, S. 16-39.

–, und K. Neumann (1990), *Medienrezeption und Identitätsbildung. Kulturpsychologische und kultursoziologische Befunde zum Gebrauch von Massenmedien im Vorschulalter*, Tübingen: Narr.

–, und K. Neumann-Braun (1992), *Medienkindheit – Medienjugend. Eine Einführung in die aktuelle kommunikationswissenschaftliche Forschung*, München: Quintessenz.

–, und S. Schneider (Hg.) (1997), *Rezeptionsforschung. Theorien und Untersuchungen zum Umgang mit Massenmedien*, Opladen: Westdeutscher Verlag.

Chun, L. (1996), *Wortgewitter. Die britische Linke nach 1945*, Hamburg: Rotbuch Verlag.

Clarke, J. (1979), »Stil«, in: J. Clarke u. a. (Hg.), *Jugendkultur als Widerstand*, Frankfurt am Main: Syndikat, S. 133-157.

-, u. a. (1979), *Jugendkultur als Widerstand. Milieus, Rituale, Provokationen,* hg. von A. Honneth, R. Lindner und R. Paris, Frankfurt am Main: Syndikat.

-, S. Hall, T. Jefferson und B. Roberts (1979), »Subkulturen, Kulturen, Klasse«, in: J. Clarke u. a., *Jugendkultur als Widerstand. Milieus, Rituale, Provokationen,* hg. von A. Honneth, R. Lindner und R. Paris, Frankfurt am Main: Syndikat, S. 39-131.

-, C. Critcher und R. Johnson (Hg.) (1979), *Working Class Culture,* London: Hutchinson.

Clifford, J. (1993), »Über ethnographische Autorität«, in: E. Berg und M. Fuchs (Hg.), *Kultur, soziale Praxis, Text. Die Krise der ethnographischen Repräsentation,* Frankfurt am Main: Suhrkamp, S. 109-157.

Cohen, P. (1972), »Subcultural conflict and working class community«, in: *Working Papers in Cultural Studies,* Nr. 2, S. 5-52.

Cohen, S., und L. Taylor (1977), *Ausbruchsversuche. Identität und Widerstand in der modernen Lebenswelt,* Frankfurt am Main: Suhrkamp.

Coward, R. (1977), »Class, ›Culture‹ and the social formation«, in: *Screen* 18, Nr. 1, S. 75-105.

Crane, D. (1994), »Introduction: the challenge of the sociology of culture to sociology as a discipline«, in: D. Crane (Hg.), *The Sociology of Culture,* Oxford: Blackwell, S. 1-19.

Critcher, C. (1979), »Sociology, cultural studies and the postwar working class«, in: J. Clarke, C. Critcher und R. Johnson (Hg.), *Working Class Culture,* London: Hutchinson.

Crook, S., J. Pakulski und M. Waters (1992), *Postmodernization. Change in Advanced Society,* London/Newbury Park/New Delhi: Sage.

Curran, J. (1990/1996), »The new revisionism in mass communication research: a reappraisal«, in: J. Curran, D. Morley und V. Walkerdine (Hg.), *Cultural Studies and Communications,* London: Arnold, S. 256-278.

D'Acci, J. (1994), *Defining Women. Television and the Case of Cagney & Lacey,* Durham: Duke University Press.

Danto, A. C. (1990). »Photographie und Performance. Die Stills der Cindy Sherman«, in: C. Sherman, *Untitled Film Stills,* München: Schirmer/Mosel, S. 5-15.

Davis, M. (1986), *Phönix im Sturzflug. Zur politischen Ökonomie der Vereinigten Staaten in den achtziger Jahren,* Berlin: Rotbuch.

Debord, G. (1978), *Die Gesellschaft des Spektakels,* Hamburg: Edition Nautilus.

De Certeau, M. (1988), *Kunst des Handelns,* Berlin: Merve.

- (1991), *Das Schreiben der Geschichte,* Frankfurt am Main/New York: Campus.

Delany, S. R. (1994), *The Mad Man,* New York: Richard Kasak Books.

Deleuze, G. (1993), »Postskriptum über die Kontrollgesellschaften«, in: ders., *Unterhandlungen 1972-1990,* Frankfurt am Main: Suhrkamp, S. 254-262.

-, und F. Guattari (1977), *Rhizom,* Berlin: Merve.

–, und F. Guattari (1992), *Tausend Plateaus. Kapitalismus und Schizophrenie*, Berlin: Merve.

DeLillo, D. (1998), *Unterwelt*, Köln: Kiepenheuer & Witsch.

Demirović, A. (1994), »Totalität und Immanenz«, in: H. Böke, J. C. Müller und S. Reinfeldt (Hg.), *Denk-Prozesse nach Althusser*, Berlin/Hamburg: Argument, S. 87-102.

Denzin, N. K. (1991), *Images of Postmodern Society. Social Theory and Contemporary Cinema*, London/Newbury Park/New Delhi: Sage.

– (1992), *Symbolic Interactionism and Cultural Studies. The Politics of Interpretation*, Oxford: Blackwell.

– (1995), *The Cinematic Society. The Voyeur's Gaze*, London/Thousand Oaks/New Delhi: Sage.

– (1996), »Opening Up Cultural Studies«, in: *Cultural Studies. A Research Volume*, Nr. 1, S. xv-xxix.

– (1997), *Interpretive Ethnography. Ethnographic Practices for the 21st Century*, London/Thousand Oaks/New Delhi: Sage.

– (1999a), »From American sociology to cultural studies«, in: *European Journal of Cultural Studies* 2, Heft 1, S. 117-136.

– (1999b), »Ein Schritt voran mit den Cultural Studies«, in: K. H. Hörning und R. Winter (Hg.) (1999), *Widerspenstige Kulturen. Cultural Studies als Herausforderung*, Frankfurt am Main: Suhrkamp, S. 116-145.

Derrida, J. (1974), *Grammatologie*, Frankfurt am Main: Suhrkamp.

– (1986), *Positionen*, Wien: Passagen.

– (1988), *Randgänge der Philosophie*, Wien: Passagen.

Dews, P. (1987), *Logics of Disintegration. Post-Structuralist Thought and the Claims of Critical Theory*, London/New York: Verso.

Diederichsen, D. (1985), *Sexbeat. 1972 bis heute*, Köln: Kiepenheuer & Witsch.

– (Hg.) (1993), *Yo! Hermeneutics! Schwarze Kulturkritik*, Berlin/Amsterdam: Edition ID-Archiv.

Docker, J. (1994), *Postmodernism and Popular Culture*, Cambridge: Cambridge University Press.

Dörner, A. (1999), »Medienkultur und politische Öffentlichkeit. Perspektiven und Probleme der Cultural Studies aus politikwissenschaftlicher Sicht«, in: A. Hepp und R. Winter (Hg.), *Kultur – Medien – Macht. Cultural Studies und Medienanalyse*, Opladen: Westdeutscher Verlag, 2., überarbeitete und erweiterte Auflage, S. 319-336.

DuGay, P. (1996), *Consumption and Identity at Work*, London: Sage.

–, S. Hall, L. Janes, H. Mackay und K. Negus (1997), *Doing Cultural Studies. The Story of the Sony Walkman*, London: Sage.

Durkheim, E., und M. Mauss (1903), »De quelques formes primitives de classification«, in: *L'Année sociologique* 6, S. 1-72.

Dreyfus, H., und P. Rabinow (1987), *Michel Foucault. Jenseits von Strukturalismus und Hermeneutik*, Frankfurt am Main: Syndikat.

Dworkin, D. (1997), *Cultural Marxism in Postwar Britain*, Durham: Duke University Press.

–, und L. G. Roman (Hg.) (1993), *Views Beyond the Border Country. Raymond Williams and Cultural Politics*, New York/London: Routledge.

Dyson, M. (1996), *Between God and Gangsta Rap*, New York/Oxford: Oxford University Press.

Eagleton, T. (1986), *Against the Grain: Essays 1975-1985*, London: Verso.

Eckert, R. (1992), »Technologie des sentiments: la vidéo érotique et autres écrans«, in: A. Gras, B. Joerges und V. Scardigli (Hg.), *Sociologie des techniques de la vie quotidienne*, Paris: L'Harmattan, S. 171-182.

–, und R. Winter (1987), »Kommunikationstechnologien und ihre Auswirkungen auf die persönlichen Beziehungen«, in: B. Lutz (Hg.), *Technik und sozialer Wandel. Verhandlungen des 23. Deutschen Soziologentages in Hamburg*, Frankfurt am Main/New York: Campus, S. 245-266.

–, W. Vogelgesang, T. A. Wetzstein und R. Winter (1991 a), *Auf digitalen Pfaden. Die Kulturen von Hackern, Programmierern, Crackern und Spielern*, Opladen: Westdeutscher Verlag.

–, W. Vogelgesang, T. A. Wetzstein und R. Winter (1991 b), *Grauen und Lust. Die Inszenierung der Affekte*, Pfaffenweiler: Centaurus.

–, C. Reis und T. A. Wetzstein (2000), *Ich will halt anders sein als die anderen. Abgrenzung, Gewalt und Kreativität bei Gruppen Jugendlicher am Ende der neunziger Jahre*, Opladen: Leske + Budrich.

Eco, U. (1972), »Towards a semiotic inquiry into the tv message«, in: *Working Papers in Cultural Studies* 3, S. 103-126.

– (1973), *Das offene Kunstwerk*, Frankfurt am Main: Suhrkamp.

– (1967/1985), »Für eine semiologische Guerilla«, in: ders., *Über Gott und die Welt*, München: Hanser, S. 146-156.

– (1992), *Die Grenzen der Interpretation*, München: Hanser.

Eder, K. (Hg.) (1989), *Klassenlage, Lebensstil und kulturelle Praxis. Theoretische und empirische Beiträge zur Auseinandersetzung mit Pierre Bourdieus Klassentheorie*, Frankfurt am Main: Suhrkamp.

Eldridge, J., und L. Eldridge (1994), *Raymond Williams. Making Connections*, London/New York: Routledge.

Eliot, T. S. (1948/1961), *Zum Begriff der Kultur*, Reinbek: Rowohlt.

Elsaesser, T. (1986), »American Graffiti und Neuer Deutscher Film – Filmemacher zwischen Avantgarde und Postmoderne«, in: A. Huyssen und K. R. Scherpe (Hg.), *Postmoderne – Zeichen eines kulturellen Wandels*, Reinbek: Rowohlt, S. 302-328.

Engelmann, J. (Hg.) (1999), *Die kleinen Unterschiede. Der Cultural-Studies-Reader*, Frankfurt am Main/New York: Campus.

Ewald, F. (1990), »Die Philosophie als Akt. Zum Begriff des philosophischen Akts«, in: E. Erdmann, R. Forst und A. Honneth (Hg.), *Ethos der Moderne. Foucaults Kritik der Aufklärung*, Frankfurt am Main/New York: Campus, S. 87-100.

Featherstone, M. (1992), *Consumer Culture and Postmodernism*, Thousand Oaks/New Delhi/London: Sage.

– (1995), *Undoing Culture. Globalization, Postmodernism and Identity*, Thousand Oaks/New Delhi/London: Sage.

Ferguson, M., und P. Golding (Hg.) (1997), *Cultural Studies in Question*, London/Thousand Oaks/New Delhi: Sage.

Fish, S. (1980), *Is There a Text in This Class? The Authority of Interpretive Communities*, Cambridge, MA: Harvard University Press.

Fiske, J. (1978), »Television. The flow and the text«, in: *Madog* I, Winter, S. 7-14.

– (1985), »Television: a multilevel classroom resource«, in: *Australian Journal of Screen Theory*, Heft 17, S. 106-124.

– (1986a), »Television and popular culture: reflections on British and Australian critical practice«, in: *Critical Studies in Mass Communication* 3, S. 200-216.

– (1986 b), »Television: polysemy and popularity«, in: *Critical Studies in Mass Communication* 3, S. 391-408.

– (1987), *Television Culture*, London: Methuen.

– (1989 a), *Reading the Popular*, London/Sidney/Wellington: Unwin Hyman.

– (1989 b), *Understanding Popular Culture*, London/Sidney/Wellington: Unwin Hyman.

– (1990), »Ethnosemiotics. Some personal und theoretical reflections«, in: *Cultural Studies* 4, Nr. 1, S. 85-99.

– (1991), »Writing ethnographies: contribution to a dialogue«, in: *Quarterly Journal of Speech* 77, S. 330-335.

– (1992a), »British cultural studies«, in: R. Allen (Hg.), *Channels of Discourse, Reassembled: Television and Contemporary Critism*, Chapel Hill: University of North Carolina Press, S. 284-326.

– (1992 b), »Cultural studies and the culture of everyday life«, in: L. Grossberg, C. Nelson und P. Treichler (Hg.), *Cultural Studies*, New York/London: Routledge, S. 154-165.

– (1993 a), *Power Plays – Power Works*, London/New York: Verso.

– (1993 b), »Populärkultur: Erfahrungshorizont im 20. Jahrhundert. Ein Gespräch mit John Fiske«, in: *montage/av* 2, Heft 1, S. 5-18.

– (1993c), »Elvis: Body of Knowledge. Offizielle und populäre Formen des Wissens um Elvis Presley«, in: *montage* 2, Heft 1, S. 19-51.

– (1994), *Media Matters. Everyday Culture and Political Change*. Minneapolis/London: University of Minnesota Press.

– (1996 a), »Hybrid vigor: popular culture in a multicultural, post-fordist world«, in: *Studies in Latin America Popular Culture* 15, S. 43-59.

– (1996b), »Black bodies of knowledge: Notes on an effective history«, in: *Cultural Critique*, Spring, S. 185-212.

– (1997), »Die kulturelle Ökonomie des Fantums«, in: SPoKK (Hg.), *Kursbuch Jugendkultur. Stile, Szenen und Identitäten vor der Jahrtausendwende*, Mannheim: Bollmann, S. 54-69.

– (1998), »Surveilling the city: whiteness, the black man and democratic totalitarianism«, in: *Theory, Culture & Society* 15, Heft 2, S. 67-88.

– (1999), »Wie ein Publikum entsteht: Kulturelle Praxis und Cultural Studies«, in: K. H. Hörning und R. Winter (Hg.), *Widerspenstige Kulturen.*

Cultural Studies als Herausforderung, Frankfurt am Main: Suhrkamp, S. 238-263.

–, und J. Hartley (1978), *Reading Television*, London: Methuen.

–, R. Hodge und G. Turner (1987), *Myths of Oz. Readings in Australian Popular Culture*, Sidney: Allen & Unwin.

–, und R. Dawson (1996), »Audiencing violence: Watching homeless men watch *Die Hard*«, in: J. Hay, L. Grossberg und E. Wartella (Hg.), *The Audience and Its Landscape*, Boulder: Westview Press, S. 297-316.

Foucault, M. (1974 a), »Nietzsche, die Genealogie, die Historie«, in: ders., *Von der Subversion des Wissens*, München: Hanser, S. 83-109.

– (1974 b), *Die Ordnung des Diskurses*, München: Hanser.

– (Hg.) (1975), *Der Fall Rivière. Materialien zum Verhältnis von Psychiatrie und Strafjustiz*, Frankfurt am Main: Suhrkamp.

– (1976), *Überwachen und Strafen. Die Geburt des Gefängnisses*, Frankfurt am Main: Suhrkamp.

– (1977), *Der Wille zum Wissen. Sexualität und Wahrheit I*, Frankfurt am Main: Suhrkamp.

– (1987), »Das Subjekt und die Macht«, in: H. L. Dreyfus und P. Rabinow, *Michel Foucault. Jenseits von Strukturalismus und Hermeneutik*, Frankfurt am Main: Syndikat, S. 243-261.

– (1993), »Technologien des Selbst«, in: L. H. Martin, H. Gutman und P. H. Hutton (Hg.), *Technologien des Selbst*, Frankfurt am Main: S. Fischer, S. 24-62.

– (1999), »Andere Räume«, in: J. Engelmann (Hg.), *Michel Foucault. Botschaften der Macht. Der Foucault-Reader. Diskurs und Medien*, Stuttgart: DVA, S. 145-160.

Frith, S. (1981), *Jugendkultur und Rockmusik. Soziologie der englischen Musikszene*, Reinbek: Rowohlt.

– (1996), *Performing Rites. On the Value of Popular Music*, Cambridge, MA: Harvard University Press.

Fröhlich, G., und I. Mörth (Hg.) (1998), *Symbolische Anthropologie der Moderne. Kulturanalysen nach Clifford Geertz*, Frankfurt am Main/New York: Campus.

Fromm, E. (1932 a), »Über Methode und Aufgabe einer analytischen Sozialpsychologie«, in: *Zeitschrift für Sozialforschung I*, S. 28-54; Reprint: München: dtv 1980.

– (1932 b), »Die psychoanalytische Charakterologie und ihre Bedeutung für die Sozialpsychologie«, in: *Zeitschrift für Sozialforschung I*, S. 253-277; Reprint: München: dtv 1980.

Frow, J., und M. Morris (1993), »Introduction«, in: dies. (Hg.), *Australian Cultural Studies. A Reader*, Urbana: Univ. of Illinois Press, S. VII-XXXII.

Fuchs, M. (1998), *Kultur – Macht – Politik. Studien zur Kultur und Bildung in der Moderne*, Remscheid: BKJ.

Garfinkel, H. (1967), *Studies in Ethnomethodology*, Englewood Cliffs, NJ: Prentice-Hall.

Garnham, N. (1995), »Political economy and cultural studies: reconciliation or divorce?«, in: *Critical Studies in Mass Communication*, März, S. 62-71.

Gates, H. L. Jr. (1993), »Das Schwarze der schwarzen Literatur. Über das Zeichen und den ›Signifying Monkey‹«, in: D. Diederichsen (Hg.) (1993), *Yo! Hermeneutics! Schwarze Kulturkritik*, Berlin/Amsterdam: Edition ID-Archiv, S. 177-189.

Geertz, C. (1983), *Dichte Beschreibung. Beiträge zum Verstehen kultureller Systeme*, Frankfurt am Main: Suhrkamp.

Giddens, A. (1987), *The Nation State and Violence*, Cambridge: PolityPress.

– (1988), *Die Konstitution der Gesellschaft*, Frankfurt am Main/New York: Campus.

– (1991), *Modernity and Self-Identity. Self and Society in the Late Modern Age*, Cambridge: Polity Press.

– (1995), *Konsequenzen der Moderne*, Frankfurt am Main: Suhrkamp.

– (1996), »Leben in einer posttraditionalen Gesellschaft«, in: U. Beck, A. Giddens und S. Lash, *Reflexive Modernisierung. Eine Kontroverse*, Frankfurt am Main: Suhrkamp, S. 113-194.

Giesen, B. (1991), *Die Entdinglichung des Sozialen. Eine evolutionstheoretische Perspektive auf die Postmoderne*, Frankfurt am Main: Suhrkamp.

Gillespie, M. (1993), »The Mahabharata: from Sanskrit to sacred soap. A case study of the reception of two contemporary televisual versions«, in: D. Buckingham (Hg.), *Reading Audiences. Young People and the Media*, Manchester: Manchester University Press, S. 48-73.

– (1995), *Television, Ethnicity and Cultural Change*. London: Routledge.

– (1999), »Fernsehen im multiethnischen Kontext«, in: K. H. Hörning und R. Winter (Hg.), *Widerspenstige Kulturen. Cultural Studies als Herausforderung*, Frankfurt am Main: Suhrkamp, S. 292-338.

Gilroy, P. (1993 a), *The Black Atlantic. Modernity and Double Consciousness*, Cambridge, MA: Harvard University Press.

– (1993 b), *Small Acts: Thoughts on the Politics of Black Cultures*, London: Serpent's Tail.

Göttlich, U. (1996), *Kritik der Medien. Reflexionsstufen kritisch-materialistischer Medientheorien*, Opladen: Westdeutscher Verlag.

– (1997), »Kultureller Materialismus und Cultural Studies: Aspekte der Kultur- und Medientheorie von Raymond Williams«, in: A. Hepp und R. Winter (Hg.), *Kultur – Medien – Macht. Cultural Studies und Medienanalyse*, Opladen: Westdeutscher Verlag, S. 103-116.

–, und R. Winter (Hg.) (2000), *Politik des Vergnügens. Zur Diskussion der Populärkultur in den Cultural Studies*, Köln: Herbert von Halem Verlag.

Goffman, E. (1971), *Interaktionsrituale. Über Verhalten in direkter Kommunikation*, Frankfurt am Main: Suhrkamp.

– (1972), *Asyle. Über die soziale Situation psychiatrischer Patienten und anderer Insassen*, Frankfurt am Main: Suhrkamp.

– (1977), *Rahmen-Analyse. Ein Versuch über die Organisation von Alltagserfahrungen*, Frankfurt am Main: Suhrkamp.

– (1981), *Geschlecht und Werbung*, Frankfurt am Main: Suhrkamp.

Goldmann, L. (1970), *Soziologie des Romans*, Darmstadt/Neuwied: Luchterhand.

Gramsci, A. (1991 ff.), *Gefängnishefte*, 10 Bde., Berlin/Hamburg: Argument.

– (1996), *Gefängnishefte 7* (12. bis 15. Heft), Berlin/Hamburg: Argument.

Green, M. (1974), »Raymond Williams and Cultural Studies«, in: *Working Papers in Cultural Studies 6*, S. 31-48.

– (1982), »The Centre for Contemporary Cultural Studies«, in: P. Widdowson (Hg.), *Re-Reading English*, London/New York: Methuen, S. 77-90.

Greenblatt, S. (1990), *Verhandlungen mit Shakespeare. Innenansichten der englischen Renaissance*, Berlin: Wagenbach.

– (1995), »Kultur«, in: M. Baßler (Hg.), *New Historicism. Literaturgeschichte als Poetik der Kultur*, Frankfurt am Main: Fischer, S. 48-59.

Griswold, W. (1994), *Cultures and Societies in a Changing World*, Thousand Oaks/London/New Delhi: Pine Forge Press.

Grossberg, L. (1976), »Dialectical Hermeneutics and the Human Sciences. Foundations« for a Cultural Approach to Communication«. Unpublished dissertation, University of Illinois at Urbana – Champaign.

– (1984), »Another boring day in paradise: rock and roll and the empowerment of everyday life«, in: *Popular Music 4*, S. 225-257.

– (1987), »The in-difference of television«, in: *Screen 28*, S. 28-45.

– (1992), *We Gotta Get Out of This Place. Popular Conservatism and Postmodern Culture*, New York/London: Routledge.

– (1993), »The Formations of Cultural Studies«, in: V. Blundell, J. Shepherd und Taylor (Hg.), *Relocating Cultural Studies*, London/New York: Routledge, S. 21-66.

– (1995 a), »Cultural studies. What's in a Name (One More Time)«, in: *Taboo 1*, Heft 1, S. 1-37; deutsch: »Was sind Cultural Studies?«, in: K. H. Hörning und R. Winter (Hg.), *Widerspenstige Kulturen. Cultural Studies als Herausforderung*, Frankfurt am Main: Suhrkamp 1999, S. 43-83.

– (1995 b), »Cultural studies vs. political economy: is anybody else bored with this debate?«, in: *Critical Studies in Mass Communication*, März, S. 72-81.

– (1996), »Fluchtweg. Versperrte Ausgänge«, Gespräch mit C. Höller, in: *springer 2*, Heft 2, S. 38-43.

– (1997 a), »Der Cross Road Blues der Cultural Studies«, in: A. Hepp und R. Winter (Hg.), *Kultur – Medien – Macht. Cultural Studies und Medienanalyse*, Opladen: Westdeutscher Verlag, S. 13-30.

– (1997 b), »Introduction: re-placing the popular«, in: L. Grossberg, *Dancing in Spite of Myself. Essays on Popular Culture*, Durham: Duke University Press, S. 1-26.

–, C. Nelson und P. Treichler (Hg.) (1992), *Cultural Studies*, New York/London: Routledge.

–, E. Wartella und D. C. Whitney (1998), *MediaMaking. Mass Media in a Popular Culture*, London/Thousand Oaks/New Delhi: Sage.

Gumbrecht, H.-U., und K. L. Pfeiffer (Hg.), *Stil. Geschichten und Funktio-*

nen eines kulturwissenschaftlichen Diskurselements, Frankfurt am Main: Suhrkamp.

Habermas, J. (1971), »Vorbereitende Bemerkungen zu einer Theorie der kommunikativen Kompetenz«, in: ders. und N. Luhmann, *Theorie der Gesellschaft oder Sozialtechnologie – Was leistet die Systemforschung?* Frankfurt am Main: Suhrkamp, S. 101-141.

– (1985), *Der philosophische Diskurs der Moderne*, Frankfurt am Main: Suhrkamp.

Hacking, I. (1990), *The Taming of Chance*, Cambridge: Cambridge University Press.

Hahn, A. (1982), »Zur Soziologie der Beichte und anderer Formen institutionalisierter Bekenntnisse: Selbstthematisierung und Zivilisationsprozeß«, in: *Kölner Zeitschrift für Soziologie und Sozialpsychologie* 34, Heft 3, S. 407-434.

– (1986a), »Differenzierung, Zivilisationsprozeß, Religion. Aspekte einer Theorie der Moderne«, in: F. Neidhardt, M. R. Lepsius und J. Weiss (Hg.), *Kultur und Gesellschaft, Sonderheft 27 der Kölner Zeitschrift für Soziologie und Sozialpsychologie*, Opladen: Westdeutscher Verlag, S. 214-231.

– (1986b), »Soziologische Relevanzen des Stilbegriffes«, in: H.-U. Gumbrecht und K. L. Pfeiffer (Hg.), *Stil. Geschichten und Funktionen eines kulturwissenschaftlichen Diskurselements*, Frankfurt am Main: Suhrkamp, S. 603-611.

– (1989), »Das andere Ich. Selbstthematisierung bei Proust«, in: V. Kapp (Hg.), *Marcel Proust: Geschmack und Neigung*, Tübingen: Stauffenburg, S. 127-142.

–, H. Willems und R. Winter (1991), »Beichte und Therapie als Formen der Sinngebung«, in: G. Jüttemann, M. Sonntag und C. Wulf (Hg.), *Die Seele. Ihre Geschichte im Abendland*, Weinheim: PVU, S. 493-511.

Halbwachs, M. (1985), *Das Gedächtnis und seine sozialen Bedingungen*, Frankfurt am Main: Suhrkamp.

Hall, S. (1958), »A Sense of Classlessness«, in: *Universities and Left Review* Nr. 5.

– (1960), »Editorial«, in: *New Left Review*, Nr. 1, S. 1.

– (1971a), »A Response to ›people and culture‹ by A. Shuttleworth«, in: *Working Papers in Cultural Studies*, Nr. 1, S. 97-102.

– (1971b), »Introduction«, in: *Working Papers in Cultural Studies*, Nr. 1, S. 5-7.

– (1972), »The determinations of newsphotographs«, in: *Working Papers in Cultural Studies*, Nr. 3, S. 53-88.

– (1973), »The television discourse: encoding and decoding«. *Centre for Contemporary Cultural Studies*, Birmingham, Occasional Papers, No. 7.

– (1974/1993), »Encoding/Decoding«, in: A. Gray und J. McGuigan (Hg.), *Studying Culture. An Introductory Reader.* London, S. 28-34.

– (1977), »Über die Arbeit des Centre for Contemporary Cultural Studies«, in: *Gulliver* 2, S. 54-67.

- (1978), »Some problems with the ideology/subject couplet«, in: *Ideology and consciousness* 3, S. 113-121.
- (1979), »Ideologie und Wissenssoziologie«, in: Projekt Ideologie-Theorie, *Theorien über Ideologie*. *Das Argument*, Sonderband 40, Berlin: Argument, S. 130-153.
- (1980a), »Cultural Studies and the Centre: some problematics and problems«, in: S. Hall, D. Hobson, A. Lowe und P. Willis (Hg.), *Culture, Media, Language. Working Papers in Cultural Studies*, 1972-1979, London: Routledge, S. 15-47.
- (1980b), »Cultural studies: two paradigms«, in: *Media, Culture and Society*, H. 2, S. 57-72; nachgedruckt in: J. Storey (Hg.) (1996), *What is Cultural Studies? A Reader*, London: Arnold, S. 31-48; deutsch: »Die zwei Paradigmen der Cultural Studies«, in: K. H. Hörning und R. Winter (Hg.), *Widerspenstige Kulturen. Cultural Studies als Herausforderung*, Frankfurt am Main: Suhrkamp, S. 13-42.
- (1980c), »Introduction to media studies at the centre«, in: S. Hall, D. Hobson, A. Lowe und P. Willis (Hg.), *Culture, Media, Language. Working Papers in Cultural Studies*, 1972-1979, London: Routledge, S. 117-121.
- (1980d), »Encoding/Decoding«, in: S. Hall, D. Hobson, A. Lowe und P. Willis (Hg.), *Culture, Media, Language*, London: Routledge, S. 128-138.
- (1981), »Notes on deconstructing ›the popular‹«, in: R. Samuel (Hg.), *People's History and Socialist Theory*, London: Routledge & Kegan, S. 227-240.
- (1982), »The rediscovery of ideology: return of the repressed in media studies«, in: M. Gurevitch, T. Bennett, J. Curran und J. Woollacott (Hg.), *Culture, Society, and the Media*, New York: Methuen, S. 56-90.
- (1983), »Ideology, or the media effect on the working class«. Vortrag an der La Trobe University, Melbourne, November 1983.
- (1984), »Ideologie und Ökonomie – Marxismus ohne Gewähr«, in: Projekt Ideologie-Theorie, *Die Camera obscura der Ideologie*, Berlin: Argument, S. 97-121.
- (1986a), »Media power and class power«, in: J. Curran, J. Ecclestone, G. Oakley und A. Richardson (Hg.), *Bending Reality. The State of the Media*, London: Pluto, S. 5-14.
- (1986b), »On postmodernism and articulation: an interview with Stuart Hall«, hg. von L. Grossberg, in: *Journal of Communication Inquiry* 10, Heft 2, S. 45-60.
- (1986c), »Introduction«, in: D. Morley (1986), *Family Television. Cultural Power and Domestic Leisure*, London: Comedia, S. 8-10.
- (1987), »Gramsci and us«, in: *Marxism Today*, June, S. 16-21.
- (1988), *The Hard Road to Renewal. Thatcherism and the Crisis of the Left*, London: Verso.
- (1989a), »Das ›Politische‹ und das ›Ökonomische‹ in der Marxschen Klassentheorie«, in: ders., *Ausgewählte Schriften*, hg. von N. Räthzel, Hamburg/Berlin: Argument, S. 11-55.

- (1989 b/1996), »The meaning of New Times«, in: D. Morley und K.-H. Chen (Hg.), *Stuart Hall. Critical Dialogues in Cultural Studies*, London/ New York: Routledge, S. 223-237.
- (1992), »Cultural studies and its theoretical legacies«, in: L. Grossberg, C. Nelson und P. Treichler (Hg.), *Cultural Studies*, New York/London: Routledge, S. 277-286.
- (1994), *Rassismus und kulturelle Identität. Ausgewählte Schriften 2*, Berlin/Hamburg: Argument.
- (1994a), »Reflections upon the encoding/decoding model. An interview with Stuart Hall«, in: J. Cruz und J. Lewis (Hg.), *Viewing, Reading, Listening. Audiences and Cultural Reception*, Boulder: Westview Press, S. 253-274.
- (1994b), »Die Frage der kulturellen Identität«, in: S. Hall, *Rassismus und kulturelle Identität. Ausgewählte Schriften 2*, Berlin/Hamburg: Argument, S. 180-222.
- (1994c), »Neue Ethnizitäten«, in: S. Hall, *Rassismus und kulturelle Identität. Ausgewählte Schriften 2*, Berlin/Hamburg: Argument, S.15-25.
- (1996), »Introduction: Who Needs ›Identity‹«, in: S. Hall und P. DuGay (Hg.), *Questions of Cultural Identity*, London: Sage, S. 1-17.
- (1997), »The Centrality of Culture. Notes on the Cultural Revolution of Our Time«, in: K. Thompson (Hg.), *Media and Cultural Regulation*, London: Sage, S. 207-238.
- -, und P. Whannel (1964), *The Popular Arts*, London: Hutchinson.
- -, und T. Jefferson (Hg.) (1976), *Resistance through Rituals. Youth Subcultures in Post-War Britain*, London: Routledge; deutsch (Teilübersetzung) in: J. Clarke u. a., *Jugendkultur als Widerstand. Milieus, Rituale, Provokationen*, hg. von A. Honneth, R. Lindner und R. Paris, Frankfurt am Main: Syndikat 1979.
- -, B. Lumley und G. McLennan (1977), »Politics and Ideology: Gramsci«, in: *Working Papers in Cultural Studies*, Nr. 10: *On Ideology*, S. 45-76.
- -, C. Critcher, T. Jefferson, J. Clarke und B. Roberts (1978), *Policing the Crisis: Mugging, the State, and Law and Order*, London: Macmillan.
- -, D. Hobson, A. Lowe und P. Willis (Hg.) (1980), *Culture, Media, Language. Working Papers in Cultural Studies, 1972-1979*, London: Routledge.
- -, und M. Jacques (Hg.) (1989), *New Times. The Changing Face of Politics in the 1990s*, London: Lawrence & Wishart.
- Hammerich, K., und M. Klein (Hg.) (1978), *Materialien zur Soziologie des Alltags*. Sonderheft 20 der *Kölner Zeitschrift für Soziologie und Sozialpschologie*, Opladen: Westdeutscher Verlag.
- Hannerz, U. (1969), *Soulside. Inquiries into Ghetto Culture and Community*, New York/London: Columbia University Press.
- Hardy, P., C. Johnston und P. Willemen (1976), »Introduction«, in: *Edinburgh 1976 Television Festival Magazine*.
- Harris, D. (1992), *From Class Struggle to the Politics of Pleasure. The Effect of Gramscianism on Cultural Studies*, London/New York: Routledge.

Hartley, J. (1983), »Television and the Power of Dirt«, in: *Australian Journal of Cultural Studies* 1, S. 62-82.
- (1992), »Invisible fictions«, in: J. Hartley, *Tele-Ology. Studies in Television*, London/New York: Routledge, S. 101-118
Harvey, D. (1989), *The Condition of Postmodernity*, Oxford: Basil Blackwell.
Hay, J., L. Grossberg und E. Wartella (Hg.) (1996), *The Audience and Its Landscape*, Boulder: Westview Press.
Heath, S. (1981), *Questions of Cinema*, London: Macmillan.
Hebdige, D. (1979), *Subculture. The Meaning of Style*, London/New York: Routledge; deutsch (Teilübersetzung): »Subculture. Die Bedeutung von Stil«, in: D. Diederichsen (Hg.), *Schocker. Stile und Moden der Subkultur*, Reinbek: Rowohlt 1983, S. 7-120.
- (1988), *Hiding in the Light*, London: Comedia.
- (1989), »After the Masses«, in: S. Hall und M. Jacques (Hg.) (1989), *New Times. The Changing Face of Politics in the 1990s*, London: Lawrence & Wishart, S. 76-93.
- (1996), »Heute geht es um eine anti-essentialistische Kulturproduktion vom DJ-Mischpult aus«. Gespräch mit C. Höller, in: *Kunstforum* 135, S. 160-164.
Hegel, G. W. F. (1807/1970), *Phänomenologie des Geistes*, Frankfurt am Main: Suhrkamp.
Helle, H. J. (1980), *Soziologie und Symbol. Verstehende Theorie der Werte in Kultur und Gesellschaft*, Berlin: Duncker & Humblot.
Hepp, A. (1998), *Fernsehaneignung und Alltagsgespräche. Fernsehnutzung aus der Perspektive der Cultural Studies*, Opladen: Westdeutscher Verlag.
-, und R. Winter (Hg.) (1997), *Kultur – Medien – Macht. Cultural Studies und Medienanalyse*, Opladen: Westdeutscher Verlag; 2., überarbeitete und erweiterte Auflage 1999.
Higgins, J. (1999), *Raymond Williams. Literature, Marxism and Cultural Materialism*, London/New York: Routledge.
Hindess, B., und P. Q. Hirst (1975), *Pre-capitalist Modes of Production*, London: Routledge & Kegan Paul; deutsch: *Vorkapitalistische Produktionsweisen*, Frankfurt am Main/Berlin/Wien: Ullstein 1981.
Hirsch, J. (1993), »Internationale Regulation«, in: *Das Argument* 198, S. 195-222.
Hitzler, R. (1988), *Sinnwelten*, Opladen: Westdeutscher Verlag.
-, und A. Honer (1994), »Bastelexistenz. Über subjektive Konsequenzen der Individualisierung«, in: U. Beck und E. Beck-Gernsheim (Hg.), *Riskante Freiheiten*, Frankfurt am Main: Suhrkamp, S. 307-315.
-, und M. Pfadenhauer (1998), »›Let your body take control!‹. Zur ethnographischen Kulturanalyse der Techno-Szene«, in: R. Bohnsack und W. Marotzki (Hg.), *Biographieforschung und Kulturanalyse*, Opladen: Leske + Budrich, S. 75-92.
Hoberman, J., und J. Rosenbaum (1998), *Mitternachtskino. Kultfilme der sechziger und siebziger Jahre*, St. Andrä: Hannibal.

Hobsbawm, E. (1984/1998), »Das Erfinden von Traditionen«, in: C. Conrad und M. Kessel (Hg.), *Kultur & Geschichte. Neue Einblicke in eine alte Beziehung*, Stuttgart: Reclam, S. 97-118.

Hobson, D. (1982), »*Crossroads«: The Drama of a Soap Opera*. London: Methuen.

– (1989), *Soap operas at work*, in: E. Seiter u. a. (Hg), *Remote Control*, London: Routledge, S. 150-167.

Hodge, R., und D. Tripp (1986), *Children and Television*, Cambridge: Polity Press.

Hörning, K. H. (1989), »Vom Umgang mit den Dingen – eine techniksoziologische Zuspitzung«, in: P. Weingart (Hg.), *Technik als sozialer Prozeß*, Frankfurt am Main: Suhrkamp, S. 90-127.

– (1995), »Technik und Kultur. Ein verwickeltes Spiel der Praxis«, in: J. Halfmann u. a. (Hg.), *Technik und Gesellschaft, Jahrbuch 8: Theoriebausteine der Techniksoziologie*, Frankfurt/New York: Campus, S. 131-151.

– (1997), »Kultur und soziale Praxis. Wege zu einer ›realistischen‹ Kulturanalyse«, in: A. Hepp und R. Winter (Hg.), *Kultur – Medien – Macht. Cultural Studies und Medienanalyse*, Opladen: Westdeutscher Verlag, S. 31-46.

– (1999), »Kulturelle Kollisionen. Die Soziologie vor neuen Aufgaben«, in: K. H. Hörning und R. Winter (Hg.), *Widerspenstige Kulturen. Cultural Studies als Herausforderung*, Frankfurt am Main: Suhrkamp, S. 84-115.

–, und R. Winter (Hg.) (1999), *Widerspenstige Kulturen. Cultural Studies als Herausforderung*, Frankfurt am Main: Suhrkamp.

Hoggart, R. (1957/1992), *The Uses of Literacy*, London: Penguin (Nachdruck).

– (1963/1970), »Schools of English and Contemporary Society«, in: R. Hoggart, *Speaking to Each Other*, Bd. 2: *About Literature*, London: Chatto & Windus.

– (1992), »An interview with Richard Hoggart«, in: R. Hoggart, *The Uses of Literacy*, London: Penguin (Nachdruck), S. 379-400.

– (1998), »Forty Years of Cultural Studies. An Interview with Richard Hoggart«, in: *International Journal of Cultural Studies* 1, Heft 1, S. 11-24.

Holert, T., und M. Terkessidis (1996), »Einführung in den Mainstream der Minderheiten«, in: dies. (Hg.), *Mainstream der Minderheiten. Pop in der Kontrollgesellschaft*, Berlin: Edition ID-Archiv, S. 5-19.

Holly, W. (1995), »›Wie meine Tante Hulda, echt‹. Textoffenheit in der Lindenstraße als Produkt- und Rezeptionsphänomen«, in: M. Jurga (Hg.), *Lindenstraße. Produktion und Rezeption einer Erfolgsserie*, Opladen: Westdeutscher Verlag, S. 117-136.

–, und U. Püschel (Hg.) (1993), *Medienrezeption als Aneignung. Methoden und Perspektiven qualitativer Medienforschung*, Opladen: Westdeutscher Verlag.

Holzkamp, K. (1985), *Grundlegung der Psychologie*, Frankfurt am Main/New York: Campus.

Holzkamp-Osterkamp, U. (1983), »Kontrollbedürfnis«, in: D. Frey und
S. Greif (Hg.), *Sozialpsychologie. Ein Handbuch in Schlüsselbegriffen*,
München: Urban & Schwarzenberg.

Horkheimer, M., und Th. W. Adorno (1947/1969), *Dialektik der Aufklä-
rung*. Frankfurt am Main: S. Fischer.

Hornby, N. (1996), *Ballfieber*, Hamburg: Rogner & Bernhard.

Hoy, D. C. (Hg.) (1986), *Foucault – A Critical Reader*, Oxford/New York.

Huyssen, A. (1984), »Mapping the post-modern«, in: *New German Cri-
tique* 33, S. 5-52.

– (1986), »Mass culture as a woman. Modernism's other«, in: T. Modleski
(Hg.), *Studies in Entertainment. Critical Approaches to Mass Culture*,
Bloomington: Indiana University Press, S. 188-208.

–, und K. R. Scherpe (Hg.) (1986), *Postmoderne – Zeichen eines kulturellen
Wandels*, Reinbek: Rowohlt.

Institut für sozialhistorische Forschung (1980), »Vorrede«, in: E. P. Thomp-
son, *Das Elend der Theorie. Zur Produktion geschichtlicher Erfahrung*,
Frankfurt am Main/New York: Campus, S. 7-12.

Jacoby, R. (1981), *Dialectic of Defeat. Contours of Western Marxism*, Cam-
bridge: Cambridge University Press.

Jameson, F. (1974), »The vanishing mediator: narrative structure in Max
Weber«, in: *Working Papers in Cultural Studies*, Nr. 5, Spring, S.111-149.

– (1983), »Pleasure: A Political Issue«, in: *Formations of Pleasure*, London:
Routledge & Kegan Paul, S. 1-13.

– (1986), »Postmoderne – zur Logik der Kultur im Spätkapitalismus«, in:
A. Huyssen und K. R. Scherpe (Hg.), *Postmoderne – Zeichen eines kultu-
rellen Wandels*, Reinbek: Rowohlt, S. 45-102.

– (1991), *Postmodernism, or The Cultural Logic of Late Capitalism*, Lon-
don/New York: Verso.

Jay, M. (1984), *Marxism and Totality. The Adventures of a Concept from
Lukács to Habermas*, Berkeley/Los Angeles: University of California
Press.

Jencks, C. (1980), *Die Sprache der postmodernen Architektur. Die Entste-
hung einer alternativen Tradition*, Stuttgart: DVA (englisch 1984).

Jenkins, H. (1992), *Textual Poachers. Television Culture and Participatory
Culture*, London/New York: Routledge.

Johnson, R. (1979), »Histories of culture/theories of ideology: notes on an
impasse«, in: M. Barrett, P. Corrigan, A. Kuhn und J. Wolff (Hg.), *Ideolo-
gy and Cultural Production*, New York: St. Martin's Press, S. 49-77.

– (1986/87), »What is cultural studies anyway?«, in: *Social Text* 16, S. 38-
80.

Jung, Th., und S. Müller-Doohm (1994), »Kultursoziologie«, in: H. Kerber
und A. Schmieder (Hg.), *Spezielle Soziologien*, Reinbek: Rowohlt, S. 473-
497.

Jurga, M. (1995), »Die *Lindenstraße* als kulturelles Forum«, in: M. Jurga
(Hg.), *Lindenstraße. Produktion und Rezeption einer Erfolgsserie*, Opla-
den: Westdeutscher Verlag, S. 55-72.

- (1999), *Fernsehtextualität und Rezeption*, Opladen: Westdeutscher Verlag.
- (Hg.) (1995), *Lindenstraße. Produktion und Rezeption einer Erfolgsserie*, Opladen: Westdeutscher Verlag.

Kaplan, E. A. (Hg.) (1983), *Regarding Television*, Los Angeles: American Film Institute.

Kaschuba, W. (1994), »Kulturalismus: Vom Verschwinden des Sozialen im gesellschaftlichen Diskurs«, in: *Berliner Journal für Soziologie* 4, Heft 2, S. 179-192.

Katz, E., und T. Liebes (1985), »Mutual aid in the decoding of *Dallas*: preliminary notes from a cross-cultural study«, in: P. Drummond und R. Paterson (Hg.), *Television in Transition*, London: British Film Institute, S. 187-198.

Keeney, B. (1987), *Ästhetik des Wandels*, Hamburg: Isko-Press.

Kellner, D. (1982). »TV, ideology and emancipatory popular culture«, in: H. Newcomb (Hg.), *Television. The Critical View*, New York: Oxford University Press, S. 386-421.

- (1989), *Jean Baudrillard. From Marxism to Postmodernism and Beyond*, Cambridge: Polity Press.
- (1990), *Television and the Crisis of Democracy*, Boulder: Westview Press.
- (1995), *Media Culture*, London/New York: Routledge.
- (1997), »Social Theory and Cultural Studies«, in: D. Owen (Hg.), *Sociology after Postmodernism*, London/Thousand Oaks/New Delhi: Sage, S. 138-157.

Keppler, A. (1994), *Tischgespräche. Über Formen kommunikativer Vergemeinschaftung am Beispiel der Konversation in Familien*, Frankfurt am Main: Suhrkamp.

- (1997), »Über einige Formen der medialen Wahrnehmung von Gewalt«, in: T. v. Trotha (Hg.), *Soziologie der Gewalt*. Sonderheft der *Kölner Zeitschrift für Sozialpsychologie und Soziologie*, Opladen: Westdeutscher Verlag, S. 380-400.

Kern, S. (1983), *The Culture of Time and Space, 1880-1918*, Cambridge, MA: Harvard University Press.

Kiwitz, P. (1986), *Lebenswelt und Lebenskunst. Perspektiven einer kritischen Theorie des sozialen Lebens*, München: Fink.

Klaus, H. G. (1983), »Kultureller Materialismus. Neue Arbeiten von Raymond Williams«, in: *Das Argument* 25, Nr. 139, S. 372-378.

- (1989), »Vorwort«, in: S. Hall, *Ausgewählte Schriften*, hg. von N. Räthzel, Hamburg/Berlin: Argument, S. 5-8.
- (Hg.) (1973), *Marxistische Literaturkritik in England. Das »Thirties Movement«*, Darmstadt/Neuwied: Luchterhand.

Kögler, H. H. (1992), *Die Macht des Dialogs. Kritische Hermeneutik nach Gadamer, Foucault und Rorty*, Stuttgart: Metzler.

Kramer, J. (1997), *British Cultural Studies*, München: Fink.

Kraniauskas, J. (1998), »Globalization is ordinary: the transnationalization of cultural studies«, in: *Radical Philosophy* 90, S. 9-19.

Kristeva, J. (1978), *Die Revolution der poetischen Sprache*, Frankfurt am Main: Suhrkamp.

Krotz, F. (1995), »Fernsehrezeption kultursoziologisch betrachtet«, in: *Soziale Welt* 46, Heft 3, S. 245-265.

– (1997), »Gesellschaftliches Subjekt und kommunikative Identität: Zum Menschenbild der Cultural Studies«, in: A. Hepp und R. Winter (Hg.), *Kultur – Medien – Macht. Cultural Studies und Medienanalyse*, Opladen: Westdeutscher Verlag, S. 117-126.

– (1998), »Kultur, Kommunikation und die Medien«, in: U. Saxer (Hg.), *Medien-Kulturkommunikation*, Sonderheft 2 von *Publizistik*, Opladen: Westdeutscher Verlag, S. 67-85.

Kuzmics, H., und I. Mörth (Hg.) (1991), *Der unendliche Prozeß der Zivilisation. Zur Kultursoziologie der Moderne nach Norbert Elias*, Frankfurt am Main/New York: Campus.

Laclau, E. (1981), *Politik und Ideologie im Marxismus. Kapitalismus – Faschismus – Populismus*, Berlin: Argument.

–, und C. Mouffe (1991), *Hegemonie und radikale Demokratie. Zur Dekonstruktion des Marxismus*, Wien: Passagen.

Laing, R. D. (1976), *Das geteilte Selbst*, Reinbek: Rowohlt.

Lash, S. (1990), *Sociology of Postmodernism*, London/New York: Routledge.

– (1996), »Reflexivität und ihre Doppelungen. Struktur, Ästhetik und Gemeinschaft«, In: U. Beck, A. Giddens und S. Lash, *Reflexive Modernisierung. Eine Kontroverse*, Frankfurt am Main: Suhrkamp, S. 195-286.

–, und J. Urry (1987), *The End of Organized Capitalism*, Cambridge, Polity Press.

–, und J. Urry (1994), *Economies of Signs and Space*, London/Thousand Oaks/New Delhi: Sage.

Lavery, D. (Hg.) (1995), *Full of Secrets. Critical Approaches to Twin Peaks*, Detroit: Wayne State University Press.

Leavis, F. R. (1930), *Mass Civilization and Minority Culture*, Cambridge: Minority Press.

– (1933), *For Continuity*, Cambridge: Minority Press.

– (1948), *Education and the University: A Sketch for an ›English School‹*, London: Chatto & Windus.

–, und D. Thompson (1933), *Culture and Environment. The Training of Critical Awareness*, London: Chatto & Windus.

Lefebvre, H. (1977), *Kritik des Alltagslebens*, Kronberg: Athenäum.

Lepenies, W. (1985), *Die drei Kulturen. Soziologie zwischen Literatur und Wissenschaft*, München: Hanser.

Lévi-Strauss, C. (1968), *Das wilde Denken*, Frankfurt am Main: Suhrkamp.

Liebes, T., und E. Katz (1990), *The Export of Meaning. Cross-Cultural Readings of Dallas*, Oxford: Oxford University Press.

Lindner, R. (1994), »Cultural Studies in der Bundesrepublik Deutschland. Eine Rezeptionsgeschichte«, in: *IKUS Lectures* 3, Nr. 17 und 18, S. 50-58.

– (2000), »Paul Willis und das Centre for Contemporary Cultural Studies«, in: U. Flick, E. von Kardorff und I. Steinke (Hg.), *Qualitative Forschung. Ein Handbuch*, Reinbek: Rowohlt, S. 63-71.

–, und H. H. Wiebe (Hg.) (1985), *Verborgen im Licht. Neues zur Jugendfrage*, Frankfurt am Main: Syndikat.

Link, J. (1997), *Versuch über den Normalismus. Wie Normalität produziert wird*, Opladen: Westdeutscher Verlag.

Lipietz, A. (1986), »New tendencies in the international division of labour: regimes of accumulation and modes of regulation«, in: A. Scott und M. Storper (Hg.), *Production, Work, Territory. The Geographical Anatomy of Industrial Capitalism*, London.

– (1987), *Mirages and Miracles. The Crisis of Global Fordism*, London.

– (1998), *Nach dem Ende des »Goldenen Zeitalters«. Regulation und Transformation kapitalistischer Gesellschaften*, hg. von H.-P. Krebs, Berlin/Hamburg: Argument.

Lipp, W. (1979 a/1994), »Gesellschaft als Kultur«, in: ders., *Drama Kultur*, Berlin: Duncker & Humblot, S. 75-81.

– (1979 b/1994), »Kulturtypen, kulturelle Symbole, Handlungswelt. Zur Plurivalenz von Kultur«, in: ders., *Drama Kultur*, Berlin: Duncker & Humblot, S. 33-74.

– (1994), *Drama Kultur*, Berlin: Duncker & Humblot.

–, und F. H. Tenbruck (1979), »Zum Neubeginn der Kultursoziologie«, in: *Kölner Zeitschrift für Soziologie und Sozialpsychologie* 31, Heft 3, S. 393-398.

Lipsitz, G. (1994), *Dangerous Crossroads. Popular Music, Postmodernism and the Poetics of Place*, London/New York: Verso.

Long, E. (Hg.) (1997), *From Sociology to Cultural Studies. New Perspectives*, Oxford: Blackwell.

Lueken, V. (1996), »Altmeister für Alte«, *Frankfurter Allgemeine Zeitung*, 52. Jg., 1. März, S. 35.

Luhmann, N. (1984), *Soziale Systeme*, Frankfurt am Main: Suhrkamp.

– (1995), »Kultur als historischer Begriff«, in: ders., *Gesellschaftsstruktur und Semantik*, Bd. 4, Frankfurt am Main: Suhrkamp, S. 31-54.

– (1996), *Die Realität der Massenmedien*, Opladen: Westdeutscher Verlag, 2., erweiterte Auflage.

Lyotard, J.-F. (1986), *Das postmoderne Wissen*, Graz/Wien: Böhlau.

– (1987), *Der Widerstreit*, München: Fink.

Lynd, R. S., und H. M. Lynd (1929), *Middletown: A Study in Contemporary American Culture*, New York: Harcourt Brace.

Maas, U. (1980), »Kulturanalyse«, in: *OBST (Osnabrücker Beiträge zur Sprachtheorie)* 16, S. 118-162.

Maase, K. (1992), *BRAVO Amerika*, Hamburg: Junius.

– (1997), *Grenzenloses Vergnügen. Der Aufstieg der Massenkultur 1850-1970*, Frankfurt am Main: Fischer.

MacCannell, F., und D. MacCannell (1982), *The Time of the Sign. A Semiotic Interpretation of Modern Culture*, Bloomington: Indiana University Press.

Maffesoli, M. (1988), *Le Temps des Tribus. Le déclin de l'individualisme dans les sociétés de masse*, Paris: Meridiens Klincksieck.

–, (1993), *La Contemplation du Monde*, Paris: Grasset.

Mahnkopf, B. (1985), *Verbürgerlichung. Die Legende vom Ende des Proletariats*, Frankfurt am Main/New York: Campus.

Mailer, N. (1981), »Der weiße Neger«, in: ders., *Reklame für mich selber*, München: Moewig, S. 369-390.

Mandel, E. (1967/1973), *Der Spätkapitalismus*, Frankfurt am Main: Suhrkamp.

Marcus, Greil (1992), *Lipstick Traces. Von Dada bis Punk – kulturelle Avantgarden und ihre Wege aus dem 20. Jahrhundert*, Hamburg: Rogner & Bernhard bei Zweitausendeins.

– (1993), *Dead Elvis. Meister – Mythos – Monster*, Hamburg: Rogner & Bernhard bei Zweitausendeins.

– (1994), *Im faschistischen Badezimmer. Punk unter Reagan, Thatcher und Kohl*, Hamburg: Rogner & Bernhard bei Zweitausendeins.

Márkus, György (1997), »Antinomien der Kultur«, in: *Lettre International*, Heft 38, S. 13-20.

Marx, K. (1857/1953), *Grundrisse der Kritik der politischen Ökonomie* (»Rohentwurf 1857-58«), Frankfurt am Main/Wien: Ullstein.

–, und F. Engels (1848/1959), »Manifest der Kommunistischen Partei«, in: dies., *Werke*, Bd. 4, Berlin: Dietz, S. 459-493.

Matthiesen, U. (1983), *Das Dickicht der Lebenswelt und die Theorie des kommunikativen Handelns*, München: Fink.

Mayer, R., und M. Terkessidis (Hg.) (1998), *Globalkolorit. Multikulturalismus und Populärkultur*, St. Andrä: Hannibal.

McGuigan, J. (1992), *Cultural Populism*, London: Routledge.

– (1997), »Cultural populism revisited«, in: M. Ferguson und P. Golding (Hg.), *Cultural Studies in Question*, London/Thousand Oaks/New Delhi: Sage, S. 138-154.

McHale, N. (1987), *Postmodernist Fiction*, London/New York: Routledge.

McLennan, G. (1977), »Introduction«, in: *Working Papers in Cultural Studies*, Nr. 10, On Ideology, S. 5 f.

–, V. Molina und R. Peters (1977), »Althusser's theory of ideology«, in: *Working Papers in Cultural Studies*, Nr. 10: *On Ideology*, S. 77-105.

McRobbie, A. (1991), *Feminism and Youth Culture. From Jackie to Just Seventeen*, London: Macmillan.

– (1998), *British Fashion Design. Rag Trade or Image Industry?* London/New York: Routledge.

–, und J. Garber (1979), »Mädchen in den Subkulturen«, in: J. Clarke u. a., *Jugendkultur als Widerstand. Milieus, Rituale, Provokationen*, hg. von A. Honneth, R. Lindner und R. Paris, Frankfurt am Main: Syndikat, S. 217-237.

Merleau-Ponty, M. (1965), *Phänomenologie der Wahrnehmung*, Berlin: de Gruyter.

– (1968), *Die Abenteuer der Dialektik*, Frankfurt am Main: Suhrkamp.

- (1986), *Das Sichtbare und das Unsichtbare*, München: Fink.

Mikos, L. (1994 a), *Fernsehen im Erleben der Zuschauer*, München: Quintessenz.

- (1994 b), *Es wird dein Leben! Familienserien im Fernsehen und im Alltag der Zuschauer*, Münster: MakS.

- (1997), »Die Rezeption des Cultural Studies Approach im deutschsprachigen Raum«, in: A. Hepp und R. Winter (Hg.), *Kultur – Medien – Macht. Cultural Studies und Medienanalyse*, Opladen: Westdeutscher Verlag, S. 159-170.

- (2000), »Vergnügen und Widerstand. Aneignungsformen von HipHop und Gangsta Rap«, in: U. Göttlich und R. Winter (Hg.), *Die Politik des Vergnügens. Zur Diskussion der Populärkultur in den Cultural Studies*, Köln: Herbert von Halem Verlag, S. 103-123.

Miller, D. (1992), »*The Young and the Restless* in Trinidad«, in: R. Silverstone und E. Hirsch (Hg.), *Consuming Technologies*, London: Routledge, S. 163-182.

Miller, T., und A. McHoul (1998), *Popular Culture and Everyday Life*, London/Thousand Oaks/New Delhi: Sage.

Milner, A. (1993), *Cultural Materialism*, Melbourne: Melbourne University Press.

- (1994), »Cultural materialism, culturalism and post-culturalism: the legacy of Raymond Williams«, in: *Theory, Culture & Society* 11, Heft 1, S. 43-73.

Moores, S. (1992), »Texts, readers and contexts of reading«, in: P. Scannell, P. Schlesinger und C. Sparks (Hg.), *Culture and Power*, London/Newbury Park/New Delhi: Sage, S. 137-157.

Morley, D. (1980), *The Nationwide Audience: Structure and Decoding*, London: BFI.

- (1981), »The Nationwide audience: a critical postscript«, in: *Screen Education*, Nr. 39, S. 3-14.

- (1986), *Family Television. Cultural Power and Domestic Leisure*, London: Comedia.

- (1991), »Where the global meets the local: notes from the sitting room«, in: *Screen* 32, S. 1-15; deutsch: »Where the global meets the local: Aufzeichnungen aus dem Wohnzimmer«, in: *montage/av* 6 (1997 b), Heft 1, S. 5-35.

- (1992), *Television, Audiences and Cultural Studies*, London/New York: Routledge.

- (1997 a), »Radikale Verpflichtung zu Interdisziplinarität«, in: *montage/av* 6, Heft 1, S. 36-66.

-, und K. Robins (1995), *Spaces of Identity. Global Media, Electronic Landscapes and Cultural Boundaries*, London und New York: Routledge.

Morris, M. (1990), »Banality in Cultural Studies«, in: P. Mellencamp (Hg.), *Logics of Television: Essays in Cultural Criticism*, Bloomington: Indiana University Press, S. 14-43.

- (1992), »The man in the mirror: David Harvey's ›condition‹ of postmo-
dernity«, in: Theory, Culture & Society 9, Heft 1, S. 253-279.

Müller, Eggo (1993), »›Pleasure and Resistance‹. John Fiskes Beitrag zur
Populärkulturtheorie«, in: montage/av 2, Heft 1, S. 52-66.

Müller, Hans-Peter (1994), »Kultur und Gesellschaft. Auf dem Weg zu einer
neuen Kultursoziologie?«, in: Berliner Journal für Soziologie 4, Heft 2,
S. 135-156.

Müller-Doohm, S., und K. Neumann-Braun (Hg.) (1995), Kulturinszenie-
rungen, Frankfurt am Main: Suhrkamp.

Münch, R. (1998), »Kulturkritik und Medien – Kulturkommunikation«,
in: U. Saxer (Hg.), Medien-Kulturkommunikation, Sonderheft 2 von Pu-
blizistik, Opladen: Westdeutscher Verlag, S. 55-66.

Mulvey, L. (1980), »Visuelle Lust und narratives Kino«, in: P. Gorsen u. a.
(Hg.), Frauen in der Kunst 1, Frankfurt am Main: Suhrkamp, S. 30-46.

Murdoch, G. (1995), »Across the great divide. Cultural analysis and the
condition of democracy«, in: Critical Studies in Mass Communication,
März, S. 89-95.

- (1997), »Base notes: the conditions of cultural practice«, in: M. Ferguson
und P. Golding (Hg.), Cultural Studies in Question, London/Thousand
Oaks/New Delhi: Sage, S. 86-101.

-, und P. Golding (1979), »Capitalism, communication, and class rela-
tions«, in: J. Curran, M. Gurevitch und J. Woollacott (Hg.), Mass Com-
munication and Society, Beverly Hills: Sage, S. 12-43.

Negt, O., und A. Kluge (1981), Geschichte und Eigensinn, Hamburg: Rog-
ner & Bernhard bei Zweitausendeins.

-, und A. Kluge (1992), Maßverhältnisse des Politischen, Frankfurt am
Main: S. Fischer.

Negus, K. (1997), »The production of culture«, in: P. DuGay (Hg.), Pro-
duction of Culture/Cultures of Production, London/Newbury Park/New
Delhi: Sage, S. 67-118.

Neidhardt, F., M. R. Lepsius und J. Weiß (Hg.) (1986), Kultur und Gesell-
schaft. Sonderheft 27 der Kölner Zeitschrift für Soziologie und Sozialpsy-
chologie, Opladen: Westdeutscher Verlag.

Nelson, C., P. A. Treichler und L. Grossberg (1992), »Cultural Studies: An
Introduction«, in: L. Grossberg, C. Nelson und P. A. Treichler (Hg.),
Cultural Studies, New York/London: Routledge, S. 1-16.

Neumann-Braun, K., und A. Deppermann (1998), »Ethnographie der Kom-
munikationskulturen Jugendlicher. Zur Gegenstandskonzeption und Me-
thodik der Untersuchung von Peer-Groups«, in: Zeitschrift für Soziologie
27, S. 239-255.

Newcomb, H. M. (1984), »On the dialogic aspects of mass communica-
tion«, in: Critical Studies in Mass Communication 1, Heft 1, S. 34-50.

-, und P. M. Hirsch (1986), »Fernsehen als kulturelles Forum. Neue Per-
spektiven für die Medienforschung«, in: Rundfunk und Fernsehen 34,
Heft 2, S. 177-190.

Niewöhner, H. (1992), »Mythisches Perpetuum Mobile. ›Das Schweigen der Lämmer‹ – der Film und seine Betrachter«, in: *Lettre International*, Heft 19, S. 48-54.

Nightingale, V. (1996), *Studying Audiences. The Shock of the Real*, London/New York: Routledge.

Nixon, S. (1997), »Designs on masculinity. Menswear retailing and the role of retail design«, in: A. McRobbie (Hg.), *Back to Reality? Social Experience and Cultural Studies*, Manchester: Manchester University Press, S. 170-189.

O'Connor, A. (1989/1996), »The problem of American cultural studies«, in: J. Storey (Hg.), *What is Cultural Studies? A Reader*, London: Arnold, S. 187-196.

Offe, C. (1985), *Disorganized Capitalism*, Cambridge: Polity Press.

Ogburn, W. F. (1969), *Kultur und sozialer Wandel. Ausgewählte Schriften*, hg. von O. D. Duncan, Neuwied/Berlin: Luchterhand.

Ong, W. (1987), *Oralität und Literalität. Die Technologisierung des Wortes*, Opladen: Westdeutscher Verlag.

O'Sullivan, T., J. Hartley, D. Saunders und J. Fiske (1983), *Key Concepts in Communication*, London: Methuen.

Paech, J., u. a. (Hg.) (1985), *Screen-Theory. Zehn Jahre Filmtheorie in England von 1971 bis 1981*, Osnabrück: Universität Osnabrück.

Palmer, P. (1986), *The Lively Audience. A Study of Children around the TV Set*, Sydney: Allen Unwin.

Parkin, F. (1972), *Class Inequality and Political Order*, St. Albans: Paladin.

Parsons, T. (1972), *Das System moderner Gesellschaften*, München: Juventa.

Platthaus, A. (1998), *Im Comic vereint. Eine Geschichte der Bildgeschichte*, Berlin: Alexander Fest Verlag.

Polhemus, T. (1994), *Street Style*, London: Thames and Hudson.

Poschardt, U. (1995), *DJ Culture*, Hamburg: Rogner & Bernhard bei Zweitausendeins.

Poster, M. (1990), *The Mode of Information. Poststructuralism and Social Context*, Chicago: University of Chicago Press.

Procacci, G. (1997), »Le grondement de la bataille«, in: D. Franche u. a. (Hg.), *Au Risque de Foucault*, Paris: Editions du Centre Pompidou, S. 213-222.

Püschel, U., und W. Holly (1997), »Kommunikative Fernsehaneignung«, in: *Der Deutschunterricht* IL, Heft 3, S. 30-39.

Radway, J. A. (1984), *Reading the Romance. Women, Patriarchy, and Popular Literature*, London: Verso.

Räthzel, N. (1997), *Gegenbilder. Nationale Identität durch Konstruktion des Anderen*, Opladen: Leske + Budrich.

Rehberg, K. S. (1986), »Kultur versus Gesellschaft? Anmerkungen zu einer Streitfrage in der deutschen Soziologie«, in: F. Neidhardt, M. R. Lepsius und J. Weiss (Hg.), *Kultur und Gesellschaft*. Sonderheft 27 der *Kölner Zeitschrift für Soziologie und Sozialpsychologie*, Opladen: Westdeutscher Verlag, S. 92-115.

Richards, J. (1984), *The Age of the Dream Palace. Cinema and Society in Britain 1930-1939*, London: Routledge.

Robertson, R. (1992), *Globalization. Social Theory and Global Culture*, London/Thousand Oaks/New Delhi: Sage.

Rochberg-Halton, E. (1986), *Meaning and Modernity. Social Theory in the Pragmatic Attitude*, Chicago. University of Chicago Press.

Rodman, G. (1996), *Elvis After Elvis*, London/New York: Routledge.

Rorty, R. (1989), *Kontingenz, Ironie und Solidarität*, Frankfurt am Main: Suhrkamp.

– (1994), »Der Fortschritt des Pragmatisten«, in: U. Eco (Hg.), *Zwischen Autor und Text. Interpretation und Überinterpretation*, München: Hanser, S. 99-119.

Rose, T. (1997), »Ein Stil, mit dem keiner klar kommt. HipHop in der postindustriellen Stadt«, in: SPoKK (Hg.), *Kursbuch Jugendkultur. Stile, Szenen und Identitäten vor der Jahrtausendwende*, Mannheim: Bollmann, S. 142-156.

Rosenberg, I. (1991), »Stuart Hall«, in: H. Heuermann und B.-P. Lange (Hg.), *Contemporaries in Cultural Criticism*, Frankfurt am Main/Bern/New York/Paris: Peter Lang, S. 261-289.

Rutschky, M. (1980), *Erfahrungshunger. Ein Essay über die siebziger Jahre*, Köln: Kiepenheuer & Witsch.

Ryan, M. (1982), *Marxism and Deconstruction. A Critical Articulation*, Baltimore/London: Johns Hopkins University Press.

–, und Kellner, D. (1988), *Camera Politica*, Bloomington: Indiana UP.

Sacks, H. (1995), *Lectures on Conversation*, Bd. 1, hg. von G. Jefferson, Oxford: Blackwell.

Sartre, J.-P. (1964), *Marxismus und Existentialismus. Versuch einer Methodik*, Reinbek: Rowohlt.

Saussure, F. de (1931/1967), *Grundfragen der allgemeinen Sprachwissenschaft*, hg. von C. Bally und A. Sechehaye, Berlin: de Gruyter.

Saxer, U. (Hg.) (1998), *Medien-Kulturkommunikation*. Sonderheft 2 von *Publizistik*, Opladen: Westdeutscher Verlag.

Schäfer, T. (1996), *Reflektierte Vernunft. Michel Foucaults philosophisches Projekt einer antitotalitären Macht- und Wahrheitskritik*, Frankfurt am Main: Suhrkamp.

Scherr, A. (1991), »Ansätze der Jugendforschung«, in: *Sozialwissenschaftliche Literaturrundschau 6*, S. 23-27.

Schmidt, S. J. (1994), *Kognitive Autonomie und soziale Orientierung*, Frankfurt am Main: Suhrkamp.

– (1996), *Die Welten der Medien. Grundlagen und Perspektiven der Medienbeobachtung*, Braunschweig/Wiesbaden: Vieweg.

Schmiedke-Rindt, C. (1999), »*Express Yourself – Madonna Be With You*«. *Madonna-Fans und ihre Lebenswelt*, Augsburg: Sonnentanz-Verlag.

Schneider, S. (1997), »Gewaltrhetorik in der Selbstpräsentation jugendlicher HipHopper«, in: M. Charlton und S. Schneider (Hg.), *Rezeptionsforschung*. Opladen: Westdeutscher Verlag, S. 268-286.

Schröer, N. (Hg.) (1994), *Interpretative Sozialforschung. Auf dem Weg zu einer hermeneutischen Wissenssoziologie*, Opladen: Westdeutscher Verlag.

Schwichtenberg, C. (Hg.) (1993), *The Madonna Connection. Representational Politics, Subcultural Identities, and Cultural Theory*, Boulder: Westview Press.

Seidman, S. (1997), »Relativizing sociology: the challenge of cultural studies«, in: E. Long (Hg.), *From Sociology to Cultural Studies. New Perspectives*, Oxford. Blackwell, S. 37-61.

Seiter, E., H. Borchers, G. Kreutzner und E.-M. Warth (1989), »›Don't treat us like we're stupid and naive‹: Towards an ethnography of soap opera viewers«, in: dies. (Hg.), *Remote Control. Television, Audiences and Cultural Power*, London/New York: Routledge, S. 223-247.

Sennett, R. (1983), *Die Tyrannei der Intimität. Verfall und Ende des öffentlichen Lebens*, Frankfurt am Main: S. Fischer.

Sewell, W. H. Jr. (1992/1998), »Culture, structure, agency, and transformation«, in: P. Smith (Hg.), *The New American Cultural Sociology*, Cambridge: Cambridge University Press, S. 188-201.

Sherman, C. (1990), *Untitled Film Stills*, München: Schirmer/Mosel.

Shusterman, R. (1994), *Kunst Leben. Die Ästhetik des Pragmatismus*, Frankfurt am Main: Fischer.

Shuttleworth, A. (1966), »A human culture« und »Max Weber and the ›cultural sciences‹«. *Two Working Papers in Cultural Studies*, S. 3-47, Birmingham: BCCCS.

– (1971), »People and culture«, in: *Working Papers in Cultural Studies*, Nr. 1, S. 65-96.

Simmel, G. (1903/1984), »Die Großstädte und das Geistesleben«, in: ders., *Das Individuum und die Freiheit*, Berlin: Wagenbach, S. 192-204.

– (1908/1992), *Soziologie. Untersuchungen über die Formen der Vergesellschaftung. Gesamtausgabe*, Bd. 11, Frankfurt am Main: Suhrkamp.

Slater, P. (1974), »The aesthetic theory of the Frankfurt School«, in: *Working Papers in Cultural Studies*, Nr. 6: *Cultural Studies and Theory*, S. 172-211.

Smelser, N. J. (1992), »Culture: coherent or incoherent«, in: R. Münch und N. J. Smelser (Hg.), *Theory of Culture*, Berkeley: University of California Press, S. 3-28.

Smith, P. (1998), »The new American cultural sociology: an introduction«, in: ders. (Hg.), *The New American Cultural Sociology*, Cambridge: Cambridge University Press, S. 1-14.

– (Hg.) (1998), *The New American Cultural Sociology*, Cambridge: Cambridge University Press.

Soeffner, H.-G. (1984), »Hermeneutik. Zur Genese einer wissenschaftlichen Einstellung durch die Praxis der Auslegung«, in: ders. (Hg.), *Beiträge zu einer Soziologie der Interaktion*, Frankfurt am Main/New York: Campus, S. 9-52.

– (1986), »Stil und Stilisierung. Punk oder die Überhöhung des Alltags«, in:

H.-U. Gumbrecht und K. L. Pfeiffer (Hg.), *Stil. Geschichten und Funktionen eines kulturwissenschaftlichen Diskurselements*, Frankfurt am Main: Suhrkamp, S. 317-341.

– (1989), *Auslegung des Alltags – Alltag der Auslegung. Zur wissenssoziologischen Konzeption einer sozialwissenschaftlichen Hermeneutik*, Frankfurt am Main: Suhrkamp.

– (Hg.) (1979), *Interpretative Verfahren in den Sozial- und Textwissenschaften*, Stuttgart: Metzler.

– (Hg.) (1988), *Kultur und Alltag*. Sonderband 6 der *Sozialen Welt*, Göttingen: Otto Schwarz.

Sontag, S. (1980), *Kunst und Antikunst*, München: Hanser.

Sparks, C. (1977), »The evolution of cultural studies«, in: *Screen Education*, Nr. 21, S. 16-30.

SPoKK (Hg.) (1997), *Kursbuch Jugendkultur. Stile, Szenen und Identitäten vor der Jahrtausendwende*, Mannheim: Bollmann.

Stallybrass, P., und A. White (1986), *The Politics and Poetics of Transgression*, Ithaca: Cornell University Press.

Stauth, G., und B. S. Turner (1988), »Nostalgia, Postmodernism and the Critique of Mass Culture«, in: *Theory, Culture & Society* 5, Nr. 2/3, S. 509-526.

Steele, T. (1997), *The Emergence of Cultural Studies 1945-65. Cultural Politics, Adult Education and the English Question*, London: Lawrence & Wishart.

Storey, J. (Hg.) (1996), *What is Cultural Studies? A Reader*, London: Arnold.

Strauss, A. (1978), »A Social World Perspective«, in: *Studies in Symbolic Interaction* 1, S. 119-128.

Swidler, A. (1986/1998), »Culture and social action«, in: P. Smith (Hg.), *The New American Cultural Sociology*, Cambridge: Cambridge University Press, S. 171-187.

Tenbruck, F. H. (1979), »Die Aufgaben der Kultursoziologie«, in: *Kölner Zeitschrift für Soziologie und Sozialpsychologie* 31, Heft 3, S. 399-421.

– (1989), *Die kulturellen Grundlagen der Gesellschaft. Der Fall der Moderne*, Opladen: Westdeutscher Verlag.

– (1990), »Repräsentative Kultur«, in: H. Haferkamp (Hg.), *Sozialstruktur und Kultur*, Frankfurt am Main: Suhrkamp, S. 20-53.

– (1996), *Perspektiven der Kultursoziologie. Gesammelte Aufsätze*, hg. von C. Albrecht, W. Dreyer und H. Homann, Opladen: Westdeutscher Verlag.

– (1999), *Das Werk Max Webers*, Tübingen: Mohr/Siebeck.

Thompson, E. P. (1955), *William Morris: Romantic to Revolutionary*, London: Lawrence & Wishart.

– (1957), »Socialist humanism: An Epistle to the Philistines«, in: *The New Reasoner* , Nr. 1, Summer 1957, S. 105-143.

– (1959), »Commitment in Politics«, in: *Universities and Left Review*, Nr. 6, Spring 1959, S. 50-55.

– (1961), »The Long Revolution. Review of the Long Revolution«, in: *New Left Review*, Nr. 9/10, S. 24-33; 34-39.

- (1963/1987), *Die Entstehung der englischen Arbeiterklasse*, 2 Bde., Frankfurt am Main: Suhrkamp.
- (1971/1980), »Die ›moralische Ökonomie‹ der englischen Unterschichten im 18. Jahrhundert«, in: ders., *Plebeische Kultur und moralische Ökonomie*, Frankfurt am Main/Berlin: Ullstein, S. 66-130.
- (1980), *Das Elend der Theorie. Zur Produktion geschichtlicher Erfahrung*, Frankfurt am Main/New York: Campus.
- (1993), *Witness Against the Beast. William Blake and the Moral Law*, Cambridge: Cambridge University Press.
Thompson, J. B. (1990), *Ideology and Modern Culture. Critical Social Theory in the Era of Mass Communication*, Cambridge: Polity Press.
Toop, D. (1992), *Rap Attack. African Jive bis Global Hip Hop*, St. Andrä: Hannibal.
Trinh, T. Minh-ha (1991), *When the Moon Waxes Red: Representation, Gender and Cultural Politics*, New York: Routledge.
Turner, B. S. (1996), *The Body & Society*, London/Thousand Oaks/New Delhi: Sage (2. Auflage).
Turner, G. (1990), *British Cultural Studies*. London/New York: Routledge; 2. Auflage 1996.
Turner, V. (1974), *Drama, Fields, and Metaphors. Symbolic Action in Human Society*. Ithaca/London: Cornell University Press.
- (1989), *Das Ritual. Struktur und Anti-Struktur*, Frankfurt am Main/New York: Campus.
Tylor, E. B. (1903), *Primitive Culture: Researches into the Development of Mythology, Philosophy, Religion, Language, Art, and Custom*, Bd. 1, London: John Murray.
Venturi, R., D. S. Brown und S. Izenour (1979), *Lernen von Las Vegas. Zur Ikonographie und Architektursymbolik der Geschäftsstadt*, Braunschweig/Wiesbaden: Vieweg.
Vester, M. (1980), »Edward Thompson und die ›Krise des Marxismus‹«, in: E. P. Thompson, *Das Elend der Theorie. Zur Produktion geschichtlicher Erfahrung*, Frankfurt am Main/New York: Campus, S. 13-38.
Vidal, G. (1999), »Amerika ist ein Polizeistaat«. Gespräch mit dem Schriftsteller, in: *Der Spiegel*, Heft 6, S. 154-159.
Vogelgesang, W. (1991), *Jugendliche Videocliquen. Action- und Horrorvideos als Kristallisationspunkte einer neuen Fankultur*, Opladen: Westdeutscher Verlag.
-, und R. Winter (1990), »Die neue Lust am Grauen – Zur Sozialwelt der erwachsenen und jugendlichen Horrorfans«, in: *Psychosozial*, Heft 13, S. 42-49.
Vološinov, V. N. (1975), *Marxismus und Sprachphilosophie*, Frankfurt am Main/Berlin/Wien: Ullstein.
Weber, M. (1919/1988), »Politik als Beruf«, in: ders., *Gesammelte Politische Schriften*, hg. von J. Winckelmann, Tübingen: UTB, S. 505-560.
- (1920/1972), *Die protestantische Ethik I*, hg. von J. Winckelmann, Tübingen: Mohr/Siebeck.

Welsch, W. (1987), *Unsere postmoderne Moderne*, Weinheim: VCH, Acta humaniora.

Wiemker, M. (1998), *Trust No Reality. Eine soziologische Analyse der X-Files. Soziologie einer Fernsehserie am Beispiel von ›Akte X‹. Postmoderne Theorien und Cultural Studies*, Berlin: Wissenschaftlicher Verlag Berlin.

Willems, H. (1997), *Rahmen und Habitus. Zum theoretischen und methodischen Ansatz Erving Goffmans: Vergleiche, Anschlüsse und Anwendungen*, Frankfurt am Main: Suhrkamp.

Williams, B. (1988), Upscaling Downtown: Stalled Gentrification in Washington D. C., Ithaca: Cornell University Press.

Williams, R. (1957), »The uses of literacy, working class culture«, in: *Universities and Left Review* 3, Nr. 2, S. 29-32.

– (1958), *Culture and Society 1780-1950*, London: Chatto und Windus; deutsch: *Gesellschaftstheorie als Begriffsgeschichte. Studien zur historischen Semantik von »Kultur«*, München: Rogner & Bernhard 1972.

– (1960), »Working-class attitudes«. Diskussion mit R. Hoggart, in: *New Left Review* Nr. 1, Januar/Februar 1960.

– (1961/1965), *The Long Revolution*, London: Pelican Books; deutsch (Teilübersetzung) in: ders., *Innovationen. Über den Prozeßcharakter von Literatur und Kultur*, hg. von H. G. Klaus, Frankfurt am Main: Syndikat 1977.

– (1961 a/1977 b), »Theorien und Verfahren der Kulturanalyse«, in: ders., *Innovationen. Über den Prozeßcharakter von Literatur und Kultur*, hg. von H. G. Klaus, Frankfurt am Main: Syndikat, S. 45-73.

– (1962/1976 a), *Communications*, Harmondsworth: Penguin, 3. Auflage.

– (1968/1977 b), »Was heißt ›gemeinsame Kultur‹?«, in: ders., *Innovationen. Über den Prozeßcharakter von Literatur und Kultur*, hg. von H. G. Klaus, Frankfurt am Main: Syndikat, S. 74-81.

– (1968 b/1973), *Drama from Ibsen to Brecht*, Harmondsworth: Penguin.

– (1973 a), *The Country and the City*, New York: Oxford University Press.

– (1973 b/1977 b), »Zur Basis-Überbau-These in der marxistischen Kulturtheorie«, in: ders., *Innovationen. Über den Prozeßcharakter von Literatur und Kultur*, hg. von H. G. Klaus, Frankfurt am Main: Syndikat, S. 183-201.

– (1974), *Television. Technology and Cultural Form*, London: Fontana.

– (1976 a), *Communications*, Harmondsworth: Penguin (3. Auflage).

– (1976 b), *Keywords. A Vocabulary of Culture and Society*, London: Fontana.

– (1977 a), *Marxism and Literature*, Oxford: Oxford University Press.

– (1977 b), *Innovationen. Über den Prozeßcharakter von Literatur und Kultur*, hg. von H. G. Klaus, Frankfurt am Main: Syndikat.

– (1979), *Politics and Letters*. Interviews with *New Left Review*, London: Verso.

– (1980 a), »Beyond actually existing socialism«, in: ders., *Problems in Materialism and Culture*, London/New York: Verso, S. 252-273.

– (1986), »Karl Marx und die Kulturtheorie«, in: F. Neidhardt u. a. (Hg.), *Kultur und Gesellschaft*. Sonderheft 27 der *Kölner Zeitschrift für Soziologie und Sozialpsychologie*, Opladen: Westdeutscher Verlag, S. 32-56.

– (1989), *The Politics of Modernism*, London/New York: Verso.

– (1989 a), »The future of cultural studies«, in: ders., *The Politics of Modernism*, London/New York: Verso, S. 151-162.

– (1989 b), »The uses of cultural theory«, in: ders., *The Politics of Modernism*, London/New York: Verso, S.163-176.

Willis, P. (1979 a), *Spaß am Widerstand. Gegenkultur in der Arbeiterschule*, Frankfurt am Main: Syndikat.

– (1979 b), »Shop floor culture, masculinity and the wage form«, in: J. Clarke, C. Critcher und R. Johnson (Hg.), *Working Class Culture*, London: Hutchinson, S. 185-198.

– (1981), »*Profane Culture*«. *Rocker, Hippies: Subversive Stile der Jugendkultur*, Frankfurt am Main: Syndikat.

–, u. a. (1990), *Moving Culture. An Enquiry into the Cultural Activities of Young People*, London: Calouste Gulbenkian Foundation.

–, u. a. (1991), *Jugend-Stile. Zur Ästhetik der gemeinsamen Kultur*, Berlin: Argument.

Winkgens, M. (1988), *Die kulturkritische Verankerung der Literaturkritik bei F. R. Leavis*, Paderborn.

Winter, R. (1991), »Zwischen Kreativität und Vergnügen. Der Gebrauch des postmodernen Horrorfilms«, in: S. Müller-Doohm und K. Neumann-Braun (Hg.), *Öffentlichkeit, Kultur, Massenkommunikation*, Oldenburg: bis, S. 213-229.

– (1992 a), *Filmsoziologie. Eine Einführung in das Verhältnis von Film, Kultur und Gesellschaft*, München: Quintessenz (jetzt: Köln: Herbert von Halem Verlag).

– (1992 b), »Baudrillard, Blade Runner und das Verschwinden der ›Masse‹. Ein Beitrag zur Soziologie der postmodernen Kultur«, in: B. Guggenberger, D. Janson und J. Leser (Hg.), *Postmoderne oder Das Ende des Suchens?* Eggingen: Edition Isele, S. 14-28.

– (1995), *Der produktive Zuschauer. Medienaneignung als kultureller und ästhetischer Prozeß*, München: Quintessenz (jetzt: Köln: Herbert von Halem Verlag).

– (1996), »Punks im Cyberspace. Einblicke in eine postmoderne Spezialkultur«, in: *medien praktisch*, Heft 1, S. 20-25.

– (1997a), »Die Herausforderung der Cultural Studies«, in: *MedienJournal* 21, Heft 4, S. 3-9.

– (1997 b), »Cultural Studies als kritische Medienanalyse: Vom ›Encoding/decoding‹-Modell zur Diskursanalyse«, in: A. Hepp und R. Winter (Hg.), *Kultur – Medien – Macht. Cultural Studies und Medienanalyse*, Opladen: Westdeutscher Verlag, S. 47-63.

– (1997c), »Medien und Fans«, in: SPoKK (Hg.), *Kursbuch Jugendkultur. Stile, Szenen und Identitäten vor der Jahrtausendwende*, Mannheim: Bollmann, S. 40-53.

- (1997 d), »Vom Widerstand zur kulturellen Reflexivität. Die Jugendstu-
  dien der British Cultural Studies«, in: M. Charlton und S. Schneider
  (Hg.), Rezeptionsforschung. Theorien und Untersuchungen zum Umgang
  mit Massenmedien, Opladen: Westdeutscher Verlag, S. 59-72.
- (1998 a), »HipHop – eine kulturelle Praxis zwischen Kreativität und Tri-
  vialisierung«, in: medien praktisch 22, Heft 1, S. 31-34.
- (1998 b), »Dekonstruktion von Trainspotting. Filmanalyse als Kulturana-
  lyse«, in: Texte. Sonderheft der Zeitschrift medien praktisch, Nr. 1, S. 38-
  49.
- (1999), »The search for lost fear: the social world of the horror fan in
  terms of symbolic interactionism and cultural studies«, in: N. K. Denzin
  (Hg.), Cultural Studies. A Research Volume, Bd. 4, S. 275-294.
-, und R. Eckert (1990), Mediengeschichte und kulturelle Differenzierung.
  Zur Entstehung und Funktion von Wahlnachbarschaften, Opladen: Les-
  ke + Budrich.
-, und W. Holly (1993), »Die kommunikative Aneignung von Fernsehen in
  alltäglichen Kontexten«, in: H. Meulemann (Hg.), 26. Deutscher Sozio-
  logentag. Beiträge der Sektions- und Ad hoc-Gruppen, Opladen: West-
  deutscher Verlag, S. 218-221.
Wolff, J. (1981), The Social Production of Art, London: Macmillan.
Wuthnow, R., und M. Witten (Hg.) (1988), »New Directions in the Study
  of Culture«, in: Annual Review of Sociology 14, S. 49-67.
Zinnecker, J. (1981), »Jugendliche Subkulturen. Ansichten einer künftigen
  Jugendforschung«, in: Zeitschrift für Pädagogik 27, S. 421-440.

人名索引

图书在版编目（CIP）数据

自我意识的艺术：文化研究作为权力的批判 / (奥)
赖纳·温特 (Rainer Winter) 著；徐蕾译. -- 重庆：
重庆大学出版社, 2019.5
（拜德雅·视觉文化丛书）
书名原文: Die Kunst des Eigensinns: Cultural
Studies als Kritik der Macht
ISBN 978-7-5689-1487-1

Ⅰ.①自… Ⅱ.①赖… ②徐… Ⅲ.①文化研究
Ⅳ.①G0

中国版本图书馆CIP数据核字(2019)第066317号

拜德雅·视觉文化丛书

自我意识的艺术：文化研究作为权力的批判
ZIWO YISHI DE YISHU WENHUA YANJIU ZUOWEI QUANLI DE PIPAN
［奥］赖纳·温特 著

徐 蕾 译

策划编辑：贾 曼
特约策划：邹 荣 任绪军 何啸锋
责任编辑：林佳木 陈 康 邹 荣
责任校对：关德强
书籍设计：张 晗

重庆大学出版社出版发行
出版人：饶帮华
社址：（401331）重庆市沙坪坝区大学城西路21号
网址：http://www.cqup.com.cn
重庆市正前方彩色印刷有限公司印刷

开本：890mm × 1168mm 1/32 印张：13.25 字数：289千 插页：32开1页
2019年7月第1版 2019年7月第1次印刷
ISBN 978-7-5689-1487-1 定价：65.00元

Die Kunst des Eigensinns: Cultural Studies als Kritik der Macht, by Rainer Winter, ISBN: 9783934730426

Erste Auflage 2001
© Velbrück Wissenschaft, Weilerswist 2001
Gesetzt vom Verlag aus der Sabon
Druck: Hubert & Co, Göttingen

版贸核渝字（2016）第 198 号

拜德雅
Paideia
视觉文化丛书

（书名以出版时为准）